From Effectiveness to Greatness

第8の習慣

「効果」から「偉大」へ

The 8th HABIT:

From Effectiveness to Greatness

by Stephen R. Covey

読者のみなさまへ

この度、スティーブン・Ｒ・コヴィーの新刊『第８の習慣　効果から偉大へ』を皆様にお届けできることに心からの喜びを感じています。全世界で１５００万部、また日本においても１００万部というビジネス書として空前のベストセラーとなった『７つの習慣』は、組織と個人の効果性と成功に関し多くの方々から共鳴を得、また日本の組織文化に多大な影響を与えて参りました。また、法人のお客様のみならず、小中学生にも「７つの習慣」を提供することができ、更に「影響の輪」が大きく拡がりをみせていることを強く感じています。

私は、研修やコンサルティング活動を通じて、日本ほどこの「７つの習慣」を深く理解し、共感いただいた国はない、と強く感じています。しかし、元来持つ高い学習意欲と勤勉さによって歴史的に類をみないすばらしい経済の発展を遂げてきたこの国が、この約10年、アジア諸国を初めとする諸外国の成長の陰に隠れ、日本が持つ本来の能力を充分に発揮しているとは言いがたい状況です。

私は、個人と組織の〝偉大さ〟を引き出す本書『第８の習慣』が、「今、日本にかけているものは何か?」と問いかけているような気がしてなりません。今こそこの国が本来生まれ持つ「才能、能力、知力」を再び発見し、表現し、世界を導く存在になる時ではないでしょうか。

さらに、スティーブン・Ｒ・コヴィー博士はこう言っています。

「いつだってできる。遅すぎることはない。私たちは皆自分のボイスを発見できるのだ」

読者の皆様にとって、この書籍が皆様の人生と組織に、大きなインパクトを与えるものになると確信しております。

フランクリン・コヴィー・ジャパン株式会社
代表取締役社長　ウィリアム（ビル）・エー・マッキンタイヤー

『第8の習慣』を賞賛する人々

スティーブン・R・コヴィーは新たな『第8の習慣』で、私たちを感動させ続けている。世界で最も尊敬されているリーダーシップのエキスパートである彼は、ベストセラーとなった書籍『7つの習慣　成功には原則があった』の基本要素を生かし、情熱的でひと味違う人生を生き、生涯を超えて偉大さという遺産を残す、もう一つの模範を示した。

——ラリー・キング

このすばらしい新作『第8の習慣　「効果」から「偉大」へ』は、偉大さと呼ばれる、誰もが持っている驚くべき天賦の才を解き放つ鍵を与えてくれる。スティーブン・R・コヴィーは『7つの習慣　原則には成功があった』と同じように、ここでも実践で生きるという基準を達成している。

——ジョン・R・ウッデン
UCLAバスケットボール名誉コーチ、『My personal Best』の著者

スティーブン・R・コヴィーは、人々を驚嘆し続けている。この本によって彼は、われわれ個々の中にある偉大さに気づくための新たな一歩を大きく踏み出すことを可能にしてくれた。『第8の習慣』は、個人が企業繁栄のための道具にすぎないと考える風潮が世界中に広まったことでますます失われつつある、本質的な真理としての個人への敬意、すなわちリーダーシップの変わらない原則について説いている。まるで無限のようにネットワークをはりめぐらす世界市場において、スティーブンは日々われわれの生活に関わっている多くの人々が持つユニークな偉大さを発見したり、それを評価したりすることを手助けしてくれる。私は、世界百五十ヶ国の十二万人もの優秀な社員のリーダーとして、造詣深いスティーブンが気軽に共有させてくれるリーダーシップのためのフレームワークを評価したい。

――ウイリアム・G・パレット　デロイト・トゥーシュ・トーマツ最高経営責任者

スティーブン・R・コヴィーは、『第8の習慣』によってリーダーシップというものを新たな精神を呼び覚ますレベルまで押し上げた。リーダーをめざすすべての人にとっては必読書である。

――アルン・ガンジー　M・K・ガンジー非暴力研究所所長

偉大なリーダーとは、人の価値を理解し、評価できる人のことである。彼らは、ただ部下の話を聞くことにとどまらず、彼らの心底まで理解しようとする。偉大なリーダーは、チームの全員が、意義ある永続的な貢献が確実にできるようにする。彼らはまた、リーダーとして最も重要な責任とは、部下の育成において、成長できる余地を与え、部下たちが自分たちの全才能を認識できるよう導くことであることを知っている。これはまさにマリオット社の長年にわたる企業哲学である。すなわち、もし私たちが同僚に敬意を持って接すれば、彼らはクライアントに対して敬意を持って接することができるという信念である。スティーブン・R・コヴィー氏はこれと同じ考え方を持っている。彼の著書『第8の習慣　「効果」から「偉大」へ』は、より強い、より効果的な、真に精神を奮い立たせてくれるリーダーにいかにしてなるかを示したすばらしいガイドである。

――**J・W・マリオット Jr.　マリオット・インターナショナル会長兼最高経営責任者**

相変わらず、スティーブン・R・コヴィーは、何が人の心を動かし、そして同時にビジネスを成功させるかを教えることに卓越している。『第8の習慣』、すなわち心に安らぎを持ち、強烈な集中力を持つことは、物事の本質である。

――**ラム・チャラン　『経営は実行』**
『The Discipline of Getting Things Done』の共著者

私は、スティーブン・R・コヴィーの『7つの習慣　成功には原則があった』以降、十年以上もの間、彼の新たな進展を心待ちにしていた。最初に『7つの習慣』を読んでから、私の人生に対する要求は劇的に変化し、自分の人生を見る視点とバランスを図るための新たな方法が必要となった。現在は、『第8の習慣』で再び生活に活力をもたらすことができた。

――**グレッグ・コールマン　EVP　Yahoo!メディア&セールス**

『第8の習慣』は効果性を超えて進むための、パワフルで実用的なロードマップである。幸福と充実感を得たい人には必読書である。

――**クレイトン・M・クリステンセン、ロバート&ジェーン・シジク**
ハーバードビジネススクール経営管理学教授

リーダーシップのゴッドファーザーが、再び大きなことをしでかしてくれた！　スティーブン・R・コヴィーの『第8の習慣』は、あなたの真のビジョンを探求する上で、間違うことのないボイスを発見できる窮極のツールを与えてくれる。

――パット・クローチェ　フィラデルフィア・セブンティーシクサーズ（NBAチーム）の元社長
ベストセラーである『I Feel Great and You Will Too!』『Lead or Get Off the Pot!』の著者

職場と家庭の両方で自分の効果性を大いに高めたいと思っている、意欲的なビジネスリーダーたちにぜひ読んでもらいたい一冊だ。コヴィーは、この新世紀に、仕事でも人間としても成功できるすばらしい青写真を生み出した。

――ダグラス・R・コナント　キャンベルスープ社社長兼CEO

『第8の習慣』は、優越を求める個人や企業にとって時代を超えて支えとなる原則に満ちている。スティーブンの最新の見識は、意欲をそそり感動をもたらす。二十一世紀のリーダーたちへの行動要請そのものだ。

――ティム・タソプーロス　チック・フィルA運営担当上席副社長

スティーブン・R・コヴィーは、何がリーダーシップの本質であるかを確実に把握している。『第8の習慣』は、成功するエクゼクティブたちにとって最も重要な一冊になるだろう。

――マイケル・H・ジョーダン　EDS会長兼最高経営責任者

リーダーとは単なる役職ではなく
選択肢の一つであることを教えてくれる、
謙虚で勇敢で、
そして「偉大な」人々へ

謝辞

私が人生の中で学んだ最も偉大な事実は次のことだ――新たな貢献をしたいならば、まったく新たな準備から始めなければならない。この点は、本を書くたびに私の確信は深まるばかりだが、ふだんはつい忘れてしまう。五年前に本書にとりかかった時、私はリーダーシップに関するこれまでの私の研究成果や講義、コンサルティングなどに基づいて数ヶ月で片づけることができると思っていた。本書の内容の一部を教え、執筆すること一年、私と私のチームは本書の第一稿を完成した。形が見えてきたと、私たちはワクワクしたものだ。ところがそのとき、さながら山を登るハイカーのように私たちははたと気づいた――頂上のように見えたのは実はまだはじめの坂にすぎず、頂上ははるか上だということに。それでも汗水たらして到達したこの地点で、私たちにはそれまでまったく気づかなかったことが見えてきた。はじめの坂を登りきってこそ得られる洞察だった。私たちは「本当の頂上」めざして再び登り始めた。

このような体験を文字どおり十数回繰り返した。実はそのつど、今度こそ「頂上」だと思っていた。そのつど「ついに完成した」と確信していた。しかし毎回毎回、重要な山場をまた一つ越えただけだという事実に気づかされた。前を見るとまた山がそびえていたのだ。

人類の登山史上、最も洞察に富む偉業の数々を成し遂げたのは個人ではない。才能ある人々がまとまり、十分な準備を重ねた**チーム**である。お互いに対し、そして共通の目標に対し忠実に**最後まで**コミットし続けたチームである。多くの登山隊がエベレストの頂上をめざすが、成功するのはほんの一部だ。なんらかの理由によって、大半のチームやメンバーは極限状況に圧倒されて下山を余儀なくされる。本書を完成させるまでの五年間も同じような体験の連続だった。私を支援してくれたすばらしいチームの決意と揺るぎないコミットメント、忍耐、激励、そして相乗効果を生む多大な貢献がなければ、本書はこのような形で「完成」するどころか、どんな形にせよ日の目を見ることもなかっただろう。

したがって今、貢献してくれた次の人々に私は心の底から謝意を表する。

・正直な意見を述べて、目の前の現実の問題や苦痛や希望を私と分かち合ってくれた世界中の何千人もの方々。彼らのおかげで私は「山また山」の長い登山を全うすることができたし、その過程で絶えず考えを新たにし、貴重な洞察を得て、チームの忍耐の限界まで内容を突き詰めることができた。

・五年間にわたるコミットメントと情熱と献身で本書の開発と編集をしてくれたボイド・クレイグ。彼はこの膨大な書物のプロジェクト全般にわたってマネジメントをしてくれた。出版社との協調や交渉の面でも相乗効果を生み出し、リーダーシップを発揮してくれた。そして何よりも彼の豊かな精神性、判断力、柔軟性、忍耐強さ、そして内容に関する豊富な専門知識に感謝する。同じく、夫人であるミッシェル・デインズ・クレイグにも心から謝意を表する。彼女のいつも前向きなすばらしい気質と絶えざる支援と犠牲がわれわれのこの「マラソン登山」を支えてくれた。

・私の事務所のスタッフやその支援チーム。パティ・パラット、ジュリー・ジャッド・ギルマン、ダーラ・サリン、ジュリー・マクアリスター、ナンシー・オルドリッジ、カラ・フォスター・ホームズ、ルシ・エインズワース、ダイアン・トンプソン、そしてクリスティ・ブルゼジンスキ。稀有なる献身と誠実さ、無理難題を実現にこぎつける仕事ぶりと、世界でも第一級の専門性とに感謝する。

・フランクリン・コヴィー社における献身的な同僚たち。特にボブ・ホイットマンと私の息子ショーンには最終稿を読んでもらい、思慮深く、突っ込んだ意見を出してもらった。彼らの具体的なフィードバックはこの上もなく貴重だった。

・エドワード・H・ポウリー。リーダーシップに関する文献調査の陣頭指揮をとってくれた。リチャード・ガルシアとマイク・ロビンスは疲れを知らぬ粘り強いリサーチ・アシスタントとして活躍してくれた。

・テッサ・メイヤー・サンチャゴ。草稿段階の編集を手助けしてくれたことに感謝する。

・シェリー・ホール・エヴェレット。何年もかけて本書所載の解説図を描いてはさらに磨きをかけてくれた。

・ブラッド・アンダーソン、ブルース・ネイボー、ミカー・メリルなど大勢の才能ある同僚たち。彼らはこの何年もの間、DVDに収録された受賞作を含む映像作品の制作を舞台裏で支えてくれた。

・グレッグ・リンク。ビジョンに満ちたマーケティングの天才的な能力と、私たちの使命に対する変わらぬコミットメントに感謝する。

・私の息子スティーブン。彼自身の体験と、彼の理論的・実践的な蓄積に基づいて、彼は信頼というものについて実に多くのことを教えてくれた。

・すばらしき出版エージェントのヤン・ミラーと彼女のパートナーであるシャノン・マイザー＝マーヴェンには、何年にもわたる仕事と支持に感謝したい。

・長年私が信頼してきた編集者ボブ・アサヒナ。今回も自分の頭脳の殻から抜け出して常に読者の立場からスタートすべきことを思い出させてくれた。

・貴重なパートナーである出版社サイモン＆シュスター社。特にキャロライン・レイディ、マーサ・レヴィン、スザンヌ・ドナヒュー、そしてドミニク・アンフーソは長々とかかった生みの苦しみに我慢強くつき合ってくれた。完成までには何度か「いざ完成！」という私たちの早まった「吉報」で迷惑をかけたこともあった。

・愛する妻サンドラと子どもたち、孫たち。いつ終わるとも知れない本書のプロジェクトにしびれをきらしていたはずの彼らだが、私の首を絞める代わりに笑顔で激励することを選んでくれた。敬愛する祖父スティーブン・リチャーズ・コヴィー、高潔なる両親スティーブン・G・コヴィーとルイーズ・リチャーズ・コヴィー、そして愛する兄弟姉妹のアイリーン、ヘレン・ジーン、マリリン、ジョン。彼らは私の人格形成に子どものころから今に至るまで計り知れない影響を与えてくれた。

・父なる神に、そして子である私たち**すべて**の幸せを思いたもうその御心に感謝します。

目次

第二部　ボイス（内面の声）を発見するよう人を奮起させる

フォーカス——模範になることと方向性を示すこと

実行――組織を整え、エンパワーメントを進める

知恵の時代

付録

翻訳協力：オフィス宮崎
装訂・レイアウト：dae

第一章
苦痛に満ちた現状

次のような声を耳にすることはないだろうか。


「マンネリから抜け出せない」

「へとへとで消耗しきっている。生き甲斐もない」

「誰も私を評価してくれない、認めてくれないのだ。ボスは私の本当の能力をちっともわかっていない」

「誰も私を必要としていないように思える——職場の連中も、独り立ちした子どもも、ティーンエージャーの子も、近所や地域の人たちも。それに妻だって、私ではなく私の給料を必要としているだけだ」

「不満を感じるばかりで、やる気が出ない」

「いつも食べていくのがやっとだ。どうやっても余裕が生まれない」

「結局、私には才能が足りないのかもしれない」

「私は目に見える成果を生んでいない」

「心の中がからっぽだ。人生にも意義を感じない。何かが足りない」

「頭にきてる。でも怖気づいてもいる。職を失うことだけは避けたい」

「私は孤独だ」

「あれもこれも『至急』と言われて、イライラが募るばかりだ」

「細かいことまで管理されて、息が詰まりそうだ」

「誹謗中傷かおべっかばかりでやってられない」

「漫然と勤務時間を消化しているだけで退屈だ。本当は仕事以外にあまり楽しみはないのに」

「ノルマを達成するのに疲れ果てた。成果、成果と信じがたいほどプレッシャーをかけられる。いくら尻を叩かれたって、どう見ても必要な時間も資源も足りないのに」

「妻は理解してくれない。子どもたちも言うことを聞かない。家も職場もおなじだ」

「物事を変えたくても変えられない」

＊　＊　＊

どれも職場や家庭でよく耳にすることばだ。新しい時代になんとか生きていこうとしている、世界中の文字どおり何百万人という親、労働者、社員、管理職、専門職や役員たちの声だ。彼らが感じている苦痛は**自分自身に関わる個人的なこと**であり、心の奥底にまで達するものだ。あなたも同じように感じていることがあるだろう。セラピストのカール・ロジャースが指摘したとおり、「最も個人的なことこそ、最も一般的に見られることでもある」のだ。[1]

もちろん実際に何かに積極的に取り組み、貢献し、活力にあふれている人だっているだろう。しかしその数はあまりにも少なすぎる。私はよく講演に来てくれた大勢の聴衆に次のように問いかけてみる。「あなたの会社や組織で、ほとんどの社員が現在必要とされている以上の能力を持っている、または持っている能力を発揮させてもらえずにいる――そう感じている人はいますか？」　すると大半の人が手をあげる。世界中どこでも同じだ。そして同じく大半の人が、より効率的に、よりいっそうの成果を上げるようにというプレッシャーを感じている。考えてみてほしい。新たな、強まるばかりの期待の重さを多くの人が肌身に感じている。それもひどく複雑なこの世の中で。それなのに人々は同時に、自分たちの才能や知性を十分に発揮させてもらえずにいるのだ。

人々が感じているこのような苦痛は**組織**の中で具体的な形になって現れる。最も鮮明かつ具体的なのは、組織の最重要事項に対して**フォーカス**したり**実行**したりできないという現象である。「ハリスの世論調査」で有名なハリス・インタラクティブ社が行った調査を紹介しよう。私たちがxQ（実行指数）サーベイ[*1]と呼んでいるものを使って、主要産業[*2]の主要職能[*3]に従事する米国内の常勤従業員二万三千人を対象とした調査だ。次のような驚くべき結果を見て、あなたはどう思うだろうか。

・自分の属する組織が達成しようとしていることとその理由をはっきりと理解している人――わずか三七％
・チームや組織の目標達成に熱意を持っている人――わずか五人に一人
・自分の目下の課題と、チームや組織の目標との間に明確な見通しを持てている人――わずか五人に一人

＊1
ハリス・インタラクティブ社が従業員、管理職、重役たちに行った調査の詳細は本書の付録6「xQサーベイの結果」を参照のこと。
＊2
調査対象となった「主要産業」には下記のものが含まれる。外食・ホテル関連、自動車、銀行・金融、通信、教育、保健・医療、軍事、行政、小売、技術サービス、電気通信の各業界。
＊3
「主要職能」には下記のものが含まれる。企業役員、秘書・アシスタント、会計、広告・マーケティング、コンピューター関連、教育、財務、行政、保健・医療、販売・営業の各専門職。

・週末に振り返ってみて、自分が成し遂げた仕事に満足できる人――わずか半数
・主要な目標を達成する上で、組織が自分の能力をフルに発揮させてくれていると感じている人――わずか一五％
・強い信頼関係で結ばれた職場環境だと感じている人――わずか一五％
・異なる意見を尊重し、新しいよりよいアイデアを生むような開かれたコミュニケーションを組織が奨励していると感じている人――わずか一七％
・社員は組織において結果の責任を引き受けていると感じている人――わずか一〇％
・組織を完全に信頼している人――わずか二〇％
・組織内のほかのグループや部署との間に高い信頼性と高度な協力関係があると感じている人――わずか一三％

サッカー・チームで言えば、どっちが相手のゴールかがわかっているのは十一人の中でわずか四人。勝負に関心があるのはわずかに二人。自分のポジションと役割がわかっているのも二人だけ。しかも十一人中九人は敵よりも自分のチームメイトに対抗意識を持っていることになる。

残念ながら実際はこのデータどおりなのだ。この調査結果は私が世界中のさまざまな組織で見聞きしてきたことと一致する。技術力の向上、商品の刷新、世界市場への進出など、世の中の組織はいろいろな面で前進している。にもかかわらず、組織のために働く人々のほとんどが思うように活躍できていない。ワクワクすることもなく、充足感も感じていない。感じるのはフラストレーションばかりだ。組織がめざすものが何か、最優先事項が何なのか、彼らは明確に認識できずにいる。上から押さえつけられるばかりで集中力を失っている。そして何よりも、彼らにはたいして現状を変えられるとも思えないのだ。働く者の情熱、才能、知性をフルに発揮させることができないとすれば、組織にとっても個人にとってもどれほど大きな損失だろうか。それは税金、利息、人件

費のすべてを合わせたよりもずっと大きな損失に違いない！

なぜ「第8の習慣」が必要か

一九八九年に『7つの習慣　成功には原則があった！』（キングベアー出版）が出版されて以来、世界は大きく変わった。事実、多くの人が一九八九年を情報化社会の元年だと言う。ベルリンの壁が崩壊したこの年、新たな現実が生まれ、途方もなく大きな変化が始まった。文字どおり新しい時代の幕開けだったのだ。そしていま、家庭で、職場で、私たちは公私にわたって、当時とはけた違いに複雑な状況や難題に直面している。

こうした新たな現実の中で、「7つの習慣」が依然として有効な指針でありうるのかと多くの人が疑問に感じたようだ。私はいつでもこう答える――変化が大きく、直面する課題が困難であればあるほど、「7つの習慣」は**なおのこと適切な**指針となる。「7つの習慣」とは、要するに実行する能力《ちから》を**飛躍的に**高めるためのものだ。個人の力を引き出す効果性と、人格に関する**普遍的**で**不変**な原則の**包括的**な枠組みなのである。

今日、組織や個人が「効果的」であるべきかどうか、もはや選択の余地はない。通行手形のようなもので、時代の流れについていくためには効果性は不可欠の要件だ。しかし、生き残り、成功し、革新し、卓越し、新たな現実の中で時代をリードしていくためには、効果性を踏み台にしてさらにその先へと進まなければならない。ではこの新しい時代に私たちに求められるのは何かといえば、それは**偉大さ**である。別の言い方をすれば、**情熱を持って実行すること**、**課題を達成すること**、**そして大いなる貢献**が求められている。いずれも効果性とは違った局面の問題であり、**次元の異なる**要件だ。「有意義であること」と「成功すること」との違いが、程度の差ではなく**質の問題**なのと同じことだ。人間のより高い次元の才能とモチベーションを開発すること、つまり「**ボイス**（内

面の声）」を呼び覚ますことが必要なのだ。そのためには新たな思考様式、新たなスキル、新たなツールなどが必要となる。要するに新たなる習慣を身につけなければならないのである。

「第8の習慣」は、うっかり忘れていた習慣をこれまでの七つにつけ足す、というようなものではない。「7つの習慣」に**第三次元の局面**、つまり質的な奥行きをもたらす力を理解し、活用するためのものだ。その力こそ知識労働者の時代の**中心的な**課題を乗り越えるための答えなのである。「第8の習慣」とは、**自分のボイス（内面の声）を発見し、それぞれ自分のボイスを発見できるよう人を奮起させる**ためにある。

「第8の習慣」は、今日の現実に潜むきわめて豊かな可能性に道を開くものだ。本章の冒頭に見たような苦痛とフラスト

図1・1

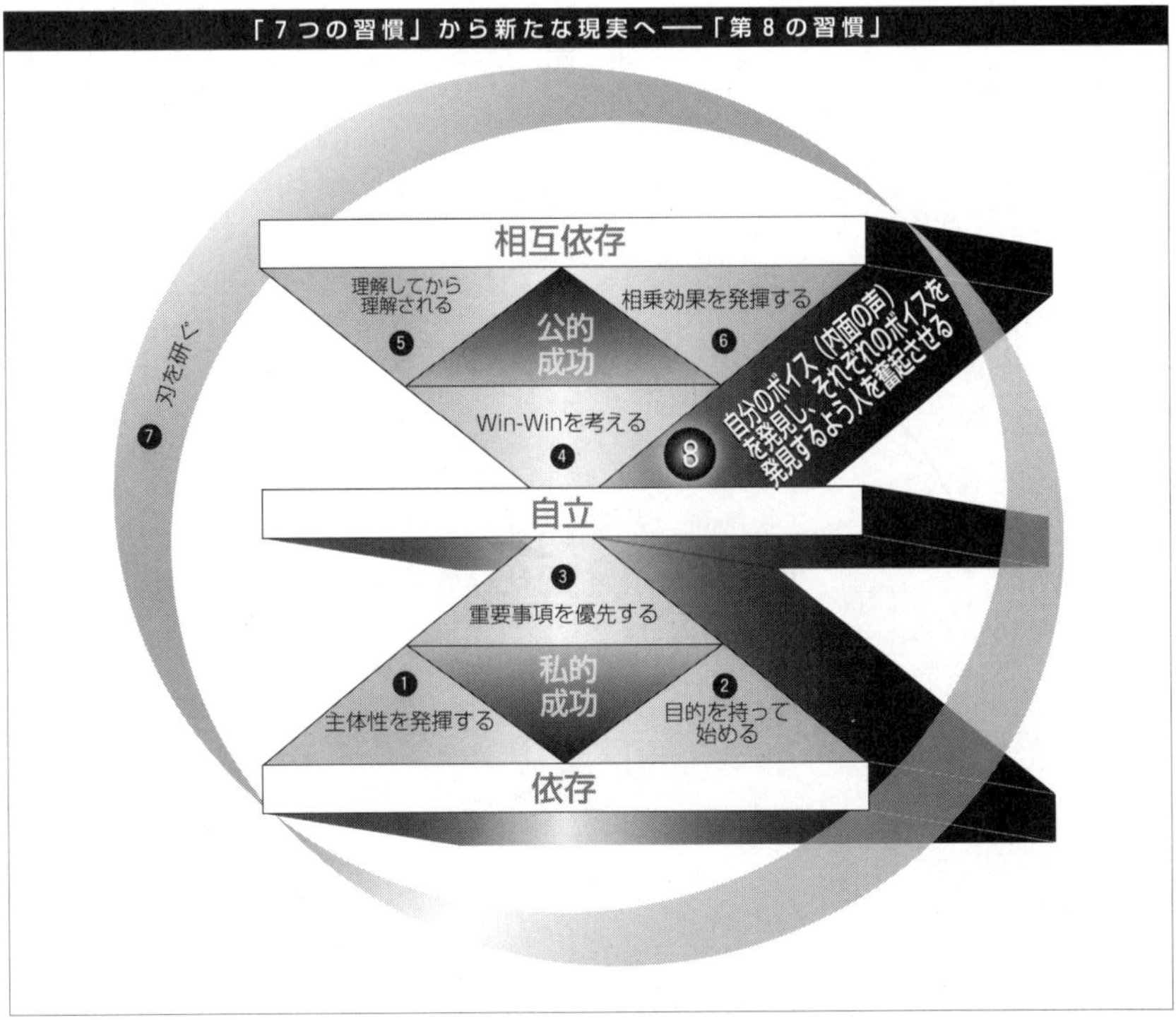

レーションとは正反対のありようだ。永遠不変の真実を浮き彫りにするものだと言ってもよい。「第8の習慣」は人間精神の声《ボイス》を呼び覚ます。その声は希望と知性に満ち、本質的に力があり、共通の利益に寄与する無限の可能性を秘めている。そして同時にその声の中に、組織が生き残り、繁栄し、未来の世界を大きく左右するために必要な魂を見いだすこともできるのである。

ボイス（内面の声）は、**個としてのかけがえのない意義**の現れである。私たちが最も困難に見える課題に挑むときに明らかになる真価であり、難題を乗り越えさせてくれるものだ。

図1・2を見てほしい。ボイスが中心にある。まわりにあるのは**才能**（天賦《てんぷ》の才、強さ）、**情熱**（あなたを自然に活気づけ、ワクワクさせ、モチベーションを与え、奮起させるもの）、**ニーズ**（あなたの生活を成り立たせるために、世界が必要としているものも含む）、そして**良心**（平静なる内面の小さな声、何が正しいかを確信させてくれ、あなたをそのとおりに行動させるもの）である。あなたの才能を生かし、情熱に火をつけ

図1・2

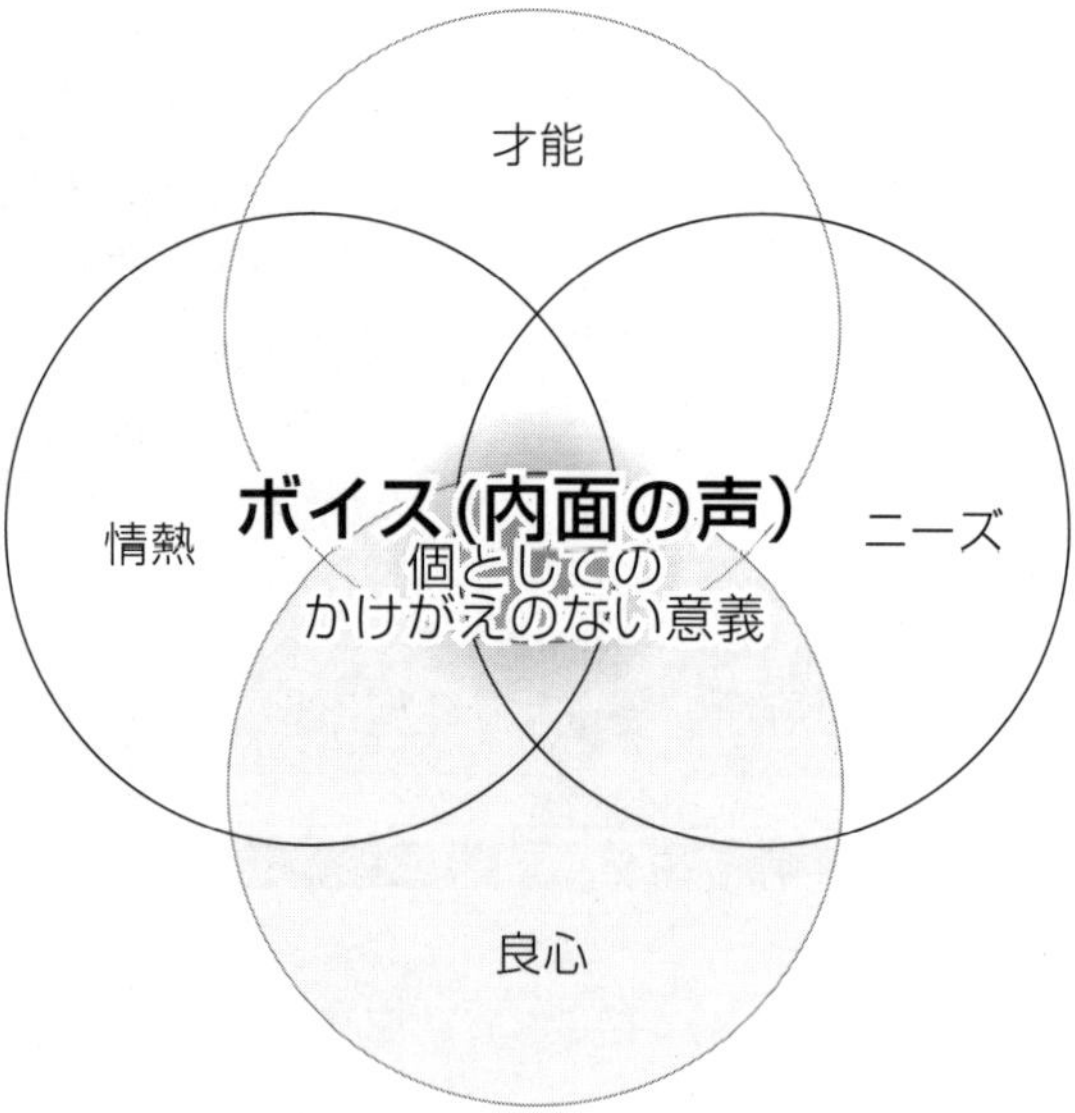

てくれるような仕事に取り組むとき、しかもその仕事が、世界が必要としている何か大きなものに関わるニーズから出ていて、仕事を成し遂げることがあなたの良心にかなうとき、そこにこそあなたのボイス（内面の声）が響いているのだ。あなたの使命、魂の規範の声が。

私たちは誰でも、人生の中で自分のボイスを見いだしたいと願っている。それはほとんど言いようのないほど強い切望であり、誰もが生を受けたそのときから感じているものだ。最も現代的な現象で言えば、インターネットの爆発的で革命的な発展がこの事実を証明している。おそらくインターネットは新しい時代の象徴であり、これまでに起こった劇的な変化と、その結果である情報・知識労働者経済とを余すところなく象徴している。一九九九年に出版された『これまでのビジネスのやり方は終わりだ——あなたの会社を絶滅恐竜にしない95の法則』（日本経済新聞社刊）の中で、著者のロック、レビン、サールズとワインバーガーは次のように述べている。

私たちはみな、自分たちの声《ボイス》を再発見しつつある。お互いにどうやって会話をするか、習得しつつあるのだ——（中略）——今日、組織の内でも外でも会話が交わされるようになった。それは五年前にはありえなかったことであり、産業革命が始まって以来、はじめてのことだと言ってもいい。いまやインターネットとワールド・ワイド・ウェブを介して、この会話の網は地球全体に広がっている。それは、いったい何を意味するのか突きとめようもないほど多面的で、広範囲に及んでいる。この会話は何十億年もの間、遺伝子の二重螺旋の中に暗号化され、閉じ込められていた希望と恐れと夢に関わるものであり、人間というこの奇妙な理解しがたい種の集団的な既視感にまつわるものなのだ。何か原初的で神聖なもの、それでいて何かとてつもなくおもしろおかしいもの。それが二十一世紀のコンピューター・ネットワークの中で解き放たれたのだ。

（中略）この会話は何百万ものスレッドから成っている。そしてその一つひとつの発言の始まりと終わりには人間がいる――（中略）。

ウェブに対するこの燃えるような追求は、激しい欲求を反映している。あまりにも強く、何かスピリチュアルなところから来る欲求だとしか思えない。人が何かを切望するとき、人生に何かが欠けている。その欠けているものとは、人間的な声《ボイス》である。ウェブがスピリチュアルな魅力を持っているのは、人間的な声《ボイス》が回復されることを約束しているからなのだ。[2]

ボイスについての説明はこれくらいにして、ある男性の実話を紹介しよう。きっとボイスというものを具体的に理解できるだろう。ムハンマド・ユーヌス氏はグラミン銀行の創業者だ。同行は、バングラデシュの最も貧しい人々に少額融資をすることに特化した特異な銀行だ。ユーヌス氏にはじめて会ったとき、いつどのようにしてこの銀行のビジョンを思い描いたのか聞いてみた。すると彼は、はじめはビジョンなどなかったと答えた。ただ融資を必要としている人々を目にし、その要望に応えていくうちに、ビジョンが形を成してきたというのだった。バングラデシュの街角でのある出来事がきっかけで、貧困から自由な社会を築きたいというユーヌス氏のビジョンが動き出した。そのエピソードをユーヌス氏自身のことばで紹介しよう。これはインターネットのサイト「ニューヨーク・タイムズ・シンディケート」でリーダーシップに関するコラムを執筆するために行ったインタビューに基づいている。

二十五年前のことだった。私はバングラデシュの大学で経済学を教えていた。ちょうど飢饉の年だったので、私は後ろめたさを感じていた。米国で取得したばかりの博士号を引っさげて、私は経済学のエレガントな理論について教室で熱弁を振るう。しかし一歩教室を出ると、街には骸骨のようにやせこけた餓死寸前の人々がいるのだった。

これまで大学で学んできたこと、今私が教えていること、そのすべてが人々の現実の暮らしとは無縁な絵空事のように思えた。そこで私は、キャンパスに隣接する村の人々の暮らしぶりを見てみることにした。何かできることはないか、たった一人でもよいから餓死からは救うか、少なくとも死を先延ばしにしてあげることはできないか？　私は遥か上空から全体を見下ろすような経済学の視点を捨てた。ミミズが地を這うような視点から見るようにして、目の前の現実を見つめることにした――臭いや手触りを感じて、何ができるかと考えるのだ。

ある出来事がきっかけで、私は一つの新しい方向性を見いだした。竹細工で腰掛けを作っている女性に出会ったのだ。じっくり話をしてみたところ、一日二セントの稼ぎしかないことを知った。あれほど必死に働き、あれほど美しい竹細工を編み出す人が、そんな額しか稼げないとはまったく驚きだった。材料の竹を買う金がないから仲買人から借金しているとのことだった。その仲買人は、でき上がった腰掛けを彼の言い値で彼だけに売るよう彼女に強要していた。

それが一日二セントという稼ぎの理由だった。彼女は事実上その仲買人の言うなりにこき使われていたのだった。いくらあれば竹が買えるのか聞いてみた。「まあ、二十セントくらいです。品質の良いものだと二十五セント」と、彼女は言った。たった二十セントのために人が苦しみ、しかもその苦難から逃れられずにいる!!　彼女に二十セント渡してやろうかと思った。しかしよくよく考えてみて、別のことを思いついた。まず彼女のように少額の資金が必要な人がどれだけいるかリストを作ってみることにしたのだ。学生に手伝ってもらい、数日間かけて村を歩き回って調べたところ、四十二人の名簿ができた。彼らが必要としている金額を合計してみたところ、私はそれまでに感じたこともないほどの驚きに見舞われた。なんとたったの二十七ドルだったのだ！　たった四十二人の勤勉で才能ある人々のために、わずか二十七ドルすら提供できない社会。自分がその一員であることが恥ずかしかった。

その恥辱から逃れようと、私はポケットマネーから二十七ドル取り出した。そして学生に渡してこう指示した――「あの四十二人に配ってきなさい。貸付であることを説明し、返せるようになったら返済するよう伝えなさい。余裕ができるまで、できるだけよい値で売れる相手に自由に商品を売るよう言いなさい」

善人が何もしなければ、それだけで悪は勝利する

――エドマンド・バーク[3]

資金を受け取った人々はやる気でいっぱいだった。その様子を見て、さあ次にどうしようかと私は思案した。まず大学のキャンパスにあった銀行の支店のことが思い浮かび、さっそく支店長に会いに行った。私は貧しい村人たちに貸付をしてはどうかと提案した。ところが支店長は仰天して言った。「あなたは頭がどうかしている。貧しい人々に金を貸すなど論外だ。連中には信用価値がないんだ」でも私は食い下がった、「少なくとも試してみてはどうだ？　それから判断すればいい。どうせわずかな金額ではないか」と。「ノーだ」と彼は言った。「規則があるからそんなことはできない。彼らには担保がないし、第一そんな少額の貸付ではこちらにメリットがない」彼はバングラデシュの金融業界のトップの連中を訪ねてみてはどうかと勧めてくれた。

私はアドバイスに従い、業界の重鎮たちに会った。しかしどこでも同じ答えが返ってきた。数日後、私はとうとう自分で保証人を買って出ることにした。保証人になってやろう、銀行が必要だと言うならどんな書類でもサインしてやろう。そうすれば私の思いどおりに貧しい人々に融資することができる、と。

こうしてすべてが動き始めた。貧しい連中は絶対に返済しないぞと、誰もが私にくりかえし忠告した。でも私は「賭けてみるさ」と答えた。そして驚くべきことに、融資した人々はきっちり返済してくれた。

私は興奮して例の支店長のところへ行き、「ご覧なさい。みな返済してくれますよ、問題はまったくありませんよ」と言ってやった。それでも彼は信じなかった。「いやあ、あなたをだまそうとしているだけですよ。そのうちもっと大きな額をせしめたら、もう返しやしませんよ」と、彼は言ったのだ。そこで私はさらに多くの額を融資したが、それでもきちんと返済された。私はまた支店長に伝えたが、それでも彼はこう言った。「まあ、一つの村くらいならそうかもしれませんがね、村二つに手を広げたらそうはいきませんよ」私はすぐに新しい村を加えてみた。それでもうまくいった。

支店長や重役たちと私の勝負になった。彼らは村を五か所に増やしたら失敗するはずだ、などと言い続けた。私はそのとおりやってみたが、全額回収できることが証明された。それでも銀行の連中はあきらめずに、十か所、五十か所、百か所の村でやってみせろと言った。こうなるとお互い根競べだった。保証人は私であり、その私がちゃんと資金を回収していたのだから、この事実を彼らも否定はできなかった。しかし彼らは貧しい人々は信用できないものだと教え込まれていたため、現実を認めたがらなかったのだ。幸い私はそんな教育を受けていなかったので、目の前の現実をそのまま受け入れることができた。銀行家たちの知識が彼らを縛っていたのだ。

私は自問した。なぜこうまでして銀行を説得する必要があるのか、と。貧しい人々だってきちんと借金を返すことはできる。私はそう確信していた。それならば自分で銀行を開けばいいではないか。私はワクワクして、さっそく書類をそろえて政府に銀行開設の申請をした。政府を説得するのに二年かかった。

こうして私たちの融資事業は一九八三年十月二日、正式な独立した銀行組織となった。私も仲間たちもどれほど興奮したことか。自分たちの銀行を手に入れた。これからはどんどん自由に事業を拡大できる!!　そして実際、私たちは事業をどんどん拡大していったのだ。

何か偉大な目的、たぐいまれなる企てに突き動かされているとき、思考はあらゆる束縛から解き放たれる。心は限界を乗り越え、意識はあらゆる方向へと広がっていく。そしてあなたは、新しい、偉大な、すばらしい世界にいることに気づくのだ。

——パタンジャリのヨーガ・スートラより

グラミン銀行は現在バングラデシュの四万六千以上の村で事業を展開し、千二百六十七支店に一万二千人の行員を抱える。一口十二～十五ドル程度、平均二百ドル以下の融資で、合計四十五億ドル以上に達する。例年の新規貸付額は約五億ドルだ。自立して販売業を始められるようにと、物乞いにも資金を貸す。三百ドルの住宅ローンもある。私たちのようなビジネスマンから見ればいずれも実に小さな額だ。しかし資金を得た一人ひとりのことを考えてほしい。毎年たった五億ドルの貸付だが、その陰には実に三百七十万人の人々の決意がある。九十六％は女性だが、貧しい人々は自分や家族の生活を変革するために努力をしようと決意したのだ。三百七十万人もの人々が、自分は変化を生み出すことができるのだと、自分を信じることにした。三百七十万人もの人々が眠れぬ夜を乗り越えて、恐れに震えながらも決意に満ちた足取りでグラミン銀行を訪れたのだ。こうしたエンパワーメントの中心にいたのは一人ひとりの女性たちだ。彼女たちは個人的に、または仲間内の相乗効果で生まれた共通の行動規範に従い、自立することを選び取った。家や裏庭や近所の作業場で、商品を生産する独立した企業家になり、経済的に生き延び、成功を手に入れることに決めたのだ。つまり、人々は自分それぞれの**ボイスを発見したの**である。

私はこれまでに世界の偉大なリーダーたちを研究し、インタビューもしてきた。その中で気づいたのは、ビジョンやボイス（内面の声）は常にゆっくりと発展するということだ。もちろん例外はあるだろう。突然ビジョンがひらめいたという人だっているに違いない。しかし一般的には、誰かが何かを必要としていることに気づき、良心の声に応えてそのニーズを満たそうとしていると、ビジョンが芽生えてくる。そして眼前の必要を満たすと、また次なるニーズが見えてくる。こうして次へ次へと進んでいくうちに、必要とされるものが何なのか、徐々に感触がつかめるようになる。そして人々のニーズに応えるための努力を体制化し、持続できるようにする方法を考え始めるのだ。

ムハンマド・ユーヌス氏の場合がまさにそのとおりだった。人間の**ニーズ**を感じ、**才能と情熱**を発揮してみずからの**良心**に応えた。はじめは個人的に成し遂げた。やがて信用を築き、クリエイティブな解決方法を探し、ついには社会のニーズに応える能力を組織という形にして体制化した。こうしてユーヌス氏は自分自身のボイスを発見しただけでなく、ほかの人々がそれぞれにボイスを発見できるよう、奮起させたのである。いまや少額融資の動きは世界中に広がりつつある。

大きな偉業を達成できる人は限られている。しかし私たちは誰でも、偉大なる愛によって小さなことを成し遂げることができる。

――マザー・テレサ

苦痛、問題、解決策

この章のはじめに、私は働く人々の苦痛の話をした。あらゆる組織のあらゆる職位の人々が苦痛を感じている。家庭でも地域社会でも、つまり社会一般においてである。

本書の目的は、今日という新しい時代の中であなたがそうした苦痛とフラストレーションを脱し、本当の充足感を得て、関与し、貢献し、存在意義を認識できるようになるための指針——職場や組織の中だけでなく、人生全体における指針を示すことだ。本書はあなたが**ボイスを発見できるようにする**ためにあるのだ。あなたが望むなら、現在の立場にかかわらず、あなたは周囲の人々に対する影響力を大きく拡張することができるだろう。それは、大切に思う人たちやあなたが属するチームや組織を刺激するだろう。その結果、人々はそれぞれにボイスを発見し、効果性や成長、インパクトが何倍にもなるはずだ。そして影響力やリーダーシップは立場や職位に依存するのではなく、みずから**選び取るもの**だということにあなたは気づくはずだ。

苦痛を乗り越え、永続的な**解決策**《ソリューション》を見つける最高にして多くの場合に唯一の道は、まず苦痛の原因となる**根本的な問題**を理解することである。本書が扱う問題の大半は、人間の本質に関する不完全な、またはひどく誤った思考のパラダイムや見方に基づいている。それらは自分の存在価値を見失わせ、才能や潜在的な可能性を抑圧してしまう。

問題の**解決策**は、人類史上の多くの偉大なブレークスルーと同様、古い思考方法との**決別**から始まる。根本的な問題を理解するためにあなたが我慢強く努力を怠らず、本書が提示する**解決策**の土台になっている不変かつ普遍的な原則に従って生き方を変えるならば、あなたの影響力は着実にインサイド・アウトに（内側から外へと）伸びていくだろう。それは約束できる。これまでとは劇的に変わってしまった世界の中で、あなたは自分のボイス（内面の声）を発見し、それぞれにボイスを発見するよう自分のチームや組織の人々を奮起させることになるだろう。

本章では苦痛に満ちた現実を概観した。

第二章では問題の核心を明らかにする。根の深い問題を理解すれば、私たち一人ひとりが人生の大半を共に過ごす家族や同僚や組織との関係の中で、今直面している課題が見えてくるだろう。読み通すのに多少は精神的な努力も必要なので、覚悟してほしい。たった十数ページのことだ。この一世紀の間に組織に表れた変化の**人間的な側面**を見ていくことで、本書を読み通すのに必要な主な考え方の枠組み（パラダイム）が得られる。そしてあなたが直面している最も大きな**個人的課題**や**人間関係上の課題**と取り組む「知恵」と「力」と「方向性」も徐々につかむことができるはずだ。腰をすえて読んでもらいたい。努力はきっと報われるだろう。

第三章では「第８の習慣」という解決策の全体像を示す。詳細は第四章以降で説明する。また第三章には、本書を十二分に活用するためのアドバイスを記しておいた。

映像作品『レガシー』

第二章に移る前に、三分間の短い映像作品『レガシー』（レガシー＝後世に残すかけがえのない財産）をぜひ観てもらいたい。これは全米の映画館で上映されたものだ。あなたの内面にあるボイスの核になる要素と、ボイスに対応した四つの普遍的な人間のニーズ（生き、愛し、学び、貢献すること）について考えるきっかけになるはずだ。第二章で論じる本書の最も基礎的なモデル（パラダイムと言ってもよい）も巧みに表現している。そのモデルとは**全人格**をとらえる人間の見方である。

本書では、ほとんどの章でこれに類する映像作品を紹介する。いずれも各章の本質を表現するものだ。**付属のＤＶＤに収録されており、全米や世界の権威ある賞の受賞作も多く含まれている。**実話にしろフィクションにしろ、どの作品も訴えかける力があり、情感たっぷりな作品だ。本書が扱う内容をよりよく**見て、感じて、理解する**一助になると確信している。観て楽しいだけでなく、得るところもきわめて大きいはずだ。関心がなければ飛ばして先へと読み進めてもらってもかまわない。

ＤＶＤをプレーヤーにセットしてメニューから『レガシー』を選び、ぜひ楽しんでもらいたい。

第二章
問題を理解する

インフラが変動すると、すべてが揺れ動く

——スタンレー・デイビス[1]

私たちは今、人類史に残る大変動のただ中にいる。マネジメント論で当代随一のピーター・ドラッカーはこの変動の時代を次のように表現している。

「数百年後、歴史家が長い視点から今日の時代をとらえた場合、最も重要な出来事はテクノロジーでもインターネットでも電子商取引《イー・コマース》でもないだろう。人間がおかれた状況の史上例を見ない変動こそ、最大の出来事である。今日、多くの人々が選択する自由を手にしており、その人数は急激に増えつつある。これは歴史上まったくなかったことだ。それは同じく史上初めて、人々が自分自身をマネジメントしなければならないということでもある。しかし社会の側では、この事態に対応する準備が全然できていない」[2]

ドラッカーの予言的なことばの含蓄を読み取り、問題の核心を理解するためには、まず歴史の流れを把握しておく必要がある。つまり文明のボイス（声）の五つの段階である。第一は狩猟採集の時代。第二は農耕の時代。第三は産業の時代。第四は情報・知識労働者の時代。そして最後の第五段階は知恵の時代である。

あなたが狩猟採集の時代の人間だとしよう。毎日あなたは弓矢や石や棒切れを持って家族のために食料を探しに出かける。ほかに生きる方法など知らないし、見たことも試したこともない。さてそこにある人がやってきて「農民」というものにならないかとあなたを誘ったとしたらどうだろう？

その農民を見ていると、地面を引っかいて種をまいているが、すぐには何も起きない。水をやり、雑草を抜いたりしているが、まだ何も起きない。ところが次第に作物が実り、豊かな収穫が得られる。それは優秀な狩猟採集民であるあなたの獲物の五十倍にもなる。さあ、あなたはどうする？　おそらくこうつぶやくだろう。「まねしたいと思ってもできやしない。スキルも

図２・１

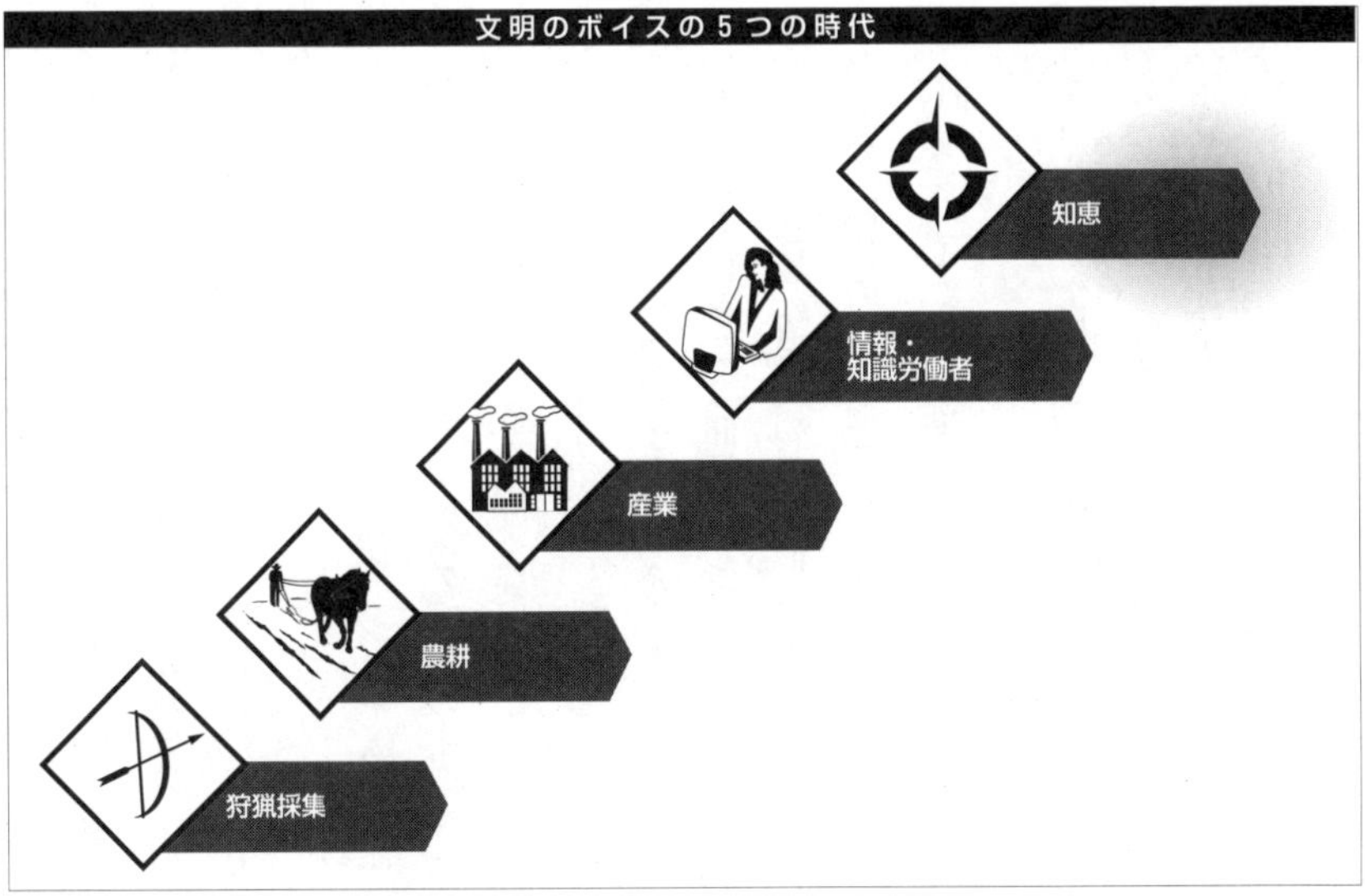

ツールもないから」どうしたら同じようにできるのか、見当もつかないに違いない。

一方、農民の生産力は比べようもないほど高い。子どもたちを学校にやる余裕もあり、大きな可能性の道を切り開いている。やっと食いつないでいるあなたとは大違いだ。徐々に、あなたは農民になるために真剣に学習したいと思い始める。そして子どもや孫にも農業をやらせるのだ。人間の歴史の黎明期《れいめい》には、まさにこのとおりのことが起きていた。狩猟採集民の数は九十%以上減少した。狩人たちは職を失ったのだ。

何世代かを経て、産業の時代がやってくる。人間は工場を建て、業務の専門化や委任の方法、システムの拡張性《スケーラビリティ》などを学ぶ。原料を組み立てラインに乗せて、きわめて効率よく生産する方法も知る。産業の時代の生産性は農耕時代のさらに五十倍に達する。さて、今度はあなたが狩猟採集民の五十倍の生産性を誇る農民だとしよう。目の前に工場ができて、あなたの五十倍もの生産高を見せつけられたらあなたはどうするか? 嫉妬し、脅威を感じるかもしれない。しかし産業の時代についていくには、あなたに欠けているものがある。あなたはまったく新しい、さまざまなスキルとツールを手に入れなくてはならないのだ。さらに重要な問題として、新たな考え方、新たな思考様式を身につける必要がある。歴史を見ると、産業の時代の工場は農民の五十倍の生産性を実現し、やがて農民の数は九十%減少した。農民として生き残った人々も産業の時代のコンセプトを採用して、産業型の農場を生み出した。今日、米国の農業従事者は人口のわずか三%にすぎない。その彼らが国内および世界の大半の食料を生産しているのである。

到来しつつある情報・知識労働者の時代は産業の時代の生産性を五十倍も上回ることができるだろうか? できる、と私は確信している。今はまだやっとその兆候が見え始めたところだ。しかしやがて二倍や三倍、十倍ではなく、五十倍の生産性に達するに違いない。マイクロソフトの元最高技術責任者ネイサン・ミアボルドはこう述べた。「トップクラスのソフトウエア開発者たちの生産性は平均よりも十倍、百倍というレベルではなく、千倍でもなく、一万倍だ」

質の高い知識労働の価値は計り知れない。その潜在的な可能性を解き放てば、組織は価値を生み出す途方もなく大きなチャンスを得ることができる。もしそうだとすれば、子どもたちの潜在的な可能性をフルに生かしてやることができたらどんなことが可能になるだろうか？　知識労働はこれまでに組織や家族が行ってきたあらゆる投資を生かす。知識労働者は組織のあらゆる投資を結びつける存在だからだ。組織の目標達成に向けて、さまざまな投資を有効に生かすフォーカス、創造性、手段を提供するのだ。

それでは情報・知識労働者の時代には、産業の時代の職業従事者は九十％減少するだろうか？　する、と私は信じている。今日のアウトソーシングの流れや失業の実態はまだ氷山の一角にすぎない。こうした傾向は熱い政治的論議の的にもなっている。しかし産業時代型の雇用の縮小傾向は、政府の政策や自由貿易協定などとはほとんど無関係で、知識労働者の時代へと経済が劇的に移行しつつあることを反映しているのである。では、新しい時代が求める新たな思考様式、新たなスキルやツールを今日の労働者たちが学ぶ必要があるとすれば、それは組織にとってどれほどの脅威になるだろうか？　どれだけの努力が必要か想像してほしい。**あなた自身**の場合も考えてみるとよい。新しい時代に第一線で活躍するために、自分には何がどれほど必要か、あなたの組織はあなたのためにどれほどの犠牲を払う必要があるか？

ドラッカーは産業・肉体労働者の時代と今日の知識労働者の時代を次のように対比している。

二十世紀のマネジメントの最も重要で真に特筆すべき貢献は、製造業に従事する**肉体労働者**の生産性を五十倍に引き上げたことである。

二十一世紀にマネジメントがなすべき最も重要な貢献は、**知識労働と知識労働者**の生産性を同じように向上させることである。

二十世紀の企業の最も価値のある資産は**生産設備**だった。それが二十一世紀には、企業でもその他の組織でも、最も価値のある資産は**知識労働者と彼らの生産性**になるだろう。[3]

偉大な歴史家アーノルド・トインビーは社会と組織の歴史はほとんど一行で言いつくせるとした——**「成功ほどの失敗はない」**と。なんらかの難題に適切に対応できたとき、それは「成功」と呼ばれる。しかし、また新たな難題が持ち上がると、かつて成功した古い方法では対応できない。「失敗」するのである。私たちはいまや知識労働者の時代を生きている。しかし私たちの組織はいまだに産業時代型の管理モデルで動いていて、人間の潜在的可能性を完全に抑圧してしまっている。ボイス（内面の声）など見向きもされない。驚くべき現実である。今日の職場で支配的な産業時代型の思考様式が、知識労働者の時代の新しい経済の中で役に立つはずはない。それなのに人々は、職場だけでなく家庭でも旧態依然たる思考様式に従って生きている。配偶者との関係やコミュニケーションでも、子どもたちの世話をし、しつけ、モチベーションを与えようとするときでも、多くの場合は古い思考が幅を利かせているのである。

産業時代の「モノ型思考様式」

産業の時代には、機械と資本こそ経済的繁栄をもたらす主要な資産であり原動力だった。つまり主役はモノだったのである。人間は必要ではあるが、代わりがいた。現場の労働者たちを自由に管理し、とっかえひっかえ使ってもたいした問題はなかった。より厳しい手順に従う有能な人材などいくらでも確保できる買い手市場だった。だから人間を効率よく管理することが可能だったのである。つまりは作業をする労働者の身体が必要だったのであり、頭の中身や心や精神（いずれも機械化時代の流れ作業を阻害する）は不要だった。人間をモノ同様におとしめていたわけだ。

現代のマネジメントの手法の多くは産業の時代の産物だ。

私たちは、必要な人員をうまく管理・運用すべきだと信じてきた。

会計にもこの考えが反映されている。従業員は人件費という経費とみなされ、資産といえば機械だった。考えてみてほしい。人間は損益計算書に経費として記載される。一方、設備は貸借対照表に投資として記載されるのだ。

アメと鞭《むち》でモチベーションを高めるというおなじみの哲学も同様だ。鼻先にニンジン（報酬）をぶら下げて、後ろから鞭で尻を叩く（恐れと懲罰）。人間をロバ同然に扱うテクニックである。

集中型の予算管理もそうだ。市場の行く末を見通し、「数字を取る」ためにヒエラルキーや官僚制が組み上げられる。時代遅れの受け身の方法である。来年度の予算を削減されないよう、今年度分を使いきることばかりを考えているような、おべっか使いの企業・組織文化を生むだけだ。自分の部署の既得権益を守ることばかりが優先される。

ほかにもいくらでも挙げることができるが、いずれも産業の時代の産物で、肉体労働者を対象に生み出されてきたやり方なのである。

問題なのは、管理職・マネージャーたちがいまだに産業の時代の管理型モデルを知識労働者に適用していることである。権力を握る立場にある多くの人が部下たちの真価と潜在的な可能性に気づいていない。そして人間の本質について包括的で正確な理解を持ち合わせていない。要するに**人間をモノのように管理している**のである。このため社員たちの最も質の高い才能や素質、やる気を引き出せずにいる。こうした昨今の状況はどのような結果を生んでいるだろうか？　部下を侮辱し、疎外し、仕事から人間味を奪っている。不信感を生み、労働争議が絶えない企業文化を生んでいる。同じように、家庭でティーンエージャーをモノのように扱ったらどうなるだろうか？　やはり子どもたちを侮辱し、疎外し、貴重な家族の関係が非人格的になる。そして不信感と争いと反感を生むだけである。

共依存関係の悪循環

モノのように扱われる社員や職員はどうなるだろうか？　彼らはリーダーシップを発揮するという選択肢などありえないと思い始める。リーダーシップはある特定の地位に付随するものだと大半の人が考えるようになり、自分がリーダーになることなど想像もできなくなる。自分なりのリーダーシップ（影響力）を発揮することは、実はピアノを弾くことを選ぶ自由に似ている。その自由は自分の力で手に入れるものなのだ。リーダーシップも同様で、本来は自分の力で勝ち取るべき選択肢なのである。

しかし多くの人は、進むべき方向は権力を握る地位にある人が決めるべきだと思い込んでいる。そんな人々はモノのように扱われることに（おそらく無意識のうちに）同意してしまっているのだ。何かやるべきことを見つけても、率先して行動しようとはしない。肩書きのある人物から指示されるのを待ち、指示どおり動くだけだ。だから何かがうまくいかなくなると職位上のリーダーのせいにし、逆にうまくいっても自分たちは「協力と支援」を感謝されるだけで、功績はもっぱらリーダーのものになってしまう。

下の人間が自立し、かつ率先して行動することをためらうほど、ますます職位上のリーダーたちは部下に指示を出し、管理しなければという思いに駆られる。部下に行動を起こさせるにはそれしかないと思い込む。その結果、とたんに馴《な》れ合いの関係、つまり共依存の悪循環に陥る。双方の弱点が相手の態度をますます強固なものにし、結局はその弱点を正当化することになる。マネージャーが部下を管理すればするほど、部下は指示どおりの態度しかとらなくなり、いっそうのコントロールが必要となるのだ。こうした共依存の文化はやがて慣例となり、ついには誰も責任をとらなくなる。リーダーと部下の間には互いの役回りについて暗黙の了解が成立する。そして、相手が変わらない限り自分の現状もよい方向に変わることはないと信じ、どちらも無力な存在になる。こうした悪循環は家庭の親と子の間にも見られる。

このような暗黙の申し合わせはいたるところに存在する。自分がまさにそんな状態にあることを勇気を持って認める人もほとんどおらず、本能的に**他人にばかり**そうした兆候を見つけようとする。私はそんな内容を講演で話すとき、二時間ばかりしてから聴衆に聞いてみる。「これまでの私の話は正しいが、本当にこの話を聞いて反省すべき連中は今この会場に来ていない、と思う人は挙手してください」と。するとたいてい大爆笑が起きる。そしてほとんどの人が手を挙げるのだ。

ひょっとしたらあなた自身もそうかもしれない。自分より先に本書を読むべき人がいるのに、と思っていないだろうか。そうだとすれば、それこそ共依存の兆候である。他人の欠点を思い浮かべながら読んでいるとしたら、あなたは自分をみずから無力化し、他人の欠点をますます強固なものにしてしまう。するとその人はあなたの率先力、エネルギー、そして胸躍る興奮をあなたの人生から吸い上げてしまうに違いないのである。

映像作品『マックス&マックス』

さらに深く掘り下げる前に、『マックス&マックス』というすばらしい短編映像作品でこれまで論じてきた**問題の本質**を解き明かそう。猟犬マックスと、新入りの顧客サービス担当者マックスとを主人公にしたフィクションである。もう一人の主人公はハロルドという人物。顧客サービス担当のマックスの上司だ。ハロルド氏は、マックスら部下を飼い犬の猟犬マックスと同じように管理しようとする。

この作品の舞台は企業の職場である。ここで**誰もが**職場があることを忘れないでほしい。学生や教師や教育行政にたずさわる人にとっては学校が職場である。ほかの多くの人々にとってはビジネス現場や、地域の役場や官公庁が職場だろう。地域社会や、教会、モスクが職場だという人もいるだろう。家族にとっては家庭がそうだ。つまりこの映像作品の内容は企業の世界に限られるものではない。テーマは人間関係であり、共通の目的を持って結ばれた人々の相互作用である。あなたの生活の中で、ほかの人々と共に過ごすあらゆる場面に当てはめて考えてみてほしい。

あなたが属する組織というレベルでも、個人のレベルでも、きっと感じるところがあるはずだ。さっそくDVDをセットして『マックス&マックス』をご覧いただきたい。

この作品を鑑賞してよく考えてもらいたい。マックスは私たちが新しい職に就いた時と同様、熱意に満ち、やる気満々だ。ところがマックスが率先して顧客を獲得し、つなぎ止めておこうとしたとたん、ハロルド氏がやる気をそいでしまう。マックスは細かいところまで管理統制され、熱意が冷めてきて臆病になる。目的、潜在的な可能性、選択の自由についてすっかりビジョンを見失う。つまり自分のボイス（内面の声）を失ってしまうのである。率先して行動することなど二度とするまいと決意する。そしてマックスは、ハロルド氏との共依存関係に縛られた考え方しかできなくなり、徐々に猟犬マックスに似てくる。常にハロルド氏を見て指示を待つようになるのである。ハロルド氏の責任だと思えるかもしれない。しかし**ハロルド氏自身も**、上司から同じように扱われている。彼らの会社全体に微細管理《マイクロマネジメント》という侮辱的な風潮がはびこっているのだ。企業文化全体が共依存的なのだ。誰もリーダーシップ（率先力と影響力）を発揮しようとしない。なぜなら誰もが、リーダーシップなどというものは特定の地位の人が示すものと決め込んでいるからなのだ。

現実に、多くの組織がマックスとハロルド氏の会社にどこか似ているところがある。私がこの四十年間に関わってきた最も優秀な企業でさえ、実にたくさんの問題がある。そしてこれらの問題がもたらす苦痛は、今まさに起きている世界の変化のおかげでますます鋭い痛みとなっている。『マックス＆マックス』が描いたように、私たちが直面している問題はたいてい三つに分類することができる。**組織の問題、人間関係の問題、個人的な問題**である。

まず**組織**のレベルでは、パフォーマンス、コミュニケーション、報酬、訓練、情報、その他の主要なシステムのすべてが社員の才能とボイスを抑圧する方向に働く。その原動力はコントロールという哲学である。この哲学は産業の時代に芽生えたもので、権力を握る人々の間でマネジメントに関する支配的な思考様式となっている。あらゆる産業や職業においてそうである。繰り返して言うが、**産業の時代の「モノ型思考様式」**である。

次に**人間関係**のレベルでは、大半の組織が**共依存関係**にどっぷり浸かっている。根本的に信頼関係に欠け、信頼できるクリエイティブな方法をもって互いの立場や意見の違いを解決するスキルや思考様式を身につけていない者も多い。もちろん、組織のシステムや管理型マネジメントが共依存を助長する面もある。しかしこの問題の原因は、あまりにも多くの人々が家では親兄弟に比較され、学校でもスポーツでも職場でも常に誰かと競争することを強いられていることにもある。こうした体験は強烈な影響力を持ち、人々に「我勝ちに」という心理を植えつける。その結果多くの人は、他人の成功を見て心から喜ぶことができなくなるのである。

最後に**個人**のレベルを見ると、組織のあらゆる職位に、聡明で才能があり、クリエイティブな人が大勢いる。しかし彼らは束縛され、過小評価されていると感じており、やる気を失っている。フラストレーションを感じるばかりで、物事を変革する力が自分にあるとは思えないのだ。

パラダイムの威力

著述家ジョン・ガードナーはかつて次のように指摘した。「病める組織の大半は、みずからの欠陥が見えなくなっている。苦労しているのは問題を解決できないからではなく、問題を**見抜けないから**なのだ」。またアインシュタインはこう表現した――「われわれが直面する重大な問題というものは、その問題を引き起こした時と同じレベルの思考では解決できない」。

これらの指摘は、私が人生の中で学んだ最も深遠な事実を浮き彫りにしてくれる。つまり――**小さな**付加的な変化や改善を望むなら、慣行や行動パターン、態度などの改善に取り組むべきである。しかし重要な、飛躍的な改善をめざすのなら、**パラダイムの変革**に取り組まねばならない。パラダイム（paradigm）ということばの語源はギリシャ語のparadeigmaである。もともとは科学分野の専門用語だったが、今日では一般に知覚の方法、仮定、理論、準拠すべき枠組み、あるいは世界を見るレンズのような意味で使われる。ある地域や都市の地図のようなものだとも言える。もし不正確であれば、いくら目的地を探す努力をし、いくら前向きに考えたところで迷子のままだろう。逆に正確であれば、勤勉さと適切な態度がきっと報われる。パラダイムは正確でなければ役に立たないのである。

たとえば中世の人々はどのように病を治療しようとしただろうか？　悪い血を抜く**瀉血**《しゃけつ》という方法によってだ。そこにはどのようなパラダイムがあったかといえば、「悪い物質が血液中にある。だから血を抜こう」というものだ。そしてこのパラダイムを疑わないとすれば、あなたなら次にどうするだろうか？　きっともっと血を抜こうとするだろう。よりすばやく、より痛みのないように。そして瀉血という行為の総合的品質管理やシックスシグマを採用し、統計的な品質管理や分散分析を行うかもしれない。戦略的なフィージビリティ・スタディ（事業可能性の検証）もするだろう。すばらしいマーケティング計画を立案し、「当社は世界最高水準の瀉血設備を備えております！」と宣伝を打つ。あるいは社員を山に連れて行き、崖の上から仲間の腕をめがけて飛び降りさせる。彼らはお互いにいっそうの愛情と信頼をもって血を抜く治療にまい進できるはずだ。それとも社員のグループを温水浴槽に浸からせて互いの心理を探求させる。信頼感に基づいたコミュニケーションが可能になることだろう。さらに患者にも社員にも前向きな志向を教え込み、瀉血療法を行う際に双方の前向きなエネルギーを最大化できるようにするのもいいだろう。

しかし現実には、ハンガリーの産科医ゼンメルヴァイスやフランスのパスツールら科学者が、微生物こそが病気の主たる原因であることを発見したことですべてが変わった。妊婦が出産の時に助産婦を呼びたがる理由も説明できた。きちんとした助産婦の方がほかの人より清潔だったのだ。戦場で銃弾よりもブドウ球菌による死者の方が多い理由もわかった。前線には細菌がまん延していたのだ。微生物病原説は調査研究のまったく新しい分野を切り開いた。この説は今日の医療現場でも有効である。

正確なパラダイムの威力とはそういうことだ。正確なパラダイムはものごとを**説明**し、そして**指針**となる。ただ問題は、パラダイムは因習のように根強いという点だ。より優れたパラダイムが見つかっても、誤ったパラダイムは何世紀も生き延びる。歴史書では初代大統領ジョージ・ワシントンは喉の感染症で亡くなったことになっているが、実際は瀉血が原因だったと思われる。喉の感染症は何かの病気の単なる症状にすぎなかっただろう。当時のパラダイムは依然として「血液の中に悪い物質があるから血を抜こう」というものだった。だから医者たちはジョージ・ワシントンの体から二十四時間の間に数リットルもの血液を抜いたのだ。米国では今日、健康な場合でも二か月間に一リットルの献血を限度とするのが一般的だ。

新たな知識労働者の時代は、新たなパラダイムのもとにある。産業の時代の**モノ型パラダイム**とはまったく異なるパラダイムだ。ここでは「**全人格型パラダイム**」と呼んでおこう。

全人格型パラダイム

なぜ大勢の人が仕事に不満なのか？　なぜ大半の組織が社員の最も優れた才能や創意工夫、創造性を引き出せずに、真に偉大で長続きする組織になれずにいるのか？　問題の核心には一つの単純で支配的な理由がある。それは**われわれが何者なのか**ということ、**人間の本質に関する根本的な見方に関して、不完全なパラダイムに基づいている**ということである。

根本的な真実はこうだ——人間は、管理して尻を叩かなければ動かない**モノではない**。人間は四つの側面から成る存在だ。肉体、知性、情緒、そして精神である。

太古以来の東西のあらゆる哲学や宗教を研究してみれば、基本的には同じ四つの側面が論じられていることに気づく。肉体的・経済的側面、知的側面、社会的・情緒的側面、そして精神的側面である。それぞれに表現は異なるが、いずれも人生の普遍的な同じ四つの側

図2・2

全人格型パラダイム

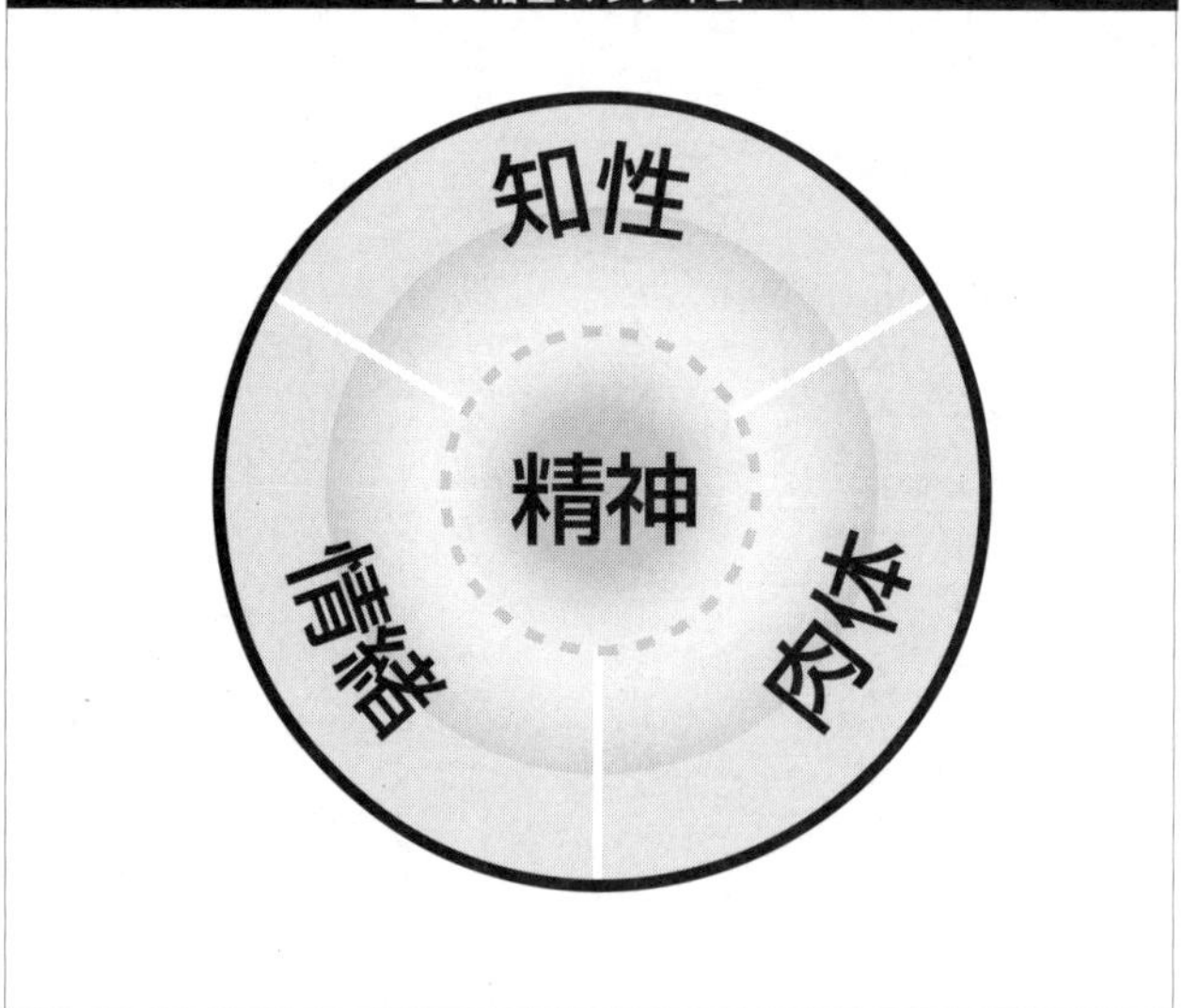

面を反映している。その四つの側面はまた、第一章の映像作品で描かれていた**あらゆる人の四つの基本的なニーズとモチベーション**を浮かび上がらせる。生きること（生存）、愛すること（人間関係）、学ぶこと（成長と発展）、そして貢献すること（レガシー）である。図2・3を参照してほしい。

私たちには選択肢がある

さて、今日管理職の人々や組織は社員を奮起させて最高の才能と貢献を引き出すことができずにいる。この現実は、現代の職場で主流をなす管理型の「モノ（部分的人格）型パラダイム」とどのように関係しているのだろうか？　答えは単純だ。人は選択をするということだ。意識的にしろ無意識的にしろ、人は仕事にどれほど自分を捧げるかを決めている。その選択は、自分がどのように扱われているか、自分の**四つの本質のすべて**を生かす可能性がどの程度あるかによって決まる。そして実際に表れる行動としては、反抗や拒否か

図2・3

らクリエイティブな躍動まで幅広い。

次に挙げる五つのケースについて、図2・4の六つの選択肢のどれをとるかを考えてみてほしい。六つとは反抗や拒否する、不本意だが従う、自発的に行動する、喜んで協力する、心からコミットする、クリエイティブに躍動する、である。

第一のケース――あなたが公平に扱われない場合。組織の中は政治的駆け引きだらけ。えこひいきもある。給与体系も公平かつ公正と思えない。あなた自身の給与もあなたの貢献度を正しく反映していると思えない。さてあなたの選択は?

第二のケース――給与の面では公平な扱いを受けているとしよう。しかし組織があなたに思いやりを持っているとは言えない。尊重してくれているとは思えない。あなたに対する扱いは一貫しておらず、独断的で気まぐれで、ボスの気分に大きく左右される。さてあなたの選択は?

第三のケース――給与も公平だしあなたに対する扱いもよいとしよう。しかし意見を求められるはずの場面

図2・4

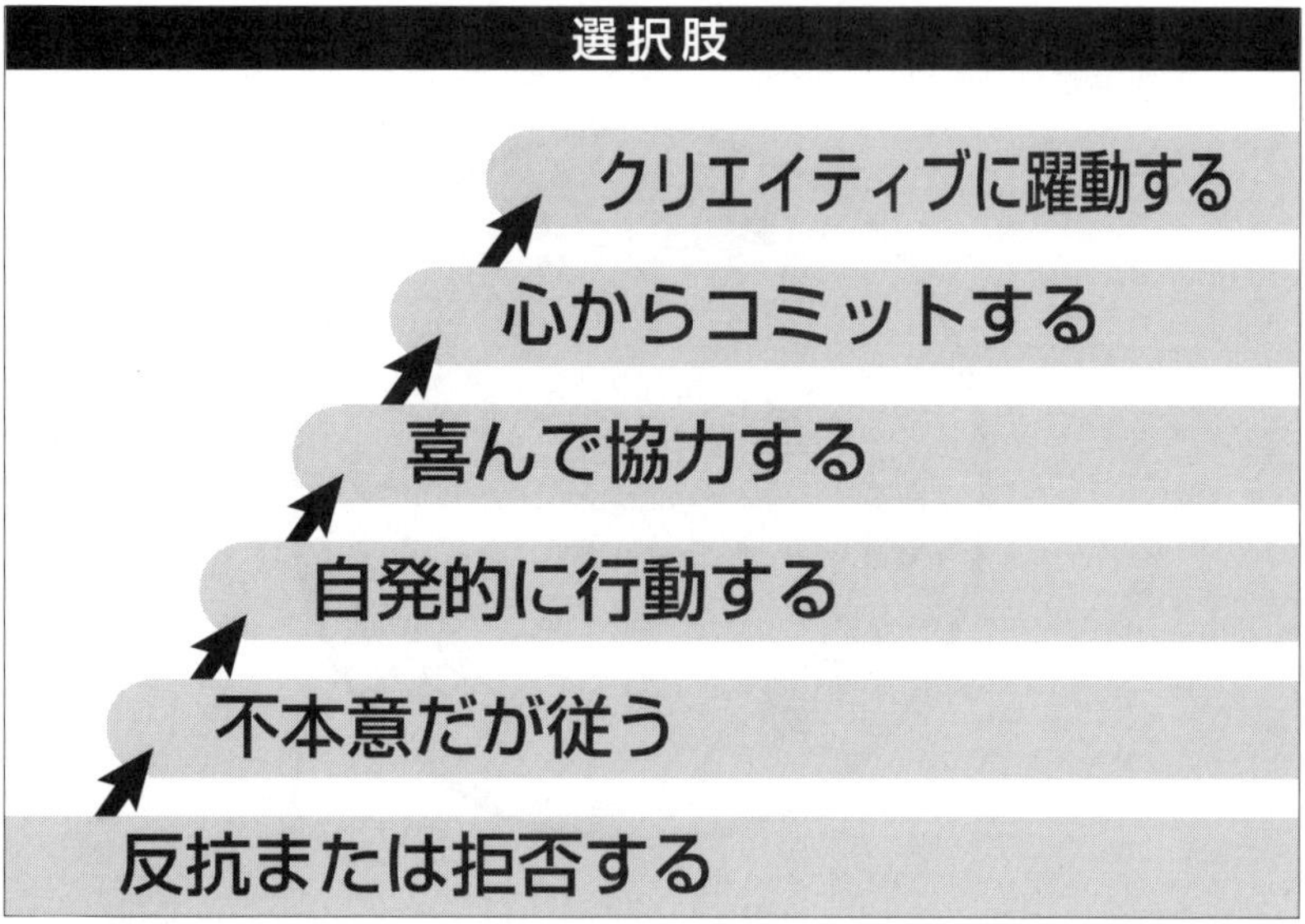

で、上の意見を押しつけられる。言い換えれば、評価されているのはあなたの肉体と情緒だけで、知性ではない。さてあなたの選択は？

第四のケース――給与は公平（肉体的側面）、扱いも良い（情緒的側面）、与えられた仕事にはクリエイティブに関与している（知性）としよう。しかしその仕事は実は穴を掘っては埋め戻すようなことばかり。誰も読まず、活用もしないような報告書を書かされる。つまり仕事自体が無意味（精神的側面）だとしたら。さてあなたの選択は？

第五のケース――給与も公平、扱いも悪くない、そしてあなたは意義のある職務にクリエイティブに関与しているとしよう。しかし顧客や仕入先との間に多くの嘘やごまかしがある。ほかの社員もそうだ（精神的側面）。さてあなたの選択は？

五つのケースで、全人格型パラダイムの四つの部分のすべてを検討してみた。この点に注意してほしい。四つの部分とは、肉体、知性、情緒、そして精神である（精神は二つの部分に分けて考えた。仕事が無意味

図２・５

全人格型の仕事と人間

だという場合と、仕事の進め方が無原則だという場合）。ここでの要点は、人間の四つの本質のうち一つでも無視すれば、人間をモノに変えてしまうということだ。管理し、運用し、アメと鞭でやる気を出させようとすることになるのだ。

私はこれまで世界中のさまざまな人々を相手に右のような五つのケースを投げかけてみた。するとほとんど必然的に、答えは次の三つの種類になる——反抗するか拒否する、不本意ながら従う（言われたとおりやるにはやるが、結果的にうまくいかなければよいと思う）、そして最もましな場合でも、自発的に行動するという選択だ。今日の情報・知識労働者の時代には、全人格的な仕事の中で全人格的に尊重されている人しか上位の三つの選択をすることはない。つまり**公平な報酬をもらい、まっとうな扱いを受け、クリエイティブな使われ方をされ、原則に基づく方法で人間の要求に応える**ような仕事に従事している人だけが、喜んで協力し、心からコミットし、クリエイティブに躍動することを選び取れるのである（図２・４をもう一度よくみてもらいたい）。

アイデンティティは運命である

今日の職場をめぐる問題とその解決策《ソリューション》の核心は、人間の本質に関するパラダイムに基づいている。このことが少しずつわかってきただろうか？　私たちの家庭や地域社会における問題の解決策も同じパラダイムのもとにある。産業の時代の「モノ型パラダイム」とそのパラダイムに基づくあらゆる慣行は、「現代の瀉血」だと言ってもよい。このあと第六章以降で人間の本質の四つの部分を無視することから起きる組織の**四つの慢性的な問題**を包括的に解説する。そして**リーダーの四つの役割**を生かした解決策も示そう。しかしその前に、まずはこれまで見てきた苦痛や問題に対する**個人レベルの**対応や解決策を第三章から第五章にかけて説明しておこう。

第三章 問題解決への道

時宜にかなった発想ほど強いものはない

――ビクトル・ユーゴー

思想家・博物学者のヘンリー・D・ソローは書いている――「悪の枝葉を切り落とそうとしている者は千人といるが、悪の根を断とうとしている者はせいぜい一人ぐらいだ」[1]。本書は、私たちが直面するさまざまな深刻な問題の根を絶つためにある。

第一章ではまず**苦痛**について考え、第二章ではその苦痛を引き起こしている**問題**を考察した。その問題は個人個人の内に根を張っていると同時に、根強い既成のパラダイムや職場の因習とも結びついていた。この第三章では、次章から順を追って解説する**解決策**《ソリューション》の大枠を示しておこう。

私は世界中の企業・組織と四十年以上にわたって仕事をしてきた。有能な研究者たちの卓越した研究成果からも多くを学んできた。その結果気づいたのは、企業や組織に根づいた文化を転換させるという偉業は、ほとんどの場合、ある**一人の**選択から始まったということである。偉大なる文化的転換とは、長期的な成長と繁栄および世界に対する貢献を**持続できる**偉大な組織を作り上げるような転換だ。それが職制上のリーダー（ＣＥＯや会長）の選択によって起きるケースもある。しかしむしろ、ある一人の専門職やライン管理者、アシスタントなどの選択から始まったという場合の方が多い。職位を問わず、彼らはまず自分自身を内面から変える**インサイド・アウト**の変化から始めた。そして彼らの性格、能力、率先力や前向きなエネルギーがほかの人々を鼓舞し奮起させた。彼らの道徳的な権威が周囲を動かしたのだ。つまり、彼らはまず自分のアイデンティティをしっかりと見極め、自分の長所や才能を発見し、それらを活用することでニーズに応え、結果を出した。周囲もそれに気づき、彼らはより大きな責任を与えられた。するとその新たな責任をみずから押し広げ、彼らは再び結果を出した。いっそう多くの人々が目をとめた。組織のトップにいる人たちも彼らのアイデアについて知りたがった――どうすれば**そんなに大きな**成果を達成できるのかと。このようにして、彼ら自身とそのビジョンに組織の文化が引きつけられていったのである。

このような人たちは、組織内のネガティブで侮辱的でやる気を削《そ》ぐような影響力に飲み込まれたり、いつまでも押しつぶされていたりはしない。興味深いことに、彼らの組織がほかに比べて特に優れているわけでもない。**どんな組織でも**多かれ少なかれ欠陥を抱えている。転換をもたらす選択をする人たちは、上司や組織が変わるのを待ってはいられないということに気づくのだ。彼らは凡庸さの海の中で島のような卓越した存在になる。そして、その卓越性が周囲の人々にも影響を与えるのである。

転換をもたらす選択をする人たちは、組織に根づいたネガティブな文化に屈することなく、おおかたの流れに逆らい、自己中心的な利害は二の次にして、卓越したビジョンと決意を開発し持続させる。こうしたことを実現するための内的な力を彼らはどこから得ているのだろうか？

彼らは自分自身の本来の姿と天賦《てんぷ》の才能に気づくのである。そしてどのような偉大なことを達成できるか、ビジョンを生み出していく。見識を持って率先力を発揮し、身のまわりのニーズやチャンスを深く理解していく。その結果、自分の才能を生かすことができるようなニーズ――モチベーションを高めてくれて、有意義な結果につながるもの――に応える。言い換えれば、**自分のボイス（内面の声）を発見し**、活用するのだ。そして人々に奉仕し、奮起させる。このとき彼らは、人間一人ひとりの成長と繁栄を左右する**原則**を適用する――「人格全体」（肉体、知性、情緒、精神）から最良のものを最大限引き出す原則である。それは**同時に**組織の成長と繁栄をもたらす。彼らはさらにほかの人々にも影響を与え、**それぞれが自分のボイスを発見するように奮起させていく**のだ。これもまた重要なポイントである。

自分自身のボイスを発見し、**それぞれのボイスを発見するよう人を奮起させる**――この二つの要素から成る問題解決の方法は、**あらゆる**職位の人にとって指針となる。充足感と影響力を最大化し、余人をもって代えがたい貢献者となるための道筋であり、組織の中で自分のチームが、社会の中で自分の組織が、不可欠の存在となるための道筋でもある。本書は、次の二つの要素に合わせて二部構成になっている。

第一部　ボイス（内面の声）を発見する
第二部　ボイス（内面の声）を発見するよう人を奮起させる

ボイス（内面の声）を発見する

まず本章でそれぞれの内容を簡単に見ておこう。

森の中の分かれ道で私は
人踏まぬ方を選んだ
そのおかげで今の私がある

――ロバート・フロスト[2]

図3・1は大きく異なる人生の二つの道を示し、「自分自身のボイスを発見し、それぞれのボイスを発見するよう人を奮起させる」という「第8の習慣」の見取り図となっている。この図は第十四章までの各章の冒頭に登場する。**各章のポイントとなる部分を強調して示しながら、章を追うごとに詳しく**なっているのだ。これによって読者はすでに読んでわかっているポイント、これから読むポイント、そして先々の章でめざすべきポイントを把握できるはずだ。

誰もが人生の二つの道のどちらかを**選んでいる**。老いも若きも、男も女も、富める者も貧しき者も。一方の道は多くの人が選ぶ大きな道で、凡庸さへの道だ。もう一方は偉大さと有意義な人生へと至る道である。それぞれの到達点（凡庸さと偉大さ）の内容は多様だ。一人ひとりの才能や人格には幅広いバリエーションがある。しかし二つの到達点自体を比べてみれば、昼と夜ほどはっきりした違いがある。

凡庸さへの道は人間の潜在的な可能性を抑圧する。その場しのぎで、安易な近道をしながら歩む人生だ。この劣った道を歩む人は、身勝手、迎合、無節制、比較、競争、迫害などを体現することになる。いずれも**組織に染みついた文化のソフトウエア的側面**である。これに対し、偉大さへの道は人間の潜在的な可能性を解き放ち、具現化する。内面から始まるインサイド・アウトの連続した成長の過程を歩むのだ。この優れた道を行く人は組織・企業文化のネガティブな影響力を乗り越え、自分自身が人生の創造的な推進力になることを**選び取る**のだ。この

図3・1

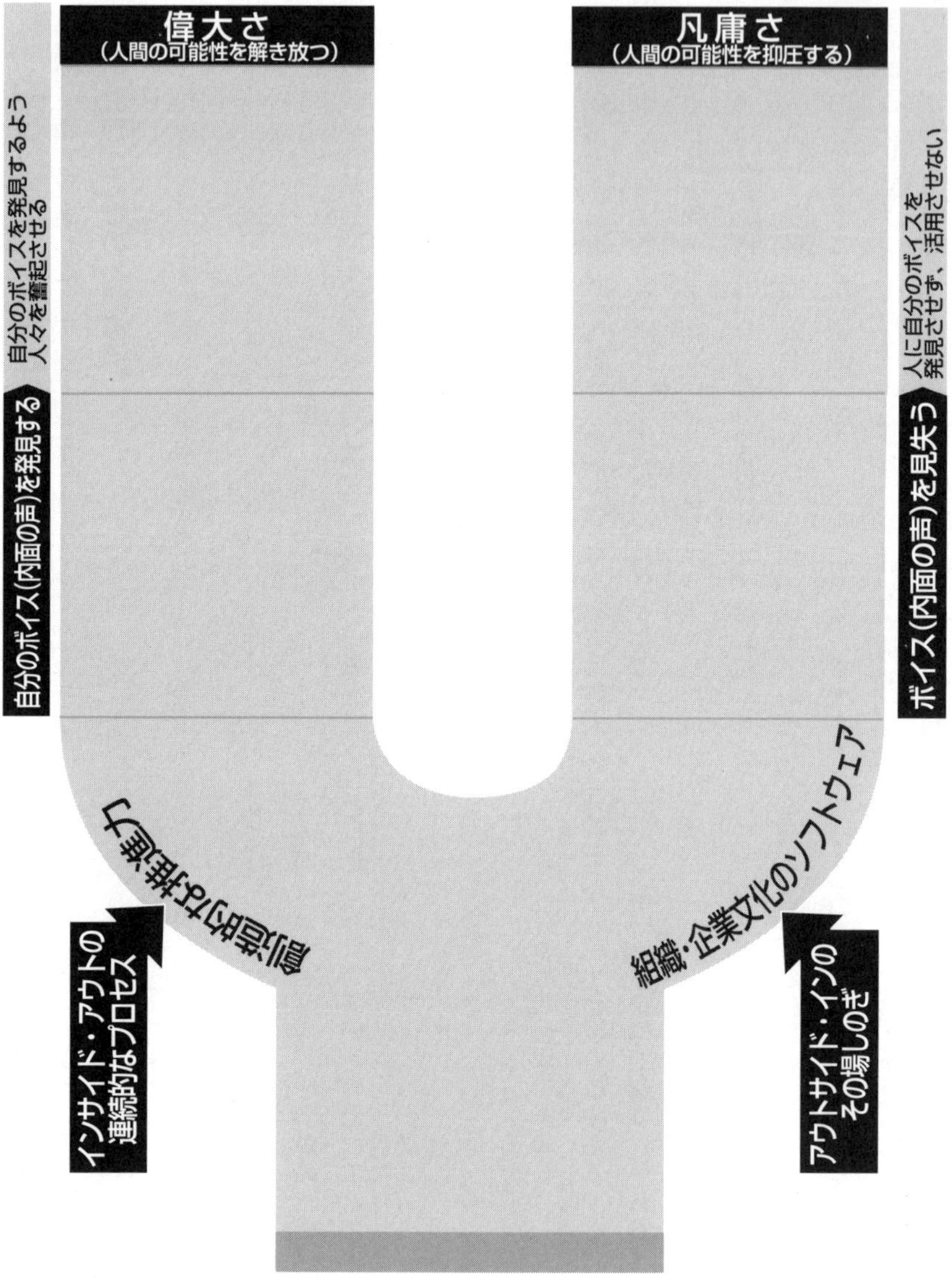

偉大さ
（人間の可能性を解き放つ）
凡庸さ
（人間の可能性を抑圧する）
自分のボイス（内面の声）を発見する
自分のボイスを発見するよう人々を奮起させる
ボイス（内面の声）を見失う
人に自分のボイスを発見させず、活用させない
創造的な推進力
組織・企業文化のソフトウェア
インサイド・アウトの連続的なプロセス
アウトサイド・インのその場しのぎ

偉大さへ至る道をひと言で表すとすれば、それは〈ボイス（内面の声）〉の道である。この道を進む人たちは自分のボイスを発見し、人を奮起させてそれぞれのボイスを発見するよう促す。もう一方の道を歩む人々がそんなことをすることは決してない。

〈意味〉を求めて

人類に貢献できる**偉大な**人生を生きたい――私たちは誰もが内面の奥深くではそう切望している。本当に意味のある、かけがえのない人生を生きたいと。ひょっとするとあなたは自分に対して疑問を抱くかもしれない――自分は本当にそう願っているのか、願っていたとしても実現する能力はないのではないかと。しかしあなたは実際にそんな人生を**生きることができる**。私は心の底からそう確信している。このことをぜひ覚えておいてほしい。あなたの内には潜在的な可能性があるのだ。誰にでもある。それは人間として生まれた者が生まれながらに持っている権利なのだ。

ある軍事基地の司令官と話をしたことがある。自分が指揮する組織の中で、大きな文化的な変革をもたらそうと熱意に燃えている人物だった。軍歴三十年の大佐で、年内に退役する資格も得ていた。すでに何か月も部下たちを教育し、トレーニングを指揮してきた実績もあった。それなのに彼は退役することを選ばずに、大がかりな改革計画を率先して実行しようとしていた。成し遂げるには因習、無気力、無関心、不信感などの巨大な力に逆らって進んでいかねばなるまい。それなのになぜそんなことをしようとしているのか、私は少し意地悪く聞いてみた。「あなたはゆっくりくつろぐことだってできるでしょう。すばらしき退役。勲章を授与され、あなたをたたえる晩餐会の一つも開かれるに違いない。愛する人たちや知り合いもみんなお祝いしてくれるでしょうに」

大佐は熱がさめたかのように押し黙り、長い間口を開かなかった。しばらくして、とても個人的な、神聖とさえ言える体験について語ってくれた。彼は父親を亡くしたばかりだと言った。父親は死の直前、別れを告げるために妻と息子（大佐）をそばに呼んだ。ほとんど話すこともできない状態だった。大佐の母親はずっと泣いていたという。大佐が身をかがめると、父親はその耳元にささやくように言った――「息子よ、私のような生き方はするな。私はおまえやおまえの母親を正しく扱ってこなかったし、人生で何か意味のあることも成し遂げなかった。息子よ約束してくれ、決して私のような生き方はしないと」。

それが最期のことばとなった。父親がくれた最大の贈り物であり、遺産だった。その瞬間に大佐は決意した。人生のあらゆる場面で意味のあることを成し遂げようと。

あとでこっそり大佐が教えてくれたのだが、実は引退してゆっくりしようと考えたこともあったという。しかも、後継の司令官が自分ほどの成果をあげず、それが誰の目にも明らかであってほしいと密かに思ったという。しかし、父親のことばに触発されたときに思いは変わった。指揮する部隊に永続的なリーダーシップの原則という新たな文化を確立しようと決意したのだ。しかもそれだけでなく、後継者が確実に**いっそうの成果**をあげられるようにしようと思ったのだ。つまり部隊の構造とシステム、業務遂行のプロセスの中に、彼なりのリーダーシップの原則を制度化して組み込む。そうすればこれから何代にもわたるリーダーたちに遺産を残すことができるかもしれないのだ。

大佐はさらに打ち明けてくれた。父親の一言を聞くまでずっと安易な道ばかり選んで生きてきた。前例に従って、管理業務をこなしていただけ。要するに凡庸な人生を選んでいたというのだ。しかしあのとき、父親と約束をして決意を新たにした。偉大な人生を生きよう、人々に真に貢献できる価値のある生き方をしようと、かつてないほどの強い決意を抱いたのだ。大佐は真に意味のある人生を選び取ったのである。

私たちは誰でも凡庸な人生に別れを告げ、家庭や職場や社会で偉大な人生を歩もうと決意することができる。どのような状況で暮らしているどんな人にもできる。不治の病に堂々と立ち向かう精神も偉大だ。自分には人間としての価値と可能性があるということを子どもに気づかせ、その子の人生を意味あるものにしてやるだけでもよい。組織の中で変革のきっかけを作る役割を担ってもよいし、社会のために何か偉大な運動を始めるのでもよい。私たちは**偉大な**人生へと踏み出す能力《ちから》を持っているのだ。もっと簡単なことで言えば、ある良い一日を**偉大な**一日にする能力を誰もが持っているのだ。これまでにどれだけ長く凡庸さへの道を歩んできたとしても関係ない。いつだってもう一方の道に乗り換えることはできる。いつだってできるのだ。遅すぎることなどない。私たちは皆、自分のボイスを発見することができるのである。

＊　＊　＊

「人踏まぬ道」を行くことを**選んだ**ならば、ボイスを見いだすために次のような道をたどることだ。

①**ボイスを発見する**――まず本来の自分を理解するようにする。私が**三つのすばらしい天賦の才**と呼ぶものを見いだすのだ（選択する自由と能力《ちから》、原則・自然の法則、四つのインテリジェンス〈知力〉――第四章参照）。それから、自分の本質の四つの側面（肉体、知性、情緒、精神）と結びついた四つの**インテリジェンス（知力）**を開発し、相互の関連性を保ちながら全体として活用する。

②**ボイスを表現する**――右の四つのインテリジェンスの最も崇高な表現である**ビジョン、自制心、情熱、良心**を開拓していく（第五章参照）。

映像作品『自らを見出す』

ボイスを発見する過程がよくわかる実話を紹介したい。数年前、フランクリン・コヴィー社は地元の公共放送局（PBS）と共同で一本の番組を制作し、実話を脚色して英国で撮影した。このすばらしい物語の主人公は、浮浪児の境遇を乗り越えて作家としてそこその成功を収め、すてきな家と愛する家族を持つようになった十八世紀のある英国人男性だ。ところが彼は作家として壁にぶつかっていた。創造性の火が消えてしまったかのようだった。借金も増えていた。出版社からは締め切りを守るようにと強いプレッシャーをかけられていた。日に日に落ち込むばかりだった。自分の子どもがそこらにいる浮浪児たちのようになりはしないか、かつて父親が借金で牢獄につながれていた頃の幼い自分のように、路頭に迷うことになりはしないかと不安になった。

やる気も出ず、眠れもしない。やがて夜な夜なロンドンの街を徘徊《はいかい》するようになった。そこで目にしたのは貧困と、非人道的な条件下の工場で深夜労働をする子どもたちであり、家族が食いつなぐためにもがき苦しむ親たちの姿だった。次第に彼は目の前の光景が映し出す現実の本質に気づき始めた――身勝手や強欲、そして他人の弱みにつけ込もうとする人々がもたらす悲惨な結果。一つのアイデアが彼の心を動かし、ふくらんだ。何か意義のある結果をもたらすために、自分にもできることがあると彼は気づいたのだ！

かつてないほどのエネルギーと熱意をもって再び彼は書き始めた。自分も貢献できるという思いで、情熱に駆られ、夢中になった。もはや疑問も落胆も感じなかった。金銭的な不安も気にならなくなった。とにかく本にして世に出したかった。それもできるだけ安く、できるだけ多くの人に読んでもらえるように。彼の人生はすっかり変わったのだ。本当に彼は自分のボイス（内面の声）を見つけたのだった。

このすばらしい人物の実話を映像化した作品を見てもらいたい。付属のＤＶＤをセットし、『自らを見出す』を選択する。ここに書ききれなかった彼の体験にも心を動かされずにはいられないはずだ。

ボイスを発見するよう人を奮起させる

自分のボイスを見いだしたあなたが影響力を押し広げ、いっそうの貢献をするために次なる道を**選ぶ**とすればどうすればよいだろうか。それはほかの人々を奮起させて、**それぞれの**ボイスを発見するよう促すという道を選ぶことだ。Inspire（奮起させる。語源はラテン語のinspirare）ということばは、もとは人に息を吹き込むという意味である。私たちはほかの人々がそれぞれにボイス（内面の声）を表現できるよう、理解し、尊重し、道を開いてやることができる。人の本質をなす**四つの側面すべての**ボイスを表現できれば（肉体的、知的、社会・情緒的、精神的に）、潜在的な才能、創造性、情熱、手腕そしてモチベーションが解き放たれることになる。市場や社会において生産性向上、革新、新たなリーダーシップなどを実現してさらに上へと壁を突破していく組織の条件が何か考えてみてほしい。それは十分な数の社員やチームがそれぞれのボイスを表現しきれることである。

本書の第六章から始まる第二部は、「ボイスを発見するよう人を奮起させる」という課題を扱う。世の仕事の大半は組織の中で行われている。このため、第二部ではあらゆる組織の中で（ビジネス、教育、行政、軍事、地域社会、家族でさえ）積極的に人々に影響を与えるための原則に焦点を当てる。

おそらくあなたは「そのとおりだ。しかし……」といろいろな疑問を感じるだろう。そんな疑問を解消するために、**よくある質問と私なりの答えを各章の終わりに記しておいた**。参考になれば幸いだが、関心のない読者は飛ばしていただいてかまわない。最終章のあとには、より一般的かつ包括的な質問と回答を列挙した。

本書をフルに活用するために——人に教え、みずから実践して理解を深める

あなたが本書をフルに活用し、人生に力強い変化と成長をもたらすことができるよう、二つの簡単なことをお勧めしたい。この二つを実行すれば、劇的な結果が得られるはずだ。第一に、本書で学んだことをほかの人に**教えること**。第二に、本書で学んだことを系統立てて生活の中に**適用すること**。つまり実践するのだ!

教え、分かち合いながら理解を深める

最良の学習方法は人に教えることである。また、**実践することで学習内容を自分のものにできる**。この二つの点はほとんど誰もが認めるだろう。

何年も前に大学で教えていた頃、私はカリフォルニア州サンノゼから客員教授で来ていたウォルター・ゴング博士と出会った。博士は一学期間、教員のために「教授法の上達」という講義を行っていた。ゴング博士の授業の核心は次のようなすばらしい原則だった——**人に学習させる最善の方法は、教師役をさせることである**。誰かに教えることで、自分自身が最もよく学習することができるということである。

私はさっそく職場や家庭でこの原則どおりにやってみた。私がはじめて大学で講義を担当した頃、学生は十五〜三十人ほどしかいなかった。しかしゴング博士の方法を試してみると、もっと多くの学生を効果的に教えられることがわかった。千人近くもの学生がいる講座もあったが、ゴング博士の方法を適用したところ、学習態度も

試験の点数も実際に向上した。なぜだろうか？　教えることで理解がぐっと深まるからだ。すべての学生が教師となり、教師が学生となるのだ。

教育の質を決めるのは教師と学生の比率だと一般的には信じられている。学生が少ない方が教育の質はあがるというのだ。しかし学生を教師役にすることでこの事実を逆転させることができる。

さらに、自分が学んでいる内容を人に教えたり分かち合ったりすることは、みずからも実践するつもりだということを暗に示している。また、分かち合うという行為は互いの学習を深め、意欲とモチベーションを高める。そうすると、いざ実際に変化をもたらそうとするときに、その正当性を疑われることがなくなる。学習内容を分かち合った仲間たちを中心に支援チームを発足させることもできる。人と人の絆《きずな》も生まれることにあなたは気づくだろう。特に子どもたちを相手にする場合が顕著だ。学校で習ったことを定期的に両親に教えるようにさせる。この簡単な方法を実践すれば、勉強しろと尻を叩く必要もなくなる。このことに妻のサンドラと私は気づいたのだ。人に何かを教えようとする者こそ最も優れた学習者になるのである。

学んだことを人生に組み込む

知っているだけで実行しないならば、わかっていないのと同じだ。学んでも実践しないならば、本当に学んだことにはならない。さらに言い換えれば、何かを理解したとしても、現実の場面に適用しないならば本当に理解することはできない。知識や理解を内面に定着させるには、**実行**と**適用**あるのみだ。例えば本や講義でテニスについて学ぶことはできる。しかし実際にやってみなければテニスがどんなスポーツかを本当に知ることはできない。知っているだけで実行しないならば、本当に知っていることにはならないのだ。

本当の自己認識は黙考ではなく行動によってこそ得られる。懸命にみずからの責務を果たすよう努めよ。やがて自分がどれほどのものか気づくだろう。

――ヨハン・ウォルフガング・フォン・ゲーテ

本書で学んだ内容を実践する上で少なくとも四つの方法がある。

①まず通読し、それからプライベートやビジネスにどの部分を適用するか決める方法。多くの読者はこの方法をとるだろう。気持ちの上でも知的な理解の上でも考え方の流れをつかんでおいて、それからやってみたい――私たちの多くはそう望んでいる。

②まず通読し、総合的な理解と高められたモチベーションによって、もう一度はじめから読み直す方法。二度目のときは読み進めながら内容を実践していく。これは多くの人にとって有効な方法だろう。

③**一年を通じた自己の成長と開発プログラムとして**本書を利用する方法。私個人としては、これが最も大きな成果をあげられる方法だと思っている。第四章以降の十二の章を、一ヶ月ずつ読み進めていく。まずその月の章を読んで人に教え、学んだ内容を一ヶ月間実践する。そのようにして各章の内容を一ヶ月ずつ実践するように努力すれば、その先々の章で得られる洞察が飛躍的に豊かになることに気づくはずだ。

④第三の方法を読者の都合に合わせて実行する方法。ひと月に一章というペースより速く進めたい人もいれば、ゆっくりやりたい人もいるだろう。毎週一章ずつ読んで実践するのでもよいし、二週間に一章、二ヶ月ごとに一章など、自分に合ったペースで進めればよい。第三の方法と同じ効力を保ちながら、自分の希望や状況に柔軟に合わせることができる。

どの方法をとるにせよ、各章で解説した諸原則を実践しやすくするために、巻末に「第8の習慣チャレンジ」の課題達成チェックリストを用意した。各章の内容に合わせて「自己開発と実践のステップ」をこなしていくようになっている。具体的には次のとおりだ。

①その章を読む。
②その章の内容を少なくとも二人の人に教える。職場の同僚でも家族でも友人でもよい。
③一ヶ月間、その章に書かれた原則を実践するよう、協調しながら誠実に一緒に努力する。
④その章の内容に従って生きてみてどんな結果や学習の成果が得られたか、信頼のおける同僚や家族や友人に報告する。

さて、「第一部　ボイス（内面の声）を発見する」に進む前に、米国の第十六代大統領エイブラハム・リンカーンの次のことばについて考えてみてほしい。「静かに過ぎ去ってしまった時代の独断《ドグマ》は、嵐のような現在

図3・2

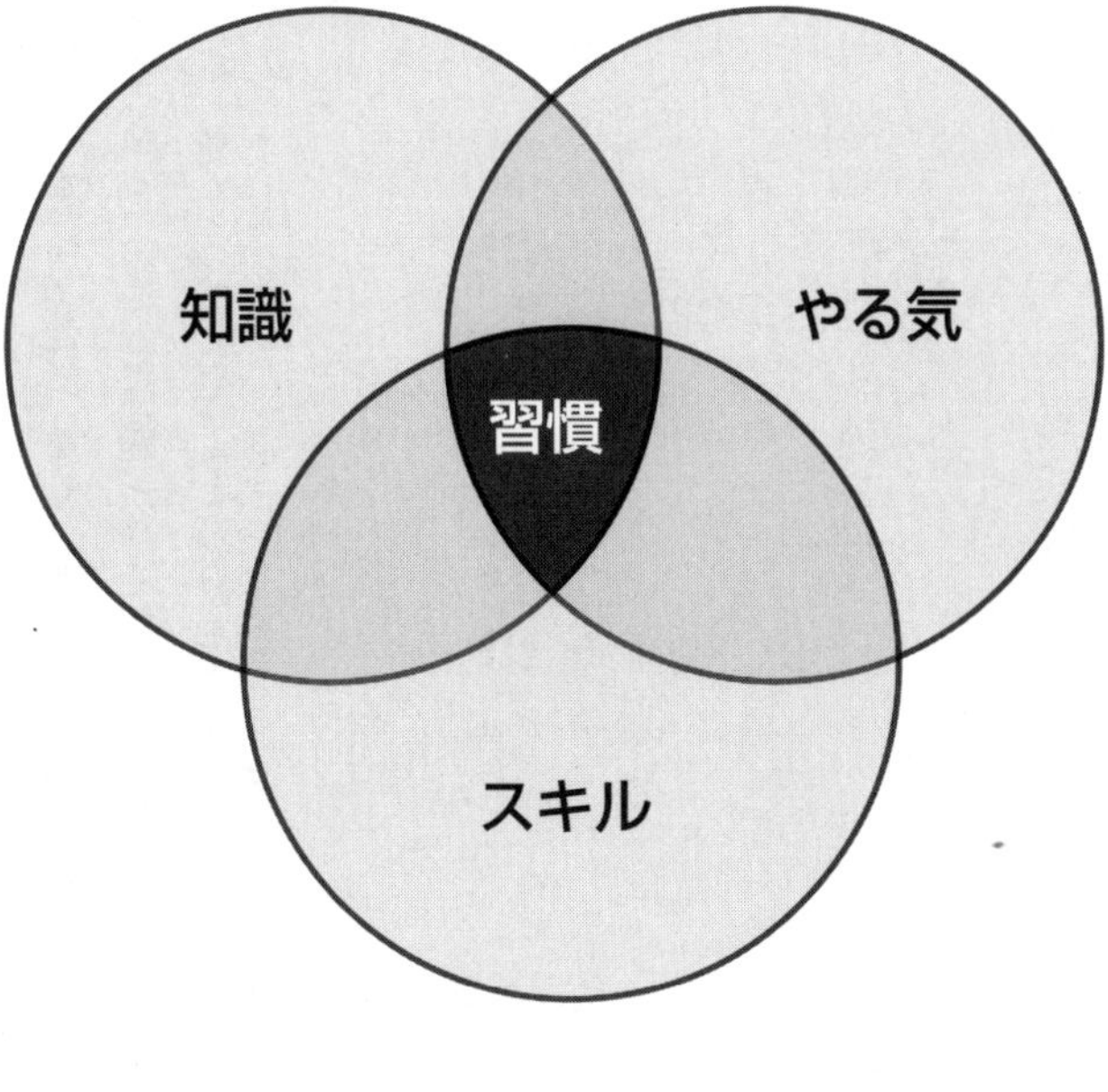

を生きるためには役に立たない」。私たちには新たな考え方が必要だ。新しい思考様式を開発するだけでなく、それに伴って一定の新しいスキルとツールも開発しなければならない。簡単にできることではない。居心地のよい住み慣れた場所から放り出されるのだから。しかしいまや新たな現実が目の前にある。新たな経済、新たな課題に私たちは直面している。挑むべき新たな課題を乗り越え、単に生き延びるだけでなく、新たな現実の中で真の繁栄を手にするためには、新しい対応の仕方、新しい習慣が必要となる。習慣は知識とやる気とスキルが交わる点にある。「第8の習慣」のこれら三つの側面を開発していくにつれ、新たな課題にどんどん対応できるようになり、自分の無限の可能性を具現化できるようになるだろう。

第一部

ボイス（内面の声）を発見する

第四章

ボイス（内面の声）を発見する ――秘められた天性を解き放つ

この世に生まれたその日から開かれないままの
天からの贈物のなんと多いことか、
神の御手になる恵みの数々が
あなたに下されているというのに。
愛する人は何度でも言うだろう、
「私のすべてはあなたのもの」と。
いとしい人よ、天からの贈物のなんと多いことか、
あなたが生まれたその日から開かれないままの。

――ハーフィズ[1]

自分のボイス（内面の声）を**発見する**能力《ちから》は、生まれたその時から私たち一人ひとりに与えられている。潜在

図4・1

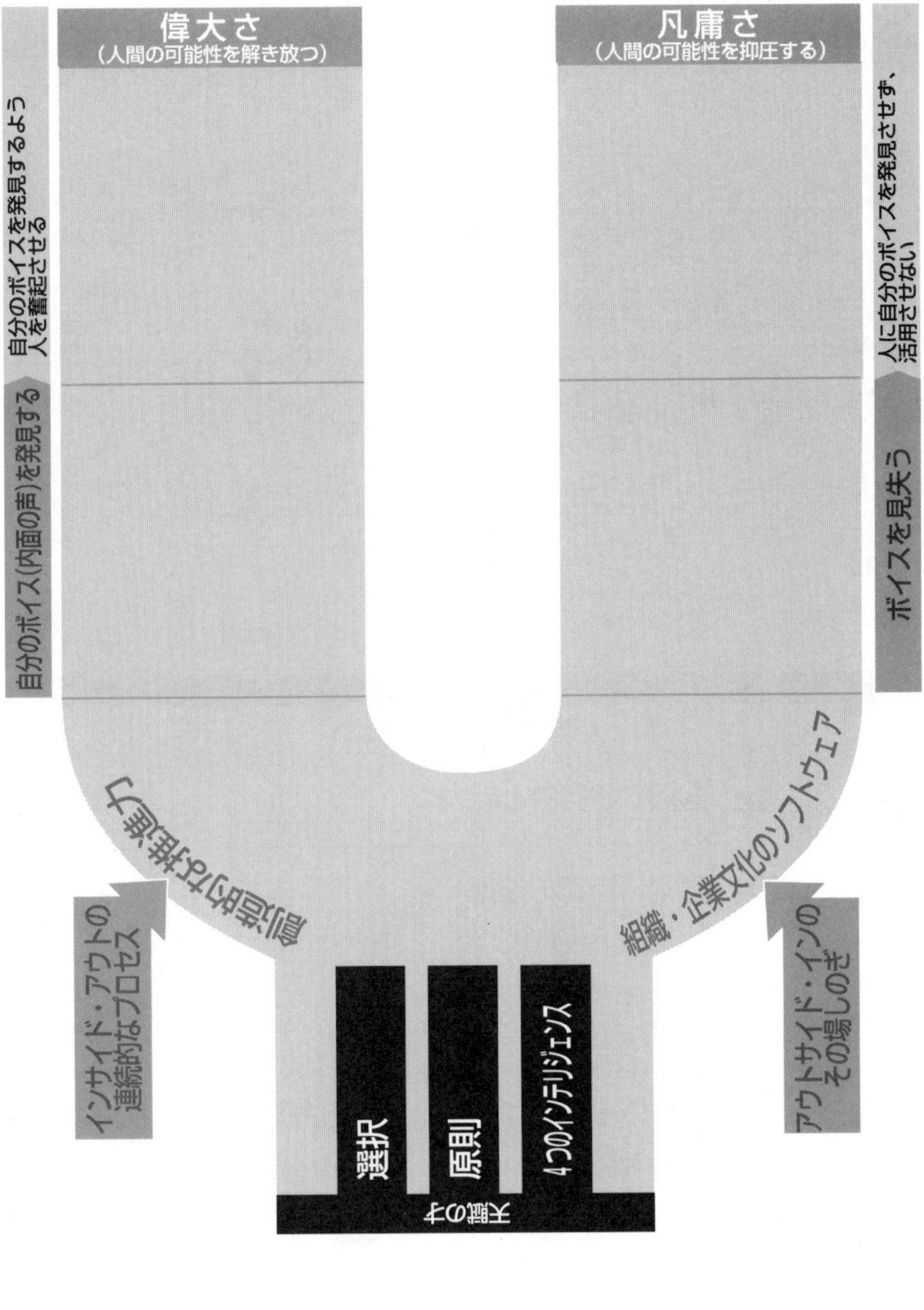
偉大さ
（人間の可能性を解き放つ）
凡庸さ
（人間の可能性を抑圧する）
自分のボイスを発見するよう人を奮起させる
自分のボイス（内面の声）を発見する
人に自分のボイスを発見させず、活用させない
ボイスを見失う
高潔な指導力
組織・企業文化のソフトウェア
インサイド・アウトの連続的なプロセス
アウトサイド・インのその場しのぎ
選択
原則
4つのインテリジェンス
天賦の才

的で未開拓だが、偉大さの種が生まれながらにして植えつけられているのだ。才能、素質、能力、インテリジェンス（知力）、チャンスなど、私たちはすばらしい天賦《てんぷ》の才に恵まれている。私たち一人ひとりの潜在的な可能性は莫大で、無限だといってもよい。人の力は計り知れないのだ。しかし多くの場合、私たち自身が決意し努力しなければどんな力も解き放つことはできない。人間の赤ん坊は全宇宙の中で最も頼りない存在かもしれない。しかし数年もすると最も力強い存在になり始める。持てる才能を生かし伸ばすほどに、私たちの才能も可能性もさらに大きくなっていくのである。

> **すべての子どもは生まれた時は天才である。しかし一万人のうちの九千九百九十九人は、うかつにも大人たちによってあっという間に凡人にされてしまうのだ。**
>
> ――バックミンスター・フラー

最も重要な私たちの三つの天賦の才について説明しよう（図4・2参照）。

図4・2

「天賦」の才
大半は開拓されていない
■ 選択する自由と能力《ちから》
■ 原則（自然の法則） ■ 普遍 ■ 不変 ■ 自明
■ 4つのインテリジェンス（知力）・潜在能力 IQ 知的　EQ 社会・情緒的 PQ 肉体的・経済的　SQ 精神的

第一は**選択する自由と能力**《ちから》。

第二は普遍的かつ不変の**自然の法則、または原則**。

第三は**四つのインテリジェンス（知力）・潜在能力**――肉体的・経済的、社会・情緒的、知的、精神的な知力のこと。人間の本質をなす四つの側面である肉体、情緒、知性、精神に対応する。

私たちは自分自身の天賦の才を前にして、畏敬の念に打たれ、恐れすら感じることがある。それは私たち自身に課せられた責任の重さをも自覚するからだろう。著述家のマリアン・ウィリアムソンはそんな経験をみごとに言い表している。

私たちが感じる最も強い恐れは、才能の欠如に対する恐れではない。私たち一人ひとりが計り知れない力を持っていることにこそ、最も大きな恐れを感じるのである。恐れを生むのは私たちの内なる光であって、闇ではない。私たちは自問する――私はこれほどすばらしく優れた、才能ある並外れた存在になってもよいのだろうか、と。いや、むしろこう問うだろう――私は優れた存在にならずにいることが許されるのか、と。あなたも神の子だ。小さくなっていたのでは世のためになることはできない。周囲の人を不安にしないために縮こまっていることなど、少しもほめられたことではない。私たちは誰もが輝いていなくてはならないのだ。まさに子どもたちのように。私たちは内なる力を発揮して神の栄光を体現すべく生まれてきた。神の栄光は例外なく私たち一人ひとりの内に秘められているのだ。そして私たちがその内なる光を輝かせるとき、誰でも光り輝くことができるということを無意識のうちにほかの人々に伝えているのだ。私たちが自分自身の恐れから解放されれば、自然にほかの人々をも恐れから解放することになるのである。[2]

第一の天賦の才——選択の自由

本書が扱っている内容について、私は半世紀にわたって世界中でさまざまな角度から関わり、語ってきた。その中で最も強く人々を突き動かした主題、テーマは何か？　最も人々の琴線に触れた偉大なる知見——状況にかかわらずすべての人にとって最も実用的で、適切で、タイムリーな理念は何か？　それは「**私たちには選択の自由がある**」ということである。私は心の奥底からそう確信しているし、そう答えることをためらわない。選択をする能力《ちから》こそ生命そのものに次ぐ偉大なる天恵なのである。社会には他人に責任をなすりつけようとする**責任逃れと非難**の文化や思考様式がまん延している。それに比べて選択をする自由と能力を発揮する生き方は著しい対照をなしている。

本質的に、私たちは自分自身の選択によってみずからを作り上げるのだ。遺伝子や育ち（養育や環境）によるのではない。もちろん遺伝的要素や文化的要素も大きな影響を持っているが、決定的なものではないのである。

> **自由なる人類の歴史は決して偶然によって書かれることはない。選択——人間一人ひとりの選択——によって書かれるのである。**
>
> ——米国第三十四代大統領ドワイト・アイゼンハワー[3]

みずから人生の舵取りができるというのは、人間の本質だ。人間は進んで行動するが、動物や人間型ロボットは反応するだけである。人間はそれぞれの価値観に基づいて選択をすることができる。私たちは選択によって自分の人生を方向づけることができるのであり、この能力《ちから》によって自分自身を作り直し、未来を変え、この世のあらゆるものに大きな影響を与えることができる。選択をする能力《ちから》は人間に与えられた最大の天賦の才だ。私たちはそのおかげでその他の天性を活用することができる。選択をする能力《ちから》によってこそ、私たちは人生をより高いレベルへと引き上げることができるのである。

私はこれまでさまざまな聴衆を前に語ってきたが、参加者から異口同音に次のような声を聞くことが何度となくあった――「選択の自由と能力《ちから》についてもっと教えてください。私という存在の価値や潜在的可能性について。そして、私は他人と自分を比べる必要などないということについても」。ほかにも、「講演はおもしろかった（または退屈だった）が、選択の自由という内的な素質についての話に文字どおり心を打たれた」と感想を漏らす人も大勢いた。実に愉快な気分になる心躍るような発見で、その含蓄はとても味わい尽くせないくらいだというのだ。

選択をする能力《ちから》を持っているということは、私たちは単に過去や遺伝子の産物**ではない**ということである。他人の影響の産物**でもない**。いずれも当然ながら私たちに影響を及ぼすが、私たちの存在を**決定づけることはない**。私たちは自分自身の選択によって自分自身を決めるのである。仮にあなたの**現在**が**過去**の受け身な生き方の結果であるとしても、**未来**まであきらめることはないのだ。

ハワイで休暇を過ごしていたときのこと。私は人生を根底からひっくり返されるような根源的な体験をした。『7つの習慣』の構想の礎《いしずえ》にもなったものだ。ある日、私はぶらぶらと図書館で本を見ていた。内省的な思考を集中できそうな気分だった。そしてふと一冊の本を手に取り、次のような一節を読んで魂を揺さぶられるような衝撃を受けた。

刺激と反応の間にはスペースがある。
そのスペースの中に、反応を選択する私たちの自由と能力《ちから》がある。
そしてその選択の中に、私たちの成長と幸福がある。

それまでにも選択の自由ということについて学ぶ機会は何度もあり、知識としては理解していた。しかしあのハワイでの一日、静かな環境の中で内省的な気分になっていた私は、刺激と反応の間には選択をするための一定の余地があるという知見に大きな衝撃を受けた。そのとき以来、私はこう考えている――刺激と反応の間のスペースは人によって**大きさがちがう**。その大きさを決定するのは遺伝的・生物学的な要因や養育、そしてその時点における人それぞれの状況である、と。

惜しみなく愛情を注がれ、周囲から温かく支えられて育った人なら、多くの場合、スペースはとても大きいはずだ。そうでない人の場合は、遺伝的要因や環境の制約によってスペースは小さくなっているだろう。しかし大切なのは、いずれにせよそこに選択の余地があるということだ。そしてそれを**生かすことによって**そのスペースは広げることができる。刺激と反応の間に大きなスペースを持つ人でも、逆境にあって逃げる道を選ぶとしたらスペースは小さくなってしまう。逆に小さなスペースしかない人でも、遺伝的・社会的・文化的な制約に負けずに歩む道を選べば、自由が拡大し、成長が加速し、幸福感が深まっていくのがわかるはずだ。前者のような人は、生まれながらにして与えられた貴重な天性を生かそ

図4・3

うとしないのだ。そしてみずからの選択ではなく状況に左右されるようになってしまう。一方で後者のような人は、つまずきそうになりながら長く苦しい努力をする必要があるかもしれないが、それでも選択の自由というかけがえのない天性を生かす。そしてこの自由によってその他のあらゆる素質が花開くのを発見するのである。

刺激と反応の間に選択の余地があることに気づかずにいると、みずからを変革する能力が失われる。自己を見つめることができるのは人間だけである。一匹狼として知られた二十世紀の英国の精神医学者ロナルド・デイビッド・レインはこのことを次のように表現した。ぜひ一読し、よく考えてみて、もう一度読んでみてほしい。

私たちの思考や行為は、私たちが気づいていることではなく、気づかずにいることによって制約されている。そして私たちは気づかずにいるというそのことに気づかずにいる。このため状況を変えることはむずかしい。私たちが気づかずにいることこそ私たちの思考や行為を決定するものだというこの事実に気づかない限りは。

選択の自由と能力《ちから》に気づくことは積極的な意味を持っている。私たち自身の潜在的な可能性を感じ取ることができるからだ。しかし一方でこの認識は私たちを恐れさせるし、脅威にもなり得る。なぜなら突如として私たちは自分の責任に気づかされることになるからだ。責任（Responsibility）とは、反応（Response）する能力（Ability）のことである。反応を選び取ることができる私たちは、同時にその反応に責任を負うことになるのだ。目下の苦境や問題の原因をいつも過去や現在の状況のせいにしてばかりいるような人は、この事実に震えあがるに違いない。選択の自由と能力に気づいた瞬間、もはや言い訳はできないからだ。

これまで起こったことにせよ、今まさに起きていることやこれから起きることにせよ、出来事と私たちの反応の間には時間的な隙間がある。そしてそれがわずか何分の一秒かであったとしても、どんな状況に対してもそこには選択をするという私たちの能力を発揮する余地がある。

もちろん選択の余地がないこともある。遺伝的形質が一例だろう。しかし私たちは遺伝子を選ぶことはできないとしても、自分の遺伝的形質にどう反応するかを選択することはできる。ある特定の病気にかかる遺伝子を持っているとしても、必ずしも発症するとは限らない。しっかりと自己を認識し、適切な運動や栄養など養生に気を遣い、最新の医学的知見に従うならば、あなたの先祖たちの命を奪ってきた病にかからずにすむかもしれないのだ。

選択の自由と内的な能力《ちから》を開発し増大させていく人々は、いわゆる**流れを変える人**になることもできる。先祖代々伝わってきた望ましくない傾向を断ち切り、子どもや孫など未来の世代に伝えないようにするのだ。

私は先日、光栄にも全米ファーザーフッド・イニチアチブ（ＮＦＩ）（子育てや地域活動における父親の役割と参加の重要性を唱導する非営利団体）から父親業賞《ファーザーフッド》をいただいた。その授賞式に参加したとき、私はいっしょに受賞したある男性のスピーチに深い感銘を受けた。彼は開口一番、この賞は今までもらった賞の中で最も名誉と価値があるものだと言った。ほかのさまざまな賞は彼の職業人としての成功の証しだったが、この賞はもっと偉大な「成功」の証しだというのだ。彼は「私は父のことをほとんど知らない。父も自分の父親について何も知らなかった。しかし私の息子は自分の父親のことをよく知っている」と、息子との間に築いた絆《きずな》について述べた。このことばは人生の最も優れた、意義ある成功について語っている。真の偉大さ、真の成功とは何かを示している。そして何よりも重要なのは、それまで代々希薄だった父親と子どもの絆を生み出した彼は「流れを変える人」になったということであり、この功績がこれから何世代にもわたって計り知れないほど貴重な影響を及ぼしていくに違いないという事実である。

あなたも、たとえば自分の職場で流れを変える人になることができる。あなたには手に負えないひどい上司がいて、職場環境は不快かつ不公正だとしよう。それでも選択の自由を賢明に生かせばあなたは状況を変えることができるはずだ。大きな影響を与えて上司をよい方へ変えることができるかもしれない。少なくとも上司や周囲の人々の欠点から距離を置いて、マイナス要素にはまったり染まったりすることは避けられるはずだ。自分の感情が他人の弱さに影響されているようなとき、力を失って、他人の弱点がますます増長することを許し、ますます生活を台無しにされてしまう。このことをぜひ覚えておいてほしい。過去があなたの未来をも縛ってしまうのだ。

ここで、選択する能力《ちから》とはどういうものかをあざやかに物語る実話を紹介しよう。人に多くの知見をもたらしてくれる勇気ある人物に、一人称で語ってもらおう。「悪い」上司に影響を与え、思うような方向に導いてしまうことにも成功したという体験談である。

今の会社に人事担当役員として採用されたとき、私は新しいボスのことについてさまざまな恐ろしい話を耳にした。そしてある社員に向かってボスが怒鳴り散らしている場面に居合わせたとき、私は自分に誓った――決してボスの逆鱗《げきりん》に触れないようにしようと。実際にそのとおりにした。廊下で会えば愛想よく話しかけた。報告書はきっちり期日までに秘書に渡した。昼休みには昼食に誘われないようにそそくさとオフィスを出た。間違って勝ってしまうとまずいのでゴルフもなるべくしないようにした。

すぐに私は臆病風にとりつかれていることに気づいた。どうにもならないことに思い悩んでいた。まだ起きてもいない問題に対する解決策ばかり考えて、貴重な創造的エネルギーを無駄にした。びくびくして、全力で会社に貢献することもできなかった。変化の主体になっていなかったのだ。当時の私にとって唯一好ましい変化といえば、自分から転職することくらいだった。実際に他社の採用面接を申し込んだ。

その時点で私は自分が恥ずかしくなった。そこで面接はキャンセルして、自分の力で左右できる物事に意識を集中しよう、九十日間だけそうやって頑張ってみようと決心した。まずはボスと健全な人間関係を築くことが重要だと自分に言い聞かせた。親友になる必要はないとしても、少なくとも同じ会社の人間としてまともなやりとりができる関係を作る必要があった。

ある日ボスが私のデスクにやってきた。しばらく話をしたあとで、何度かためらい、頭の中でくりかえし練習をしてから私は言った。「ところで、あなたがいっそうの成果をあげるために、私にできることはありませんか？」

ボスは一瞬当惑し、「どういう意味だね？」と聞いた。

私は勇気を持ってさらに続けた。「あなたの仕事から少しでもプレッシャーを取り除くにはどうしたらよいでしょうか？　あなたができるだけ苦労せずに職務を果たせるようにすることが私の役目ですから」ヘンなやつだと思わないでくれとでも言うように、私はひきつった微笑を満面に浮かべてみた。そのときのボスの表情は決して忘れない。二人の関係が動き出したのは、その時からだった。

はじめは簡単なことばかりを仰せつかった。「この報告書を清書してくれ」とか「代わりにここへ電話してくれ」というような、私なら決して失敗しないようなことばかりだ。それが六週間続いたあと、ボスが私に言った。「君の職歴からすれば、社員の手当や補償には詳しいだろうね。悪いけど社員の保険を見直してもらえないだろうか。もう少し節約できないかと思っているんだがね」会社にとって重大な案件をはじめて私に任せてくれたのだった。私は保険会社と交渉し、年間二十五万ドルの保険料を一九万八千ドルに引き下げることに成功した。さらに相手の手続き上のミスにクレームをつけて、これまでの契約の解約料を無料にさせた。これでまた一万三千ドル会社は得をした。

ボスと意見が合わなかったときも、私は決して口外しなかった。だからボスはマーケティング部の連中の誰からも不愉快な指摘を受けるようなこともなかった。

そうしているうちに、私は九十日間の努力の誓いのおかげで結果が出ていることに気づいた。私は職場環境を変えるために自分にできることに集中した。そのおかげでボスとの人間関係も発展したし、私の影響力も増大した。今、ボスと私の間には強い信頼関係がある。そして私は今の会社に貢献していると感じている。

ある船は東へ向かい、ある船は西へと向かう
しかも同じ風に乗って。
帆の張り方なのだ、
風向きではなく、
船の針路を決めるのは。
運命の流れも海原の風に似ている。
人生の航路を進む中、
精神のあり方なのだ
われわれの行き先を決めるのは、
運命の平穏や苦難ではなく。

——エラ・ウィーラー・ウィルコックス[4]

ここでもう一度あの第一の天賦《てんぷ》の才について深く考えてほしい。刺激と反応の間にある選択の余地についてである。そしてあなたが自由を拡大し、常に成長し、学び、貢献し続けるために、その選択の余地を賢明に活用してほしい。選択する能力《ちから》を発揮するうちに、やがてあなたの反応は力強いものになるはずだ。そして今度は反応の方が刺激を引き出すようになっていくだろう。あなたの力で、あなたの世界を実際に作りあげていくことができるのだ。偉大な米国の哲学者・心理学者のウィリアム・ジェイムスが常々教えていたのは、考え方を変えることで私たちは人生を変えることができるということだった。

第二の天賦の才――自然の法則・原則

これまで刺激と反応の間にある選択の自由を賢明に活用することを論じてきた。しかし「賢明に活用する」とはどういうことだろうか？　知恵とは何だろうか？　それは今日世にまん延している**その場しのぎ**の文化ではなく、**原則、つまり自然の法則**に従って生きることである。

アインシュタインは四歳のときに羅針盤の針を見て以来、「物事の裏には深く秘められた何かがある」ということを理解したという。この事実は物理学以外のあらゆる分野についても言える。ここに言う原則は**普遍**であり、文化的・地理的な違いを超越している。**不変**でもある。公正さ、優しさ、正直さ、誠実、奉仕、貢献、敬意などの原則はいつの時代も決して揺らぐことはないのだ。文化が異なればこれらの原則は異なる慣行となって表れるだろう。時の流れとともに原則を適用する自由が濫用《らんよう》され、原則自体が見失われることもあろう。しかしそれでも原則が現に存在し続けていることに変わりはない。万有引力の法則のように、常に有効なのである。

これらの原則について私が気づいたもう一つのことは、**議論の余地がない**ということだ。**自明**なのだ。たとえばいつの時代でも信頼性のない人間が他人から信頼されることはあり得ない。考えてみればわかるだろう。こうしたことを私は自然の法則と呼んでいるのだ。

あるとき私は三十人ほどのグループのサバイバル訓練でインストラクターのアシスタントを務めた。飲まず食わずでほぼ二十四時間歩いたところで、食料がある場所にたどり着くために流れの速い川を渡ることになった。

こちら側の岸の木から対岸の木にロープが張ってあった。向こう岸に渡れば朝食にありつける。私は最初に渡ろうと名乗り出た。私は自分には力があると思い込んでいたため、全力で向こう岸をめざさずに半ば渡ったところでロープを揺らしてふざけて見せた。少し疲れてきたと気づいてからあわてて渡ろうと試みた。しかし力は衰えるばかり。イメージトレーニングのように自己暗示をしたり、意志力をふりしぼったりしても無駄だった。私は激しい流れの中に転落した。二十五メートルほど下流の岸辺でへとへとになっている私を見て、生徒たちは歓声をあげて笑った。「おごれる者は久しからず」という事実をあざやかに実演して見せるはめになったのである。肉体は自然の法則に従う自然に忠実なシステムだ。どれほど前向きな精神的態度をとってみたところで、私は筋力の限界を乗り越えることはできなかったのだ。

普遍的な原則など存在しないと主張する人々について英国の作家Ｃ・Ｓ・ルイスは次のように述べている。私が気に入っている一節だ。

真の「正・不正」など存在しないと言う人物も、次の瞬間には前言を撤回せざるを得なくなるものだ。自分では平気で約束を破るくせに、人が約束を破るとすぐに「不公平だ」と苦情を言い始める。国際協定など無意味だと主張して協定を破ろうとする国も、すぐに「そもそも不公平な協定だったのだ」などと言い出して墓穴を掘る。もし本当に協定が無意味であり、「正・不正」の別などあり得ないとしたら、つまり「自然の法則」など存在しないとしたら、協定が公平だろうと不公平だろうとかまわないはずである。彼らは自分から馬脚を現して、実は彼らも「自然の法則」を認めていることを露呈しているのではないだろうか。

どうやら私たちは真の「正しさ」や「不正」の存在を認めないわけにはいかないようである。人は時には間違うこともあるだろうが、それはちょっと計算を間違えるようなものだ。掛け算の答えと同じように、真の「正・不正」は単なる人の好みや意見の問題ではないのである。（中略）そこで私は次の二点をはっきりさせておきたい。第一に、地上のすべての人々が「こうふるまうべきだ」という奇妙な考えを持っていて、どうしても否定しきれないこと。第二に、それでも実際にそう行動しているわけではないということ。誰でも「自然の法則」を知っている。しかしその法則を破ってしまう。この二つの事実は、私たち自身や私たちが暮らすこの宇宙に関するあらゆる明晰《めいせき》な思考の基礎をなすものである。[5]

自然的な権威と道徳的な権威

自然的な権威は自然の法則から生まれる。自然の法則を無視することはできず、従うしかないからだ。好むと好まないとにかかわらず、私たちのあらゆる行動は結果を伴う。一方の端をつかんで棒を持ち上げれば、反対の端も持ち上がる。十階建てのビルから飛び降りて、五階あたりで急に思い直そうとしてもそうはいかない。引力に逆らうことなどできないのだ。自然の特質とはそういうものだ。人間が持つ選択の自由と能力《ちから》という特質も自然から与えられたものだ。だから人間はその他のあらゆる被造物に対して自然的に優越している。絶滅寸前の動物には選択をする自由も能力もない。自己認識もできず、みずからを作り変えることもできない。人間の意思があってはじめて生き延びることができるのであり、何から何まで完全に人間の意思に従属している。人間は自己を認識することができるからこそ、生物の中で唯一選択の自由と能力を生かし、自分自身を作り変えることができる。これが人間が持つ自然的な権威というものだ。

では**道徳的な権威**とは何か？　それは私たちが自然の原則に従って選択の自由と能力《ちから》を活用することから生まれる。言い換えれば、私たちが人間関係の中で自然の原則に従うとき、私たちは自然の恩恵を享受することができる。私たちの選択の結果は自然の法則（たとえば引力）や原則（たとえば敬意、正直さ、優しさ、誠実、奉仕、公正さなど）に左右される。常に環境を汚染していれば空気や水も汚れるように、常に人に対して不親切で不誠実であればあなたに対する信頼（それは人間どうしを結びつける接着剤である）は損なわれるのだ。常に原則に従い、自由と能力を謙虚に活用する謙虚な人こそ、人間関係や文化、組織、そして社会全体の中で道徳的な権威を獲得できるのである。

価値観というものは社会的な規範だ。個人的で、感情的で、主観的であり、議論の余地がある。犯罪者にだってそれなりの価値観がある。だから私たちが自問しなければならないのは、**「私の価値観は原則に基づいているか」**という点である。これまで見てきたとおり、原則は自然の法則に従っている――個人的なものではなく、事実に基づいており、客観的で自明である。私たちは価値観に基づいて行為をする。その行為の結果は原則に従う。だからこそ原則に基づいた価値観が重要なのである！

有名人にひどく憧《あこが》れるような人（スター願望の持ち主）の価値観は、原則に基づかない価値観の好例だろう。彼らの道徳的基準は人気に左右される。だから自分が何者であるかもわからず、前も後ろもわかっていない。世間的な価値観に基づいて生きているからどんな普遍的原則に従うべきかもわからない。一方には社会的意識・自己意識があり、他方には自然の法則・原則があり、その間で引き裂かれてしまうのだ。飛行機のパイロットの「めまい」と同じだ。地上（＝原則）を基準にした方向感覚を失ってしまうと、どっちを向いているのかまったくわからなくなってしまうのだ。多くの人々が眩暈に襲われ、道徳的にあいまいなまま人生を歩んでいる。私たちの身のまわりにも有名人の世界にもいくらでもいる。そんな人たちは物事の核心をしっかりと見つめたり、変わることのない原則としっかり結びついた価値観を持つ努力をしたことがないのだ。

このように考えてくると、「正しい方向」がどこかを見定め、すべてをその方向に向けることこそ私たちの主要な課題となる。そうしなければ必然的に好ましくない結果を招くことになる。なぜならば、私たちは価値観に基づいて行動するが、その結果を左右するのは価値観ではなく原則だからである。道徳的権威を身につけるためには、短期的には自己中心的な利害を犠牲にし、社会的な価値観よりも自然の原則を優先させる勇気が必要になる。そしてこのような原則を豊かに包含するものは何かといえば、私たちの良心なのである。

映像作品『農場の法則』

ここで付属のＤＶＤに収録された『農場の法則』という映像作品を観てほしい。母なる自然は、収穫を得るためには自然の法則から逃れることはできないということを教えてくれる。本作品ではこのことがシンプルに、しかも力強く描かれている。あらゆる永続的な結果は一連のプロセスによって生まれるのであり、原則に支配され、内側から外側へインサイド・アウトに育ってくるものだ。この映像作品を観ながら、**人間の本質**も同じであることを覚えてもらいたい。人間の性格、偉大さ、そしてあらゆる人間関係にも「農場の法則」があ

図4・4

人間の4つのインテリジェンス・潜在能力

る。それはその場しのぎで他人を責めて責任をなすりつけるような現代にありがちな文化とは著しく異なっている。

第三の天賦の才――四つのインテリジェンス・潜在能力

すでに述べたとおり、私たち人間の本質は四つのすばらしい側面から成り立っている。肉体、知性、情緒と精神である。そしてこれらの四つの側面のそれぞれに潜在能力――**インテリジェンス（知力）**――があり、それは誰にでも備わっている。その四つとは、肉体的・身体的インテリジェンス（ＰＱ）、知的インテリジェンス（ＩＱ）、情緒的インテリジェンス（ＥＱ）、そして精神的インテリジェンス（ＳＱ）である。これら四つのインテリジェンスが私たちに与えられた第三の天賦の才である。

知的インテリジェンス（ＩＱ）

一般にはインテリジェンスといえば**知的インテリジェンス（ＩＱ）**を思い浮かべる。分析し、推論し、抽象的に思考し、言語を使い、想像し、理解する能力である。しかしこれだけではインテリジェンスをあまりにも狭く考えすぎることになる。

肉体的インテリジェンス（ＰＱ）

私たちは**肉体的インテリジェンス（ＰＱ）**なるものにもなんとなく気づいているが、軽視しがちだ。しかしあなたが意識すらしないうちに身体がどれほどのことをしているか、ちょっと考えてみればわかるだろう。呼吸器系や循環器系を機能させ、神経その他の生命にかかわるシステムを動かしている。身体は常に環境を精査し、病んだ細胞を取り除き、生存するために戦っているのだ。

人間の身体は驚くべきシステムである——本のページをめくったり、咳《せき》をしたり、車を運転するだけのために、約七兆個の細胞が気が遠くなるほど高度な物理的・生物化学的な連係を保っている。私たちはほとんどそれを意識する必要がないことを思うと、なおさら驚嘆すべきことだと感じる。あなたは最近、脈を打つよう心臓に指示したり、膨らんだりしぼんだりするよう肺に命じたり、適切なタイミングで適切な化学物質を分泌するようにと消化器系に指令を出したりしたことがあるだろうか？　こうしたことを含む無数のプロセスが私たちの生の一瞬一瞬に無意識のうちにきちんと行われているのである。システム全体を管理しているのはインテリジェンスだが、その大半は意識されることはないのだ。——ドック・チルダー、ブルース・クライアー[6]

身体はみずからを治療する力を持っているということを真っ先に認めるのは医者たちだ。薬は単にその治癒のプロセスを促進したり障害を取り除いたりするだけだ。むしろ肉体的インテリジェンスに反して作用すれば障害となることもある。

知性を持つ脳の機能と情緒的インテリジェンスを象徴的に表す心臓の働きとの間で、身体はどのようにしてバランスや調和を保っているのだろうか？　私たちの身体はすばらしい機械であり、最先端のコンピューターもこれにはかなわない。人間は考えや感情に基づいて行動することができるが、その能力は地球上のあらゆる生物をはるかにしのぐ。

さまざまな二重盲検試験（先入見を防ぐため、患者をグループ分けし、使用する薬や治療条件などを患者・医者の双方に知らせないで行う検査・試験）の結果、肉体（身体的機能）、知性（思考）、そして情緒（気持ち）の間に密接な関係があることを示す証拠が続々と得られている。

「われこそは身体の中で最も賢い臓器である」と脳が言った。「誰がそんなことを考えついたんだい？」と心臓が聞いた。

――ノースカロライナ州の一地方商店に掲げられた額より[7]

情緒的インテリジェンス（EQ）

情緒的インテリジェンス（EQ）とは自覚、自己認識、社会的な感受性、共感などのことであり、また他人と適切にコミュニケーションする能力のことだ。時宜や社会的に適切な物事を見極める判断力であり、自分の弱点を認め、他人との違いを表現し尊重する勇気を持つことでもある。一九九〇年代にEQが話題になるまでは、右脳の働きなどと呼ばれることもあった。左脳はより分析的でリニアな思考、言語や推論や論理などをつかさどるものとされた。一方で右脳はよりクリエイティブで、直感やひらめき、全体的な思考をつかさどるとされた。重要なのは両方の側面を大切にし、それぞれに特徴的な潜在能力を開発し活用するような選択をしていくことだ。思考と感情の両方を徹底的に探求することで、よりいっそうのバランス、判断力、そして知恵を生み出すことができるのである。

思考する知性に対し、次なる探求の方向性を指し示すのは直感である。
——ヨーナス・ソーク

最近の多くの研究によれば、適切なコミュニケーションや人間関係、リーダーシップを可能にするのは、長期的に見れば知的なインテリジェンスよりもむしろ情緒的インテリジェンスであるらしい。EQ論の権威であるダニエル・ゴールマンは次のように指摘している。

あらゆる職業のあらゆる分野において、ずばぬけたパフォーマンスを実現するためには情緒的な資質が純粋に認知的な能力の倍の重要性を持つ。リーダーシップが必要となる高い職位では、成功につながるほとんどすべての優位性が情緒的資質によるものである。（中略）卓越したパフォーマンスの三分の二は情緒的資質によって生み出されるというデータがある。したがって情緒的資質を持った人材を探したり、社員の情緒的能力を育てたりすることは企業の収益に大きな価値を付加することになる。ではどのくらいか？　機械の操作員や事務員など単純な仕事の場合、情緒的資質が最も高い一％の人たちは最低の人たちに比べて価値換算で三倍の生産性を示した。販売員や機械工など中程度の複雑さの業務の場合、その差は十二倍だった。[8]

純粋に知的なインテリジェンスを中心に据えて成功への戦略を立ててきた人は、情緒的インテリジェンスの理論に動揺するだろう。しかし事実、たとえばＩＱでは十点満点でもＥＱがわずかに二点という人は、人と適切な関係を築けない場合がある。そうした人は過度に知性を頼りにして欠点を埋め合わせようとしたり、地位を利用しようとするかもしれない。しかしそうすることで彼らは往々にして自分の弱点を、そして関わる相手の弱点をも、さらに助長してしまう。そうなると今度は自分の態度を理屈で正当化しようとするのだ。

他から力を借りることは弱さを生む――自分の、他人の、そしてお互いの関係において。

より強固な情緒的インテリジェンスを開発することこそ、企業・組織のあらゆる階層のリーダーたちや家庭の親たちが直面している最も大事な課題なのである。

精神的インテリジェンス（ＳＱ）

第四のインテリジェンスは**精神的インテリジェンス（ＳＱ）**である。ＥＱと同様、科学・哲学・心理学の分野でますます重視されるようになってきた。この精神的インテリジェンスは四つのインテリジェンスの要《かなめ》であり、基礎となるものだ。なぜならほかの三つのインテリジェンスを**導く**からである。精神的インテリジェンスはまた、存在する意味と、無限なるものとのつながりを求めて私たちを駆り立てる。

『Thinking with your soul（魂の思考）』の著者リチャード・ウォルマンは「精神的」ということについて次のように書いている。

精神的であることは、私たちの自我よりも大きくて信頼できる何かとつながっているという自覚を追い求めることである。それは人間の太古以来の永遠不変の探求である。私たちは自分の魂や、人や、歴史や自然界などとのつながりを求め、一なる精神の風、生きていることの不思議さとのつながりを感じることを求めるのである。[9]

さらに、精神的インテリジェンスによって私たちは真の原則を判別することができる。真の原則は私たちの良心の一部であり、羅針盤にたとえることができる。常に北を指す羅針盤は原則の象徴にふさわしい。大きな道徳的権威を持ち続けるためには、「正しい方向（北）」を指し示す原則に常に従っていることが肝心なのである。

人の魂は主のともしびである。

——旧約聖書『箴言』第二〇章二七[10]

ダナー・ゾーハーとイアン・マーシャルによる『SQ——魂の知能指数』（徳間書店刊）の次の一節を読んで考えてもらいたい。

IQはコンピュータにもあるし、EQは高等な哺乳類にもある。これに対してSQは人間特有のもので、これら三つの中で最も基礎的なものである。人の心の中で中心的な位置を占めている関心事は物事の意味ということだろう。SQは意味を求める人類の要求と結びついている。私たちはSQによって意味、ビジョン、価値観への切望や、それらを希求する能力を開発していく。SQによって私たちは夢を見ることができ、懸命に努力することができる。したがって、SQは私たちが抱くさまざまな信念の土台を成しているのであり、私たちの行動の中でその信念や価値観が演じる役割を支えるものなのだ。要するに、ＳＱによってこそ私たちは人間らしくあることができるのだ。[11]

精神的インテリジェンスの優れた本質とは何か

インテリジェンスに関してはすでに膨大な調査研究の蓄積がある。特に最近二十年間の成果は大きい。無数の本が書かれ、一つの分野を作りあげているほどだ。こうした中、同じことが別々のことばで表現される場合がある。私が精神的インテリジェンスと呼ぶものの一部分を情緒的インテリジェンスと呼ぶ人もいる。このような用語上の問題があることは私も十分承知している。しかし、読者のみなさんはことばの定義にとらわれるのではなく、それぞれの用語が伝えようとしている意味を把握するようにしていただきたい。

たとえば、ハワード・ガードナーの『Frames of Mind（知性の枠組み）』という本は複数のインテリジェンスが存在するという理論を提唱し、それぞれのインテリジェンスは独立していながら重なり合う面も持つことをみごとに説いている。ロバート・クーパーやダニエル・ゴールマンのＥＱに関する著作や講演からも私は多くを学んだ。二人のアプローチはいずれも調査に基づいていて、包括的である。なお、彼らの言うＥＱには私が言う精神的インテリジェンス（ＳＱ）の要素も含まれている。

言語的、分析的、芸術的、論理的、創造的、経済的などなどのインテリジェンスに対して、特に映像的なインテリジェンスを重視する人もいる。そうした研究成果を私は評価する。しかし私はやはり先述のように肉体、知性、情緒、精神という人間の四つの側面に応じて、インテリジェンスを四つに分類できると考えている。

ハワイで若い企業経営者たちの組織のイベントに参加したとき、私は忘れがたい経験をした。数人の若い経営者がマネジメントやリーダーシップ論で名高い人たちと朝食を共にしていた。著名人たちはいずれもよく言及されるベストセラーの著者で、たいへんに尊敬されている人たちばかりだった。互いに尊重し合い、みなが自分のことばで語り合ったあるフォーラムで、一人の経営者が実に恥ずかしそうにこう質問した――「結局あなたがたはみな同じことを言おうとしているのではないのですか?」この指摘に参加者たちは一人残らず同意した。著名人たちはそれぞれに用語や定義を持っていて、誰も指摘したことがないような鋭い洞察を語ることもある。しかし最も基本的な要素に関してはみな同じ意見だった。さまざまな形をとる現実よりも、むしろ根底的な原則について語っていたからである。

力強い美の瞬間を次々と生みながら感情が突き動かされるとき、どんな冷笑的な分厚い面の皮も溶けてなくなる。エンドルフィンが分泌され、緊張が解きほぐされる。内的および外的なエネルギーがほとばしり、互いに結び合う。このような体験は優しく穏やかなだけでなく、自然と宇宙のパワーと創造性をも内包している。こうした結合の瞬間を作り出し、意識的に開発することは、精神的な筋肉と精神的インテリジェンスを訓練することだといえる。では精神的とはどういうことか? それは単純に、本当の現実とその局面の全体のありようを言うのである。それは物質主義的な人間の日常的な存在よりも大きく、より創造的で、愛情深く、力強く、ビジョンに富み、賢明で、謎めいている。

どんな既存の神学や信仰のシステムも精神性のこうした意味をとらえてはいない。

――ウィリアム・ブルーム[12]

私自身、先述のようなことばの用法の問題をできるだけ避けるように気をつけてきた。常に根底にある意味を探ろうとした。しかしそうした努力をする中で、やはりまだ誰も深く掘り下げて論じていないインテリジェンスの側面があると考えている。それは、精神的インテリジェンスがほかのインテリジェンスを導き方向づける役割を持っているということである。したがって精神的インテリジェンスはほかよりも高い次元にあると言うことができる。

精神的インテリジェンスこそ私たちの潜在能力の最高度のものであるのだが、この点を明確にするために私が経験したある出来事を紹介したい。

私は元エジプト大統領の故アンワル・サダト氏の業績に大いなる感銘を受けた。サダト氏は当時の米国のカーター大統領とイスラエルのベギン首相とともに、イスラエル・エジプト間の平和条約であるキャンプデービッド合意の締結に尽力した。

数年前、カートに乗ってキャンプデービッドの敷地を大統領に案内してもらったとき、私は合意書の署名がなされた場所も見せてもらった。私にとっては実に感動的な経験だった。サダト氏は刺激と反応の間にある選択の余地をよくわかっていた人物だと私は考えている。青年時代、カイロ中央刑務所の独房五四号に収監されている間に、サダト氏は刺激と反応の間にあるスペースを開発してとてつもなく大きなものにしていたのだ。次のようなことばからもサダト氏の理解の深さを味わうことができるだろう。

自分自身の思考の構造そのものを変革することができない者は、決して現実を変革することはできず、したがって決して進歩することもないのである。[13]

世界の、そして制度や社会、コミュニティ、家族や個人の歴史が最終的に書かれるとき、最も重要なテーマとなるもの――それは人々が世間的な良心にではなく、内なる神聖な良心にどれほど忠実に生きたかということだろう。その良心は生得的で直覚的な知恵であり、すべての主要な宗教や不朽の哲学が教える原則や自然の法則の中に含まれているものである。地政学や経済学、政治、戦争、社会現象、芸術、教育、教会のいずれも人類の歴史の主要なテーマにはなり得ない。道徳的・精神的な次元こそ歴史の根底にあって歴史を動かす支配的な推進力なのである。つまり、人や制度がどこまで正邪に関する普遍的かつ不変の原則に誠実であるかが問われるのである。

イスラエルに対する見方が変わる以前に、サダト氏はたいへんな人気を誇る大統領になっていて、アラブ人の大義にきわめて献身的だった。エジプト国内を遊説して回り、イスラエルがアラブの土地を一インチでも占領している限りは、イスラエル人と決して握手はするまいと語った。サダト氏が、握手などは「決して、決して、決してしないぞ！」叫ぶと、大群衆も「決して、決して、決してしないぞ！」と叫び返すのだった。

あるとき私たちのグループは国際シンポジウムの講演者の一人としてサダト夫人を招待した。光栄にも昼食を共にする機会があり、私はサダト氏との暮らしぶりを尋ねてみた。特にエルサレムにイスラエルの国会を訪れ、やがてキャンプデービッド合意へと結びついた平和への勇敢な第一歩を記した頃のことを知りたかった。

はじめはサダト氏の変節が信じられずに苦しんだ、と夫人は言った。それまでの言動を考えるとなおさらだった。彼女は次のようなことを語ってくれた。

大統領宮殿の私室で面と向かって夫人はサダト氏に問いかけた。「イスラエル訪問をお考えだとのことですが、本当ですか？」

「そうだ」

「どうしてそんなことができるのですか、これまで高らかに主張してきたことはどうなるのですか？」

「私は間違っていたのだ。私が今やろうとしていることこそ正しいのだ」

「あなたはアラブ世界のリーダーという地位も人々の支持も失うことになりますよ」

「その可能性は否定できない。しかしそうはならないと思う」

「大統領の座も追われますよ」

「それもあり得ないことではない」

「命を失うかもしれませんよ」

実際サダト氏はのちに凶弾に倒れることになるのだが、このときはこう答えた。

「私には定められた寿命しかない。私の人生は定めの寿命より一分たりとも長くも短くもならないのだ」

夫人はサダト氏を抱きしめ、あなたほど偉大な人物を知らないと告げたという。

次に私は、サダト氏がイスラエル訪問から帰国した時の様子を夫人にたずねた。空港から大統領宮殿まではふつうは車で三十分ほどだが、その日は三時間かかったと夫人は言った。高速道路も一般道路も群集が埋め尽くしていた。サダト氏の行動を熱狂的に支持して、歓声をあげて迎えに出ていたのだ。つい一週間前には正反対の主義主張への支持を叫んでいた同じ人々がである。サダト氏は正しいことをしていたのだ。そして人々にもそれがわかっていたのだ。精神的インテリジェンスは情緒的インテリジェンスよりも高度な資質なのである。**相互依存的な世界では単独で考え、生きることなどできない**ことを人々は理解していたのだ。

サダト氏はみずからのエゴとＥＱ（世間的な感受性、大衆への迎合、そして世知など）よりもＳＱ（良心）を優先した。その結果、世界中の共鳴を呼んだ。サダト氏の精神的インテリジェンスがほかのインテリジェンスを導いたのであり、そのおかげでとてつもない道徳的権威を体現することができたのである。

このような道徳的権威への道、個人的な充足感と好影響をもたらす道は何も偉大な世界的リーダーたちだけのものではない。単純かつ偉大で、穏やかな道徳的権威を体現する潜在能力は私たちにもある。

四つのインテリジェンス・潜在能力を開発するには

人間存在の四つの側面は重なり合っている。だからほかの側面に直接的または間接的に触れずに、どれか一つだけを集中的に開発することなどできない。これらのインテリジェンスを全体として開発して活用していくと、あなたの中に静かな自信が芽生えるだろう。そして内的力と安心感、大胆かつ思慮深くふるまう能力と、主体的な道徳的権威を身につけることができる。これらのインテリジェンスを開発する努力は周囲に対するあなたの影響力にも決定的なインパクトを与え、それぞれのボイス（内面の声）を発見するよう人々を奮起させることになるはずだ。

あなたが生まれながらに持っている四つのインテリジェンスをさらに開発できるようにするため、巻末に行動の指針を載せておいた。各インテリジェンスを開発するための確実で実践的な方法が説かれている。472ページの「付録1、四つのインテリジェンス・潜在能力を開発する——実践的な行動指針」を見てほしい。ただの世間的常識だと思えるものもあるかもしれない。しかし常識的な知識は必ずしも常識的な行動となって現れていないものだ。だからそれらの実践にも力を注げば、必ずやあなたの人生に大いなる平和と力が生まれるだろう。

> **あらゆる賢明なる生き方の裏には、その生き方を形作ってきた原則が潜んでいる。**
> **——ジョージ・H・ロリマー**[14]

私はさらに次の事実に気づいた。生活の中で四つの簡単な仮定を設けることで、とたんによりバランスがとれ、よく統合された、力強い生き方ができる。以下の四つの仮定は人間の四つの本質に対応するごく簡単なものだ。しかし軽視することなく続けていけば、いざというときに頼りになる力と規準の宝庫が必ずあなたの中に育つだろう。

①**肉体**——心臓発作に見舞われたと仮定する。この仮定のもとで適切な生き方をすべし。
②**知性**——仕事の絶頂期は二年しか続かないと仮定する。この仮定のもとで適切な生き方をすべし。
③**情緒**——他人に関するあなたの発言は必ず誰かに聞かれていると仮定する。この仮定のもとで適切な生き方をすべし。
④**精神**——四半期ごとに造物主である神と個人面接があると過程する。この仮定のもとで適切な生き方をすべし。

ボイス（内面の声）の発見を可能にする「ソフトウェア」は、人生のどの段階で身につけるべきだろうか？　人生の中で、私たちが生まれながらに持っている天賦《てんぷ》の才と完全に調和した文化的なソフトウェアをいつ付け加えるのがよいか？　おそらく誰もが子ども時代だと答えるだろう。特に就学前の、家庭で育つ幼児のころだ。しかし家庭環境が劣悪な子どもたちはどうなるのだろうか？　欠乏感や迫害といったソフトウェアばかりを身につけ、いたずらに競い、争い、他人と比較してばかりいるような性向や、苦情や批判など、ガンが転移するように人格を覆い尽くす望ましくない態度ばかりを学んでしまうとしたら？　幼児を育成する家庭の役割を学校が肩代わりすることはできないだろうか？　家庭で教育が成り立たないような子どもたちの場合、彼らがまだ幼くてなんでも吸収でき、無垢で堕落していないうちに、教師や学校の管理者たちが両親の代わりを務めることは可能だろうか？

> 人間の子どもが「生まれながらにして他人と関係を結ぼうとする」ということは科学的な証拠――特に人間の基礎的な生態と脳の発達を扱う神経科学の知見――が示すとおりである。われわれは生まれたときから、他人や道徳や精神的な意義とのつながりを求めるようにできているのであり、超越的なものを受け入れる姿勢ともつながりを持とうとする。だから人が健康に伸び伸びと生きるためには、こうした基礎的な要求が満たされることが不可欠なのである。
>
> ――危機に立つ子どもたちに関する委員会の報告書
> （米国ＹＭＣＡ、ダートマス医科大学、アメリカン・バリュー研究所[15]

さらに望ましいのは、家庭と学校がパートナーとなることではないだろうか――家庭も学校も常に子どもを支援し、方向づけしてやれたらどうだろう？　生まれてから数年間、生来のハードウェアと後天的に獲得する文化的側面であるソフトウェアをうまく調整してやることができたら、どのような結果が生まれるか想像してみてほしい。どれほど優れた性質の人間が育つか、彼らが性格や能力を生かしてどれほどの成果をもたらすことができるかを。

Q&A

Q　私たちは主に自然（遺伝子）の産物なのか、それとも養育（生い立ちと環境的条件）の産物なのだろうか？

A　このような質問はそもそも誤った前提に立っている。「決定論」という、人間の本質に関する誤ったパラダイム、全体像に基づいているのだ。私たちは自然の産物でもなければ養育の産物でもない。刺激と反応の間には必ずスペース――選択の余地――がある。だから私たちは自分自身の選択の産物なのである。そして原則に基づいて賢明な選択をするという能力《ちから》を生かしていくうちに、選択の余地はますます広がる。幼い子どもや知的障害を持つ人はそれほどスペースがない場合もあるだろうが、大半の成人は選択することができる。しかし今日の文化には決定論が巣食っていて、選択には責任が伴うという恐ろしい認識のおかげでますます根強くなっている。だが人は、「私とは、私自身がそうあろうとする存在である」「今の私は自分で選び取った自分だ」と率直に責任を認めてはじめて、「いや、私は違う道を選ぶ」と自由に選択することができるのである。

Q　リーダーになる人は、リーダーに生まれつくのだろうか、それとも作られる（環境条件や訓練によってリーダーになる）のだろうか？

A　この質問も前と同じ誤った前提、決定論という誤ったパラダイムに基づいている。右に述べたとおり、刺激と反応の間で人は選択する能力《ちから》を発揮できる。だからリーダーも、生まれや環境や訓練などの産物ではない。みずから選び取った反応によってみずからリーダーになっていくのだ。原則に従って選択をし、強固な自制心を身につけていくにつれ、選択の自由も広がっていく。ウォレン・ベニスとロバート・トーマスは著書『こうしてリーダーはつくられる』（ダイヤモンド社刊）の中で、リーダーは生まれつきリーダーなのではなく、「つくられる」のだという主張を展開している。[16] その要点は、自分を変えてしまうような強烈な体験をきっかけに、人はリーダーになるために必要な選択をするということである。リーダーシップ論で知られるノール・ティシー博士も基本的にリーダーシップは生まれつきではなく、人は教育によってリーダーになると指摘している。ここでも、人はリーダーシップを学ぶことを**選択**し、教えに従うというのが主旨だ。どちらの場合も、リーダーシップは生まれや外的な要因で作られるのではなく、自分自身で作り上げるものだという点に主眼がある。リーダーシップは「選択」の働きから生まれるのである。

Q　四つすべてのインテリジェンス（知力）・潜在能力を開発しなければならないのか？

A　イエス。そもそもどれか一つだけを取り出して、成熟した持続可能なレベルにまで引き上げようとしてもできない。四つ全部に働きかけなければ、どのインテリジェンスも開発できない。インテリジェンスの全体性とはそういうものだ。私たちの人生の**全体**が原則を中心に展開していかなければならない。何かを生み出し、喜びを感じるという私たちの能力は、すでに解説したとおり私たちの人格とその全体性の働きによる。つまり肉体的にも、社会・情緒的にも、知的にも、そして精神的にも筋力をつけなければならないのだ。そのためには慣れ親しんだ安全地帯から踏み出して、筋繊維が切れるほどの訓練をする必要がある（痛みを伴うのだ）。そうして適切な休憩とリラクゼーションの期間を経ると筋肉は修復され、発達し、強化される。ジム・レーヤーとトニー・シュワルツの『成功と幸せのための4つのエネルギー管理術――メンタル・タフネス』（阪急コミュニケーションズ刊）を参照してほしい。[17]

Q　引退をどう考えるべきか？

A　仕事を引退するのはよいが、それ以外の意義あるプロジェクトからは決して引退すべきではない。長生きしたければ適度なストレス（**「快ストレス」**）が必要だ。何かに深い意義を感じ、価値あるプロジェクトや大義に貢献していることを自覚できるようにしなければならない。特に高齢者であれば「世代を越えた家族」も大きな価値を持つだろう。早死にしたければゴルフや釣りにうつつを抜かすか、処方薬ばかりを飲みながらぼうっと暮らし、気が向いた時だけ孫の顔でも見るようにするとよい。証拠がほしい読者はストレス学の創始者ハンス・セリエの『愛のストレス――利己的生き方のすすめ』（実業之日本社）を読むとよいだろう。

第五章
ボイス（内面の声）を表現する——ビジョン、自制心、情熱そして良心

自分自身を支配している者こそ最強の支配者である。

——ルキウス・アンナエウス・セネカ

最高に偉大な影響を人に及ぼした人物。意義ある貢献をなした人物。純粋に何かを成し遂げたという人物。このように何かを達成した偉大なる人々を研究してみると、**全員に**共通したパターンがあることに気づく。それは、絶え間ない努力と自分の中の葛藤を乗り越えていることであり、人間の生まれながらの四つのインテリジェンス（知力）・潜在能力を大いに拡張したことだ。この四つのインテリジェンスを最も偉大な形で表現するのが次の四つだ。知的には**ビジョン**、肉体的には**自制心**、情緒的には**情熱**、そして精神的には**良心**である。同時に、これらは最も優れた形で私たちの**ボイス（内面の声）を表現する**ものでもある。

まず**ビジョン**とは、人やプロジェクト、大義や企図の中に、何ができるかという可能性を知性の目で見極める

図５・１

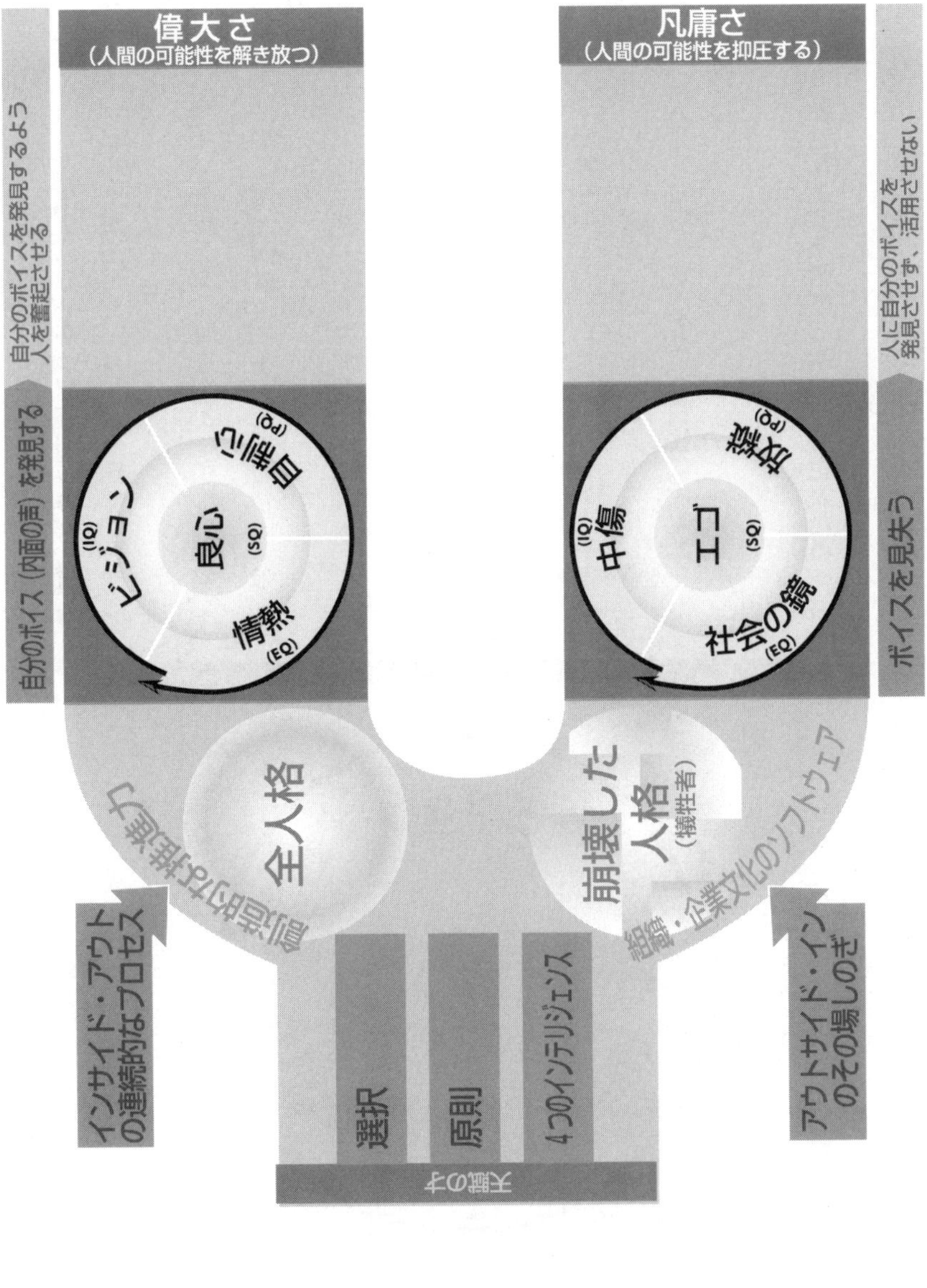
偉大さ
（人間の可能性を解き放つ）
凡庸さ
（人間の可能性を抑圧する）
自分のボイスを発見するよう
人を奮起させる
自分のボイス（内面の声）を発見する
人に自分のボイスを
発見させず、活用させせない
ボイスを見失う
ビジョン
(IQ)
自制心
(PQ)
情熱
(EQ)
良心
(SQ)
中傷
(IQ)
逸楽
(PQ)
社会の鏡
(EQ)
エゴ
(SQ)
全人格
崩壊した
人格
（犠牲者）
高揚的な推進力
組織・企業文化のソフトウェア
インサイド・アウト
の連続的なプロセス
アウトサイド・イン
のその場しのぎ
選択
原則
4つのインテリジェンス
天賦の才

ことである。知性によって必要性と可能性を結びつけると、そこにビジョンが生まれる。かつて英国の詩人・画家ウィリアム・ブレイクが述べたとおり「今日では当たり前のことでも、かつては単に想像するしかなかった」のだ。一方、ビジョンを持たず、創造性という知性の潜在能力を無視する人は**責任逃れ**の傾向へと堕落する（図5・1の凡庸さに至る劣った道を参照）。

次に**自制心**とは、ビジョンを実現するために犠牲を払うことを意味する。目の前の現実を見つめ、その実利的な問題や厳しい実態と取り組み、物事を実現するためにやるべきことを労を惜しまずにやるのだ。ビジョンが献身的な関与（コミットメント）と結びつくと、そこに自制心が生まれる。犠牲をいとわないコミットメントや自制心の対極にあるのが放縦《ほうじゅう》だ。刹那《せつな》的な快楽やスリルを味わうために、人生で最も大切なものを犠牲にすることである。

人を支配せんとする者は、まず己《おのれ》の主人たるべし。

——フィリップ・マッシンジャー[1]

図5・2

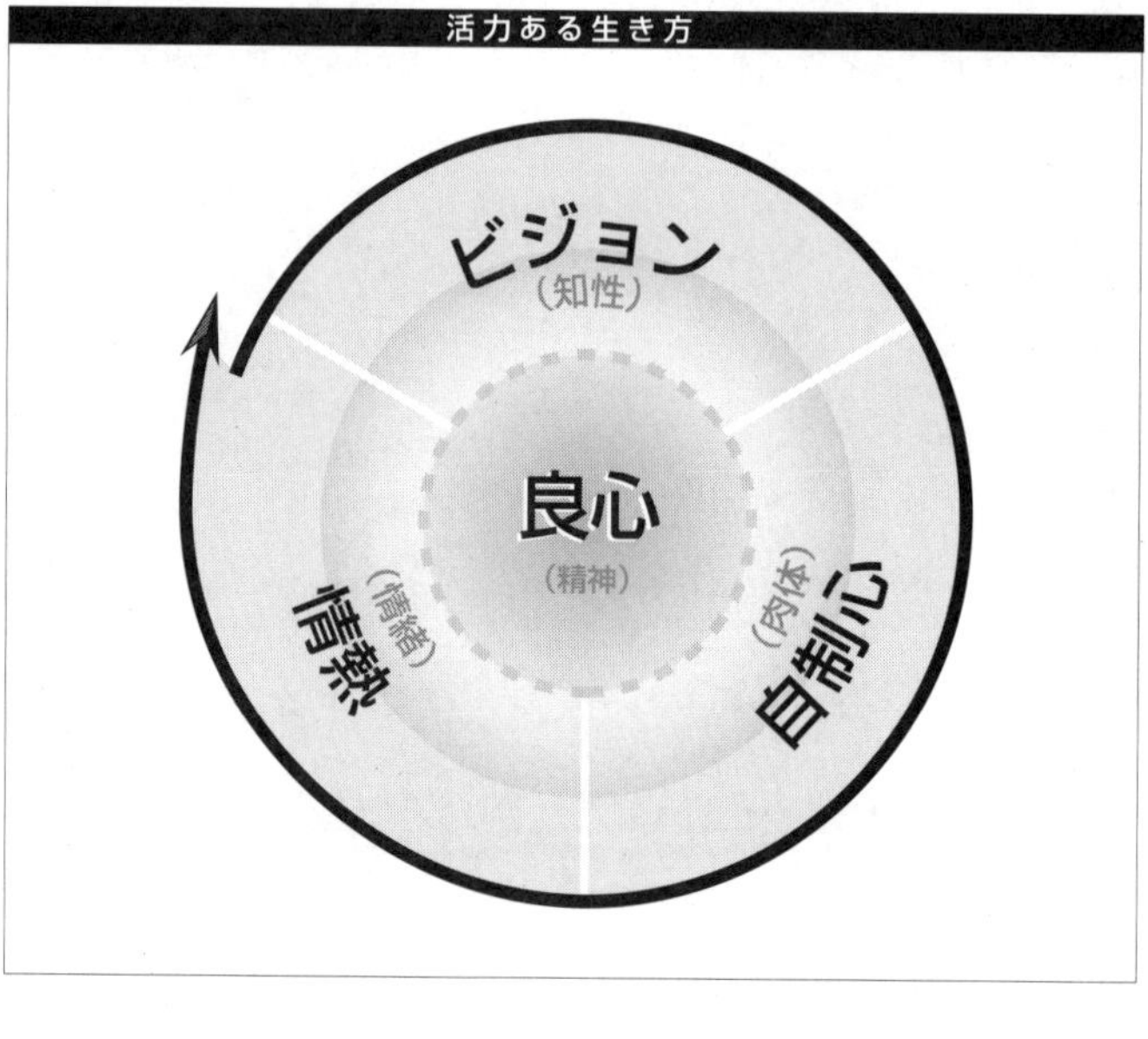

図5・3

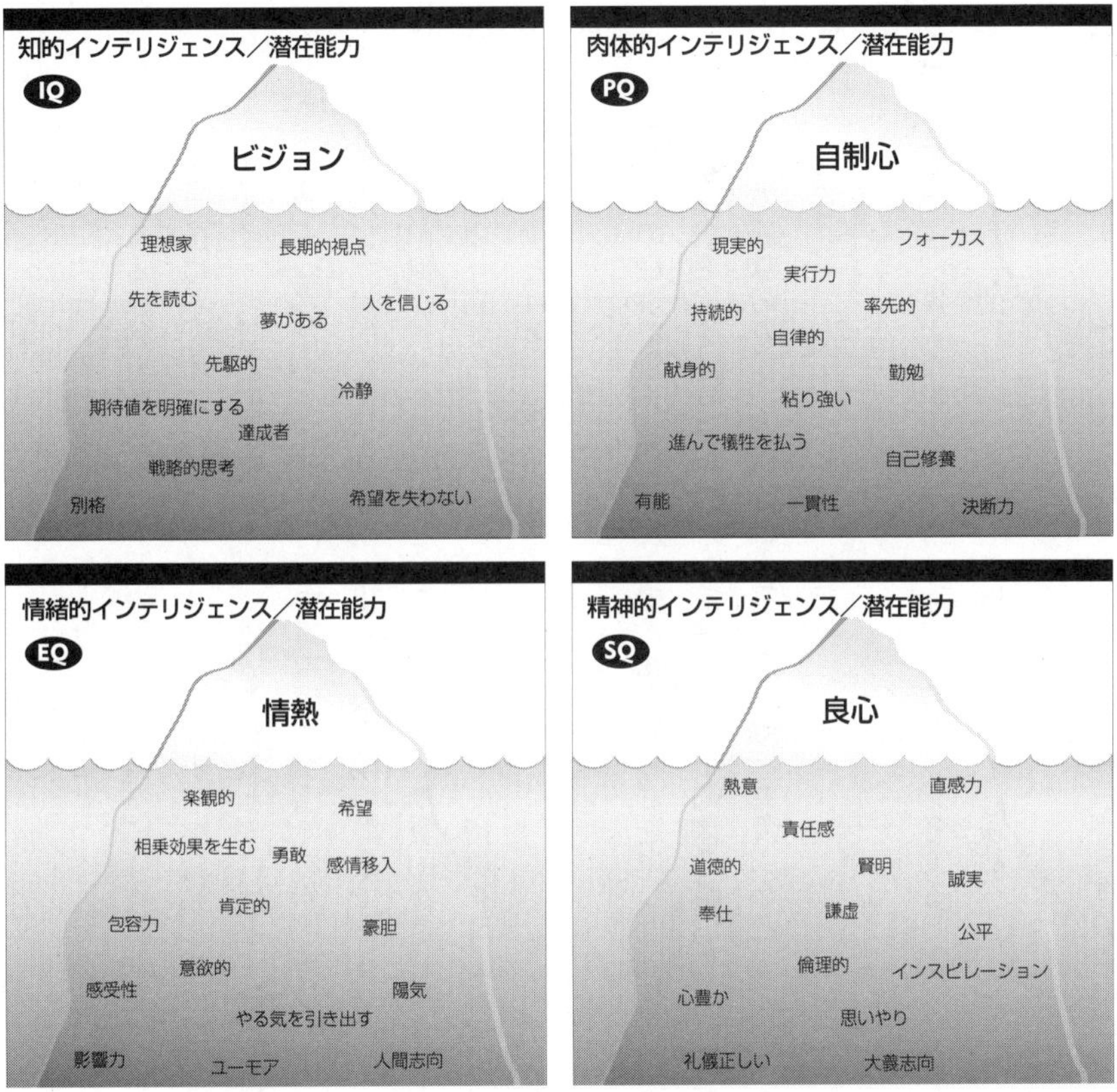
知的インテリジェンス／潜在能力
IQ
ビジョン
理想家
長期的視点
先を読む
人を信じる
夢がある
先駆的
冷静
期待値を明確にする
達成者
戦略的思考
別格
希望を失わない
肉体的インテリジェンス／潜在能力
PQ
自制心
現実的
フォーカス
実行力
持続的
率先的
自律的
献身的
勤勉
粘り強い
進んで犠牲を払う
自己修養
有能
一貫性
決断力
情緒的インテリジェンス／潜在能力
EQ
情熱
楽観的
希望
相乗効果を生む
勇敢
感情移入
肯定的
包容力
豪胆
意欲的
感受性
陽気
やる気を引き出す
影響力
ユーモア
人間志向
精神的インテリジェンス／潜在能力
SQ
良心
熱意
直感力
責任感
道徳的
賢明
誠実
奉仕
謙虚
公平
倫理的
インスピレーション
心豊か
思いやり
礼儀正しい
大義志向

第三に**情熱**とは、内面の炎であり欲求であり、確信に基づく力である。そしてビジョンを実現するために自制心を維持させてくれる原動力である。人間のニーズと個々に持って生まれた才能が出会うと、そこに情熱が生まれる。偉大なる目的に奉仕するためにボイス（内面の声）を発見して活用しようとするとき、そこに情熱がわいてくる。この情熱は、人間関係や組織の中で発揮されるときには思いやりも含むことになる。一方、情熱が欠けているとき、そのうつろな心の隙間《すきま》を占領するのは不安感であり、無数の他人のくだらないおしゃべりの声である。このような声は相対的な価値観を映し出す**社会の鏡**の源泉である。

最後に**良心**とは、何が正しく何が正しくないかを知る本質的な道徳観念のことだ。それは意味あるものへ、そして貢献へと人を駆り立てる。ビジョン、自制心、そして情熱を導く力なのだ。良心に従って生きることは、**エゴ**に支配された人生とは著しい対照を示すものである。

> あなたの理性を衰えさせ、良心の柔和な優しさを傷つけ、神を見失わせ、精神的なるものに対する希求を捨てさせるもの――知性に対する肉体の優位を助長するあらゆるものは、あなたにとって罪なのです。どれほどそれが無邪気に見えようとも。
>
> ――スザーナ・ウェスリー[2]

有名無名を問わず、偉大な影響力を持つ人たちの特質を考えるとき、私たちは実に多くの特徴を挙げることができる。しかし、本質的にそれらは四つの概念によって具体的に言い表すことができる――ビジョン、自制心、情熱そして良心である。

家庭やコミュニティ、企業、官公庁でもどこでも、尊敬すべき人々のことを私たちはさまざまなことばを使って表現しようとする。そのいずれも実は表現上のちがいにすぎない。図5・3のように、ビジョン、自制心、情熱、良心という氷山の一角の下には多様な性向が横たわっている。

最も優れたリーダーたちは四つの次元で活動する――ビジョン、現実、倫理、そして勇気である。これらは意義のある持続的な成果を得るのに必要な四つのインテリジェンスであり、認識形態であり、コミュニケーションを可能にするものだ。

ビジョンを持ったリーダーは大きく、新しく、先を見て考える。そして何よりも重要なのは、彼らが人間の意識および創造的な潜在能力の根幹に触れていることである。

あなたがリーダーになるためには、あなたの思考のパターンを理解しコントロールしなければならない。あなたの世界観や、自分自身についての信念や、何が可能かといったことについての考え方をである。これらこそ根本的な変革をもたらす知性の領分であり、力でありエネルギーだからだ。これらこそ真に勇気と言えるのである。

――ピーター・コーステンバウム[3]

世界を支配するのはビジョン、自制心、そして情熱

周囲の人や、制度、社会に巨大な影響を及ぼした人、何世代にもわたる影響を子孫に残した親たち、よくも悪

くも何か特筆すべきことを達成した人――これらの人々には三つの共通した特質がある。ビジョン、自制心、そして情熱である。この三つは人類の歴史が始まって以来、世界を支配し続けてきたと言える。つまり、結果を出せるリーダーシップに特有の属性なのだ。

近現代史のリーダーを二、三人例にとればすぐにわかるはずだ。

ジョージ・ワシントンは、外国の干渉から自由な新しい統一国家を建設するというビジョンを抱いた。そして独立戦争において自制心を発揮し、どのように兵を集め、必要な物資を供給し、軍務の放棄を防ぐべきかをじっくり学んだ。植民地軍将校に対する差別、土地政策、米国に対する規制など、ワシントンは英国の対応に怒りを感じ、自由という大義の実現に情熱を抱いていたのである。

近代看護学の生みの親、**フローレンス・ナイチンゲール**は、成人してから一生をかけて軍人に対する看護の改善に努めた。ビジョンと情熱であらゆるためらいを乗り越えたのだ。

モハンダス・K・ガンジーは、独立国家インドの確立に大きな役割を果たした。選挙や指名によって正式なポストに就いたことはなく、公的な地位を持たずに人々を導いた。それでもガンジーの道徳的権威は強固な社会的・文化的規範を生み出し、ついには人々の政治的意志までも動かした。ガンジーは普遍的な良心に気づき、その良心に従ってみずからの生き方を律した。そしてその良心はあらゆる人々、国際社会、そして英国人たちのうちにも存在することを知っていたのである。

マーガレット・サッチャーは主要な工業先進国ではじめての女性の政治的リーダーだった。三期にわたって英国の首相を務めたが、連続した任期としては二十世紀の最長記録だ。彼女を批判する人も少なくないが、彼女は人々に個人の責任という規律を身につけさせ、自立させることに情熱を燃やした。また自由な企業活動を促進することにも情熱を注いだ。その結果、首相在任中に英国の景気を回復させたのである。

力を持っている人は貴婦人のようなものだ。自分は貴婦人だとわざわざ言って回らなければならないようでは、本当の貴婦人ではない。

――マーガレット・サッチャー

元南アフリカ共和国大統領の**ネルソン・マンデラ**は、アパルトヘイトを固持する南ア政府と戦って約二十七年間を獄中で過ごした。しかし釈放後、マンデラ氏は過去の記憶よりも想像力に駆り立てられた。投獄、不公正、部族間抗争や分裂といったみずからの体験や記憶の枠をはるかに超えた世界を、彼は思い描くことができたのだ。魂の奥深くには、すべての南アフリカ市民に価値を見いだす信念があったのである。

マザー・テレサは、貧しい人々への奉仕に誠心誠意、無条件に、そして惜しげもなくみずからを捧げた。また、清貧と従順という誓いを高度な自制心によって守り抜き、後継者たちに伝えた。彼女が死去して以来、その遺産はますます強く育ち、発展を続けている。

沈黙から生まれる果実は祈りである。祈りの果実は信仰である。信仰の果実は愛である。愛の果実は奉仕である。そして奉仕の果実は平和である。

――マザー・テレサ[4]

よくも**悪くも**何か特筆すべきことを達成した人なら誰でも三つの共通した特質――ビジョン、自制心、情熱――を持っていると私は指摘した。次に、この三つを持ち合わせていながら右の人々とは正反対の衝撃的な結果をもたらした人物を考えてみたい。

アドルフ・ヒトラーは、第三帝国による千年王国の実現と、アーリア人の優越というビジョンを情熱的に訴えかけた。ヒトラーは史上まれに見る規律を誇る軍事・産業機構を築き上げた。そして情熱あふれる熱弁で優れた情緒的インテリジェンスを見せつけ、大衆の心に狂信的とも言える献身と恐れをたきつけ、それを憎悪と破壊へと向けさせたのである。

しかし、単に実効性のあるだけのリーダーシップと、時の試練にも耐えるリーダーシップの間にはきわめて大きな違いがある。これまでに紹介してきた歴史上のリーダーたちは、みな礎《いしずえ》を築き、永続的な貢献をしたのだ!! 最後の一人を除いて。

> **真に実権を掌握したら、私の最初の、そして最も重要な課題となるのはユダヤ人を絶滅させることである。**
>
> ——アドルフ・ヒトラー[5]

ビジョン、自制心、そして情熱が良心のもとで発揮されるとき、永続的なリーダーシップが可能となり、よき変革をもたらすことができる。言い換えれば、**道徳的権威が形式的権威を実効性あるものにする。**逆にビジョン、自制心、そして情熱が良心に導かれていない場合は、リーダーシップは永続せず、そのリーダーシップによって生み出された制度なども長続きはしない。つまり道徳的権威のない形式的権威は挫折するのだ。

「よき」ということは、上のレベルへと**「高める」**ことであり、また**「永続する」**ということである。ヒトラーはビジョンも自制心も情熱も持ち合わせていたが、エゴに駆り立てられていた。良心が欠けていたことが彼の敗因だった。一方、ガンジーのビジョン、自制心、そして情熱は良心に突き動かされていた。だから大義に身を捧げることができ、インドの人々に奉仕することができたのだ。先述のようにガンジーは形式的権威を持たなかったが、道徳的権威があった。そして世界で二番目に大きな国家の建国の父となったのである。

道徳的権威も良心もない形式的権威に支配されている場合でも、ビジョン、自制心、情熱が世界を変えることはできる。しかしよき方へではなく、悪なる方向へと変えてしまうのだ。高いレベルへ引き上げるのではなく、破壊をもたらす。しかしそれは永続せずにやがて消し去られる。

では次にこの四つの特質――ビジョン、自制心、情熱、そして良心――を一つずつ詳しく見ていくことにしよう。

ビジョン

ビジョンとは、未来の状況を知性の目で見極めることである。現実に対して想像力を働かせるのだ。あらゆるものは二度作り出される。はじめは知的な創造。第二は物的な創造である。第一の創造がビジョンであり、それは個人または組織が自己自身を創造し直す過程だ。ビジョンは願望、夢、期待、目標、そして計画などを表現する。しかしこの夢や見通しは単なる空想ではない。まだ具体的な形をとっていない現実なのだ。建築前の家の設計図や、演奏されるのを待つ楽譜の音符のようなものだ。

私たちの多くは自分の潜在的可能性を思い描くことをせず、自覚することもない。「大半の人々は潜在的可能性のごく限られた部分しか生かしていない。私たちは誰でも豊かなエネルギーと才能の宝庫を持っているが、それを夢想だにしない」と、心理学者のウィリアム・ジェームスは言っている。

私たち一人ひとりの内には人生を創造し直すための計り知れない能力《ちから》と可能性がある。次に紹介する実話から、ある悲嘆に暮れた女性がどのようにして人生の新たなビジョンを作り出したかが読み取れるはずだ。

夫のゴードンがガンと診断された時、私は四十六歳でした。夫のそばにいようと、私はためらわずに早期退職の道を選びました。一年半後に夫が亡くなったとき、死を予期していたにもかかわらず私は悲しみに打ちひしがれました。実現できなかった数々の夢のことを思っては、悲しみに暮れました。まだ四十八歳だというのに、生きる理由を失ってしまったのです。

神はなぜ私ではなくゴードンを選ばれたのか、それが悲しみに身を任せていた私にとって最大の疑問でした。私よりもゴードンが生きていた方がずっと世のためになると思えたのです。身体も知性も精神も言いようのないほど消耗している中で、私は人生の新しい意味を探さなければならなかったのです。

あらゆるものは二度創造される――最初は心の中で、次には現実的に。そう自分に言い聞かせました。そしてまず自分にどのような才能があるかを自問しました。適性検査を受けてどんな能力に優れているかもわかりました。心のバランスを保つために、私は人間の本質の四つの側面にフォーカスするようにしました。知的な面では、私は教えることが大好きだということに気づきました。精神的および社会的な面では、人種の異なる夫と結婚して互いに築きあげようと努めた人種間の調和というものを、この先も生かしていきたいと考えました。そして情緒的な面では、人に愛を与えてあげたいと願いました。生前、母は病院で重病の子どもたちをあやす活動をしていました。私も母のように人に安すらぎを与えたいと思い、また無条件の愛という、母が残してくれたかけがえのないレガシー（遺産）を引き継ぎたいと思ったのです。

私は失敗することを恐れました。しかしいろいろな帽子を試してみるように、さまざまなことをやってみればよいのだと自分に言い聞かせました。一学期やってみてやっぱり教師は向いていないと思えば、やめてもいいのだと。大学で教えたかったので、まず大学院に入りました。ただでさえ厳しい大学院に四十八歳で通ったのですからなおさらたいへんでした！　仕事をしていた頃は書類の清書も秘書任せだったので、タイプライターの使い方を覚えるだけで一学期を費やしてしまったほどです。ケーブルテレビを解約し、スイッチを入れないようにするのもまさに自分の意志との闘いでした。

そして大学院を修了し、アーカンソー州リトルロックにある伝統的に黒人の学生が多い大学で教え始めました。州知事の指名によって、異人種間の関係改善をめざすマーティン・ルーサー・キング委員会の委員にもなりました。また、病院ではエイズを発症した子どもや、母親が麻薬常習者である乳児などの世話をし、人工呼吸器につながれた余命わずかな子たちをあやすことを始めました。子どもたちに少しでも安らぎを与えてあげているのだと思うと、私も心が安らぐのです。

今、私の人生はうまくいっています。それを見てゴードンが微笑みかけてくれているのを感じます。亡くなる前、笑い声と幸せな思い出とさまざまなすばらしいことに満ちた人生を歩んでいってほしいと、ゴードンは何度となく私に言ったものです。だから私は良心にかけて、人生を無駄にするわけにはいかないのです。したくてもできません。私はよく生きる義務を背負っているのです。故人も生きている人も含め、私が心から愛する人々のために。

アインシュタインは「知識よりも想像力が重要だ」と言った。記憶は過去のものだ。有限でもある。ビジョンは未来のものだ。無限なのだ。ビジョンは歴史や陳腐な慣習などよりも偉大である。過去のさまざまな心の傷よりも偉大なのだ。

もし神に一つだけ質問をできるとしたら何を聞くかと問われて、アインシュタインはこう答えた。「どのようにして宇宙は作られたのか？　なぜなら、それ以降の出来事はすべて数学で説明できるから」。しかししばらく考えてからアインシュタインは思い直して質問を変えた。「なぜ宇宙は作られたのか？　この答えがわかれば私の人生の意味を知ることができるから」。

さまざまなビジョンの中で、おそらく最も重要なのは自分自身に関するビジョンだろう。自分の運命について、自分ならではの使命、人生の中で果たすべき役割、つまり目的意識と自分という存在の意味に関する自覚である。どのようなビジョンを抱くにしろ、まずこう自問すべきだ——このビジョンによって自分のボイス（内面の声）、エネルギー、自分ならではの才能を生かせるだろうか？　このビジョンに「使命感」を感じることができるか、つまり自分を捧げるだけの価値がある大義と言えるか？　これほどの意味あるビジョンを得るには問題を掘り下げ、深い認識を得る必要がある。深い自己省察が求められるのである。

南アフリカ共和国の作家・映画制作者で世界的に著名な物語の名手ローレンス・バン・デル・ポスト卿は次のように指摘している。「ビジョンがない場合、私たちは情報不足に陥る。人生を近視眼的に、自分というレンズを通して自分の世界観からだけ見ることになるからだ。ビジョンによって私たちは自分の過去を超越し、それまでの人生経験を超越することができる。記憶を乗り越えることができるのだ。ビジョンは人間関係において特に有用だ。なぜなら他人に対する寛容の精神を作り出すからである」。

ビジョンと言うとき、「世の中」で何ができるかと考えるだけではだめだ。人の中にどのような可能性を見いだせるか、彼らの秘められた潜在能力を見抜けるかという点も重要である。ビジョンとは単に何かをやること、なんらかの課題を達成し、何かを実現することだけではない。他人に対する新たな見方を発見し、広げ、その人々を肯定し、信じることでもある。そして彼らがそれぞれの潜在能力を発見し自覚できるよう手助けをすること、つまりそれぞれのボイス（内面の声）を発見できるように力を貸すことでもある。

東洋の多くの国々では、相手に合掌してあいさつをする習慣がある。それは「あなたの内なる偉大さに敬意を表します」「あなたの内なる神聖さを称《たた》えます」という気持ちを表している。ある知人ははじめて会った人に「あなたを愛しています。お名前を教えてください」と（心の中で、または口に出して）言うことにしている。人を欠点や現在の態度だけから判断せずに、彼らの潜在能力や最も優れた行動などを通して見れば、あなたの中に前向きなエネルギーが生まれ、人に手を差し伸べ、受け入れることができるようになる。相手の価値を認めることは、壊れた人間関係を修復するときも重要な鍵となる。さらに子育てに成功する秘訣でもある。

あなたは私を高める。そして私はあなたを高める。そして私たちは共に昇っていく。

——クエーカー教徒の格言

人をそれぞれ個別にきちんと見つめることはとても貴重である。なぜならば人の本質的で絶対的な価値を肯定することになるからだ。それはさらに、当の本人に向かって鏡を掲げるようなものでもある。彼らが自分の内に潜む最良のものに気づくようにしてあげるのだ。すると彼らも自分に対して前向きなビジョンを抱くことになり、できる限りの努力をする自由を手に入れる。そうなればこちらも、相手の不愉快な態度に接する苦痛から解放されることになる。もしも相手が潜在能力を生かしきっていないと感じたら、「君らしくないね」と言ってやるとよい。それがこの場合は相手を肯定することになるからである。

何年も前に、海外の旅先で十八歳になる青年を紹介されたことがある。麻薬やアルコールを含め、それまで多くの苦しみを味わってきた青年だった。彼と二人だけで会った頃、彼はまさに人生をやり直そうとしていた。だが向かうべき方向を見つけようともがいていて、自分に確信が持てないでいることが私にはわかった。同時に、この青年が偉大な素質と真の可能性を豊かに持ち合わせていることを感じた。それは彼の精神からも外見からもうかがえた。別れ際に私は正面から彼の目をみつめ、必ずや生涯にわたって世に大いなる影響を与える人物になると信じている、君は類《たぐい》まれな天賦《てんぷ》の才と可能性を秘めている、と伝えた。

二十年後の今日、青年は私の知人の中でも最も有望かつ優秀な人物になっている。すばらしい家族を持ち、仕事の上でも真の成果をあげている。あるとき私の友人が彼を訪ねた。そのとき彼は二十年前の私との出会いについて語ったそうだ。「あの一時間が僕の人生にとってどれほど大きな意味を持ったか、他人には想像できないだろう。自分では思ってもみなかったほど、大きな可能性があると言われたのだから。そのことばが僕の心に響いた。かけがえのないことばだった」

他人を肯定するという習慣を身につけ実践していくこと。信じていると、頻繁にそして心から相手に伝えること。これはとても大切なことだ。特に第二のアイデンティティの危機に直面するティーンエージャーに対してはそうだ。あなたは少し努力しさえすればよい。それでも信じがたいほどすばらしい結果を得られるだろう。あなたが自分に（これまでの自分に）確信を持てずにいるときに、あなたを（あなたの可能性を）信じていると言われたらどんな気持ちになるだろう。あなたにとって計り知れない効果があるに違いない。このことをぜひ覚えておいてほしい。

自制心

次に自制心だ。創造の過程の第二番目にくるものだが、ビジョンに劣らず重要だ。ビジョンが第一の創造だとすれば、第二の創造は実際に実行し、物事を成し遂げることだとも言える。それはビジョンを具現化するために必要なあらゆることを行う上で必要になる自己犠牲のことでもある。自制心とは意志の力が具体化されたものだ。企業のマネージャーにとって第一の使命は現実を明確にすることだと、かつてピーター・ドラッカーは指摘した。現実を明示し、同時にそれを受け入れるのが自制心だ。現実を否定するのではなく、どっぷりと浸かる意欲。目の前の物事のやっかいで非情な実態をそのまま受け入れるのだ。

朝のすがすがしさが昼どきの物憂《ものう》さに変わり、両足の筋肉が酷使に震え、上り坂は永遠に続くように思われるとき。そして突然何事も思いどおりにいかなくなるとき――そのときこそあなたは躊躇《ちゅうちょ》してはならない。

――ダグ・ハマーショールド[6]

リーダーシップとはビジョンを現実に移し変える潜在能力のことである。

――ウォーレン・ベニス

ビジョンもなく、未来に希望も抱けないとしたら、現実を受け入れるのは気が滅入る憂鬱《ゆううつ》なことに違いない。「幸福とは、今この瞬間の欲望を抑圧し、将来手に入れたいと思っていることを優先できる能力だ」と言われることがある。こうした主体的な犠牲、長期的なより大きな善のために目先の快楽を抑制できること、それこそ自制というものである。

自制心と言えば、人はたいてい自由がないと考える。「『べき』は自発性を殺す」「『ねばならない』ことに自由はない」「やりたいことをやりたいんだ。それこそ義務と自由の違いというものだ」などなど。

しかし真実は逆である。自制心のある人だけが本当の意味で自由なのである。自制心のない人々は気分、欲求、そして熱情の奴隷だ。

ちなみにあなたはピアノを弾けるだろうか？　私は弾けない。つまり私にはピアノを弾くという自由がない。自制心を発揮して練習することをしなかったからだ。両親やピアノの先生の希望に反し、練習より友だちと遊ぶことを好んだ。もしピアニストになったらと想像したこともなかった。ピアニストになるということがどういうことか、生きている限り自分や人々にとって価値あるすばらしい芸術を生み出す自由を手にできるということに、気づかなかったのだ。

人を許す自由、許しを求める自由はどうか？　無条件に愛する自由は？　裁く者ではなく道を照らす光に、つまり批評家ではなく模範になる自由は？　こうした自由を得るためにはどれほど自制心を要することか。いわば人や大義の「使徒」になるところに自制心が生まれるのである。

十九世紀に活躍した米国の偉大な教育改革者ホラス・マンはかつてこう指摘した。「なんらかの原則に従うために衝動を抑えることを知らぬ者は、幸福について語ってもむなしいだけだ。未来の善のために現在を、全体の善のために個人の利益を犠牲にしようとしない者が幸福について語っても、色を見分けられぬ者が色について語るのに等しい」

私は五十歳のとき、慣れ親しんだ居心地のよい大学教授という立場を捨てて起業すべきかどうかを決めるのに、葛藤に苦しんだことを覚えている。より大きな善をなすことができるというビジョンがなかったら、安楽を捨てるという犠牲を払い、それまでの自分の生き方を否定する道へ仲間たちとともに踏み出すことはなかっただろう。借金を背負い込んで起業することはなかったはずだ。その後も私たちは「幸福とは確実なるキャッシュフローである」というふざけた標語を掲げながら、何年もの間、社員の給料を払うのに汗水たらして働いた。将来に向けたビジョンと、そのために耐え忍ぶ自制心がなかったら、苦難の時代を乗り切ることはできなかっただろう。

自制心こそ成功するすべての人に共通する特質だと私は確信している。二十世紀前半に保険会社の役員として活躍し、一生をかけて成功者の共通点を探ったアルバート・E・N・グレイの業績に私は感服している。最終的にグレイは、単純だが深遠な発見にたどりついた。勤勉と幸運と抜け目のなさも重要ではあるが、成功者は「自ら嫌だという感情をその目的意識の強さに服従させているのだ」ということである。[7] 成功者だって人が嫌がることを好き好んでやるわけではない。ただ目的意識が感情に勝っているのである。

自制心に欠け、欲望を抑えて犠牲を払うことを知らない人にとって、仕事も遊びと変わらなくなる。職場は毎日が仮面舞踏会とでもいうべき状況だ。一日中、仕事をしているふりをする。取り組んでいることについて無駄にくわしい電子メールを書く。プロジェクトの現状を報告するだけのためにかけなくてもよい電話をかける。あれこれについて長たらしい会議を開く。一般的に、言い訳ばかりしている人はフォーカスと自制心に欠けている。そんな人は挫折を免れない。みずから惨《みじ》めな道を選んでいるのだ。物事に言い訳などはない。つねに理由があるだけだ。

情熱

情熱は情緒から生まれ、楽観、興奮、情緒的な絆《きずな》、決意といった形をとって現れる。そしてたゆみない活力に火をつける。熱意は外的な状況から生まれるのではなく、選択の力に深く根ざしている。何かに熱中している人は、未来を最も確実に予測するには未来をみずから作り上げればよいと考えている。そうなると熱意を持つことはもはや道義的な責任になる。本人も目的に向けた解決策の一つの要素となるのであり、絶望感や無力感に負けて問題の一因になっているわけにはいかなくなるのだ。

「あなたの才能と世の求めが交わるところ、そこにあなたの天職がある」と、アリストテレスは言った。私たちの場合「そこにあなたの情熱とボイス（人生に活力を与えるもの）がある」と言える。情熱はビジョンと自制心の核心にあり、それらを燃え立たせる燃料である。誰もがやめておけと言うときに、私たちがあきらめずにやり通せるのは情熱のおかげだ。週に何時間働いているのかと主治医に問われたある男性はこう答えた。「考えたこともありません。週に何時間呼吸するのか知らないのと同じことです」。人生、仕事、遊び、そして愛が同じ一つのことに向けられているとき、それは情熱の証《あかし》である！

人生の中で情熱を生み出す鍵になるのは、世界の中であなただけの特別な役割と目的を見つけることだ。どのような仕事をするか決める前に、まず自分自身をよく知る必要がある。*「汝自身を知り、律し、捧げよ」というギリシャ哲学の教えはみごとに順序立てて知恵を説いている。一般に、人生における自分の才能と使命・役割は作られるのではなく、見いだされるのだ。すでに紹介した南アフリカ共和国の作家・映画制作者のローレンス・バン・デル・ポスト卿は次のようなことも言っている。

私たちは自分自身を見つめるために、自分の内面に目を向けなければならない。魂という容器の中に目を凝らし、耳を澄まし、探るのだ。あなたという存在を通して夢を語るその内面の声に耳を傾けてはじめて——換言すれば、内面の闇の中から響いてくるノックの音に応えてはじめて——私たちを縛る人生の時間というものを、再び本来の偉大なる創造の時間へと高めることができるのである。

偉大な貢献の人生を送ることができる人たちは、恐れを抱きながらも内面のノックの音に応える人たちだ。情熱の本質は勇気なのだ。そしてハロルド・B・リーが指摘したとおり、勇気とは「徳が最高度に実現されるときその本質をなすもの」である。[8]

一般にスキル（技能）が才能だと誤解されている。たしかに才能を発揮するにはスキルも必要だが、スキルが才能なのではない。才能とは無関係な分野でもスキルを持つことはできる。仕事の上で求められているのが単にスキルであって才能ではない場合、その組織にいてもあなたの情熱とボイスを発揮するチャンスは来ないかもしれない。仕事はこなせるかもしれないが、あなたは監督と

＊「望みの仕事に就く方法」などキャリアアップに関する原則を記した無料のファイルを用意した。
http://8h.franklincovey.co.jp

動機づけを必要とする人物だと見られてしまうだろう。

あなたが経営者だとして、情熱と職務がうまく重なり合っている人材を採用できれば、彼らを管理・指導する必要などないはずだ。他人よりも彼ら自身が自分を最適にマネジメントできるから。彼らの情熱の炎は外から燃やすのではなく内面から燃え立っている。彼らの動機づけは押しつけられたものではなく内発的なのである。あなた自身、何かのプロジェクトに情熱を傾けていたときを思い出してほしい。ほかのことがまったく目に入らないほど夢中になって没頭せざるを得なかったような体験だ。そんなとき、あなたは誰かに管理されたり指導されたりする必要があっただろうか？　もちろんない。いつ、何を、どうしろ、と指示されることを考えただけで侮辱だと思ったに違いないのだ。

世の中の要求と、あなたの才能と情熱が合致するような仕事に従事するとき、あなたの能力《ちから》が解き放たれるのである。

良心

> **あの聖なる炎の火花を消さぬよう努めよ。良心という名の炎の。**
>
> ――ジョージ・ワシントン[9]

本書では、良心がきわめて重要であることを一貫して説いてきた。良心という道徳観念、内的な光は普遍的に見られるもので、その証拠は枚挙にいとまがない。一人ひとりの精神的・道徳的性質はどのような宗教や宗教的思考からも、文化、地理、国籍や人種からも独立している。しかしそれでも世界のあらゆる主要な宗教はいくつかの基本的な原則や価値観については一致している。

「私は常に二つのことに驚嘆させられている。星々が輝く上なる天と、内なる道徳律にだ」と、イマヌエル・カントは言った。内なる道徳律とは良心のことである。あるいは道徳律と重なり合うところに良心があると言ってもよい。それは子である私たちに神が与えてくれたものだと、私を含め多くの人が信じている。そう考えない人でも、公平さや公正さについては一定の内的な自覚があるという点には同意するだろう。正邪の別や、親切・不親切の別、何が貢献で何が害悪であるか、美化するものと破壊するものの違い、真偽の別などについてである。もちろん、これらの基本的な道徳観は文化的に解釈され、異なる慣習や表現として現れる。しかしこうした解釈によってベースとなる正・不正の観念が揺らぐことはない。

私はさまざまな宗教や文化の人々と共に仕事をしてきたが、右のような普遍的な良心の存在を何度も目の当たりにしてきた。文化を超越する一群の価値観、**公平**、**誠実**、**敬意**、**貢献**に関する認識はたしかに存在するのである。それは時代を超越する不変なもので、同時に自明なものだ。信頼感のない人は人から信頼されることがないと言うのと同じくらい自明なのだ。

良心とエゴの違い

良心は内面の小さなひっそりとした声である。良心は平穏である。一方、エゴは横暴で尊大で暴君的だ。

エゴは自分の生存と快楽とそれらの拡大を追い求めるため、ついには他人を排除しようとするほど利己的な野心に満ちている。小さな子どもが他人を「いい人」「悪い人」と単純に分類するように、エゴも人間関係を、脅威の有無を基準に考える。一方で良心は、エゴを民主化し、より大きなグループ、コミュニティ、全体、より大きな善へ向けて昇華させる。良心は奉仕と貢献という観点から、つまり他人の安全と充足という点から生き方を考える。

本当の危機に直面したとき、エゴもそれなりに働くが、どれほどの危機であるかを正しく見極めることはできない。これに対して良心は危機の度合いを識別する判断力に満ちている。良心には危機に対する反応の宝庫がある。いつ、何をすべきかを判断する忍耐力と知恵も備えている。良心は人生をその場その場ではなく連続したものとしてとらえ、複雑な適応を可能にしてくれるのである。

エゴは心配性で眠れない。他人をいちいち微細管理《マイクロマネジメント》しようとし、力を奪い、潜在能力を減退させる。エゴが得意なのはもっぱら管理することだ。良心は人を篤《あつ》く尊敬し、彼らの潜在能力や自己管理能力に目を向ける。良心は人を「エンパワー」するのだ。良心はあらゆる人が持つ価値や価値観を反映し、彼らの選択の自由と能力《ちから》を認める。すると人々は上や外から押しつけられずとも、自然に自己管理能力を発揮するものである。

エゴはネガティブなフィードバックがあると脅威を感じ、そのフィードバックをした人を罰しようとする。あらゆるデータを自己保存という視点から解釈しようとするのだ。常に情報を検閲し、現実の大半を否定しようとする。反対に、良心はフィードバックを尊重し、その中から少しでも真実を見いだそうと努力する。情報を恐れず、現に起こっていることを正しく解釈することができる。良心は情報を検閲する必要も感じず、あらゆる方面に目を向けて現実を認識する開かれた心なのである。

エゴは近視眼的で、人生のあらゆる諸相を自分だけの関心から見ようとする。良心は環境やシステムの全体に耳を傾けてとらえようとする、いわば社会生態学者だといえる。肉体を光で包み、世界全体をより正確に反映するようエゴを民主化するのである。

良心をさらに掘り下げて考えよう

良心とは自己犠牲のことだ――より高い目的、大義、原則のために自己あるいはエゴを抑制することである。前にも述べたとおり、犠牲とはよりよいもののために、よいものをあきらめることだ。しかし実は、自己犠牲を払う人の心には、犠牲を払っているという意識はない。他人の目に犠牲と映っているだけだ。

人生の四つの側面の中で、自己犠牲はさまざまな形をとる。肉体的・経済的な犠牲（肉体的側面）。開かれた探求的な知性を開拓し、自分の偏見を排除すること（知的側面）。人に深い愛情と敬意を示すこと（情緒的側面）。そしてより偉大な善のために、自分だけの意志を抑制し、より高い意志を優先すること（精神的側面）。

新たな哲学、新たな生き方はただでは手に入らない。高い代償を払い、多大な忍耐と努力によってのみ得ることができる。

――ドストエフスキー

良心は、目的と手段は不可分であることを教えてくれる。目的は手段の中にあらかじめ存在している。カントは目的に劣らず手段も重要だとした。マキアベリは逆に、目的が手段を正当化するとした。

ガンジーの教えの中に、私たちを滅ぼす七つの条件というものがある。ここでそれらを考えてみよう。じっくり注意深く検討してみると、いずれも**目的**が無原則的で無価値な**手段**によって実現される場合がみごとに浮き彫りにされていることに気づくはずだ。

・労せず手に入れた富

・良心なき快楽
・人格なき知識
・道徳なき商売
・人間性なき科学
・自己犠牲なき崇拝
・原則なき政治

右のようなうらやましい目的がいずれも誤った手段で達成できることは実に興味深い。しかし賞賛すべき目的も、誤った手段で手に入れれば最終的には無価値な塵《ちり》と化すのである。

ふだんあなたも仕事をしている中で、正直な人、約束や義務を果たす人を見分けることができるはずだ。逆に二枚舌で嘘つきで不正直な人も見分けがつく。不正直な人と契約を交わした時など、相手が契約を必ず履行すると信じることができるだろうか？


人はしばしば非論理的で理不尽で利己的なもの。

それでもともかく愛しなさい。

あなたがよいことをしても、身勝手な下心があると人はあなたを非難するかもしれない。

それでもともかくよいことをしなさい。

あなたが成功すれば、真の友も偽の友も寄ってくるに違いない。

それでもともかく成功しなさい。

あなたの今日の善行を人は明日には忘れるかもしれない。

それでもともかく善行を行いなさい。
正直であることや率直さはあなたを弱い立場に置くかもしれない。
それでも正直で率直でありなさい。
偉大な考え方を持った偉大な男女は、わい小な考え方の男女に論破される。
それでもともかく偉大な考え方を持ちなさい。
人は敗者を好むが、勝者にしかついて行かない。
それでも数少ない敗者のために戦いなさい。
あなたが何年もかけて築いたものを、人は一晩で破壊するかもしれない。
それでもともかく築きなさい。
助けが必要な人を実際に助けたら、助けた人に攻撃されるかもしれない。
それでもともかく人を助けなさい。
世界にあなたの最良のものを与えたら、ひどい仕打ちを受けるかもしれない。
それでもともかく世界にあなたの最良のものを与えなさい。

――ケント・M・キース

目的と手段の価値を教えてくれ、両者が不可分であることを教えてくれるのは良心である。しかしエゴは、目的がいかなる手段も正当化するのだと私たちにささやく。無価値な手段では価値ある目的を真に達成することなどできないのに、エゴはそれを知らない。一見できそうに見えるが、誤った手段を用いていると思いもよらない結末を迎え、最後には目的そのものが損なわれてしまうのだ。たとえば部屋を掃除しろと子どもを怒鳴りつけるとしよう。部屋をきれいにするという目的はとりあえず達せられるだろう。しかし怒鳴るという手段を使ったのでは親子関係を損なうだけでなく、あなたが二日も出張に出ていれば部屋はもとどおり散らかり放題になることは間違いない。

知恵とは、最良の目的を最良の手段で追求することである。

――フランシス・ハッチソン[10]

良心は私たちを人間関係という世界に導いてくれる。その結果、私たちのビジョン、自制心、情熱は大きく変革される。良心によって、私たちは独立した個人から相互依存的な人間関係へと進むのである。そうするとすべてが変わる。まずビジョンや価値観を人々と分かち合う必要があることに気づく。ビジョンや価値観が共有されていない限り、それらを体現する一定のルールの仕組みやシステムも受け入れてもらえないからだ。価値観が共有されていれば、要請せずとも規律と秩序は生まれてくる。良心は**なぜ**という問いに答え、ビジョンは**何を**、自制心は**どのように**達成すべきかを明らかにする。そして情熱はなぜ、何を、どのように行うべきかという思いに力を与える。

良心は情熱を思いやりへと変革する。良心は他人への偽りのない気遣いを生み育てる。それは同情と共感の合わさったもので、互いの苦痛を分かち合い、互いに受け入れさせる。情熱が相互依存的な形で現れたものが思いやりなのである。「ガイドポスト」誌の寄稿者ジョアン・C・ジョーンズは、大学の指導教官から良心の導きに従って生き、学ぶことを教わった体験を語っている。

看護学校に入って二ヶ月目のこと、教授が抜き打ちテストをした。まじめな学生だった私はすらすらと問題を解いていったが、最後の一問ではたと困った。「校内の清掃をしてくれる女性の名前は?」という問題だった。

はじめは冗談に違いないと思った。清掃員の女性なら何度か見かけたことがあったので知っていた。背が高く髪が黒い五十代の女性だ。しかし名前まで知っているはずがないではないか――。私は最後の一問の答えだけ空白のまま、解答用紙を提出した。

授業の終わりに、最後の一問も採点に入るのかと誰かが聞いた。教授は答えた。「もちろんだ。君たちは仕事をする中でたくさんの人たちと出会うことになる。どの一人も大切だ。どの人も君たちの関心と気遣いに値するはずだ。たとえふだんは顔を合わせて微笑んであいさつをするだけの相手でもね」

私はこのときの教訓を忘れたことはない。のちに私は、清掃員の女性がドロシーという名前だということを知った。[11]

良心に従って生きようと努めれば、誠実さと心の平安が生まれる。ドイツ生まれのキリスト教長老派の牧師・作家で、自己啓発に関する講演でも知られたウィリアム・J・H・ベトカーは二十世紀のはじめに次のように述べた。「自己の尊厳を守るためにも、間違っているとわかっていることをやって一時的に人を喜ばせるより、正しいと信じることをやって人の不興を買う方がよい」こうした自尊心と誠実さは、他人に対して優しくすることも、勇気を持って接することも可能にする。人の意見、感じ方、経験や信念を大いに認め尊重するという点で**優しさ**がある。恐れることなく自己の信念を表明できるという点で**勇気**を示すことができる。異なる意見が作用し合い、どちらの意見よりも優れた第三の選択肢が生まれることもある。これこそ真の相乗効果であり、それは単なる部分の総和よりも偉大な総合を生むのである。

良心に従って生きることをしない人は、内的な平安と誠実さを抱くことはできない。エゴが人間関係を思いどおりに動かそうとしているのを感じるだろう。ときには優しさや共感を示すふりもするが、巧妙に相手を操ろうとし、一見優しいが尊大な態度をとる。

誠実さを身につけるという私的成功は、共通のビジョン、自制心、そして情熱を抱くという公的成功の礎《いしずえ》である。また、誠実さを発揮してリーダーシップをとることも、人との相互依存的な営みとなる。エゴに駆られた強大な独立した支配者と、卑屈で依存的な追従者との間の関係ではないのである。

映像作品『ストーン』

ビジョン、自制心、情熱を良心の賢明な導きに従わせるとき、大きな力が生まれる。その事実をみごとに体現したウガンダ人の男性がいる。ウガンダの偉大なサッカー選手ストーンだ。ウガンダの子どもたちの夢は、サッカーで秀でてヨーロッパのチームと契約することだ。ストーン選手もヨーロッパのチームとの巨額の契約に手が届くところだった。しかし試合中に故意に蹴られて膝を完全に「やられた」。プロへの道は閉ざされてしまったのだ。

ストーンは悪意と復讐心に身を任せることもできただろう。自分を哀れんでのた打ち回るか、有名人として派手に暮らしていくこともできただろう。しかしストーンは違った。自分で自分の反応を選び取ったのだ。

表１

全人格	４つのニーズ	４つのインテリジェンス／潜在能力	４つの属性	ボイス
精神	貢献する	精神的インテリジェンス (SQ)	良心	良心（正しいことを行う）
知性	学ぶ	知性的インテリジェンス (IQ)	ビジョン	才能（自制の効いたフォーカス）
肉体	生きる	肉体的インテリジェンス (PQ)	自制心	ニーズ（要求に応えることに「目を向ける」）
情緒	愛する	情緒的インテリジェンス (EQ)	情熱	情熱（実行することを愛する）

自分の想像力（ビジョン）と良心を活用し、ウガンダの少年やティーンエージャーの「問題児」たちを導き奮起させることを考えた。放っておけば仕事に役立つスキルもなく、見習うべき生き方の手本もなく、希望もないような子どもたちのため。

映像作品『ストーン』で、ストーンの活動を見てほしい。ストーンの精神を感じ、彼の心とビジョンをよく感じ取ってもらいたい。付属のＤＶＤにストーンの物語を描いた力強い短編の受賞作品が収録されている。すばらしい視聴体験になるはずだ。

作品を見ながら、世間的な文化に影響された復讐心という傾向をストーンが乗り越え、自分の天賦の才を開発していった点を見てもらいたい。彼がいかにみずから進んで自己犠牲と自制心という代償を払ったかも。さらに、ストーンがたゆみない情熱を抱いてウガンダの若者たちに手を差し伸べ、まず優秀なサッカー選手になり、経済的に自立し、次に責任ある大人となり、親となり、社会に貢献する市民になるというビジョンを与えていることにも注目してほしい。そして同時に、良心に従って生きることを学ぶチャンスを少年たちに与えていることも見逃せない。作品に登場する少年たちは徐々にストーンから自立し、克己と訓練と貢献という原則（良心）で自分を律するようになっていく。最後に、ストーンが少年たちに彼らの価値と潜在能力をいかに明確に伝え、彼ら自身が自覚できるように鼓舞しているかもぜひ見てほしい。

この映像作品が制作された数年後、私の知人がウガンダにストーンを訪ねた。その知人はストーンの現状を私に報告してくれた。「ストーン氏の肉体、知性、情緒と精神の**バランス**にいたく感動した。肉体的には実にアクティブだ――疲れも見せずに毎日六チームにサッカーの指導をしている！　いつも知性は研ぎ澄まされている――若者を新たな地平へ導くという使命を達成するために、つねに新しい方法を探しているのだ。キリスト教徒だが、イスラム教徒地区のイスラム教徒の家主のもとで暮らしている。ストーンの日々の行動が近隣にも平和と調和を生んでいる。社会的・情緒的な面で、出会う子ども、親、人々の一人ひとりに気遣いを示しているのだ。ストーンに会ってみて、映像作品以上に彼の人格と懐の深い誠実さに感動した」。

第一部・ボイス（内面の声）を発見する——要約と課題

第一部「ボイス（内面の声）を発見する」を終える前に、おもなポイントをふり返り、再び心にとどめておこう。

偉大なる潜在的可能性を持っているということと、実際に偉大で貢献に満ちた人生を歩むことの間には大きな隔たりがある。それはわかっている。職場の巨大な問題や課題を認識することと、問題を乗り越え、問題解決に貢献する重要な推進力になるだけの内的な能力《ちから》・道徳的権威を開発することの間には巨大なギャップがあるのだ。

ここでもう一度、これまで解説してきた、人生をとらえるための簡単明瞭な考え方を指摘しておきたい。四つの基本的ニーズ（生き、学び、愛し、貢献すること）と、四つのインテリジェンス・潜在能力（肉体的、知的、情緒的、精神的）と、その最も崇高な現れ（ビジョン、自制心、情熱、良心）を備えた全人格的な人間（肉体、知性、情緒、精神）というモデルである。これらはすべて、ボイス（内面の声）の四つの局面（ニーズ、才能、情熱、良心）を表すものである。

右のようなインテリジェンスや崇高な属性を尊重し、開発し、統合し、調和させていくと、そこから生まれる相乗効果が私たちの**内なる炎**を燃え立たせる。そして私たちは自分のボイス（内面の声）を発見するのである。

私が「内なる炎」という概念と用語をはじめて取り上げたのはロジャーとレベッカ・メリルとの共著『7つの習慣　最優先事項』でのことだ。それから何年もたったある日、二〇〇二年ソルトレークシティ冬季オリンピックの組織委員会から電話があった。「内なる炎を燃やす」を大会の中心的なテーマにしたいので許可をほしいとのことだった。「もちろん。光栄です」と私は即座に答えた。組織委員会が「内なる炎を燃やす」というテーマを使って人間精神のすばらしい潜在的可能性を描き出すのを見て、私は大いに刺激を受け、スリルを感じた。大会の数週間後、組織委員長のミット・ロムニー氏が電話をくれた。選手、ボランティア、そして世界中で観戦した視聴者たちの頭と心にテーマがしっかりと「根を下ろした」と、ロムニー氏は言った。このように誰もが共有できる永遠のテーマを作り出すことができたのは大会史上はじめてだとも言った。

第一章では、**才能**（生来の才と力強さ）、**情熱**（あなたを自然に活気づけ、わくわくさせ、モチベーションを与え、奮起させるもの）、**ニーズ**（あなたの生活を成り立たせるために、世界が必要としているものも含む）、そして**良心**（平静なる内面の小さな声、何が正しいかを確信させてくれ、あなたをそのとおりに行動させるもの）が交わるところに、あなたの**ボイス**があると指摘した（図5・4参照）。さらに、あなたの才能を発揮でき、**情熱**をたきつけるような仕事にたずさわるとき（職業上、地域社会で、または家庭で）、しかもそれが

図5・4

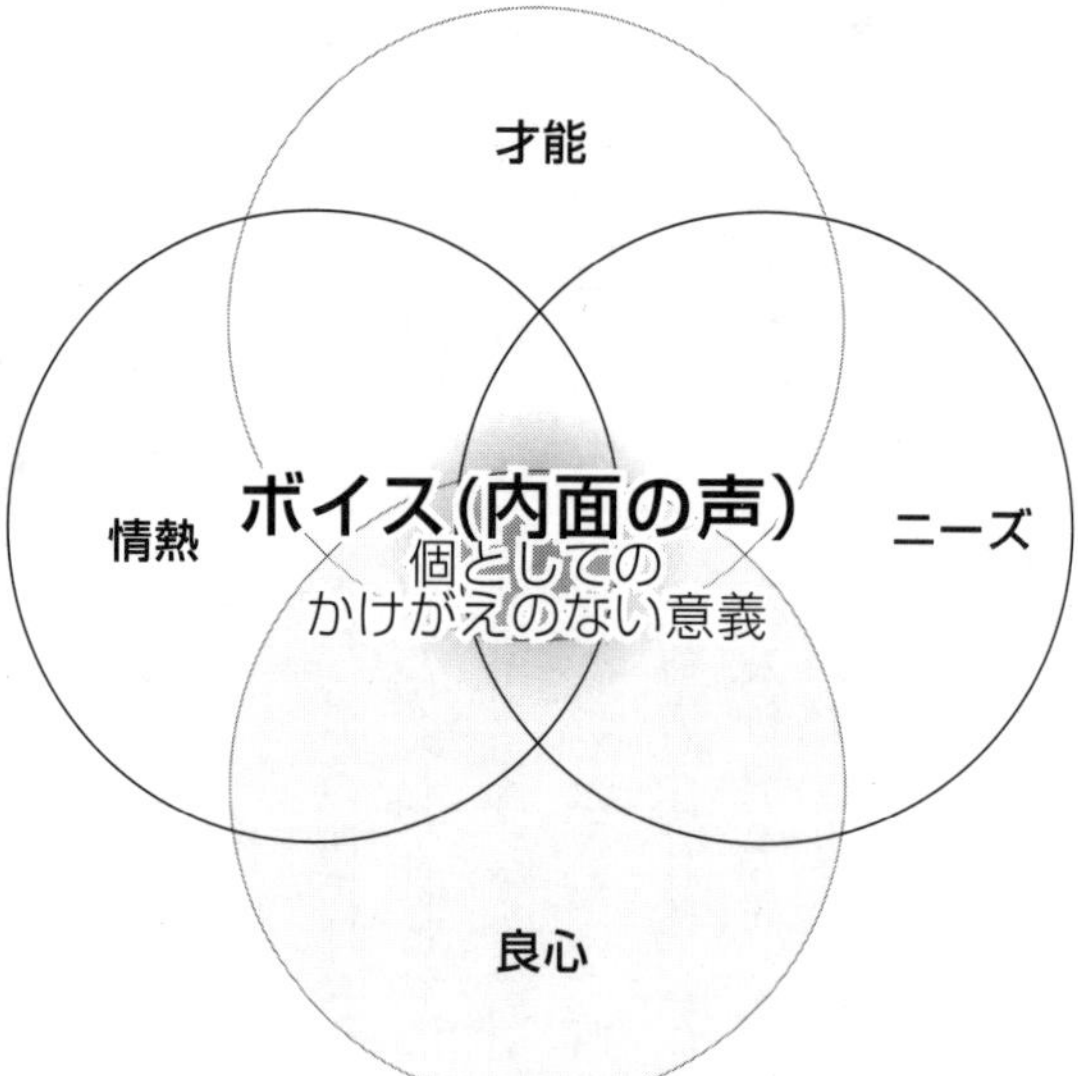

世界の偉大な**ニーズ**に基づいていて、あなたが**良心**にかけて応えたいと感じるものであるとき、そこにあなたのボイスが、天職が、魂の規範があることも指摘した。

　図5・4でもわかるとおり、ボイスの四つの局面がリーダーシップの四つの属性とよく似ていることにもう気づいたはずだ。四つの属性とはビジョン、自制心、情熱と良心であり、最後の二つはボイスの二つの局面と同じだ（図5・5参照）。一方、ボイスの**才能**と**ニーズ**は、リーダーシップの**自制心**と**ビジョン**を引き出す。実際、図5・4の「良心」という円を中央に持ってくれば、図5・5と実質的に同じモデルになる。

　さて、才能、ニーズ、情熱と良心という**ボイス**の四つの局面は、少額融資専門の銀行を設立したあのムハンマド・ユーヌス氏がみごとに体現していた（第一章参照）。ユーヌス氏はどのようにボイスを発見したか？まず**ニーズ**に気づいた。次に**良心**の声が彼に行動を促した。ニーズに応えることのできる才能を持っていたので、**自制心**を発揮しながら**才能**を生かし、解決策を見いだした。問題解決の過程では彼の才能だけでなく

図5・5

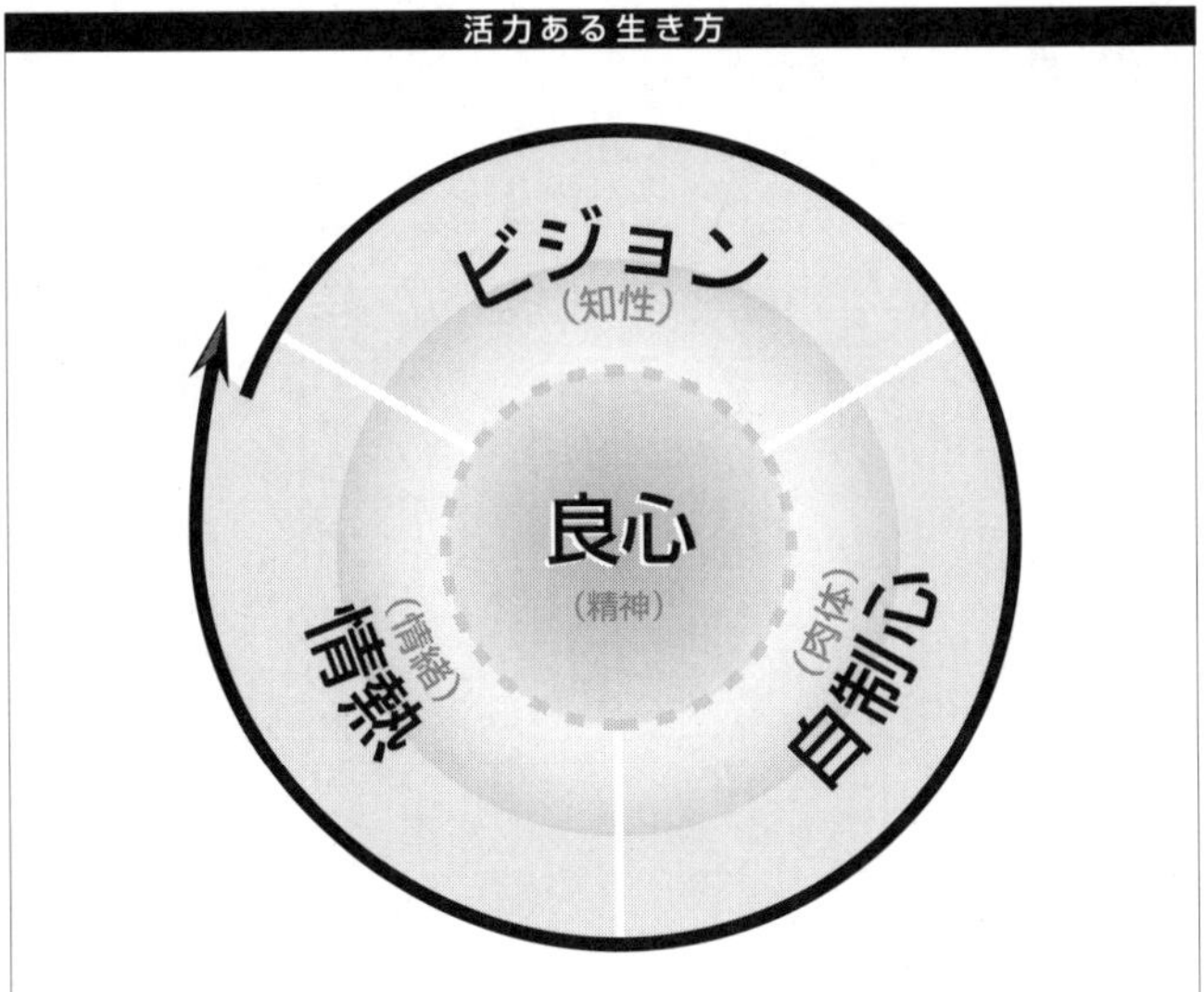

情熱も発揮された。一方、ユーヌス氏が発見した**ニーズ**から、彼の**ビジョン**が育っていった。それは世界中の同じようなニーズに応えることができるよう、人々や制度・組織の潜在能力を向上させようというものだった。そしてさらに、そこに関わる人々に対し、**自分たちそれぞれの**ボイスを発見するよう促し奮起させることでもあった。

第一部「ボイス（内面の声）を発見する」の最後に、私は一つの約束と課題を提示したい。私は約束する――あなたが人生の中で演じるどのような役割でも、才能（自制心）、ニーズ（ビジョン）、情熱、良心という四つの潜在能力を適用すれば、必ずその役割の中にあなた自身のボイス（内面の声）を発見できる。ごく単純なものではあるが、次のような課題に挑戦してほしい――ふだんあなたが演じている重要な役割を二つか三つ選び、次の四点を自問してもらいたい。

①どのような**ニーズ**があることに気づくか（家庭、地域社会、または職場で）？
②自制心を持って適用すればそのニーズに応えることができるような、真の**才能**が自分にあるか？
③そのニーズに応えることに**情熱**を感じるか？
④自分の**良心**が、そのニーズに献身的に関与し、行動することを促しているか？

もし四問とも答えが「はい」であり、常に行動計画を立てる**習慣**を身につけ、実際に実行していくことができたら、必ずあなたは人生の中で真のボイスを見つけていくことができるだろう。そうすればあなたの人生は意義深く、満足でき、偉大なものになるのである。

では第二部「ボイス（内面の声）を発見するよう人を奮起させる」へ進もう。

Q&A

Q　本章で解説されたように、みずからリーダーシップを発揮するということを実践すれば、私の長年の課題を解決できるか――つまり減量して体格を維持するのにも役立つか？

A　あなたが平均的な人であれば、おそらくあるとき思い出したように減量を決意し、実際に多少は成功するというパターンを繰り返しているに違いない。しかし多くの人は脂肪を筋肉に置き換えているだけで、かえって体重が増えてしまうこともある（筋肉は脂肪の倍も重い）。では根本的な課題は何かと改めて考えてみれば、それは適度な体格を保ち、肉体的に健康で、じょうぶで元気でいることだ。それがあなたのビジョンだ。ではどのような自制心が必要か？　たいていは運動、適切な栄養、休息とストレス管理に関する厳密な計画に従うことを意味する。次に情熱だが、それは思いの深さ、どこまで気持ちをこめてコミットすることができるか、それに前へ進む意欲があるかということになる。最後に良心は、健康であることがなぜ必要か、どのような価値があるかを教えてくれる。つまり長生きし、しっかり家族を支え、孫の養育にまで協力するということでもあるだろうし、単に気持ちよく生きるためかもしれない。また、あなたの動機が単に外的な理由によるものであれば――格好よく見られたい、季節の変わり目だ、年始の抱負、虚栄心など――、その動機はすぐに力を失い持続しないはずだ。全人格的な関与にふさわしい理由でないからだ。したがって、食べ物を前にして間違った選択をしそうになったら、こう自分に言い聞かせるよう練習するのがよいだろう――「食べたいというのは情緒的な衝動にすぎない。我慢すれば減量できるだけでなく、私の人格も強くなる。それに、やせていることの味わいに勝るものはない」減量を決意するたびに数日、へたをすると数時間で投げ出してしまう。そんな悪循環を繰り返すうちにやる気を失うことも多い。「私には自制心がないのだ」と愚痴ばかり言う。しかし私の体験から言えば、最大の問題は自制心ではない。自己犠牲がビジョンに基づいていないから続かないのだ。内面の最も奥深くにある価値観や動機づけ（良心）に触れていない、私たちにとって最も重要な何かと結びついていないのである。ある友人の例を紹介しよう。

私は一生懸命に仕事をし、四十五歳までにかなりの成功を収めた。しかし体重は三十キロ近くオーバーしていて、ストレスがあるときは大食いし、仕事があるから定期的に運動する時間もなかった。息子の口ーガンが五歳になったとき、健康法の本を私にくれた。中には母親に手伝ってもらって書いたメッセージがあった。「パパ。今年のお誕生日プレゼントはパパが健康でいてくれること。できるだけ長生きしてほしいから」やられた！　まさに痛いところを突かれたのだ。

息子の声によって、私の人生観がすっかり変わった。大食いや運動不足は私一人の好みの問題ではなくなった。子どもたちにもきわめて不健康な前例を与えていることにはっと気づいたのだ。身体などどうでもよい、自己管理も重要でない、汗水たらして働く目的はただ富と権威だけだ!!　私はそんな手本を示していた。子どもに対する親の責任は物理的、金銭的、情緒的に必要を満たすだけではないことに私は気づいた。子どもの見本になるような健康的なロール・モデルとなることも親の役割だ。それまで私はこのことをないがしろにしていた。

そこで私は子どもたちのためにも健康であろうと決意した。ただ数字の上で減量するのではなく、健康的であるように。そこがポイントだ。私にとっても真の価値がある理由が必要だったからだ。それまで何度もダイエットや運動プログラムを試したが、何かでストレスがかかるととたんに挫折した。単なる減量という目的ではやる気を維持できなかったのだ。それに比べて、子どもたちのためというのは十分な意味があった。子どもを大切に思えばこそ、健康的な道を選択できる。だから単なる減量ではなく、健康でいることを私は目標とした。毎日生き生きとして、仕事から帰ってからも子どもたちと遊ぶ元気があるように。会社のソフトボール大会で、一塁ベースまで走るだけで息切れしてしまわないように。目的を達成するために、自分なりのダイエットと運動の計画を立てた。そのためにしっかり時間を作るようにした。身体の状態をよく見極め、残業を切り上げるべきタイミングもわかるようになった。

考え方を変えてから二年になる。今では朝起きるのに苦労することもない。運動することもほとんど癖《くせ》のようになった。はじめは自分に言い訳をしてサボったが、もうそんなこともない。もちろん調子が出ないこともある。疲れを感じたり、膝の筋を違えたとか、頭痛がするとか、運動するには暑すぎるとか。どうしようもなくてあきらめる日もある。それでも以前ほど苦労せずに、すぐに計画どおりに走り出すことができるようになった。大きな目標があるからこそ、自分以上に愛する子どもたちのためだという決意があるからこそ、いつでも正しい道に戻ることができるのだ。

Q　本章の内容は仕事に就くにも役立つか？

A　減量するのは基本的には個人的な努力の問題だ。しかし望みの仕事に就くのは明らかにより相互依存的であり、他人に対する影響力を効果的に開発する必要がある。

ではビジョン、自制心、情熱、良心というリーダーシップの四つの属性を影響力という点から考えてみよう。実は四つすべてがポイントとなるのだ。一つでも無視すれば職探しはずっとむずかしくなる。仮に仕事に就けたとしても、やる気を維持して力を出し続けることはできないだろう。

雇用状況がとても悪いと仮定しよう。多くの企業は採用するより人を減らす傾向にある。特にあなたが働きたいと思っている分野や場所でそうだとしよう。さてどうやって望みの仕事に就けばよいだろうか？

そもそもビジョンを持つためには、仕事のことをよく知らなければ始まらない。自制心を発揮して仕事の内容をしっかりと把握すべきだ。自制心を持って仕事および就職したい企業をよく理解し、その仕事特有の要件を理解しなければならない。また、競合他社や顧客のニーズや産業の特質・傾向などを理解するためにも、市場をよく知ることも重要だ。要するに、就職したい企業が直面する課題や問題をよくわかっておく努力が必要なのである。

次に、あなた自身の情熱をよく見つめること。あなたが希望している仕事は、あなたの天賦の才や潜在能力、スキル、それに興味の対象となるか？　さらにその仕事はやりがいがあるとあなたの良心の声が言っているか？　その仕事に邁進《まいしん》している自分の姿を思い浮かべることができるか？

右のようなことをすべてクリアしてはじめて、採用面接を受ける用意ができたことになる。あなたはめざす企業の意志決定者たちにとって、問題を新たに起こす人物ではなく、解決策をもたらす人材として面接にのぞむ必要があるからだ。

その企業が抱える重大な問題について、大半の社員たち以上によく理解していることを示すべきだ。問題に取り組むために、大半の社員たちをしのぐ情熱とやる気を見せることも必要だ。あなたがリーダーであることをわかってもらえるまで、だからこそ多くの社員や採用候補者よりもあなたが優れていると納得してもらえるまで、試用期間を設けてもらってもよいと自分からあえて提案する手もある。犠牲を払ってでも、あなた自身が率先してよい結果を引き出すのだ。あなたは指示を待つタイプではなく、尻を叩かれる人間ではないはずだ。自分から行動し、しかも賢明に行動する。常によく気がつき、鋭い感受性を持っている。よく他人と共感し、敬意を示すこともできるはずだ。

さらに、仕事を探す過程で一定の原則に従うようにすることも忘れてはならない。誇張して見せたり、策略や操作を用いたり、偽り、ごまかし、二枚舌、他人を非難することなどがあってはならない。その企業と顧客のニーズ、懸案事項、問題にフォーカスする。そしてものわかった物言いを心がけるのだ。

企業の意思決定者の前で右のようなアプローチを見せることができれば、注目されることは間違いない。そしてほとんどの場合、あなたの周到な準備と自制心、代償を払い自己犠牲をいとわない姿勢に相手は圧倒されるだろう。

私は何年もの間、多くの人々にくりかえしこのようなアドバイスを与えてきた。そのとおり実行した人は多くはない。しかし実践した人たちはほとんど例外なく望みの仕事を手に入れた。ほかにも私はリチャード・ボールズの『興味を生かす適職えらび――はいりたい会社にはいれる！　やりたい仕事ができる！』（一ツ橋書店刊）を読むことを勧めている。

Q　人生のバランスを保つのには役立つか？

A　人生のバランスを保つことが最大の課題だと多くの人が考えている。この事実は数々の調査の結果からもうかがえる。誰でも仕事や目の前の用事ばかりに注意を向け、結果的に最も大切に思っている活動や人間関係が脇に追いやられ犠牲にされがちだ。急を要することにすっかり気を取られてしまうのだ。
急用に振り回されてばかりいた男性の体験談を紹介しよう。やがてその人物は、自分にとって何が最も大切かを考える時間を作り（良心、ビジョン、情熱）、その結果から優先順位をつけ、さまざまな活動を調和させるよう創造的な判断を下した（自制心）。こうして人生のバランスを保てるようになった過程に注目してほしい。解決策が妻との相乗効果の中から生まれてきたことも見逃せない。では一人称で語ってもらおう。

昔から私と母の間には特別な友情があった。人生の中でいくつか重大な出来事があり、それらを通じてすばらしい関係を築いてきたのだ。ところがあるときから私は仕事と地域の活動や家のことで手いっぱいになってしまった。母を深く愛していたし、いっしょに過ごすのも大きな喜びだった。それでもあまりにも忙しく、ちょっと電話をかけて様子を聞くのさえ何週間かに一度がやっと。なんとかわずかな時間を見つけて会いに行っても、すぐ次に会議だの書類の提出期限だのがあって、落ち着いて話すひまもないというありさまだった。母というすばらしい人物との関係は、ほとんどすれ違いばかりになってしまった。

もっと会いに来るようにと母からせがまれたわけではない。でも私は不満だった。母と常に接していなければ、私の人生がばらばらになってしまうことを私自身がいちばんよく知っていた。そこで私は解決策を求めて妻とあれこれ意見を出し合った。妻と母のどちらにも都合がよいように、一週間に一度決まった時間をあけることを妻が提案した。カレンダーを見ると、毎週水曜日の夜に妻は合唱団の練習があった。その時間を使って私は母に会いに行くことにした。

今ではほぼ毎週、同じ曜日の同じ時間に私が訪ねていくことを母も知っている。わずか十分足らずで帰ってしまうようなこともないし、実際に何か急用が入ることは今ではほとんどない。母が運動したい気分であればいっしょに散歩をする。母が夕食を用意してくれている晩もある。母が自分で運転していくには少し遠いショッピングモールまで連れて行ってあげることもある。何をするにせよ、私たちの間にはいつも会話がある。家族のことや、世間の出来事、思い出話など。

忙しい毎日の中で、母と過ごす晩は、私にとって静かなオアシスのような時間だ。最高の提案をしてくれたと、しばしば妻にも感謝のことばをかけている。

何が真に大切なことか、心と頭を使ってフォーカスして見極め、誠実にそれに基づいて生きる。そうすればどのようなことが可能になるか、右のエピソードはその一例にすぎない。私自身、父親が亡くなってからは母とのとても大切な関係を維持するだけでなく、より強固なものにしようと決意した。母の心の隙間《すきま》を埋めたかったからだ。私は厳しいスケジュールの中で出張に追われていたが、どこにいようと毎日必ず母に電話をすることにした。それを母が生きている限り続けると決意したのだ。さらに、八十キロも離れて暮らしていたが、一週間おきに会いに行くようできるだけの努力をした。それから十年後に母は亡くなったが、母がいてくれたこと、この上もなく貴重な時間をいっしょに過ごせたことで、どれほど母に感謝しているかとてもことばでは言い尽くせない。

常にコミュニケーションをとっていると、新たな相互理解のレベルに到達できることに私は気づいた。言外のニュアンスでわかり合えるようになると言ってもよい。隔週の訪問に劣らず、毎日の電話は互いの距離を縮めてくれた。会っている時と変わらないほど親密に感じ、互いに心を開いて素直になれた。直接会うことに勝るものはないと思っていただけに、意外な発見だった。ずっと途切れることなく会話が続いているような気分だったのだ。ある意味ではそのとおりだった。定期的な会話は先行する会話の積み重ねでもあり、長い間何かを言い忘れているということもない。どんなことがあったか、互いに体験を共有できるだけでなく、奥深い洞察や感情も分かち合える。親密さ《インティマシー》（intimacy）とはin-to-me-see《イン・トゥ・ミー・シー》（互いに相手を内面の自己へ迎え入れ、見つめ合う）ということなのだ。

前に紹介した男性と同じく、私も妻サンドラの理解と支えに大いに助けられてきた。妻は何事にせよ豊富に存在すると考える「豊かさマインド」の持ち主なのだ。サンドラは、時間はパイのように決まった分量しかないというようには考えない。私が母と会う分だけ夫婦の時間が減るなどとは考えないのだ。母と過ごす時間を大切にすることで、かえって夫婦の関係は深く豊かなものになることがサンドラにはわかっていた。

母が亡くなると、私は墓石にシェークスピアのソネット第二十九番の一節を彫ってもらった。「あなたの美しい愛を思うだけでしあわせになり――」という一節だ。このソネットをじっくり読んでほしい。一節一節の豊かな含蓄を味わい、想像力を羽ばたかせてみよう。

運命の女神にも人々の目にも冷たくそむかれ、
私はひとり見すてられたわが身を嘆き、
むなしい泣き声で聞く耳もたぬ天を悩まし、
わが身を眺めてはこのような身の上を呪う。
そして将来の希望に満ちた人のようになりたい。
あの人のような顔立ち、この人のような友をもちたい、
この人のような学識、あの人のような才能がほしいと願い、
自分の最も恵まれた資質さえ最も不満になる。
だがこのような思いに自分を卑しめているうちに、
私はふとあなたのことを思う、するとたちまち私は、
（夜明けとともに暗く沈んだ大地から舞いあがる
ヒバリのように）天の門口で賛歌を歌い出す。
あなたの美しい愛を思うだけでしあわせになり、
わが身を国王とさえとりかえたくないと思う。

――（小田島雄志訳『シェイクスピアのソネット』文藝春秋社より）

人生にバランスをもたらす最高の道は家族の中にあると言えるだろう。自己の第一かつ最も厳しい成長の場も家庭であり、その成長によって社会に対する最も大きな貢献が可能になる。

ある賢明なるリーダーが指摘したとおり、人が世の中で成し遂げる最も偉大な仕事は家の中でなされる。私も

そう信じている。「いかなる成功も家庭における失敗を埋め合わせることはできない」と、デイビッド・マッケイは説いた。[12] 家族の重要性について私はきわめて深い確信を抱いており、約十年前には『**ファミリー　7つの習慣　家族実践編**』（キングベアー出版刊）を書いた。

人生の中で最も責任重大なリーダーシップは、親としてのリーダーシップである。それは私たちに実に深い幸福と喜びをもたらしてくれる。そして親がビジョン、自制心、情熱と良心という真のリーダーシップを発揮しない場合、大いなる悲しみと失望を生むのである。

ビジョン、自制心、情熱、そして良心という線に沿ってほんの少し人生を軌道修正するだけで、とてつもなく大きな成果が得られる。この事実に私は目を見張らずにはいられない。将来のある日、「あの時ほんのわずかに生き方を変えてさえいれば」と、私たちの多くは嘆き、そして驚くだろう。

親として、家庭にビジョンと可能性の自覚をもたらし、自制心と自己犠牲を発揮してそのビジョンを実現し、心の奥深くからわき出る情熱と活力とやる気とで困難な時を乗り越えて、すべてを良心の導きによって成し遂げることができるかどうか。それこそリーダーシップの究極にして最良の試金石だと私は考えている。また、そのような家族の文化が世代から世代へと伝わるようにすることも、親としてのビジョンの一つになるだろう。ほかに何も成功を収めることができなかったとしても、そのこと一つを成し遂げるだけで私たちの人生は満たされ、喜ばしいものになるだろう。反対にそのこと一つをしくじれば、ほかのいかなる成功によっても埋め合わせることはできないかもしれない。十九世紀の詩人ジョン・グリーンリーフ・ホイッティアの鋭いことばを私はしばしば思い出す。「書かれ語られるあらゆる悲しいことばの中で、最も悲しいのはこれだ――そうなっていたかもしれない！」[13] しかしある人は次のように言った。「『そうなれたかもしれない』――そんな人に改めてこれからなろうとすれば、いつだって遅すぎることはない」[13]

第二部

ボイス（内面の声）を発見するよう人を奮起させる

第六章

自分のボイスを発見するよう人を奮起させる
——リーダーシップのチャレンジ

誰でも人生において、内なる火が消えてしまうことがある。それが、ある人との出会いによってぱっと燃え上がる。内なる心に再び火をつけてくれた人には心から感謝しなければならない。

——アルベルト・シュバイツァー

私には若い頃、一つの出会いがあった。その人との経験がその後の私の人生を決定づけたと言ってよい。当時ボランティアをしていた私は、さらに広範囲に活動するため学業を一時中断することに決めた。英国へ行く話が来たのだ。到着してから四ヶ月半ほどたった頃、組織の会長にこう告げられた。「君に新しい仕事がある。国内各地をまわって、地域のリーダーたちを指導してくれないか」。私はびっくりした。リーダーといえば私のずっと上の人たちだろうに、**なんだってこの私が？** 不審げな私に答えるように彼はじっとこちらの目を見て言った。「大丈夫、君ならできる。リーダーの教育や彼らがうまく活動できるよう指導するのに必要なものはこちらで揃えるから」と言った。

彼は私を信頼してくれた。私には自分で自覚している以上の力があると見て、責任ある仕事をきっぱりと任せてくれた。そうしたことが私の内にある何かを解き放ち、私の可能性を伸ばすことになった。私はその仕事を引き受け全力を傾けた。肉体的にも知的にも情緒的にも、さらには精神的にも刺激を受け鼓舞されて、私は成長した。ほかの人たちが成長していく姿も目にした。そこにはリーダーシップの基本原則に見るいくつかのパターンがあった。そして帰国する頃には自分が一生を捧げたいと思う仕事がほの見えてきた。人間の可能性を引き出す仕事である。私は自分の「ボイス」（内面の声）を発見したのだ。発見させてくれたのがその会長——彼こそ私のリーダーだった。

しばらくして私は、彼がそんなふうにしている対象は私だけではなかったのだと気づいた。彼はほかの人たちも認めていた。私たちを励ましてやる気を引き出し、明確なビジョンのもとに全員を一つにまとめてくれた。さらに有効な資源を提供し、説明責任と管理責任を負った真のリーダーにふさわしい力をつけてくれた。だが、その組織ではそうしたやり方が当たり前になっていたのだ。私たちはそれと同じやり方で多くの企業や人々への指導・支援を始めることにした。その結果はすばらしかった。

その後、私は気がついた。彼のリーダーシップのもとになっている原則は、組織を問わず優れたリーダーに共通して見られるものであることに。その人の職位や表向きの地位には関係ない。私はこれまでビジネスの現場や大学、ボランティア団体、教会組織などで教鞭をとり、コンサルティングを行い、リーダーシップ経験を積んできたが（とりわけ私自身の家庭において）、それらを通して、成功するリーダーシップは原則が中心であるということを学んだ。そうした原則中心の生活を指針とする時、影響力と道徳的権威は増幅され、一段と大きな、文字どおりの権威をしばしば与えられることにさえなるのだ。聖書（マタイによる福音書　二十五章十四）の「タラントのたとえ」にあるように、与えられた才能や能力は使えば使うほど増幅され、より大きな才能や能力となる。しかし、開発も活用もされずに無視され、埋もれたままにされると、もともと与えられていた才能や能力まで失われ、取り上げられて他の人のものになってしまう。しかも、才能ばかりでなく、影響力やチャンスまで失ってしまうことになるのだ。

リーダーシップの定義

最も基本的かつ実際的なレベルで簡単に言うと、**リーダーシップとは人々にその人自身の人間としての価値と可能性を明確に伝え、その人自身の目で見えるようにすることである**。これこそ人を動かし、永続的に力を発揮し続けるリーダーシップの真髄ではないだろうか？　この定義について考えてみよう。これこそ人間としての価値と可能性を明確に、強力に、繰り返し伝えて、その人が自分ではっきり見てとれるようにする——それは自分の**目で見て**、**実行して**、**達成する**というプロセスを実践させることである。

リーダーシップとは人々にその人自身の人間としての価値と可能性を明確に伝え、自分の目で見えるようにすることである。

おじいちゃんやおばあちゃんにできる、かけがえのない役割について考えたことがあるだろうか。祖父母の最も重要な役割は、自分の子どもや孫やひ孫にそれぞれの人間としての価値と可能性をさまざまな方法ではっきり伝え、次の世代がそれを心から信じ、信念に沿って行動できるようにすることである。この精神が文化や社会に満ちていけば世界の文明に与えるインパクトは想像を絶するほど大きく、永遠のものとなるはずだ。

人々にその人の人間としての価値と可能性を伝えるための、最も一般的かつ持続的な手段は人間関係だろう。そして、それに次ぐと考えられるのが**組織**である。その組織について詳しく見ていこう。

組織の定義

本書の第二部「ボイスを発見するよう人を奮起させる」について話を進めてきたが、ここでリーダーシップの領域に入ろう。繰り返すが、ここで言うリーダーシップは形式的な職位としてのそれではない。人々にその人自身の人間としての価値と可能性を明確に伝え、それらを見えるようにするにはどう人と接したらいいかという選択としてのリーダーシップである。**組織**におけるこのタイプのリーダーシップに注目するにあたって、以下の四点を強調しておきたい。

①最も基本的なレベルで言えば、組織とは**一つの目的（ボイス）を持った人間関係**にほかならない。その目的は、個人、グループ、あるいは利害関係者のニーズを満たすことである。最も単純な組織は一つの目的を共有する二人の人間で成り立つ。たとえば単純なビジネスのパートナーシップとか結婚がそうである。
②**大半の**人はなんらかの組織に所属する。
③世の中の仕事の**大半**は組織の中で、あるいは組織を通して行われる。
④組織（家族を含む）における最も崇高な挑戦は、組織のメンバー一人ひとりが自分たちの内にある生来の価値と偉大さへの可能性を自ら感じ取り、その才能と情熱、つまりボイスを組織の目的と最重要課題達成のために活用し、組織に貢献できるように環境を整え、実際に動かすことであり、それらを原則中心に行うことである。これをリーダーシップのチャレンジと呼ぶ。

要するに、組織はなんらかの**関わり**と**共通の目的**を持つ複数の個人から成るということだ。したがって、ここで述べる組織のリーダーシップは私たち一人ひとりにも当てはまることがおわかりいただけよう。

マネジメントおよび／あるいはリーダーシップ？

過去数年間に、文字通り何百冊というリーダーシップ関連本が出版され、記事も何千という単位で書かれていることから、いかにこのテーマが重要であるかがわかるだろう。リーダーシップとはまさに人に**可能性を与える**技術であるといえる。学校の目的は子供たちを教育することだが、そこに悪いリーダーシップが存在すれば、悪い教育を与えることになる。医療の目的は人々の病気を治すことだが、悪いリーダーシップは悪い医療をもたらすことになる。リーダーシップが崇高な技術であることを示す事例は枚挙にいとまがないが、それは、単にリーダーシップ以外の技術や専門職のすべてが機能することを**可能にする**技だからにほかならない。このことは特に家族に対して言えることだ。

私は生涯を通じてリーダーシップとマネジメントの両方を研究し、教え、それについて書いてきた。実際、この本を書くにあたり、準備の一環として二十世紀のリーダーシップ理論の文献研究に着手した。それらは巻末に「付録2　リーダーシップ理論の文献概要」として収録してある。502ページを参照されたい。

リーダーシップ理論の文献研究の一部として、著名な執筆者たちのリーダーシップとマネジメントの違いを表現している言葉を集めてみた。ここに若干のサンプル（表2）を紹介するが、さらに充実したものを巻末の「付録3　リーダーシップとマネジメントについての代表的見解」として512ページに示した。

私はこれらの文献研究を通して、マネジメントとリーダーシップの**両方**が極めて重要であること、そしてどちらが欠けても不十分であることをさらに強く確信した。これまで、リーダーシップを過度に強調するという落とし穴にはまって、マネジメントの重要性を軽視した時もあった。これは、家族も含めたほとんどの組織が非常に管理過多で、指導性が極度に欠如していることがあまりにも明らかだったからだ。このギャップが私の仕事において私の姿勢を大きく動かし、リーダーシップの原則にフォーカスするようになったのだ。そのなかでも私は、マネジメントの果たす重要な役割については、強く認識していた。

私は、物事は「指導《リード》」できないということを（痛いほど）学んだ。実際、息子のスティーブンと私の弱点を補ってくれていた力のある幹部たちに我が社のマネジメントを任せてはじめて、会社は収益をあげるようになった。在庫品やキャッシュ・フローやコストは「指導」できないのだ。それらは管理しなければならないものだ。なぜだろうか？　物事には選択の自由も力もないからだ。それができるのは人間だけだ。つまり、あなたは人を**指導**（あるいはエンパワー）し、物事を**管理し**、**コントロール**するのだ。ここにあげたのは、マネジメントすなわち管理が必要なもの事である。（図6・1）

表・2

リーダーシップ	マネジメント
「リーダーは正しいことをする人である」	「マネージャーは正しく物事を行う人である」
ウォーレン・ベニス	
「リーダーシップは変化に対応するものである」	「マネジメントは複雑なものに対応するものである」
ジョン・コッター	
「リーダーシップは運動感覚のようなもの、動きの感覚を持っている」	「マネジメントは物事を『処理する』ことであり、秩序を維持するものであり、組織と統制である」
クーゼズ&ポスナー	
「リーダーは人々にとってどんなものが大事であるかを気にする」	「マネージャーは物事がどのようになされるかを気にする」
エイブラハム・ザレズニック	
「リーダーは建築家である」	「マネージャーは建設業者である」
ジョン・マリオッティ	
「リーダーシップは共通のビジョンから創造されるものに焦点を当てる」	「マネジメントは作業の設計図であり、統制することである」
ジョージ・ウェザスビー	

この文献研究はまた、多くの偉大な頭脳や教師たちに私がいかに深い影響を受けてきたかを思い出させてくれた。彼らに受けた恩には大いに感謝しなくてはならない。これまでの私の経験や教えるという行為が、次の結論をも導き出してくれた。すなわち、組織的行動を理解する鍵は、組織的行動それ自体を勉強することによっては得られないということだ。それは**人間の本質**を勉強し、理解することによるのだ。いったん人間の本質の基本的要素を理解すれば、社員や組織の潜在能力を開花させる鍵を手にしたも同然なのだ。これがまさに、肉体、知性、情緒、精神に象徴される全人格型パラダイムが、個人だけでなく組織を理解するのにも最適である理由だ。現実に、組織的行動などというものは存在しない。あるのは、組織の中で集合化された**個人の**行動だけである。

「それで？」とあなたはたずねるかもしれない。これらすべての理論は、自分たちが毎日直面している問題とどう関係があるのだろうか？　自分の問題をよく理解して解決するのに、なぜ組織を理解することがそれほど必要なのだろうか？

答えはきわめて単純だ。それらがあまりにも互いに関係し合っているからだ。私たちはみな何かしらの組織のなかで生きている。そこには家族も含まれる。自分たちを理解するに

図6・1

マネジメント（管理すること）が必要なものとは？

選択する自由がない物事

金	構造	物的資源
コスト	システム	設備
情報	過程	ツール
時間	在庫品目	

時には…

「人々」はリーダーシップのもとで管理されることを選ぶ（多くの専門家やほかの生産者たち）

は背景となる**文脈（コンテキスト）**が必要なのだ。

前述したように、いかに素晴らしい組織であっても、すべての組織には必ず問題があふれているものだ。私は何千という組織とともに仕事をしてきたが、私が感心するような立派な組織でさえ、多かれ少なかれ悩みは持っている。興味深いのは、それらの悩みはほとんど同じであるということだ。特殊な人間や状況が原因である場合も確かにあるが、問題の核心を見ると、ほとんどの問題の根っこは同じである。この問題をピーター・ドラッカーは次のように説明している。

もちろん組織によってマネジメントの違いはある。結局はミッションが戦略を決め、戦略が構造をもたらすだろう。しかし、小売店のチェーンを管理することとローマ・カトリックの司教管区を管理することの違いは、店の経営者や司教たちが認識しているよりはるかに少ないものだ。違いは個別の応用部分にあるのであって、原則にあるのではない。こうした組織の管理者たちはすべて、同じくらいの時間をたとえば社員の問題に費やしている。そして社員の問題というのは常に同じようなものである。

あなたが管理しているのがソフト関連会社であろうと、病院、銀行、ボーイスカウトであろうと、仕事の内容の違いなど全体の一〇％にも満たない。その一〇％は組織特有のミッション、文化、歴史、言語によって決まるものである。残りはほぼ入れ替え可能なものなのだ。[1]

本書の第二部「自分のボイスを発見するよう人を奮起させる」における私のゴールは、あなたが自分の個人的な課題や問題を解決するために努力することによって、**あなた**自身の影響力と、家族も含めたチーム、部署、あるいは組織の一部全体にかかわらず、組織の影響力を大いに高める方法を発見してもらう手助けをすることである。

まずは私たちが直面している問題の二重性について考えることからはじめよう。その前に、みなさんにこれから複雑な組織の課題にしっかり取り組んでいただくために、エネルギーを補給しておくことをおすすめする。そのためにここで二人の人物のことばを紹介しよう。最初はアルバート・アインシュタインの再登場である。「われわれが直面する重大な問題というものは、その問題を引き起こした時と同じレベルの思考では解決できない」あなたがたは人間の本質の新たなパラダイム――全人格型パラダイム（肉体、知性、情緒、精神）――をすでに与えられている。そしてこの考え方が今日の産業時代における「モノ」支配のパラダイムとは正反対に位置することを学んだ。組織であなたがかかえる問題を理解し解決するには、この「全人格」的観点が必要なのだ。

二つ目の引用は、オリヴァー・ウェンデル・ホームズの言葉だ。彼は次のように語っている。「私は複雑さの手前にある単純さには気を止めない。だが、複雑さの先にある単純さのためなら右腕さえ差し出すだろう」この言葉が意味するところは、私たちの重大な課題は、単純なその場しのぎの解決策やかっこいいスローガンや秘訣などでは解決できないということである。私たちは組織内の問題の**本質**と根本的原因の包括的理解を**獲得**しなければならず、同様に、原則についての知識も獲得しなければならない。その原則が解決の鍵を握っているのだ。それには原則が示している新たな思考様式とスキルを取り入れなくてはならない。これにはかなりの努力が必要だ。しかし、あなたがそこで頑張れば、強力に**単純**で明快な知識、やる気、そしてスキル（習慣の三要素）の組み合わせによって力を身につけ、新しい世界の新しいチャレンジに立ち向かえるようになることを約束する。「第8の習慣」を開発し、人類の可能性を解き放つ日がくるのだ。

グローバルな大規模転換

組織の課題をより深く追求していくために、新知識労働者の時代を特徴づける七つの大規模転換を頭に置いておいてほしい。今日の職場やあなたの**個人的な**課題の背景もこの中に見つかるはずだ。

・**市場と技術のグローバル化**――新しい技術は、最もローカルな、地域的な、また国家的な市場を、国境のない世界市場へと変貌させつつある。

・**世界ネット経済の出現**――エバンスとウースターは著書『ネット資本主義の企業戦略』（ダイヤモンド社刊）でこう述べている。「これまで人々や企業をつなぎとめていた狭い範囲の固定的なコミュニケーション・チャンネルはほとんど一夜にして時代遅れのものとなった。それとともに、そうしたチャンネルを生み出し、それによって競争優位を培ってきた事業構造も時代遅れになってしまった。つまり、ネットワーク接続範囲の爆発的な拡大により、経済活動のすべてをつなぎとめていた既存の絆《きずな》が見る間に崩れているのだ。それによって歴史上はじめて、情報の**流れ**がモノの**流れ**から切り離されることになるだろう[2]」

・**情報と期待の大衆化**――誰もインターネットを管理してはいない。インターネットは世界的規模の大変貌をもたらしている。歴史上はじめて、人間の心を吐露する何百万という生の声が、国境に妨げられることなく世界中を駆け巡るようになった。リアルタイムの情報が人々の期待と社会的意思を突き動かし、究極的には政治的意思も形成してすべての人にインパクトを与える。

・**競争の激化**――インターネットと衛星技術の発達により、回線に接続している人は誰でも競争相手になり得る時代となった。企業は、より安価な人件費や原料コスト、迅速な技術革新、高い効率性、品質の向上に対抗するためのよりよい方法を常に開拓しなければならない。自由企業と自由競争に後押しされる形で、私たちは顧客の要求に応えるべく品質を高め、コストを下げ、迅速かつ柔軟な対応をとらなければならない。企業努力の基準はもはや競争相手ではない。いわゆる優秀さでもない。「世界クラス」を基準としなければならないのだ。

・**富の創造は金融資本から知的・社会資本へ移行する**――富の創造は金《かね》から人へ移行した。つまり、金融資本からあらゆる領域にわたる人的資本の総体（知的、社会的資本を含む）へと移行したのだ。二十年前、製品に付加される価値のうち、知識労働によるものは三分の一にすぎなかったが、今日では三分の二にまで伸びている。

・**フリーエージェント制**――人々の得る情報は日に日に豊かになっている。選択肢の幅の広がりや第三案の存在に対する意識もかつてないほど高い。雇用市場はフリーエージェント市場に変わりつつあり、人々の選択の目は厳しくなった。知識労働者は管理されレッテルづけされることを嫌い、自分自身の手でブランドを作ろうとする気運が強まっている。

・**激流の世界**――私たちは急激に変化する環境に暮らしている。激流の中にあっては、どんな人も判断の基準となる何かを自分の中に持っていなければならない。チームや組織の目標なり指針となる原則を自分の力でしっかり理解していなければならないのだ。そうした人間を操ろうと声をかけても、彼らの耳には決して入るまい。彼らが立ち向かっている重要な課題は緊急で、かつ切迫しており、騒々しくうなりをあげているのだから。

映像作品『激流』

現在の激変する社会と複雑な環境を描いた短いビデオを制作した。ここでは過去との比較に立って、本章の課題にチャレンジする際に役立つ三つのポイントを取り上げている。

DVDをプレーヤーに入れて『激流』を選択しよう。

慢性的問題と急性の問題

人間の身体にも企業にも慢性と急性の二種類の問題がある。**慢性**のものは問題の根底に原因があり、頑固で永続的だ。**急性**のものは痛みと症状を伴い、一時的に体力を衰弱させる。人間と同様に企業も、慢性的な問題を抱えてはいるが急性の症状はまだ出ていない場合がある。また、急性の症状に対症療法的措置を施すと、根本的で慢性的な問題を覆い隠してしまうことになりかねない。

私は数年前、この具体例となるような貴重な体験をした。当時デトロイトの病院で外科部長を務めていた友人がいる。専門は循環器系だった。私は彼に手術の現場を一日見学させてくれないかと頼んだ。それは実に得がたい体験であった。彼は自分が執刀した手術で、三本の血管を取り替えた。手術が終わってから、私は尋ねた。「どうして交換したんだ？　掃除するだけではだめだったのか？」

すると素人の私にもわかるような言葉で彼はこう答えた。「もっと初期の段階ならそれも可能だが、長い間に老廃物が血管の中にたまってしまい、最終的に壁の一部になってしまうんだ」

「そうか。じゃあ、この三ヶ所を治したんだから、患者の血管はきれいになったんだね？」すると彼は「スティーブン、彼の場合は慢性なんだ。身体全体の問題なんだよ」と言いながら手袋をはめた私の手をとってその血管を触らせた。コレステロールが詰まってもろくなっている。「あの患者はよく運動しているので、筋肉に酸素を供給する補助的な循環系が**ある程度は**発達している。でも三本の血管は完全に詰まっていて酸素をまったく供給できなくなっていたんだ。どこか詰まればいつまた心臓麻痺か発作を起こすかも知れない。心臓に高度に**慢性的**

な問題を抱えているんだ」

すべての慢性病が急性の症状を伴うわけではない。癌のような病気は最初の急性症状が現れる前から進行していて手遅れになることが多い。症状が現れていないからといって根本的な問題がないということにはならない。たとえば、その冬はじめての大雪で雪かきをするとか、身体に急激な負担をかけると心臓の発作が起きることがよくある。ストレスがかかって急性の症状を引き起こすまで、心臓が悪いという認識がないのだ。

企業や組織についても同じことが言える。急性の症状がなくても重大な慢性疾患を抱えている場合がある。世界を相手に厳しい競争をしているわけではなく、狭い保護された市場での競争しか経験がないから問題が表面化していないだけなのだ。今のところは財務的にも問題なく、大きな成功を収めているかもしれないが、ご承知のとおり、成功とは相対的なものだ。競争力という点で問題がより拡大しているかもしれない。では、なぜ変革なのか?

四つの慢性的問題とその急性症状を予測する

正確なパラダイムには説明・予測能力がある。であれば、もし人間の四つの側面が示す全人格型パラダイムが正確であれば、あなたは自分の人生や自分の組織の抱える重要な問題について説明し、予測し、診断する高い能力を持つことになる。急性の症状がより的確にとらえやすくなるだけでなく、奥に潜む慢性的な「根本」原因の発見にも役立つ。そして、このパラダイムを活用して問題解決に乗り出し、あなたの影響力を拡大させて目標達成力のある信頼厚い組織やチームをつくることができる。最重要課題に常に**フォーカス**して**実行**できる組織を。

本書の随所に同じ図が登場するのはこのためである（図6・2参照）。選択の四つの側面（肉体、知性、情緒、精神）をここで適用するにあたって、新しい言葉と説明を簡単につけ加えておく。この全人格型パラダイムを見てわかるとおり、企業が社員の知性と肉体、情緒、精神を軽んじた時に生じる慢性的な問題と急性の問題の両方を見つけ出す能力は、発展的に身につけることができるのである。

では、企業という設定の中で話を進めよう。この考え方はチームや家族、地域社会など、どんな関係にも適用できる。先へ読み進む前に、自分なりにそれぞれの場合の問題点を明らかにしておこう。

まず**はじめに**図の中心にある**精神**から見ていこう。精神とは良心のことである。もし良心が企業の中で軽んじられたらどんな問題が発生するか、考えてみよう。社員がそれぞれの良心に反する扱いをされたり行動をとったりしたら人間関係はどうなるだろうか？　信頼関係など生まれないのは明らかだ。**低い信頼**は、すべての企業が直面する第一の慢性的問題である。では、その急性の症状とは？　厳しい市場環境で生きる低信頼企業には、陰口や内輪もめ、中傷、保身、情報の独占、自己防衛的で自己弁護的なコミュニケーションが

図６・２

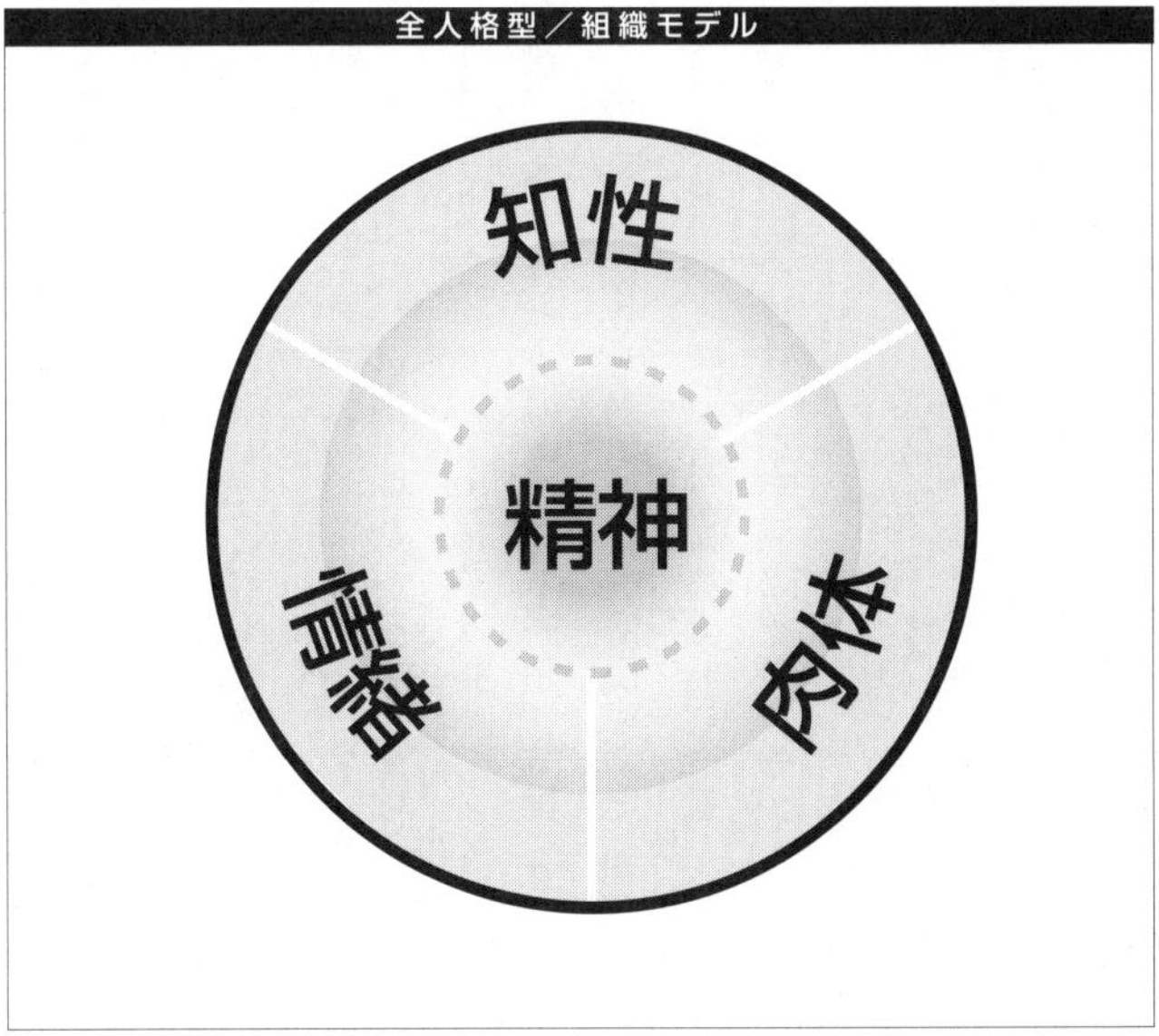

充満する。*

第二に、企業内で**知性**またはビジョンがおろそかにされるとどうなるか？　この場合は**ビジョンも価値観も共有されない**組織ができあがる。では、このような状況下で見られる行動とは？　社員は裏の思惑で動き、政治ゲームが横行し、意志決定の際には異なる判断基準が用いられる。そして、あいまいで混沌とした企業文化が形成される。

第三に、企業の肉体的側面（骨格構造、システム、プロセス）で規律を軽視する風潮がまん延すると、どんな問題が引き起こされるか？　言い換えれば、優先課題の実行力もなく、組織的な支援体制もない時はどんな状況に陥るだろうか？　組織構造やシステム、プロセス、企業文化の面で**組織が整わず規律も生まれない**に違いない。マネージャーが人間の本質について不正確で不完全なパラダイムを持っていると、コミュニケーション、採用、選抜、配置、説明責任、報奨や報酬、昇進、研修や能力開発、情報システムなどを含む包括的なシステムの構築を図ったとしても、部下の可能性を最大限に引き出すことはできないだろう。中核となるミッションや価値観、戦略のもとに個人やチーム、部署、さらには企業全体が一つにまとまることは決してない。このため、企業の外にある市場や顧客、取引先と整合性のとれた組織を築くことができなくなってしまう。

どの組織も、組織が整っているかどうかで得るべき結果が決まってくる。
——アーサー・W・ジョーンズ

組織が整っていないと、その影響はさまざまな形で表面化する。相互の信頼は低下し、政治的駆け引きと部署間の争いが繰り広げられ、事態に手を焼くマネージャーは管理の手綱《たづな》を強める必要性を感じる

*組織内の信頼度が低いなどの問題をコスト換算するとどれほど莫大なものになるかは付録4「低い信頼は高くつく」参照

ようになるだろう。そのため、人間の判断に代わって**ルール**が幅を利かせるようになる。信頼を補うために登場するのが、四角四面のお役所的手続き、階級主義、規則や規範である。いくら人間重視だ、リーダー育成だと声をあげても、とらえどころのない、「感覚だけの」、非現実的な、時間と金《かね》の浪費とみなされ、人間もモノと同様に、投資としてではなく経費として考えられるようになるだろう。指示を出して管理する必要性がますます声高に叫ばれ、大多数の社員の間には前述のように「指示待ち」の共依存体質ができあがる。だからこそ、いわゆる職位上のリーダーたちは確信する。アメと鞭《むち》をちらつかせて、部下のやる気を外から刺激し、コントロールし、必要とあれば鉄拳をくださなければ何も変わらないと。外から刺激するのは姿勢が受身だからであり、受身だからコントロールするというのだ。それは自己達成予言である。どんなに部下を操ろう、コントロールしようとしても、自分たちの真のボイスと情熱のもとに意義ある仕事をしたい、貢献したいという気持ちを引き出すことはできない。そうした気持ちは自発的に出てくるものなのだから。

第四に、では、**情緒的**側面をおろそかにするとどうなるだろうか？　企業の中に、目標や仕事に対する情熱も気持ちの上での一体感もなく、内からわき起こってくる自発的な熱意やコミットメントもないとどうなるか？　結果は、深刻な無力化（ディスエンパワーメント）である。組織の文化全体に無力感が広がる。するとどんな急性症状が現れるだろう？　しばし歩みを止めて考えてみよう。内職の横行、居眠り、倦怠、逃避、怒り、不安、無関心、面従腹背《めんじゅうふくはい》などが見られるだろう。

このパラダイムが持つ予測・説明能力がおわかりいただけるだろうか？　肉体、知性、情緒、精神をおろそかにすると組織内に四つの慢性的な問題が生じる。**信頼が低下する、ビジョンと価値観が共有されない、組織が整わない、社員を無力化する、**がそれである。さらに、あらゆる急性の症状を呈するようになる（図6・3参照）。

こうした慢性的問題とその症状がいくつも重なると、さまざまな急性の痛みとなって表面化する。市場での失敗、マイナスのキャッシュフロー、低品質、コストの増大、柔軟性の欠如、行動の鈍さ、告発などである。そし

図6・3

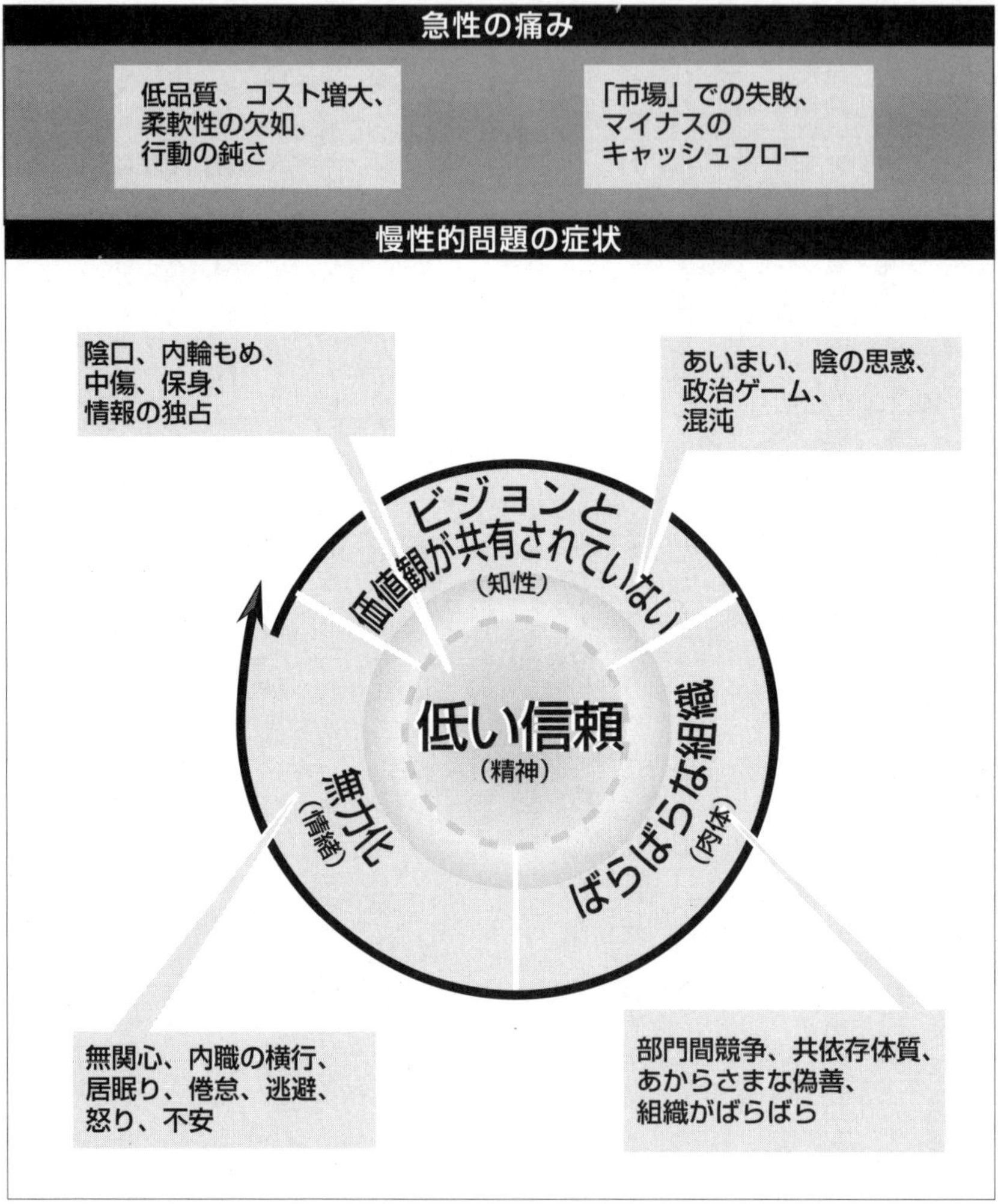
急性の痛み
低品質、コスト増大、
柔軟性の欠如、
行動の鈍さ
「市場」での失敗、
マイナスの
キャッシュフロー
慢性的問題の症状
陰口、内輪もめ、
中傷、保身、
情報の独占
あいまい、陰の思惑、
政治ゲーム、
混沌
ビジョンと
価値観が共有されていない
（知性）
低い信頼
（精神）
無力化
（情緒）
ばらばらな組織
（肉体）
無関心、内職の横行、
居眠り、倦怠、逃避、
怒り、不安
部門間競争、共依存体質、
あからさまな偽善、
組織がばらばら

て、責任を転嫁し非難の応酬が続く企業文化が生まれる。

映像作品『**マックス＆マックス**』を思い出してみよう。そうすれば、これら四つの慢性的問題を一つずつ明らかにすることができるだろう。

パラダイムの実践

では、このパラダイムの有効性を具体的に説明しよう。

私は以前、訪ねて来た大企業の経営者たちに、まず最初に「ミッション・ステートメントはありますか」と質問したことがある。彼らがしぶしぶ持ち出してきたそこには一様に「株主の資産を増やすこと」と書かれていた。「これを壁に貼って、顧客や社員を鼓舞しているのですか？」と尋ねると、彼らはみな笑みを浮かべて答えた。「いいえ、実は壁には別のステートメントが貼ってあります。でも、私たちの本当の目標はこれなんです」

私は彼らの会社や業界についての情報を手にしたばかりだったが、こう言った。「では、あなた方の会社の文化がどんなものか言い当ててみましょう。社員はばらばらで、組合が結成されたら労働争議に明け暮れているでしょう。社員にノルマを達成させるために、ぴったり張りついて監視したり、アメと鞭をちらつかせたりしていますね。社員どうしの対立や部署間の争い、思惑の違いからの対立、政治的駆け引きなどに膨大なエネルギーが費やされているのではありませんか？」

あまりの洞察にびっくりした彼らはこう尋ねた。「どうしてそんなによくわかるのですか？　どうしてそんなに正確に？」

私は答えた。「あなた方の会社や業界について知る必要はないのですよ。人間としての本質がわかれば十分なのです。私たち人間には自然から授かった四つの側面がありますが、あなた方の本当の目標は、四つのうちのひとつ、肉体（経済的側面）にしかフォーカスしていません。利害関係者の中でも株主にしか注意を注いでいません。他の三つの側面である知性、情緒、精神も、その他の利害関係者も完全に無視されています。これでは重大な結果を招かないわけがありません」さらに続けた。「この話し合いが終わると、あなた方の半分は残りの半分の方についてあれこれ言うことでしょう。そこには信頼は存在しません。表と裏があるのは明らかです」彼らは悲しそうな表情を浮かべながらも正確な観察に驚嘆していた。その企業は「勝ち組」と考えられていた。だが真実は、市場で成功しなければ株主を満足させることはできないし、社員を満足させられなければ市場で成功することはできないのだ。

「では、何を変えたらいいのでしょう?」

私は説明を始めた。「四つの側面すべてに真剣に取り組まなければなりません。社員一人ひとりの心を取り込んで、全員が同じ歌を歌うようにするのです。そして、フェアプレー、正直、誠実、真実といった普遍的な原則に基づいてやっていけば、ともにその歌を歌うための信頼の基盤を築くことができます。すべての戦略上、構造上、経営上の決定を下す際に、その指針となるべきビジョンや価値観がありますね。そこに具現化された判断基準を用いるのです。個人や組織の信頼を築きあげてはじめて、真のエンパワーメント、すなわち社員の能力を真に開花させ可能性を解き放つことができます」そして、経営陣のためのミッション・ステートメントを作ってみてはどうかと提案した。

彼らは、どれぐらい時間がかかるかと尋ねた。

「どれぐらい痛みを感じていますか?」と私は尋ね返した。

「それほどでも」

「では、おそらく何もできないでしょう。それほどの痛みもやむを得ない事情もなければ、謙虚に求めているというわけでもないのですから」そう言って、この件はもう忘れたほうがいいと伝えた。

「ええ、でも、あなたのコンサルティングのおかげで成果を上げた企業の話をいくつも聞き及んでいます。私たちは市場の変化と競争の激化を認識しています。このままでは早晩苦境に立たされるかもしれません。たぶん、助けていただく必要が出てくるでしょう。私たちは変化を起こしたいのです」

私は言った。もし会社が一丸となって真剣に考えているなら変化を起こすことはできるだろうが、二、三年あるいはそれ以上かかるだろうと。

すると一人が発言した。「一つ見落としていることがありますよ。私たちはとても仕事が速くて効率がいいんです」彼はミッション・ステートメントを書き直すことに関してこう続けた。「今週末にも完成させますよ」言葉を換えれば、彼が考えていたのはビジョンに関するワークショップのようなものを開き、社員にアピールするような華麗な文句を散りばめてミッション・ステートメントをひねり出すことだった。

やがて彼らは、短期的なものの考え方とお手軽なテクニックでは自分たちが望むような長期的な成果を生むことはできないと理解し、徐々にではあるが、表面化していない慢性的問題と真剣に取り組むようになった。まず自分たち自身のことから始め、人間の持つ四つの特質すべてを重要視するようになった。そしてついに、リーダーシップとは全員に関わる問題であること、全員がインサイド・アウトのアプローチをとる必要があることを理解するようになった。

その企業は根底から強化された。三年から四年の長きを要したが、熾烈《しれつ》さを増す新たな競争の中でも十分に対処し、市場での成功パターンを維持できるだけの、大きなパワーと厚い信頼をものにすることができたのだ。経営トップの多くは社外でCEOの地位に就いたが、その組織文化と後継の力は社内にしっかり根づき、営業利益は増え会社は成長し続けた。

図6・4

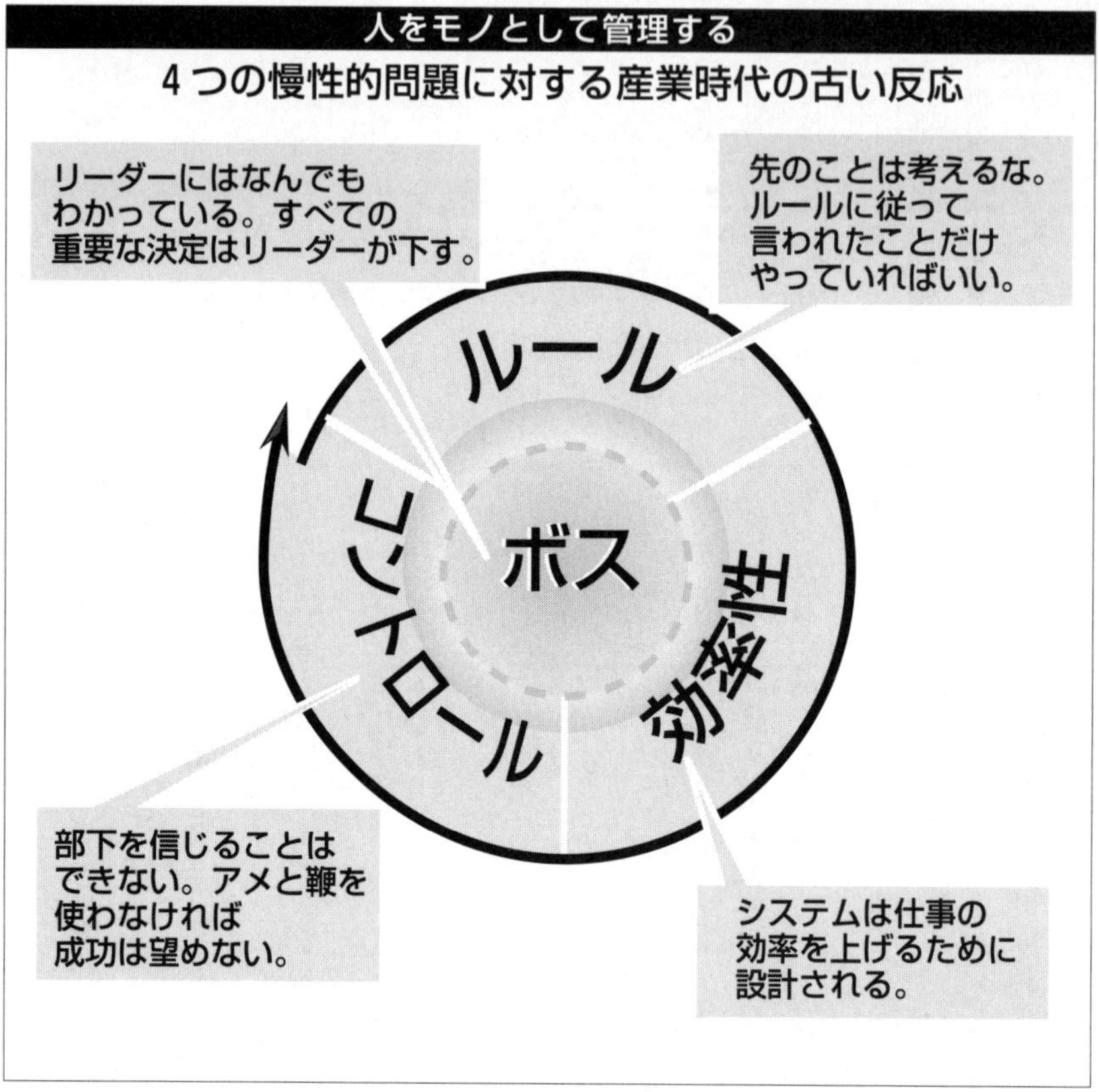
人をモノとして管理する
4つの慢性的問題に対する産業時代の古い反応
リーダーにはなんでもわかっている。すべての重要な決定はリーダーが下す。
先のことは考えるな。ルールに従って言われたことだけやっていればいい。
ルール
ボス
効率性
コントロール
部下を信じることはできない。アメと鞭を使わなければ成功は望めない。
システムは仕事の効率を上げるために設計される。

産業の時代の反応

産業の時代と呼ばれる古い時代には、四つの慢性的問題に対してどのような反応が見られただろうか？もし企業内の**信頼度**が低く道徳的権威が欠如すると、**ボス**中心のワンマン組織ができる。リーダーはなんでもわかっていてすべてを決定する――「俺のやり方に従えないなら出てけ」という考え方がまん延する。共有されるビジョンや価値観がないと、代わって**ルール**が支配する。「自分の仕事以外のことは心配するな。言われたことだけ、ルールに従ってやっていればいい。考えるのは俺の仕事だ」**組織が整っていない**と、何事にも効率が求められるようになる。機械にも、政策にも、人間にも、すべてに。**効率性**がすべてという考え方が支配的になる。**ディスエンパワーメントが蔓延している**と、**管理**の必要性が叫ばれる。人を信じてはいけない、人を動かすにはアメと鞭を使うしかない、鼻先にニンジン（報奨）をぶらさげてやる気を引き出し、うまくいかない時は鞭（罰や失職）をふりかざして適度の恐怖心を植えつけるしかないと。

企業におけるリーダーシップの問題を解決する

ボイスを発見するよう人を奮起させようと決断したあなたの前にあるのは、今日の産業の時代における管理モデルから引き起こされる四つの慢性的問題である。しかし、ボイスを発見した私たちの誰も、「ボスとルールと効

図6・5

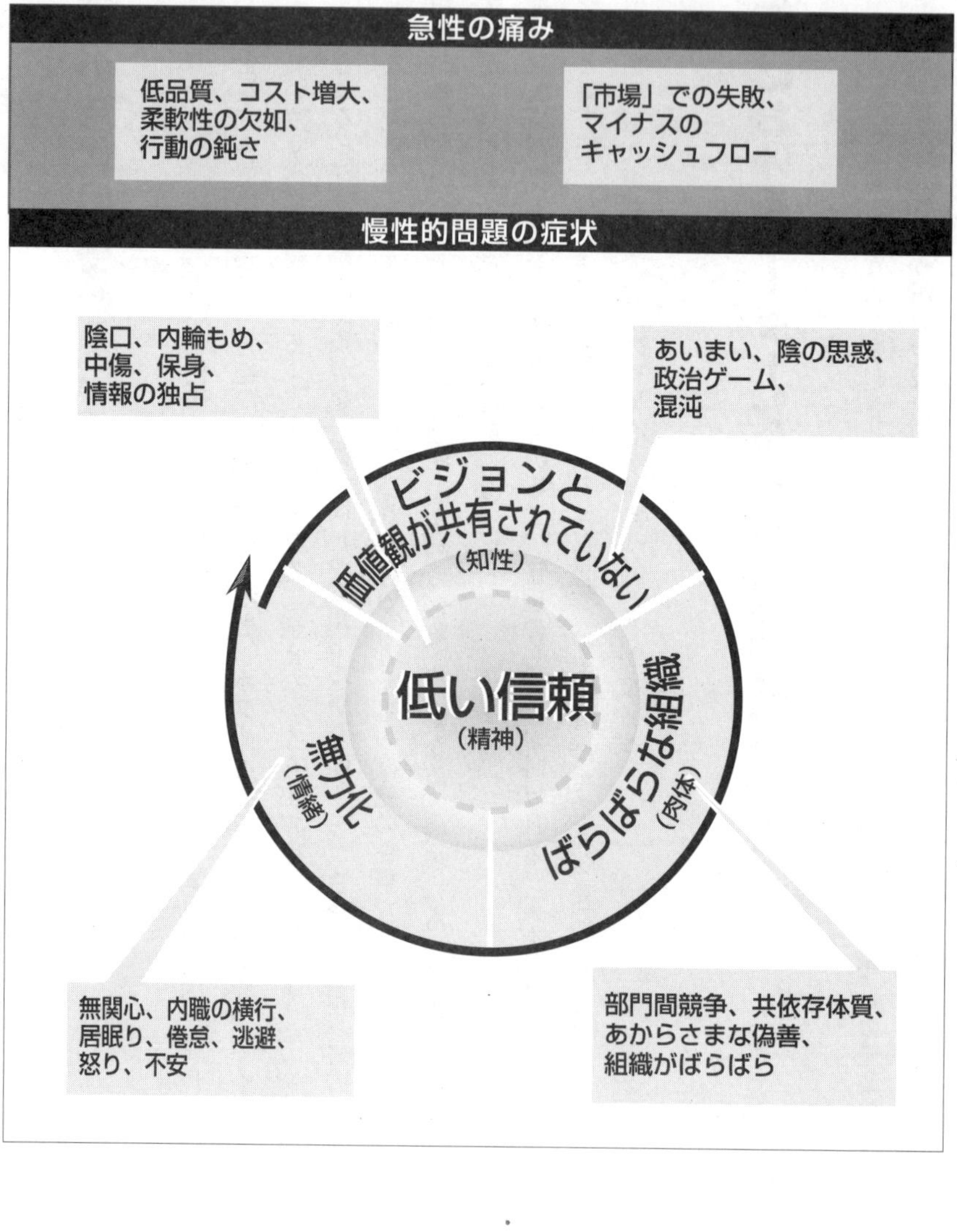
急性の痛み
低品質、コスト増大、柔軟性の欠如、行動の鈍さ
「市場」での失敗、マイナスのキャッシュフロー
慢性的問題の症状
陰口、内輪もめ、中傷、保身、情報の独占
あいまい、陰の思惑、政治ゲーム、混沌
ビジョンと価値観が共有されていない
(知性)
低い信頼
(精神)
ばらばらな組織
(肉体)
無力化
(情緒)
無関心、内職の横行、居眠り、倦怠、逃避、怒り、不安
部門間競争、共依存体質、あからさまな偽善、組織がばらばら

図6・6

リーダーシップの4つの役割

緊急の痛みを伴う4つの
慢性的問題の解毒剤

率とコントロール」という古き悪しきソフトウエアを書き換える力を備えている。そのプロセスには**四つの役割**が含まれているが、これは組織の肉体と知性と情緒と精神がポジティブな形で現れる時に、慢性的問題を解決するための解毒剤となる（図6・6参照）。一方、それらをおろそかにしたためにネガティブな形で表面化するのが慢性的な問題なのである。実際問題として、これら四つの慢性的問題をあなたはどう解決するだろうか？　組織内の信頼が薄ければ自らが信頼性の**模範になる**ことによって信頼を築き、ビジョンや価値観が共有されていなければ共通のビジョンや価値体系を作り出すための**方向性を示す**ことに注力する。協力関係が欠如していれば目標や構造、システム、プロセスなどの**組織を整える**ことに腐心して社員の能力を引き出し育てて、ビジョンや価値観を具現化する組織文化の形成に努める。また、社員の力が十分でなければ、プロジェクトや作業遂行の段階で個人やチームの**エンパワーメントを進める**ことにフォーカスする。

私はこの四つの役割を**リーダーの四つの役割**と呼んでいる。繰り返すが、職位としてのリーダーではなく

図6・7

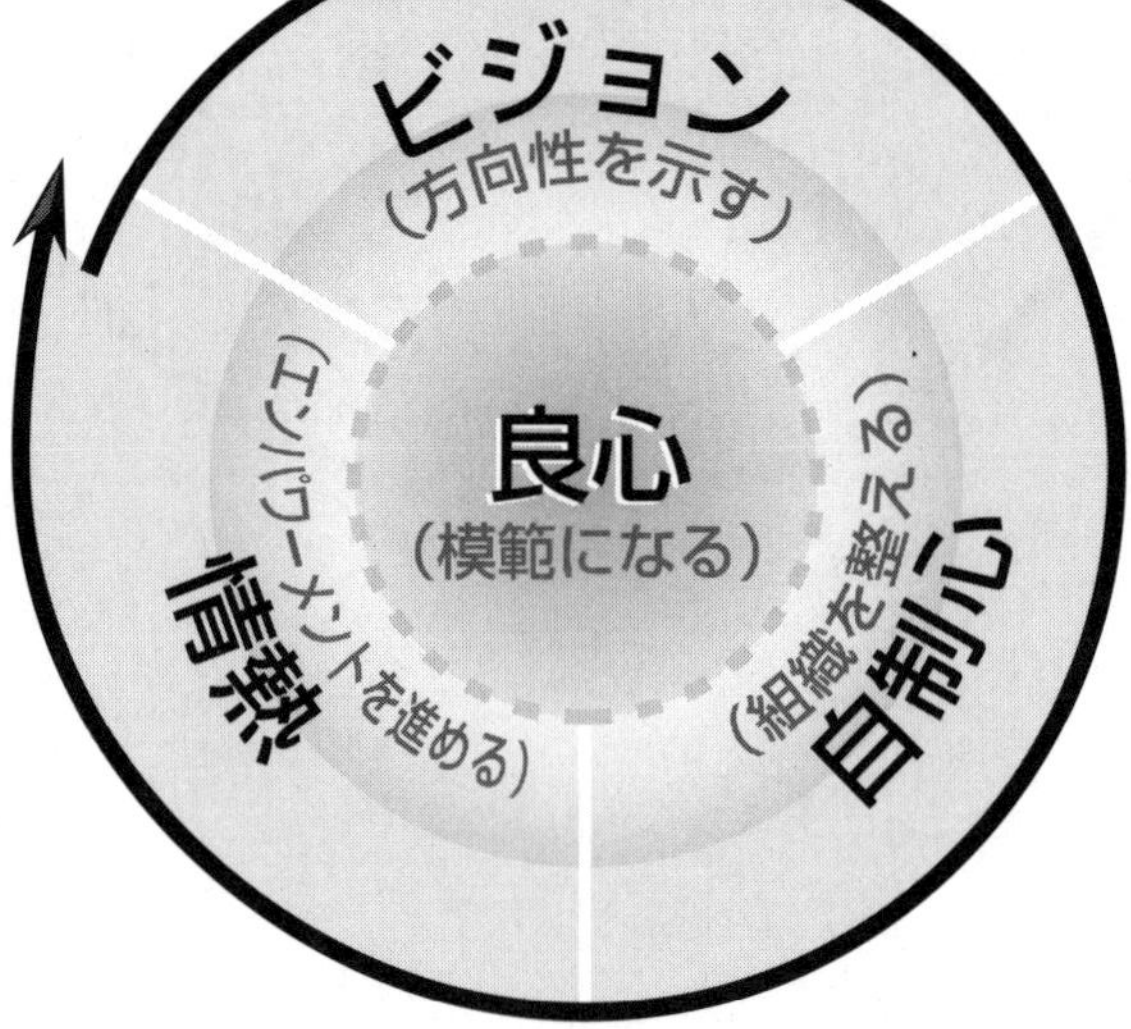

私たちのまわりにいる人々の、人間としての価値と可能性を認めようとする**主体的な意志としての**リーダーである。組織の影響力と重要性を高め、私たちの存在意義を高めるために相互補完的なチームとして社員をまとめあげようとする意志を持つリーダーである。ここで心にとめておいてほしいことが一つある。それは、相互補完的なチームでは、個人の長所（ボイス）は生産的なものとなり、弱点は他人の長所で補われて問題にならなくなる、ということだ。

リーダーの四つの役割は、個人のレベルのリーダーの特質であるビジョン、自制心、情熱、良心のリーダーの四つを組織に置き換えたモデルである。

・**模範となる**（良心）――よい模範になろう。
・**方向性を示す**（ビジョン）――いっしょにコースを決めよう。
・**組織を整える**（自制心）――コースから外れないようにシステムを構築し管理しよう。
・**エンパワーメントを進める**（情熱）――方法ではなく結果に力を注ごう。そして社員に任せて、求

図６・８

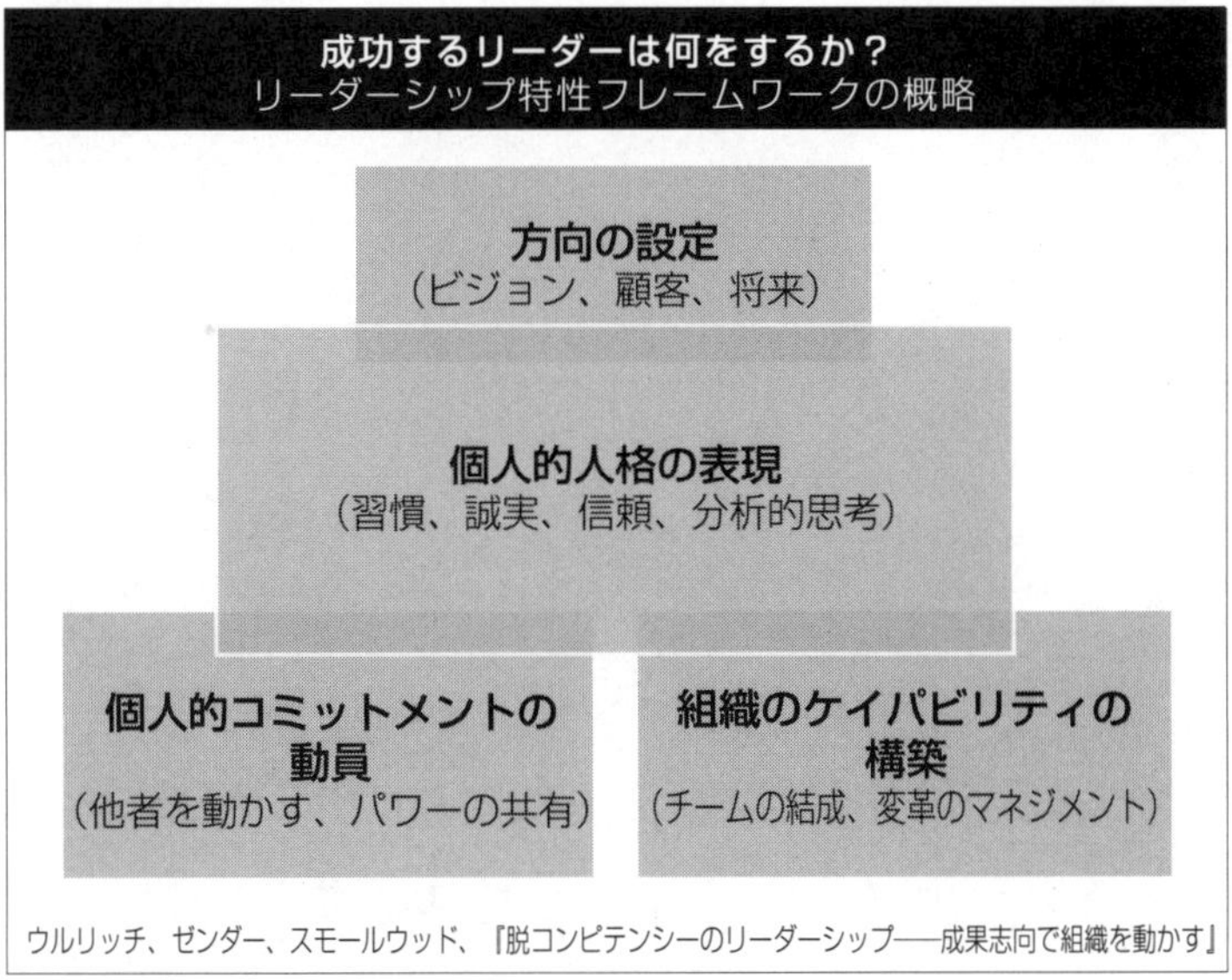

められたら支援を与えよう。

企業の中で権限を持つ立場にある人は、これらリーダーの四つの役割を、困難ではあるが管理職としての責務を果たすには当然のことと考えるかもしれない。しかし、それが経営トップの役割だと考えることは、「重要なことを考え決断するのはボスの仕事」という職場に浸透している共依存体質を持続させるだけである。この四つの役割は、職位に関係なく誰にも当てはまる。これこそが、自分の影響力を高め、所属するチームや組織の力を伸ばす道なのだ。

一九九五年から今日まで、私は同僚とともにリーダーの四つの役割について指導してきたが、この分野における他の多くの専門家も、同じ原則に基づいたリーダーシップのモデルを独自に作り上げている。たとえば、洞察力あふれる『脱コンピテンシーのリーダーシップ――成果志向で組織を動かす』（ダイヤモンド社刊）の著者、デイブ・ウルリッチ（ミシガン大学）、ジャック・ゼンガー、ノーム・スモールウッドは、長年にわたる研究と観察とコンサルティングの結果、四つのボックスから成るリーダーシップ・モデルを発表した。これは四つの役割モデルとほとんど同じである。[3]使われている言葉が違うだけで、考え方は基本的に同じだ。

さらにこのモデルの有効性は、ニティン・ノーリア、ウィリアム・ジョイス、ブルース・ロバートソンが五年にわたる研究の結果として最近発表した論文『ビジネスを成功に導く「4＋2」の公式』（ソフトバンクパブリッシング刊）の中でも証明されている。「エバーグリーン・プロジェクト」と名づけた研究の中で、彼らは「百六十の企業が十年を超える期間に採用した二百以上の優れた経営施策を調査」し、真の成功の要因を特定することができた。導き出された結論は、成功する企業は例外なく、**四つの基本的な経営要件において優れているというこ**とであった。つまり、

①戦略――明文化され、的を絞った戦略を立て、維持する。

②実行――完ぺきな実行計画を策定し、維持する。

③組織文化――業績本位の組織文化を形成し、維持する。

④構造――迅速で、柔軟なフラット型組織を作り、維持する。

「エバーグリーン・プロジェクト」はさらに四つの補助要件を挙げた。タレント、イノベーション、リーダーシップ、合併・買収である。そして、成功する企業はそれら**四つのうち二つに優れている**と結論づけた。だが、ここで彼らが指摘した最初の四つの**基本的経営要件**について考えてみよう。企業を成功に導き、競争に打ち勝つこれらの要件は、「リーダーの四つの役割」と基本的に同じことを言っているのではないだろうか？もう一度言っておこう。言葉が違うだけで根底にある原則は同じなのだ。

連続性の意義――スポーツのたとえ

図6・9

四つの役割はきわめて相互依存的でもある。ある意味では**連続的**であり、別の意味では**同時的**であるが、そのどちらも正しい。信頼性があるところに信頼が生まれ、そうなってはじめて他の役割に進んで、人間の可能性を解き放つことができる。その意味では連続的である。しかし、このリーダーシップの原則に基づいた組織文化がいったん形成されたら、私たちは四つのプロセス、四つの役割すべてに常に注意を払わなければならない。その意味では同時である。

この四つの役割における連続性の意義を、ビジネス界に負けず劣らず競争の激しいプロスポーツにたとえて説明しよう。ある選手がぶくぶくに太った身体でキャンプに参加する。**筋力**も持久力も落ちている。これでは十分な**スキル**を磨くことはできない。そしてスキルを磨かなければ**チーム**の一員として十分な働きはできないし、チームの勝利に貢献することもできない。

言い換えれば、筋力の発達があってはじめてスキルの向上があり、スキルの向上があってはじめてチームやシステムの発展がある。身体は自然の法則に支配される自然のシステムである。このたとえは、人間の可能性を広げ、自分の内なるボイスを発見するという広大な領域を考える上で、きわめてわかりやすいパワフルなイメージを描き出している。個人の発達は信頼関係に先立ち、信頼関係はチームワークや協力関係、社会への貢献を特色とする組織の発展に先立つのだ。

自分で約束したことを守れない人がいるとしよう。その人の生活ぶりは一貫性がなく、薄っぺらで、気まぐれであるに違いない。それで他の人との間に健全な信頼関係を築くことができるだろうか？　答えは明白である。信頼関係がなくて、家族やチームの効果的な土台を築き、意義ある貢献を果たすことができるだろうか？　ここでも答えは明白。ノーである。

子どもは走る前にまず歩き、歩く前にはいはいができなければならない。同様に、微積分を理解するには代数の知識が必要だし、代数を理解するには基礎的な算数の知識が必要である。ものにはすべて順序というものがあるのだ。順序の意義を考えてみれば、たとえ二人の人間が相互に依存し合っているとしても、厚い信頼関係を築き創造的な問題解決のスキルを身につけようと**試みる前に**、まず**一人ひとりが**自分のボイスを発見する努力をしなければならないことがわかるだろう。厚い信頼関係から生まれる相乗効果は、社員が互いに協力し合うチームや組織を築き上げる基盤となる。社員が目的や価値観を共有し、そうした状況の中で自ら進んで自分たちの役割を果たそうとする——そんなチームができるのだ。究極的には個人もチームも企業もそれぞれの指揮下にある人々に奉仕し、彼らのニーズに応えようと努めることによって自らの影響力を拡大することができる。**自分のことより人への奉仕**を優先する。それによって三つのレベルすべてが意義のあるものとなり、人類の文明における五番目の時代である**知恵の時代**へと足を踏み入れることになるのだ。

この連続性がいかに重要で意義深いものであるかを、実例をあげて説明しよう。私は講演でよくこんなデモンストレーションを行う。まず聴衆の中から一人、筋骨隆々としたスポーツマンタイプの人を選び、前に出て来て腕立て伏せを二十回やってくれるよう頼む。日頃から十分に鍛えている人なら簡単にできるかもしれないが、実際にできる人はごく少数で、屈強そうな人でもせいぜい五回か六回がいいところだ。

これをたとえに私は話を進める。自分の気持ちの上で負担になる精神的腕立て伏せを二十回できなければ、人との関係において三十回も行うことはできない。個人レベルと人間関係のレベルにおいて五十回の精神的腕立て伏せができなければ、チームを作ることはできないし、信頼の厚い実行力ある組織文化を築き上げることは不可能なのだと。

この連続性という概念を念頭に置きながら、さらに話を進めよう。**自身の**ボイスを発見するために必要な**性格形成**から、**組織の中**で人を鼓舞して、彼ら自身のボイスを発見させるために必要な**スキルの開発**と**チーム・組織の発展**へと話を進めたい。

O

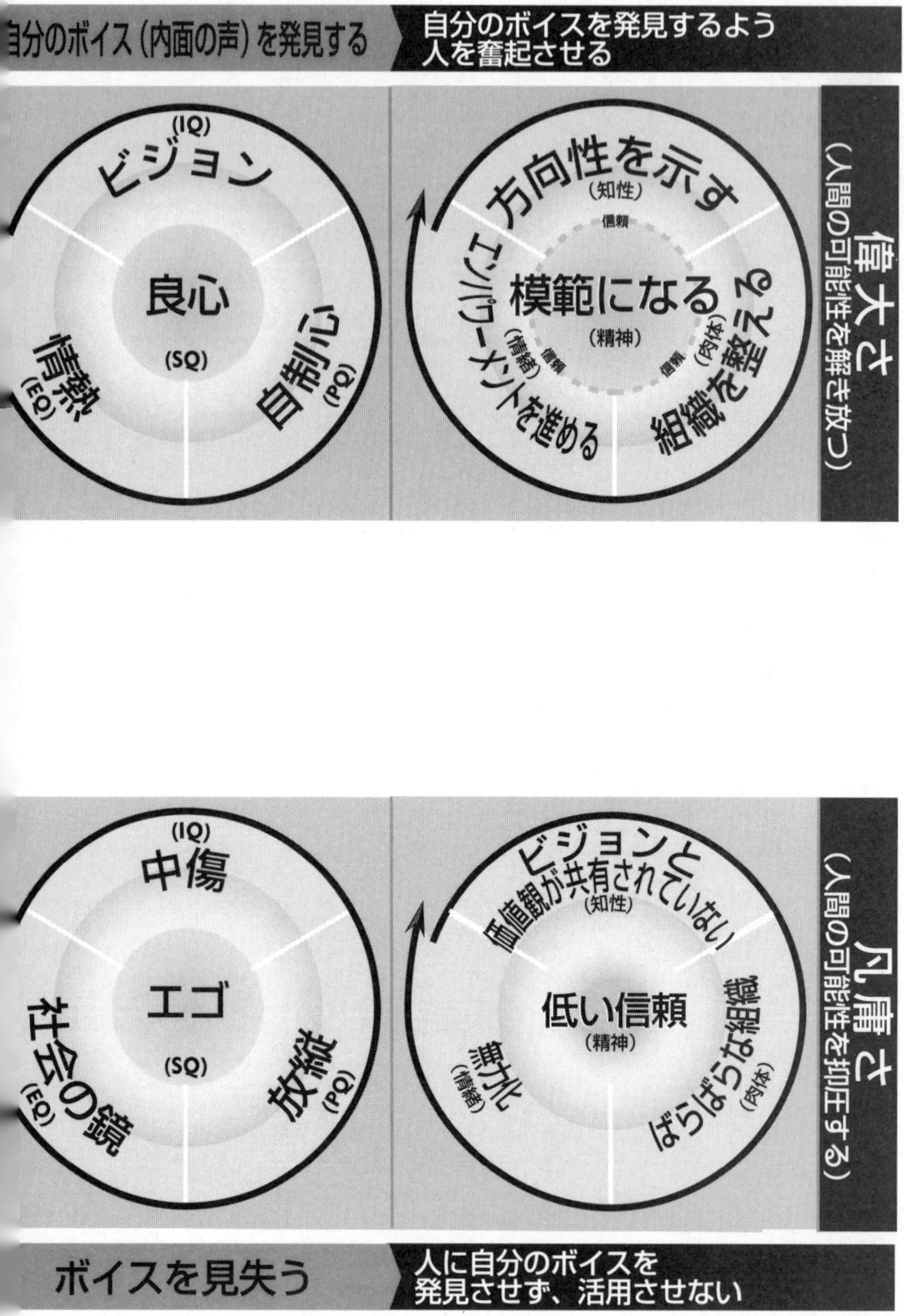
自分のボイス（内面の声）を発見する
自分のボイスを発見するよう人を奮起させる
偉大さ（人間の可能性を解き放つ）
ビジョン
(IQ)
良心
(SQ)
情熱
(EQ)
自制心
(PQ)
方向性を示す
（知性）
信頼
模範になる
（精神）
エンパワーメントを進める
（情緒）
組織を整える
（肉体）
凡庸さ（人間の可能性を抑圧する）
中傷
(IQ)
エゴ
(SQ)
社会の鏡
(EQ)
放縦
(PQ)
ビジョンと価値観が共有されていない
（知性）
低い信頼
（精神）
無力化
（情緒）
ばらばらな組織
（肉体）
ボイスを見失う
人に自分のボイスを発見させず、活用させない

図

インサイド・アウトの
連続的プロセス
創造的な推進力
全人格
天賦の才
選択
原則
4つのインテリジェンス
崩壊した
人格
（犠牲者）
組織・企業文化のソフトウェア
アウトサイド・インの
その場しのぎ

フォーカスと実行力――七章以降の概略

前頁の図を見ていただきたい。上の道は、四つの役割を生かして「自分のボイスを発見するよう人を奮起させ」、偉大な組織へと導く道。下は四つの慢性的問題があるためにボイスを発見できず、自由のない凡庸な組織への道を示している。

「自分のボイスを発見するよう人を奮起させる」プロセスは二つの言葉に集約することができる。**フォーカス**と**実行**である。**フォーカス**とは模範となって方向性を示すことであり、**実行**とは組織を整えエンパワーメントを進めることである。七章からは、以下に述べる原則についての**やる気**と**スキル**と**知識**を身につけることによって「自分のボイスを発見するよう人を奮起させる」ことを**習慣づける**方法を学ぶ。

フォーカス――模範となって、方向性を示す

①影響力のボイス―**模範**となるには、まず自分のボイスを発見しなければならない（第一部）。そして、率先力《イニシアティブ》を発揮する**態度**を選択しなければならない。私が呼ぶところの「**トリム・タブ**」、つまり「流れを変える人」になることだ。あるいは、自分の周囲で機会あるごとに影響力を拡大するようなイニシアチブを発揮することである（第七章）。

②信頼性のボイス―性格的にも能力的にも**模範になる**ことは、あらゆる人間関係や組織で信頼を高めるための基礎を築く。信頼性に欠けることがあれば信頼関係は生まれない。模範になり、方向性を示し、組織を整え、エンパワーメントを進めるという四つの根底にある原則を**知る**ことは、影響力をつけるための入り口である（第八章）。

③信頼のボイスとスピード―**模範になる**ことは、信頼を築く強い人間関係**スキル**を磨くことでもあり（第九章）、**ボイスを融合**することでもある。あなたの課題と他の人たちとの違いを融合して第三の解決策を作り上げることである（第十章）。

④一つのボイス―**方向性を示す**ことは、あなたの最優先課題について他の人たちと共有できるビジョンを打ち出し、優先課題を実現するための価値観を形成することである。

実行――組織を整えることとエンパワーメント

⑤実行のボイス―目標に向けて**組織を整え**、成果を出せるシステムにする（第十二章）。

⑥エンパワーメントを進めるボイス―情熱と才能を解き放ち、障害を取り除いて、先へ進める力を高める（第十三章）。**エンパワーメント**はチーム内できわめて重要であり、リーダーの四つの役割から生まれる最高の果実である。

第十四章「第8の習慣とスイート・スポット」では、本書で概説するアプローチ方法は三つの領域（個人、リーダーシップ、組織）でどのように卓越性を養うことができるかを示す。それらがどのように結集して**実行の四つの領域**に転換されるのかを見る。実行の四つの領域こそ、あなたの企業が知識労働者の時代に大躍進を遂げる原動力なのだから。

第十五章「自分のボイスを賢明に生かし、人々に奉仕する」では、まとめとして、「第8の習慣」（ボイスを発見し、人々が自分のボイスを発見できるよう奮起させる）が私たちをどのように導いて、次なる人類のボイスの時代、つまり知恵の時代へと伴ってくれるかについて述べる。最後の質問コーナーでは、私が長年にわたってこの課題と取り組んできた中で最も数多く受けてきた質問を掲載する。

Q&A

Q リーダーシップをどう定義すればいいだろうか?

A 繰り返すが、リーダーシップとは人々に彼らの価値や潜在能力をはっきり伝え、彼ら自身の価値や潜在能力に気づかせることだ。**価値**と**潜在能力**という言葉に注目してほしい。人はみな、自分は一個の人間として**価値**ある存在であると認識しなければならない。つまり、それぞれの価値は誰にも内在しているということだ。他人との比較によるものでは決してない。人は誰でもその行動や成績に関係なく、無条件に愛される価値がある。そして彼らの潜在能力を伝え、それを開拓し活用する機会を作ろうとする時、確固たる足場を築くことになる。彼らの能力や価値を**外側から**伝えても足場は固まらないし、潜在能力が花開くことは決してないだろう。

Q 巷《ちまた》にはリーダーシップの本があふれている。独自の理論で本書の価値を高めているのはどの点か?

A 本書の価値を高めている特色は五つある。まず一つは**発達には連続性がある**という点。人間関係のレベルで信頼を築くには、その前にまず個人的な成長と調和が絶対に必要であり、効果的で持続可能な企業や家族をつくるにはその両方が必要である――このことに焦点を当てた本はほかにない。二つ目は**全人格**を考えるアプローチだ。本書は人間の四つのインテリジェンスを取り上げているが、中でも精神的インテリジェンス、つまり良心を最も重要視している。他の三つのインテリジェンスの基礎になるからだ。私の知る限り、こういう本はない。第三は本書が完全に**原則**に基づいていることだ。原則は時代を超える。普遍的で、自明である。どんな人も企業も価値観は持っているだろうが、原則に基づいたものではないかもしれない。本書で言うのは、そういうものとはまったく違う。ご承知のとおり、価値観は私たちの行動を支配し、原則は私たちの行動の結果を支配する。棒の片方の端をつまめば、もう片方も持ち上がるのと同じなのだ。第四に、原則中心の発展過程を経るリーダーシップは**選択**（道徳的権威）となり得るものであって、単に役職（形式的権威）に就くことではない。新しい知識労働者の時代に成功する鍵は、コントロールするという観点ではなく解き放つという観点から考えることにある。単にやり取りを行うのではなく変化をもたらさねばならないのだ。言い換えれば、モノは管理できるが、人は導くことが重要だ。第五は、企業でも家族でも**リーダーの四つの役割**という形で人間の特性を生かしたアプローチが**強調**されていること。つまり、模範となる、方向性を示す、組織を整える、エンパワーメントを進めるの四つである。これは驚くほど説得力ある強力なパラダイムで、たいていの問題や課題の診断に活用して、問題解決上の障害を特定することができる。

Q　リーダーシップは教えることができるだろうか？

A　答えはノーだ。でも、学習することはできる。重要なのは、「刺激」すなわち教えることと、「反応」すなわち学ぶこととの間のスペースをいかに選択するかだ。もしリーダーシップ（ビジョン、自制心、情熱、良心）に関する知識やスキルや特性を学ぼうと主体的に選択するなら、人々が喜んでついてくるようなリーダーになることを学習できる。双方が本当の意味で原則に基づいて行動しているから。要するに、優れたリーダーシップのもとにあるなら、それぞれの長所は生産的な資質となり、弱点は他の人の長所によって問題にならなくなる。相互補完的なチームになるということだ。

フォーカス

模範になることと方向性を示すこと

第七章
影響力を発揮するボイス——「トリム・タブ」になる

世界を変革するためには、まず自分自身が変わらなければならない。

——ガンジー

模範を示すこと——それはリーダーシップの真髄であり、中核をなすものだ。模範を示そうと思えば、まず第一歩として、自分のボイス（内面の声）を発見することが求められる。つまり四つのインテリジェンスを伸ばし、ビジョン、自制心、情熱、良心という形で自分のボイスを表現するのだ。このように個人的リーダーシップの四つの側面で模範を示すことによって、リーダーに求められるほかの三つの役割（方向性を示すこと、組織を整えること、エンパワーメントを進めること）のあり方が根源から変わってくる。

模範を示すという行為は、リーダーとして、おもに**ほかの三つの役割を果たしていく中で**具体化される。それ**以前にも**リーダーが模範を示し、それによってリーダーへの信用、信頼感が生まれることもある。しかし真にリーダーシップが発揮されるのは前者の場合だ。方向性を示すこと、組織を整えること、エンパワーメントを進め

図7・1

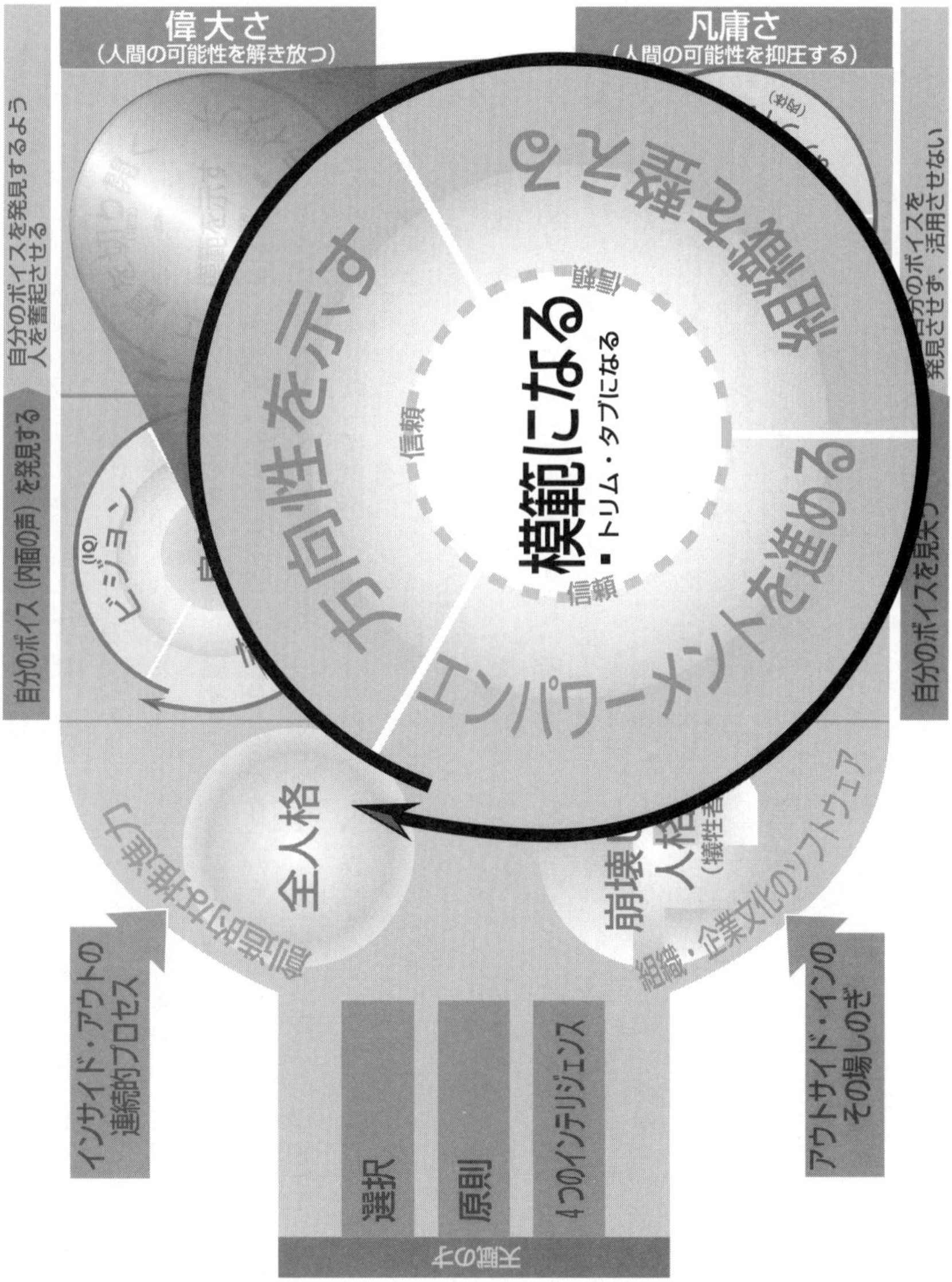
偉大さ
（人間の可能性を解き放つ）
凡庸さ
（人間の可能性を抑圧する）
自分のボイスを発見するよう人を奮起させる
自分のボイス（内面の声）を発見する
自分のボイスを発見させず、活用させない
自分のボイスを見失う
模範になる
■トリム・タブになる
信頼
方向性を示す
組織を整える
エンパワーメントを進める
ビジョン
全人格
崩壊した人格
組織・企業文化のソフトウェア
インサイド・アウトの連続的プロセス
アウトサイド・インのその場しのぎ
選択
原則
4つのインテリジェンス
天賦の才

ることといった面で、良心に突き動かされたリーダーがいかに模範を示しているか——部下たちがそれを実際に経験してこそ、リーダーへの信頼感が生まれる。部下たちは、自分たちがどれほど尊敬され、評価され、価値を認められているかを認識することになるからだ。では、なぜこのような認識が可能になるのだろうか？ それは、彼らに意見が求められ、彼らの意見や経験が尊重されるからである。人々は、方向性を見定めて道を切り開くというプロセスに真に関わることになる。つまり参加者となるのだ。ミッション・ステートメントや戦略計画を一方的に聞かされるのではない。それらの作成に力を貸し、自分たちの作ったものとするのだ。また、すでにミッション・ステートメントや戦略計画が存在する場合でも、彼らはそれらに共感するはずだ。なぜならば、組織のメンバーになる前からリーダーを意識的に尊敬していた場合を別にして、模範となるリーダーに対する敬愛の念が、共感を生むからである。

ときには、参加することよりも精神的・情緒的な**共感**の方が強力な力となることもある。そのよい例がガンジー、マーチン・ルーサー・キング、ネルソン・マンデラなどの信望者たちだ。ある人物のビジョンの構築には関与していなくとも、その人を心から敬愛しているために、そのビジョンをとことん受け入れることがある。おそらく誰でも経験したことがあるだろう。それが共感である。それはとても強い心理的な力であり、創造の過程に実際に参加するよりも影響力が大きい場合もある。特に、価値観よりも、ビジョンや戦略計画などに対する共感でこの傾向が見られる。多くの場合、優れたビジョンを抱く人や戦略家たちは傑出した存在で、組織や国民の文化自体がそれを認知していることも多いのだ（ただし前述したように、その人に信頼性があり、人々が信頼していることが条件だが）。しかしながら、結局のところ共感は、直接、間接を問わずなんらかの**関与**（コミットメント）に基づいているものだと言えるだろう。

模範になるということはまた、個人が一人で実現できるものではない。**チーム**によって実現するものである。各個人の長所を土台にし、お互いの弱点が無意味になるような形でチームを編成すれば、真に力のある組織となる。したがって模範になることを考える際には、個人だけでなく、**相互に補い合うチームのことも**念頭に置かなければならない。メンバーは互いの弱点を補い合いながらそれぞれに自分の役割を果たす。それがチームの真髄である。他人の弱点を見つけてそれを強調したり、陰口を言うのではない。各人はほかのメンバーの弱点を埋め合わせる立場にあるのだ。あらゆる能力を備えた人などいないし、あらゆる役割で優れた成果を出せる人もごく限られている。だから道徳上、互いに尊重し合うことが求められるのである。

影響力を発揮する姿勢

何か大きな意味のあることをしたい、かけがえのない存在でいたい、最も大事とする理念や人に影響を及ぼしたい――そうした内なる欲求に応える習慣の出発点は、思考様式、つまり「姿勢」にある。「姿勢」とは選択のことである。**影響力を発揮するというボイス（内面の声）**を生かそうという選択から、すべては始まるのだ。

本書で説いている原則について人々に指導するときには、受講者からの質問を一日中受け付けるようにしている。個人的に聞きに来てもらう場合もあれば、会場で質問してもらう場合もある。すると、必ず以下のようなことを言う人がいる。「コヴィーさん、あなたのおっしゃる原則はすばらしいし、信じますよ。ぜひとも実践してみたい！　でも、私が属している組織で働くことがどのようなものか、あなたにはおわかりにならないでしょう。私のボスのような上司のもとで働いていれば、あなたが言うようなことなどできっこないことがわかるはずです。どうしたらよいでしょうか？」　このような人がどう考えているかはすぐわかる。彼らは二つの選択肢しか見ていないのだ。「上司はバカで、変わろうとしない。だからこっちが辞めてやるか（だが、そうするわけにはいかない）できるだけ努力して耐えるしかない」

これらの原則が結婚生活や家族にも当てはまることを教えると、女性たちは私のところにやって来て、夫についてほとんど同じことを言う。「夫の性格を知っていれば、私の言っている意味がわかるはず。うまく行くはずがないの」と。そして男性陣もやって来て、妻について同じことを言う。ここでも二つの選択肢しか見ていない——相手のもとを去るか、ひたすら耐えていくかの二つだ。

「自分は被害者である。やれることはすべてやってみた。もうこれ以上できることはない。八方ふさがりである」——なんと多くの人がそう考えてしまうことか。彼らは欲求不満で、惨《みじ》めに感じている。それなのに、ほかの選択肢に目を向けようとはしないのだ。

被害者意識を持ったままでいては、将来を逃してしまう。

私の回答を聞くと、たいてい質問者は多少のショックを受ける。目をむく人もいて、気を悪くしているのが丸見えだ。私はいつも次のように言うのだ。

「問題が**外にある**と考えている場合、常に**その考え方自体が問題**なのですよ」

「つまり**私自身**が問題だと言いたいのですか?」と聞く人もいる。

「私が言いたいのは、自分の感情のあり方を他人の欠点のせいにしようとすれば、あなたは精神的自由をその人に譲り渡してしまうことになるということです。そしてその人があなたの生活を台無しにし続けるのを許すことになってしまうということです」つまり、過去が将来を縛ってしまうのだ。

明らかにこれは人間関係の問題である。しかし、人は自分のボイス(内面の声)を発見してはじめて、成熟し、内面の安定性と人格の強さを手に入れることができる。原則中心の解決法を使いこなせるようになるまでは、「バカな」上司との関係を改善することはできない。あるいは内面の強さを持ってはいても、忍耐や根気強い実践から得られるスキルがまだ身についていない場合もあるだろう。

指導しながら対話を続けていくと、たいてい彼らはきわめて冷静になっていく。そして最終的には、自分は被害者ではなく、他人の行動に対する自分の反応をみずから選択できるのだということを理解する。社会は、被害者意識や他人のせいにする考え方を育て、強めてしまう。しかし、人は生来の才能を駆使して自分の人生の創造的な力となることができる。また、組織内で自分の影響力を高めるアプローチを選ぶ力を持っている。自分の上司に対してリーダーシップを発揮することもできるのである。

ギリシャ哲学が説く影響力

ギリシャ哲学では影響力について、**エトス**、**パトス**、**ロゴス**という概念を使って説いている。これらは、人が影響力を高めていくプロセスをみごとに表現している（図7・2参照）。

図7・2

エトスとは要するに、自分の倫理的性質や個人としての信頼性のことだ。自分の誠実さと能力に対して、他人がどれほど信頼し、信用を寄せてくれるか。原則中心を貫いて、自分が約束したこと、自分に期待されることを成し遂げる場合、その人はエトスを有することになる。**SQ**

パトスとは、感情移入のことである――心の内に抱くものだ。他人の気持ち、他人が求めているもの、他人のものの見方、他人が何を伝えようとしているのかを理解することである。そしてあなたが理解していれば、それは相手にも伝わる。**EQ**

ロゴスとは、基本的に論理を表す。自分のプレゼンテーションや考えが持つ力と説得力とが関係するものだ。**IQ**

もちろん、この順序は決定的に重要である。相手を理解していることを相手が感じ取る前に、ロゴスに移行しても無駄である。人格的に信頼されていないときに、理解を得ようとしても同じように無駄である。

昔、トゥエンティ・グループというグループを指導したことがある。このグループは二十名のプロの総合保険代理人から構成され、四半期ごとに集まって学習フォーラムを開き、意見交換をしていた。二年間、私は専門家として助言するリソースパーソンを務めた。一月に開かれたある集会で、彼らは会社が実施している研修プログラムについて不平不満を並べ立てていた。彼らの我慢が限界に達したのは、クリスマス直前にハワイで開催された大規模な国際授賞セレモニーでのことだった。日程の一部が研修にあてられていたのだが、その研修には意見交換も、相互学習も盛り込まれていなかったのだ。ただ派手で金のかかるレーザーショーでしかなかった。会社が行う研修といえば万事そんな調子で、本質的に無意味であとに何も残らない――彼らはそう不満を口にした。

そこで私は、なぜそれを変えようとしなかったのかと尋ねた。すると彼らは、「われわれの役割でも担当でもないからだ」と答えた。私は彼らに言った――あなたたちは逃げているだけだ、意志さえあれば研修プログラムを変えることができるはずだと。彼らは社内でトップクラスの総合代理人たちであり、絶大なる信用、つまり**エト**

スがあった。彼らは社内の誰とでも会って話すことができる立場にいた。そこで私は、意思決定者たちにプレゼンテーションを行うことを勧めた。ただし、必ず最初に会社の立場に立った見解を本人たちと同じくらい、あるいはそれ以上に的確に述べるよう（**パトス**）促した。研修プログラムや毎年催されるみごとに構成された授賞セレモニーの内容を変更することに対して、会社側が抱くはずの潜在的懸念もプレゼンテーションに盛り込むのだ。重役たちの懸念を的確に述べることにより、重役たちは深く理解されていると感じるだろう。そうすれば代理人らの提言の**ロゴス**や論理を受け入れられるようにもなるだろう。めざすべきはこれだった。

そこでトゥエンティ・グループのメンバーたちは二名の代表者を送り込み、社長と最高経営責任者（ＣＥＯ）だけでなく、研修の責任者とも面談した。二名の代表者たちは、会社のアプローチとその理由の説明に十分な時間をとり、変革に伴う経済的、政治的、文化的葛藤の説明の時間も計算に入れた。そして、ちゃんと理解されていることを会社側の人々が実感しているのがはっきりするまで、説明を続けた。彼らは、理解されていると感じると、すぐに相手の影響を受け入れる姿勢を見せ始めた（人に影響を与える鍵は、まず人に影響されること、つまりまず理解しようと努めることにあるのだ）。重役たちは実際に総合代理人たちに提言を求めた。それに対し代理人たちは、提言を行っただけでなく、彼らが指摘しておいた経済的、政治的、文化的現実に対処する行動計画も提案した。

意思決定者たちはすっかりやられてしまった。代理人たちはまずパイロットプログラムを設計することを提言したのだが、意思決定者たちはすぐに全社的プログラムとした。

トゥエンティ・グループの次の四半期集会で、彼らは私に結果を報告してくれた。そこで私は、「次は何に取り組みたいと思いますか？　社内で横行しているくだらないことで変革を要するものはないだろうか？」と尋ねた。このトゥエンティ・グループは、自分たちの手で自分たちのエンパーワメントを実現できたことに文字どおり驚いていた――自分たちの率先力、勇気、そして相手への感情移入が大きく報われたことに。彼らは不平不満をやめて、積極的にどんどん責任を引き受け始めた。自分たちが担当する小さな分野を掘り下げていくと同時に、より広い分野についても考え、より大きな視点から物事を見るようになった。彼らは最高意思決定者らを自分たちと同様に苦闘している人間として考えるようになった。そして重役たちが必要としているのは批評家ではなく模範であり、判断の材料ではなくひらめきの材料であると考えるようになったのだ。

この事例は、インサイド・アウト（内から外へ）のアプローチとその威力をあざやかに描き出している。問題が**外**にあると考えてしまう場合、常に**その考え方自体が**問題だということを覚えておいてほしい。

率先力を発揮し、相手に感情移入し、エトスを築き、影響を及ぼすことのできる物事に集中して取り組めば、どのような状況にあっても変革の起爆剤となることができる。このことをはっきりと理解してもらえたと思う。繰り返すが、そうすれば実際に上司に対してリーダーシップをとることができるのだ。つまり、上司は形式上の権限を有するが、道徳的権威と影響を及ぼす力はあなたのものになるのである。

図7・3

トリム・タブ

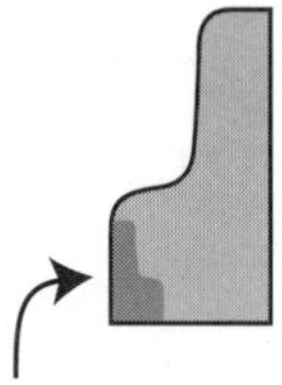

定義：小さな舵が大きな舵を回し、大きな舵が船舶を回転させる。

トリム・タブ

すばらしいパラダイム転換をもたらしたバックミンスター・フラーは、その墓石に「トリム・タブに徹する」という銘を選んだという。トリム・タブというのは、船や飛行機についている小さな方向舵のことだ。このトリム・タブが大きな方向舵を回し、結果的に船や飛行機全体の進路を変える働きをする（図７・３参照）。先に紹介したトゥエンティ・グループもトリム・タブであったし、ガンジーもまた、トリム・タブであった。

あらゆる組織（企業、政府、学校、家族、非営利組織、地域組織）には潜在的なトリム・タブ的人物が何人も存在するものだと、私は考えている。彼らは地位に関係なく、指導力を発揮して自分の影響力を広めることができる。組織全体に積極的な影響を与えるようなやり方で、自分自身やチームや部署を動かすことができる。トリム・タブの働きをするリーダーは、自分の「影響の輪」がどんなに小さくても、その中で**率先力を発揮する**（図７・

図７・４

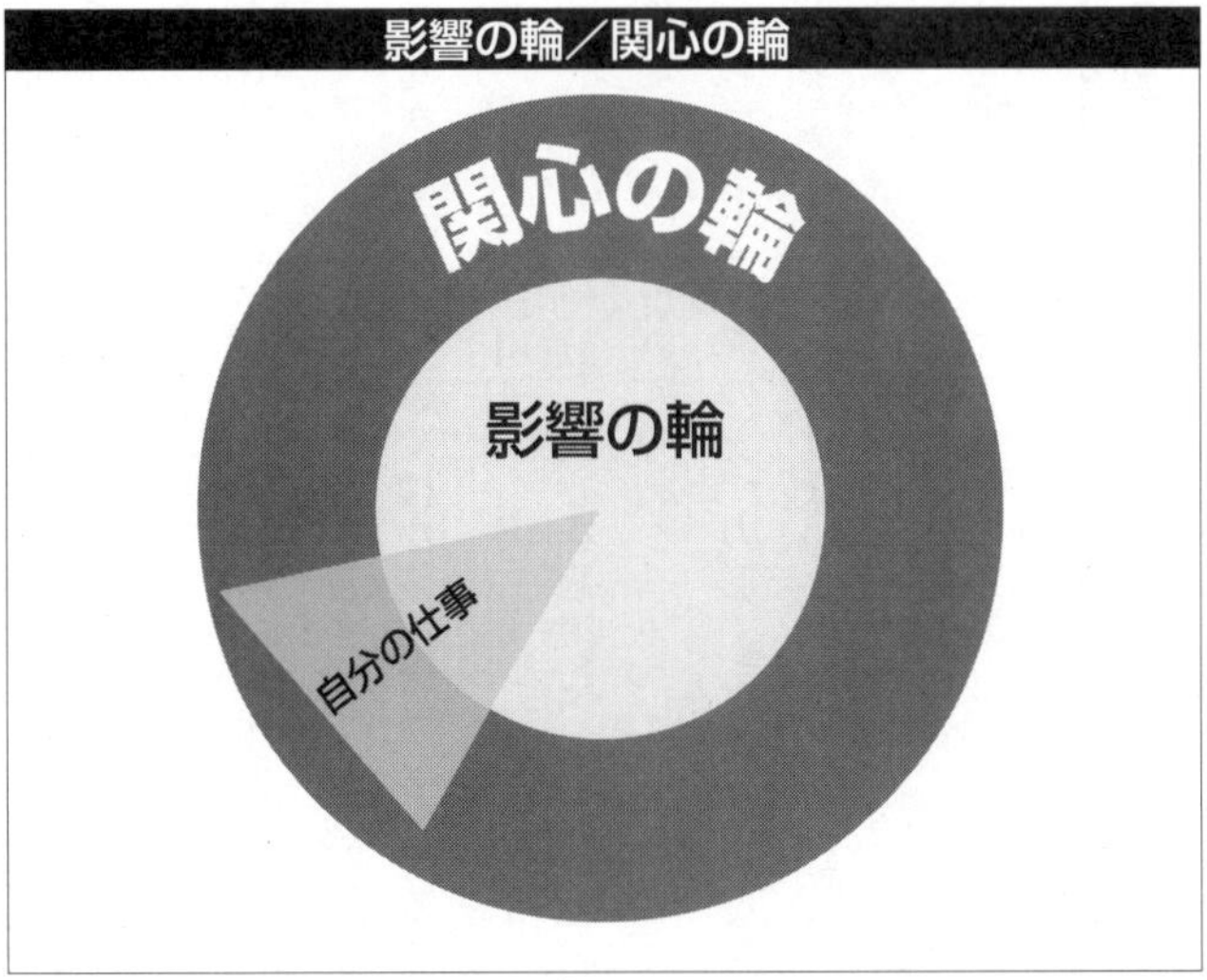

4参照）。

図でわかりやすく説明しよう。この図は二つの輪から構成されている。大きい方の輪は「関心の輪」（自分に関わる事柄、あるいは自分が関心ある事柄）で、小さい方の輪は「影響の輪」（自分がコントロールし影響力を及ぼすことができる事柄）だ。この図からわかるように、個人の仕事の大半は自分の「影響の輪」の外にある。

第一章のはじめに、私たちが開発したxQ（実行指数）アンケートを使ってハリス・インタラクティブ社が行った調査から得られた実に驚くべきデータを紹介した。この調査はきわめて洞察力に満ちた意味を持っているため、本書の残りの章でもさらにいくつかの調査結果を紹介するつもりだ。影響に関する話題のついでに一つ興味深いデータを見てみよう。回答者の中で、直接影響を与えることができない物事ではなく、影響を与えることができる物事にフォーカスしていると答えたのは、わずかに三十一％だった。トリム・タブ的なリーダーは、職制上の地位にかかわらず、自分の「影響の輪」の外縁にビジョン、自制心、情熱、良心を適用し、その輪を広げていく。多くの場合、彼らは重要な地位にない人や正式な意思決定権を持たない人である。

率先して行動することは、自分自身に力を与えるセルフ・エンパワーメントの一つの形である。正式な肩書きのリーダーから、あるいは組織の構造的な要因によって権限を与えられたわけではない。また、仕事によってエンパワーされたわけでもない。人は、目前の問題や試練を通じてセルフ・エンパワーメントを行うのだ。こうして適切なレベルの率先力、つまりセルフ・エンパワーメントを進めることができるのである。

目下の状況で自分にできる最善のことは何か？——これこそ常にポイントとなる問いである。

率先力またはセルフ・エンパワーメントの７つのレベル

図７・５に率先力の連続した七つのレベルを示す。最低レベルの率先力である「言われるまで待つ」から順に、「指示を求める」「提案をまとめる」「実行しようとする」「実行してすぐ報告する」「実行して定期的に報告する」とレベルが上がっていき、最後に「実行する」がくる。この「実行する」こそが、物事をコントロールして影響を与える能力の中核となるのだ。

人は、目前の課題がどの程度まで自分の「影響の輪」の内または外にあるかによって、どのレベルの率先力を発揮するかを選択する。これには状況に対する敏感さや判断力が必要になるが、少しずつ「影響の輪」は広がっていく。

自分の率先力のレベルを選択することにより「ボイス（内面の声）」の定義が広がる。このため人は、どのような状況下でも自分のボイスを発見することはできる。ちっともおもしろくない仕事の中にもボイスを見つけることができるかもしれない。いずれかのレベ

図７・５

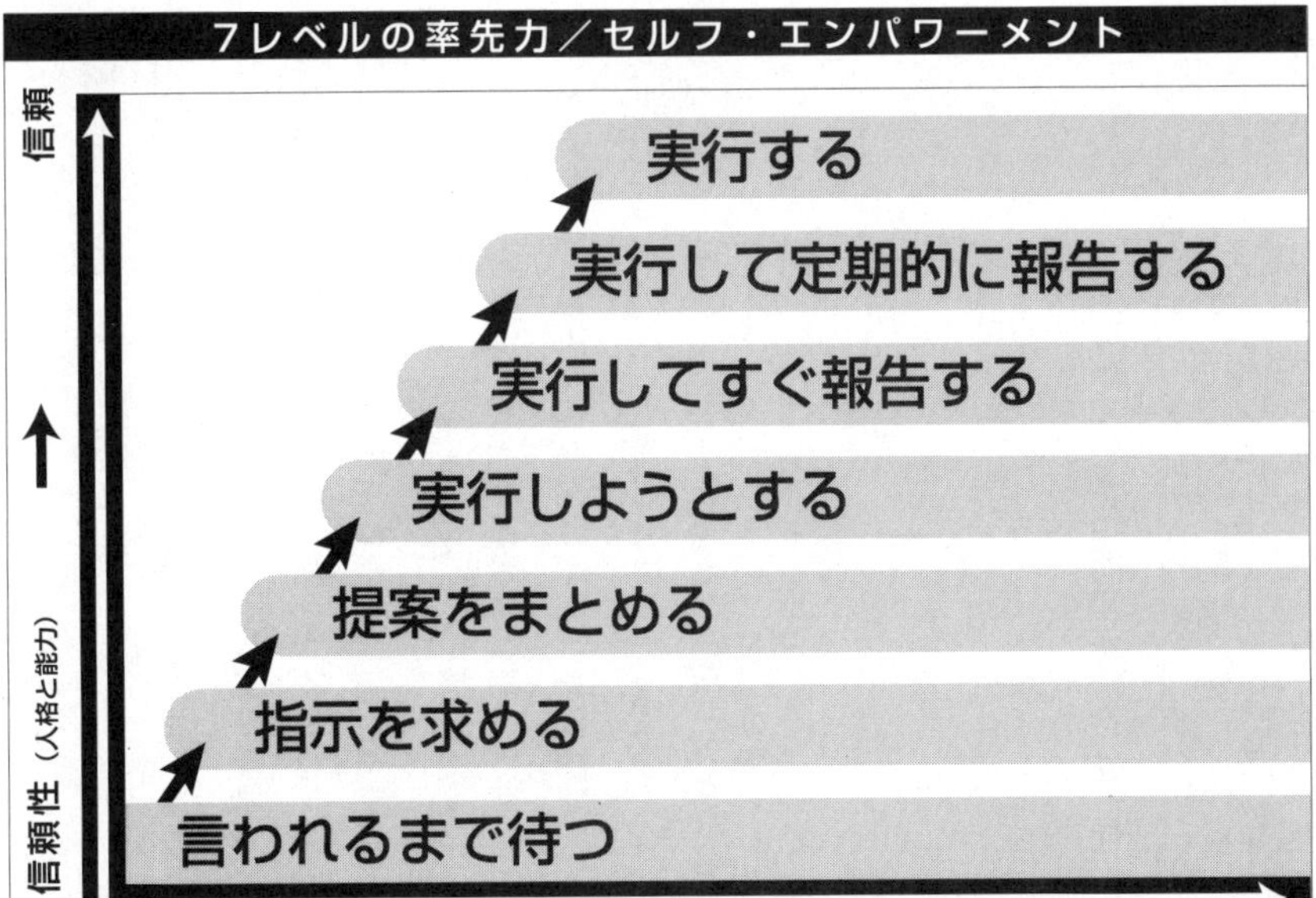

ルの率先力を行使することによって、その仕事の性質を変えることもできる。また、自分の「影響の輪」の内側にいる人に対してならば、自分の仕事の領域外にいる相手にも影響を与えることができる。

現在の仕事で優れた業績を残そうと努力することもできる。国内・地域・地元の水準ではなくワールドクラスを目標とすることもできる。弁護士であれば、もっと調停者として力を発揮することもできるだろう。教育者であれば、もっと面倒見がよい指導者、コーチ、助言者の役目を果たすことができるだろう。医者であれば、教育や予防にもっと力を入れて、単に身体の部位やテクノロジーや化学だけに目を向けるのではなく、患者を全人格的な存在として診ることができるだろう。親であれば、子どもとの関係の八十%を前向きな内容にして、懲罰、矯正、しつけを二十%に抑えるよう努めることができるだろう。販売員であれば、もっと顧客のニーズに耳を傾けて誠実に対応することができるだろう。マーケティング担当者であれば、誠実な商品開発や広告を保証できるだろう。企業の幹部であれば、控えめな約束をして、約束以上の成果をあげるよう注意することができるだろう。要するに、諸原則を教えることはいつでもどこででも可能である。ただ、ときには言葉を使うことが必要となる。

では次に、率先力の七つのレベルを見てみよう。

1 言われるまで待つ

このレベルの率先力が関わってくるのは、自分の「影響の輪」の外にある関心事で、かつ明らかに自分の仕事の領分にも属さないものである。この場合はただ待つしかない。他人の仕事をやっても仕方がないし、自分の「影響の輪」のはるか外側にある物事について提言するのも望ましくない。さまざまな理由はあれ、人はあなたの提言を信頼しないだろう。あなたが発言することはまったく見当外れだと見られるだろうし、おそらく筋違いだと受け止められるだろう。自分の「影響の輪」のはるか外側にあるエリアで行動しようとすると、実際には自分の「影響の輪」が小さくなってしまう。

ではどうするか？　微笑んでいることだ。アルコール中毒者自主治療協会で唱える「平安の祈り」にあるように。

神よ、私にお与えください
　自分で変えられないものを受け入れる心の平安を、
　自分で変えられるものを変える勇気を、
　そしてこの二つを見分ける知恵を。

こうすれば、自分の力ではどうにもできないことについて無駄にエネルギーを使うこともなくなる。しかし、なんとかしてくれそうな人に顔がきくならば話は別だ。その場合は、さらに上のレベルの率先力やセルフ・エンパワーメントに移行できる。

しかし、当面その問題について何もせずに微笑んでいることは簡単なことではない。多くの場合、人は現時点ではどうすることもできないくだらない物事にくよくよしてしまう。同僚と苦労話を披露し合ったり、どうしようもないことについて慰め合ったりする。しかしそれでは、やればなんとかできる問題や懸念を解決する能力が衰えてしまうだけである。この場合も、やはり過去が未来を縛ってしまうのだ。

その結果、共依存関係の罠《わな》に陥ってしまい、批判、不平、比較、競争、対決という五つの行動につながる。私はこれらを情緒の転移性の癌と呼んでいる。深い内面の一貫性を欠く人は、外部に安心のよりどころを求めようとする。彼らはおかれた環境と共依存関係にあるために、癌のようにこのような破壊的な行動におちいってしまうのだ。

これらの五つの情緒の癌は、文字どおり癌細胞を人間関係の中に、またときには組織の文化全体に転移させてしまう。すると組織はひどく分極化し、分裂したものになってしまい、顧客に優れた品質を一貫して提供することはほとんど不可能になる。

ここで競争について一言述べておこう。人間関係、家族、仕事上のチーム、そして組織・企業文化の中で、価値観をめぐって争うことは有害だ。しかしスポーツや市場などでは、競争はとても健康的なものとなり得る。競争によって、人や組織が秘める最良の要素を引き出し、伸ばすこともできる。市場では競争相手を師と仰ぎ、自分を評価する基準とすることができる。競争相手を打ち負かそうとしているときでも、実は顧客のためによりよい結果を勝ち取ろうとしているのであり、自分よりもうまくかつ迅速に成果をあげているライバルたちから学ぼうともしているのである。これこそ自由企業体制が持つ長所だ——つまり、市場では競争、職場では協力というわけだ。このように、物事の両面を見る能力が必要であることを忘れてはならない。

図7・6

5つの癌に似た行動

- ▶ 批判
- ▶ 不平
- ▶ 比較
- ▶ 競争
- ▶ 論争

マネジメント論で著名なアブラハム・マズローが指摘したとおり、一途なだけでは道を誤る危険性がある。マズローが言うように、「かなづちの使い方にたけた人は、なんでも（叩いてもよい）釘《くぎ》だと思い込みがちである」

2　指示を求める

職務の範囲内ではあっても、自分の**「影響の輪」の外**にある事柄については、質問することが妥当であり理にかなっている。自分の「影響の輪」の外側にあるので、あまりできることはない。しかし自分の職務に影響することなので、少なくとも尋ねることは大半の人が認めてくれるだろう。質問が知的で、十分な分析と慎重な検討を経たものであれば、きわめて印象的なものになり得るし、自分の「影響の輪」を広げることになるかもしれない。

3　提案をまとめる

「提案をまとめる」という行動は、どこに位置づけられるだろうか？ ――「影響の輪」のちょうど外縁部である。自分の職務の範囲にも入っていない。提案をまとめることは、職務の範囲外の行為で、しかも「影響の輪」の外側の端に位置しているのだ。

この第三のレベルの率先力／セルフ・エンパワーメントをみごとに表しているのが、軍隊で適用されている「コンプリーテッド・スタッフ・ワーク」という原則である。この原則の五つの基本的なステップは次のとおりだ。

①問題を分析する。
②代替案を含め、推奨すべき解決策を見いだす。
③解決策を実行するために推奨すべきステップを開発する。
④あらゆる現実（政治的／社会的／経済的能力など）に関する認識を盛り込む。
⑤一人が署名するだけで承認されるような形で提言を行う。

この原則に従う限り、最良の仕事が成し遂げられるまで待つのが有能なエグゼクティブだ。上役はまず、問題や懸案事項についてとことん考え抜くように部下に求める。そして、部下は全力で考えた上で、最終的な提言を行うことを求められる。上役はこの最終的な提言だけに目を通す。

こうした原則を導入した場合、エグゼクティブは手っ取り早くて簡単な答えを教えてやって部下を救ったりはしない。仮に部下から求められてもである。部下が業務を完了するまで待つのでなければ、エグゼクティブは部下から成長の機会を奪うことになるし、部下は上司や会社の時間を無駄にすることになる。さらに重要なのは、上役が方法を指示してやらせた場合、結果に対する責任を部下に負わせることができなくなるということだ。

昔シシリーで、攻撃を渋っている将軍がいた。私は完全に信頼していることを彼に伝えた。そしてそれを証明するために私は帰国した。
部下にはすることを命令をしないことだ。そうすれば、驚くほどの創意を発揮する

——ジョージ・S・パットン将軍[1]

このアプローチは、重役たちの時間と業務量を大いに節減し、スタッフにはよりいっそうの率先力を求めるものであることがわかるだろう。私は実にさまざまな状況のもとでこのアプローチがみごとに機能するのを見てきた。また、このアプローチは各人の「影響の輪」を即座に拡大する効果もある。*

4「実行しようとする」

「実行しようとする」という率先力のレベルは、実は「提案をまとめる」ことよりも一つ高いレベルで「提案をまとめる」ことの延長線上にある。私がこの原則を知ったのは、原子力潜水艦ＵＳＳサンタフェに乗り込んでいたときのことである。数十億ドルかけて建造されたこの潜水艦は、模擬機動演習の一環としてハワイ諸島を航行していた。ラハイナ港から出港するとき、艦長のデイビッド・マルケット大佐とブリッジに立って目にした眺めはすばらしかった。目前に百ヤード（ほぼアメリカンフットボールのフィールドの長さ）、後方にも約百ヤード伸びる巨大な黒い艦体が海原を切り裂いて進んでいた。

艦長と話していたときに、一人の士官が近づいてきてこう言った。「艦長、四百フィート潜水するつもりです」「測深値（水深）は?」「約八百です」とその士官は答えた。「ソナー（船舶、ボート、潜水艦、その他の物体を探知する電子装置）はどうだ?」と艦長が聞くと、「何も探知していません、魚だけです」と仕官は答えた。艦長は言った――「もう二十分待ってくれ、そのあと君の考えどおりに実行してくれ」

＊「コンプリーテッド・スタッフ・ワーク」に関する記事は下記のサイトで無料で入手できる。
http://8h.franklincovey.co.jp

一日中、部下が「このようにするつもりです」、「あのようにするつもりです」と艦長に報告しにくる。多くの場合、艦長はしばしば質問をしてから「よろしい」と言い渡した。ときには質問をいっさいせずにただ「よろしい」と答えることもあった。艦長は確認する意味で、氷山のほんの一角に当たるような意志決定しか行わない。氷山の大半、残りの九十五%の意志決定は艦長が関わることなく、また確認なしに行われていた。

私は艦長に、彼のリーダーシップのスタイルについて質問した。軍規の範囲内でできるだけ部下に権限を与えたいのだと、艦長は答えた。問題だけでなくその解決策をも担うように部下に要求すれば、彼らは指揮系統の中で自分が決定的に重要な結節点になっていると考えるようになるはずだ――艦長はそう考えていた。この艦長は艦内の文化を高度に成熟させ、士官や水兵が艦長の意志決定権限についても自分の意志を表明するまでになっていた。

「実行しようとする」というのは、「提案をまとめる」こととは行動の次元がちがう。この場合、当人はよりいっそうの分析作業を行い、承認された時点で実行する用意がすっかりできている。問題だけでなく解決策をも引き受け、それを実行する覚悟でいるのだ。

乗組員たちは、自分たちが価値をつけ加えていることを実感していた。彼らの証言によれば、ほかの艦長のもとで単に「言われるまで待つ」という状態にあったときには味わえなかった感覚だという。こうしたことからも、「実行しようとする」ことが「影響の輪」や職務の外縁に位置していると言える。有意義なエンパワーメントにより離職率(特に、より報酬の高い職を求めて優秀な人材が流出すること)を大幅に下げることができる。

潜水艦に乗船して数ヶ月後、マルケット艦長からうれしい便りをもらって感激した。USSサンタフェがアーレイ・バーク・トロフィーを授与されたとの知らせだった。太平洋に配備された潜水艦、船舶、航空部隊の中で最も大きな改善を実現したと認められたのである。リーダーがトリム・タブとなって部下のエンパワーメントを進めると、これほど成果があがるものなのだ!

5　実行してすぐ報告する

「実行してすぐ報告する」というのは、「影響の輪」の外縁に位置するが、職務の範囲内に属している。ほかの人々に知らせる必要があるため、すぐに報告するのだ。その結果、ほかの人々はすべてが正しく行われたかどうか確認できるし、必要ならば適宜修正することもできる。さらに、引き続き意志決定を行ったり行動を起こしたりする前に、彼らは必要な情報を入手できる。

6　実行して定期的に報告する

このレベルの率先力に関係するのは、業績評価面接や正式な報告書の中で、通常の自己評価の対象となるような行動だ。実行して定期的に報告することでほかの人々は情報を得ることができ、その情報を利用できるようになる。定期的に報告するという行為は、明らかに職務の範囲内に属し「影響の輪」の内にも属している。

7 実行する

ある事柄が自分の「影響の輪」の中心に位置し、かつ職務の中核をなす場合は、とにかく実行するのだ。文化によっては、事前に認可を得るよりも事後承諾を得る方が簡単だという場合もある。だから自分が正しいと確信し、かつその行動が自分の「影響の輪」からそれほど外れていないと確信できるならば、「実行する」ことがベストだということもあるのだ。

責任を引き受け、とにかく実行する――このことには大きな力が秘められている。つまり、一つの物事を成し遂げることができるのだ。この最高レベルの率先力については、「ガルシア宛てのメッセージ」という実話を思い出す。

十九世紀末にスペインと米国の間で戦争が勃発したときに、米国の大統領はガルシアというキューバ人革命家にメッセージを届ける必要があった。ガルシアは手紙や電報も届かないキューバ島のどこかに隠れていた。彼に接触する術《すべ》を知っている者はいなかった。ところが、ガルシアに接触できるとしたらローワンという士官以外にいないと、ある士官から情報が入った。

ローワンはワシントンDCでマッキンリー大統領から書簡を託された。そのときローワンは、「ガルシアはどこか？　どうすれば行けるのか？　見つけたら何をしてほしいか？　戻る方法は？」などといった質問はいっさいしなかった。彼はただメッセージを受け取り、どうやってガルシアの居場所まで行くべきかを思案した。ニューヨークまでは列車を使い、ジャマイカまでは船を使った。スペインの封鎖を突破して帆船でキューバにたどり着いた。それから馬車に揺られ、キューバのジャングルを馬や徒歩で突き進んだ。九日間の旅ののち、ローワンはある朝九時にガルシアにメッセージを手渡した。そして同じ日の午後五時には、米国に帰る旅に出発した。

著述家のエルバート・ハバードは、この実話についてさらに洞察力に富んだ観察をして以下のように書いている。

「上司」が職場にいようと、職場を離れていようと、変わらずに職務を遂行する人間――ガルシア宛ての書簡を託されたときにばかばかしい質問をせずに静かに信書を受け取り、近くの下水道に捨てたり、別のことをやろうなどという下心をいっさい持たず届けることのみに専念する――私はそんな人に心を打たれる――文明とは、まさにそうした人物をひたすら探し求める長い旅である。そうした人物が求めればなんでも与えられるだろう。あまりに貴重な存在なので、雇用主は手放すことができないのだ。そうした人物は、どんな都市、町、村でも、どんなオフィス、商店や小売店、工場でも求められている。世界はそうした人物を求めている――必要としているのだ、それも切に。「ガルシア宛てのメッセージを届ける」ことができるような人物を。*

トリム・タブの精神

どのような課題、問題や懸念を抱えていても、なんらかの方法で率先力を発揮すればセルフ・エンパワーメントが可能になることがわかっただろう。敏感で、賢明で、タイミングに注意する必要はあるが、とにかく**何か対策をとる**べきなのだ。不平、批判、マイナス思考はやめる。責任を回避して失敗を「他

*ハバードが書いた「ガルシア宛てメッセージ」の著作権フリーの全文を下記のサイトで入手することができる。http://8h.franklincovey.co.jp

人」のせいにして片づけないよう、特に用心すべきである。私たちは責任転嫁の文化の中で生きている。xQ調査によれば、「自分が所属する組織では、何かがうまくいかなくなると他人のせいにする傾向がある」と答えた人は七十％に達した。そんな中で責任をとることは流れに逆らって泳ぐようなものだ。

率先力を発揮するには、あらかじめなんらかの**ビジョン**が必要になる。達成すべき基準、改善目標なども必要だ。実際に率先力を発揮するときにはある程度の**自制心**もなければならない。さらにハートと**情熱**を注ぎ、価値ある目的に向かって**良心**に従い、原則に従って行動することが求められる。

企業論で知られるトム・ピーターズは、トリム・タブ的な態度や精神を以下のように表現している。

「冗談ではなく、勝者はくだらない仕事が大好きである。なぜか？ そうした仕事には自由がきくスペース（余地）がいくらでもあるからだ。誰も気にとめない！ 誰も見ていない！ 自分一人で好きにできる！ 自分がキングなのだ！ 手を汚しても、ミスをしてもかまわないし、リスクを冒すことも奇跡を起こすこともできる！ 「エンパワーされていない者」が最もよく口にする不満は、かっこいいことをやってのける「スペース」が全然ないということである。私は必ずこう答える――「そんなバカなことはない！」

結論――誰もやりたがらない「とるに足らない」任務や「雑用」を楽しむべきなのだ！ それを探し求めるべきなのだ！ それがセルフ・エンパワーメントへの切符である。書類の書式の修正であろうと、クライアントのために週末の静養先を考えることであろうと――それをすばらしく、立派で、「すごい！」と思えるものにすることができるはずだ。[2]

私はかつて、ある大学で学長の補佐役を務めたことがある。いろいろな面で、学長は独裁的で、管理型で、常に自分こそ何がベストかを心得えていると思っている人物で、すべての重要な意志決定を自分で行っていた。一方で、彼はビジョンを抱いていて、優秀な才能あふれる人物でもあった。ただ、まわりのみんなを助手のように扱ったのだ――「これをしろ、あれをしろ」と、相手をまるで知性がない人間のように扱った。おかげで高度の教育を受けたやる気に満ちた職員たちはしだいに幻滅を感じ、無力な存在に落ちていった。彼らは役員たちが通る廊下でたむろして、学長について不平を言うばかりだった。

「信じられないことをしたんだぜ――」

「学長の最新のネタを教えようか――」

「そんなのまだ序の口だよ。学長が私の学部に来て何をやったか見てごらんよ――」

「本当か、それは初耳だ」

「ばかげた規則や官僚主義でこんなに窮屈で縛られたように感じる仕事ははじめてだ。もう身動きとれないよ」

彼らはこうして、何時間も互いの心の傷をなめ合うのだった。

しかしベンは違った。彼はただ別のアプローチを選んだ。ベンはただちに率先力、そしてセルフ・エンパワーメントの第三のレベルを実践した。彼も助手のように扱われたが、「**提案をまとめる**」レベルからスタートすることにしたのだ。

彼は最も優秀な助手になることにした。それで信用を得た――エトスだ。次に彼は学長のニーズや、使い走りを命じる理由を予想するようにした。「いったいなぜ学長はこの情報がほしいのだろうか？　学長は理事会の準備中だが、学内の警備員が武器を携帯している大学が全国で何校あるか、データを収集しろと言う。なぜか？　わが校の方針をめぐって学長は批判されているからだ。よし、理事会の準備を手伝ってやろう」といった具合に。

上司を批判するのではなく、補完せよ。

ベンは事前の打ち合わせに出席し、助手として収集したデータを提出しただけでなく、親切にも分析と提言まで行った。学長は言葉を失って私を見た。そして、再びベンの方を向いてこう言った。「理事会に出席して今の提言をしてほしい。君の分析はすばらしい。何が求められているかを君は的確に予想した」

他の職員たちは黙って徒党を組んで「言われるまで待つ」姿勢を貫いた。だがベンは違った。学長に感情移入し、彼が本当にほしいもの、必要としているものは何かを見極めることにより、リーダーシップを発揮したのだ。ベンは比較的低い地位からスタートした。しかしすぐに彼は理事会で定期的にプレゼンテーションを行うようになった。

私は学長の補佐を四年間務めた。その間、ベンは教員としてはあまり出世しなかったが、四年のうちに学内ナンバー・ツーの人物になっていた。学長はベンの賛意がなければ重要な行動に出ようとしなかった。ベンが退職すると、彼の名前をつけた特別功労賞が設けられた。それは、彼が信頼性、大学への忠誠心、必要なことを自分からなんでも進んでやる模範を示したからであった。

ベンは、何かが自然に変わってくれるのを望むのは無益であることを理解していたのだと思う。この話から、リーダーシップは選び取ることができることがわかっただろうか？　ベンのように、あなたも上司に対してリーダーシップを発揮できることを理解できただろうか？

リーダーシップが選択であるということは、基本的には次のような意味である。「現状でベストな行動は何か？」という問いに答える上で、発揮すべき率先力のレベルを選択できるということだ。

どんなときでも、「率先力の七つのレベル」について自分で考えて決める必要がある。どのレベルの率先力を発揮すべきかを知るためには、判断力と知恵が必要となる――**何を、どのように、いつ**実行すべきか。そしておそらく最も重要な点として、**なぜ**それを実行すべきか。これには四つのインテリジェンスを総動員する必要がある。通常、「なぜ」という問いに答えるためには精神的インテリジェンスを使う。モチベーションの根源である価値観が関係するからである。「何をすべきか」という問いに対しては、分析的、戦略的、概念的な思考が求められるから、ふつうは知的インテリジェンスを使う。「いつ実行するか」と「どのように実行すべきか」という問いの場合、環境を読み取り、文化的・政治的な運用上の規範を意識し、自分の長所と弱点を見分ける必要があるから、たいていは情緒的インテリジェンスを活用することになる。意思を実行に移し、「どのように」という点を戦術的に実行する際には、行動するための肉体的インテリジェンスも働く。

率先力を七つのレベルすべてにわたって賢く発揮すると、自分の「影響の輪」が広がって、最終的に自分の職務全体を包み込むまでになる。おもしろいことに、「影響の輪」が広がると、必ずと言ってよいほど関心の輪も広がっていく。

トリム・タブとなるリーダーは揺らぐことがない――風見鶏ではなく、灯台のような存在だ。変わることなく、頼りがいのある光の源なのであって、いかなる社会の風によってもゆらゆら揺らぐことがないのである。

飽くことなく与え続けなさい。痛みを感じるまで、自分が傷つくほどに与え尽くしなさい。

――マザー・テレサ

このインサイド・アウトで、率先力を発揮するアプローチを実践すると、権限を持つ職制上の地位にある人たちは、あなたの人格と能力をますます信じるようになる。これまで以上に信用を得ることができるだろう。そうすれば必ず、彼らはあなたの職務によりいっそう高レベルの率先力とエンパワーメントを与えたくなるはずだ。そしていつの間にか、あなたは自分が上司に対してリーダーシップをとっていることに気づくだろう――そして当然の成り行きとして上司は、互いに補い合うチームの一員として、サーバント・リーダー（奉仕型リーダー）になっていくだろう。

映像作品『モーリシャス』

ここで『モーリシャス』という映像作品を観てほしい。本書の付録DVDに収録されている。トリム・タブになることができるのは、組織や個人に限らない。根の深い民族的、人種的、文化的、その他の相違点を乗り越えて、国全体や社会全体もトリム・タブとなることができる。そうして国や社会が発展し、文化を変革することもできるのだ。実は、そうした相違点は障害となるどころか、相違点が**あったからこそ**、モーリシャスはすばらしい文化的な強さを生み出すことができたのだ。

作品の冒頭に表示される内容は制作時点では正確であった。しかし社会的内紛地域が増えるなど、モーリシャスの情勢にはそれ以降変化した点がある。ただ、このストーリーの目的はモーリシャスが完全な社会だと主張することではない。人は**どのような試練に直面したとしても**（個人として、家族として、組織として、あるいは国としてでも）、自分の「影響の輪」の内で行動し、創造力を発揮して「トリム・タブ」となって、試練を切り抜けることができるというのがほんとうのポイントだ。

Q&A

Q　ここに書かれていることはすばらしいが、あなたは私の上司を知らない。私の上司はなんでも指示統制したがるタイプで、身のまわりの有能な人々を脅威と感じる人間だ。私の置かれた状況は本書の内容と違いすぎる。

A　そのとおり、あらゆる状況はそれぞれ固有で、同じ状況は一つもない。しかし別な見方をすれば、試練や問題の根本はとてもよく似ている。解決の鍵は状況にあるのではなく、刺激と反応との間のスペースにある——状況と、それに対するあなたの反応との間にあるスペースだ。そこにこそ、選択の自由があるのだ。その自由を賢明に駆使して原則に従って選択していけば、選択の自由が広がる。それだけなく、内面に個人的な安心感のよりどころが育ち、自分の人生が他人の弱点に左右されることがなくなるのだ。そうすれば力を失うこともなくなり、他人の弱点のせいでいつまでも自分の生活を台無しにされ続けることもなくなる。あなたは費用対効果を分析し、何か別の仕事をすることにしたり、よその組織に移ることを選ぶかもしれない。しかしそうせずに、市場の実利的な性質をうまく利用し、トリム・タブとなって「影響の輪」を広げていく道を選ぶこともできる。最終的には上司にとって不可欠な存在となり、上司に対してリーダーシップを発揮することさえ可能になるだろう。その場合、創造力を発揮し、やる気を出すためには、四つのインテリジェンスのすべてを駆使する必要がある。自分の「影響の輪」の内ではあるが、職務の範囲外で行動する必要もあるだろう。また、満たされていないニーズや未解決の問題を把握するために、率先力や自主性を見せる必要もあるだろう。その結果、適正なレベルの率先力を発揮できるようになる。さらに、信頼に値するように、自分の職務を立派に成し遂げる必要もある。そして自分の担当分野を十分に開拓する一方で、他の分野の研究も必要となる。第一にエトス（信頼性）、第二にパトス（感情移入）、第三にロゴス（論理）という順番を忘れてはいけない。

Q　現実的には、人はどのようにすれば上司に対してリーダーシップを発揮できるのか？

A　審判ではなく、光の源となるのだ。批評家となるのではなく、模範を示すのだ。自分の「影響の輪」の内で行動を起こし、道徳的権威を身につけ、拡大し、同時に信頼性を勝ち取るようにする。勇気を持って率先力を発揮して、望ましいことを実現する。上司の世界、懸念、目的、考え方に感情を移入してみる。文化や市場にも感情移入して、それから先の率先力を発揮する。もう一度言うが、悪口はだめだ。忍耐強く根気強く取り組むこと。そうすれば自分の影響力も高まる。結果が出れば、その効果によって皮肉屋をも回心させることができる。これがリーダーシップなのだ――地位ではなく、選択である。このことを忘れてはならない。

Q　事前に認可を得るよりも、事後に許しを得る方がたやすいと、あなたはしばしば言っている。しかし、そのアイデアに基づいてちょっと率先力を発揮してみると、ひどく叱責されたり解雇されることさえある。

A　自分個人として自己啓発や専門能力の向上のために投資し続け、問題解決能力に投資し続けること。そうすれば必ず経済的に安定をもたらすよりどころを確保できるだろう。安定をもたらすのは、職業や他人の支援ではなく、ニーズに応えたり問題を解決したりする能力だ。そうした能力に投資し続ける。そうすれば無限の可能性を手に入れることができる。また、戦う場は慎重に選ばなければならない。自分の「影響の輪」から遠く外れたところで率先力を発揮しようとしないこと。そうではなく、自分の職務の範囲外でも、「影響の輪」の内側で行動するように。そして、考え抜いた分析や提言という形で率先力を発揮するのだ。そうすれば、自分の「影響の輪」が必然的に拡大していくことに気づくに違いない。

第八章

信頼性を発揮するボイス——人格と能力の模範になる

リーダーシップの究極の資質が誠実さであることには疑問の余地がない。それがなければ、鉄道の保線区班であろうと、フットボール・フィールドや軍隊、オフィスのいずれにおいても真の成功はあり得ない。

——ドワイト・デイビッド・アイゼンハワー

少し前のことだが、社員のやる気の問題を抱えていた銀行の頭取に助言を頼まれたことがある。「何が問題なのかわからない」と若い頭取は嘆いた。頭脳明晰でカリスマ性もある彼がトップまで昇り詰めた結果は、会社の低迷という現実だった。生産性は落ち、利益も減少していた。頭取はそれを社員の問題にすり替えて言った。「どんなインセンティブを提供しても、この悲観的な状況から誰も脱却しようとしないんです」

状況は頭取の言うとおりだった。社内には、疑念や信頼感の欠如がまん延しているようだった。二ヶ月にわたってワークショップを実施したが、問題解決には至らず、私も途方に暮れた。

図８・１

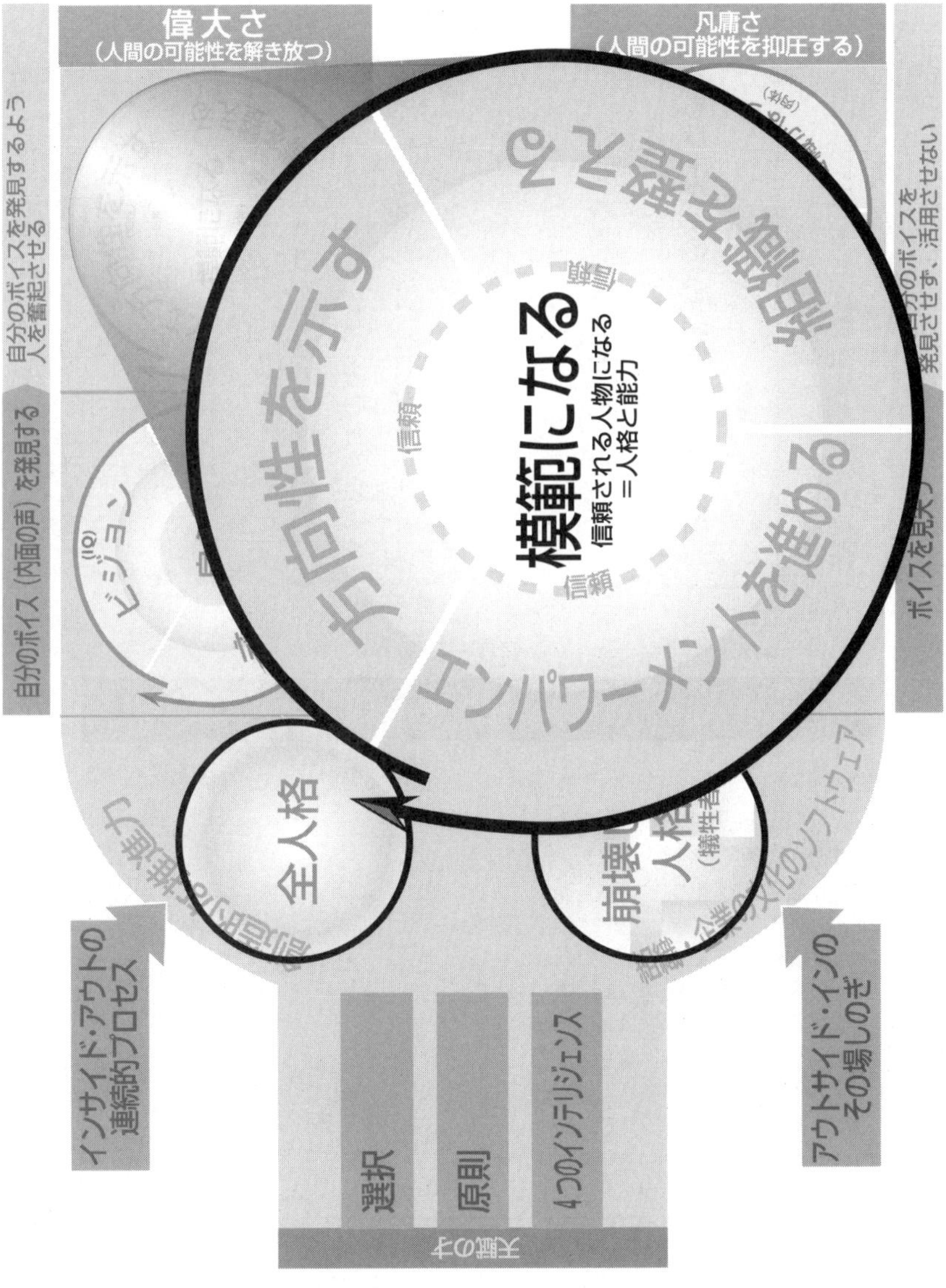
偉大さ
（人間の可能性を解き放つ）
凡庸さ
（人間の可能性を抑圧する）
模範になる
信頼される人物になる
＝人格と能力
方向性を示す
組織を整える
エンパワーメントを進める
全人格
選択
原則
4つのインテリジェンス
インサイド・アウトの
連続的プロセス
アウトサイド・インの
その場しのぎ
自分のボイス（内面の声）を発見する
自分のボイスを発見するよう
人を奮起させる

「ここで起きていることが信じられない！」という言葉が社員の間で繰り返された。しかし、誰もこの不信の原因を私に言おうとしなかった。

そしてついに、雑談の中で真実が明かされた。既婚者であるこの頭取がある社員と不倫をしていて、それが全社員に知れわたっていたのだ。

この会社の成績不振の原因が、この頭取の行動にあったことは明らかだった。しかし、その行為によって最大のダメージを受けていたのは彼自身だった。彼は、自分の欲望を満たすことだけを考えて、長い目で見た場合のまわりへの影響を無視していたし、何よりも神聖な妻の信頼を裏切っていたのだ。

一言で言うと、彼の失敗は**人格**にあったのだ。

失敗するリーダーの九十％は、人格に原因がある。

あらゆる人間関係にとって重要な鍵である「信頼」は、組織を結束させる接着剤の役目も果たす。レンガをつなぎ合わせるセメントのようなものだ。また、**信**

図8・2

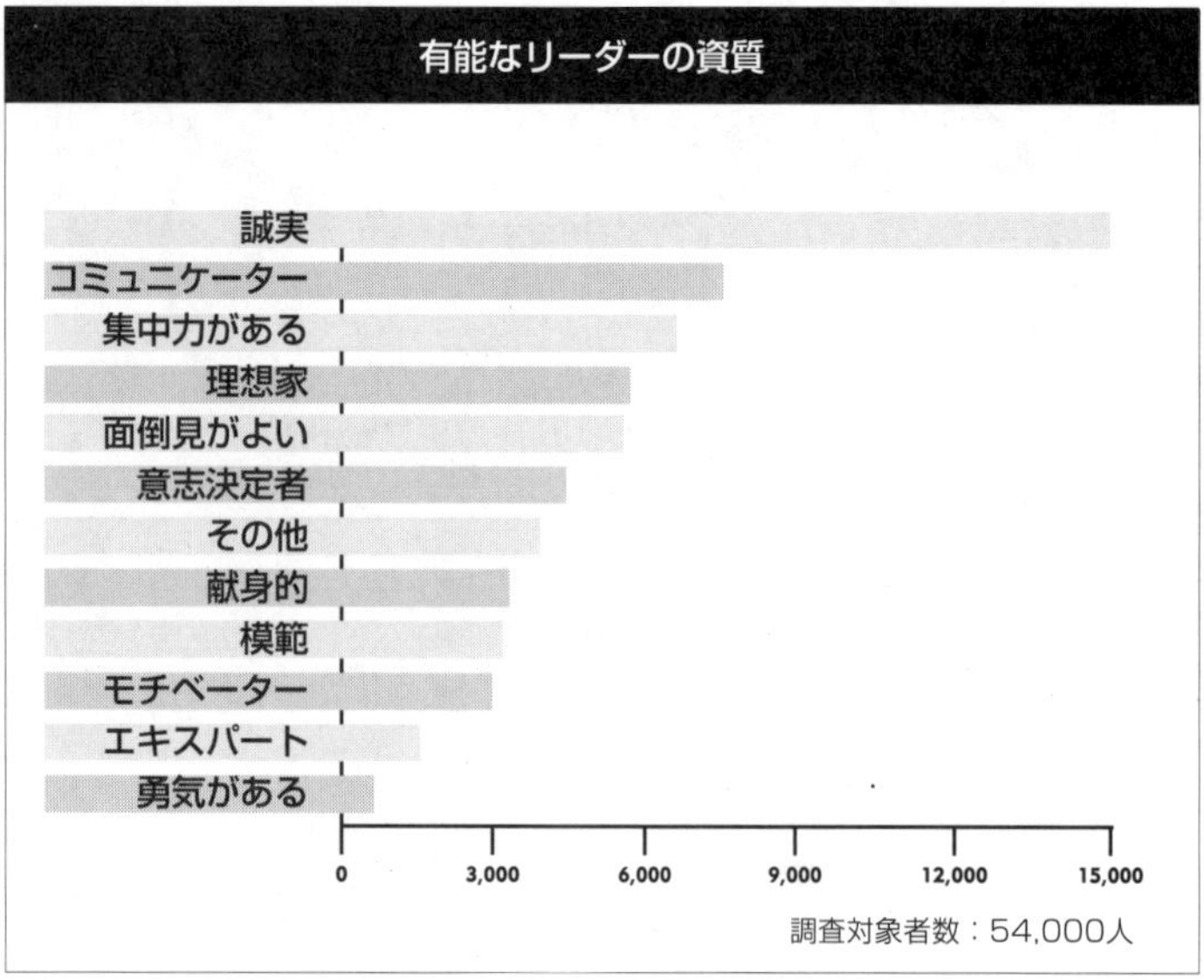

頼とは、個人も組織も、信頼する価値があると感じた結果生まれてくるものであるということを私は学んだ。信頼は三つの源泉――個人的なもの、制度的なもの、それに他人に信頼を寄せることを意識的に選択している一人の人間、から生まれる。すなわち、私が価値のある人間であることをあなたがわかっているということを、私に**感じさせてくれる**行為である。自分から信頼を寄せれば、相手からも信頼が得られるということである。**信頼**とは行為であり状態でもある。それは、信頼が人々の間で共有され、返したり返されたりするものであることを意味する。これこそ、人がどうやって上司を上回るリーダーになるかという問題の核心を示している。人は、他人を信頼することによって信頼を得る資格が与えられる。行為を表す**「信頼する」**は、信頼される側が相手に潜在的に抱く信頼性と、信頼する側の信頼性が明確になることで成立する。四番目の役割――エンパワーメントを進めることは、**信頼**を行為として考えるときに実態を持つ。

私たちが五万四千人を対象に調査を行い、リーダーの本質的な資質を特定するように求めたところ、誠実という回答が飛び抜けて多かった（図８・２参照）。

今日では多くの場面で、人格について話をすることはやらなくなっている。繊細な問題や信仰の問題になるからである。内面の価値観は、もはや重要ではないのではないかと考える人もいるだろう。結局、前述の銀行の経営者は、道徳的に罪を犯してはしていたが、目に見えるあらゆる点で成功していたと言えるのではないだろうか。

この質問は、現代生活の矛盾点を表している。成功に必要なのは、才能、エネルギー、個性のみであると信じる人が多くなってきている。しかし歴史が教えてくれているように、長期的に成功するためには、見かけよりも実際の**人格**の方が重要なのである。

『7つの習慣　成功には原則があった！』の執筆に備え、米国建国にまでさかのぼってリーダーシップや成功に関する文献を調べたところ、最初の百五十年間は、ほとんど例外なく人格と原則の重要性に焦点が当てられていた。産業の時代に突入し、さらに第一次世界大戦後になると、個性、テクニック、テクノロジーなどを重んじる、いわゆる個性の倫理が強調されるようになった。

この傾向はいまだに続いてはいるが、人がつまらない組織文化の産物を経験するにつれて反対の傾向が現れてきているのを私は感じている。信頼感や人格の必要性、さらに組織文化の中で信頼関係を構築する必要性を認識する組織が増えている。また、自分という存在の奥底をのぞき込んで、自分自身がどのように問題に寄与するかを感じ取り、問題解決や人間のニーズに応えるために実際に何ができるかを見極める必要性を訴える人も増えている。


個人の一生でも国の一生でも、長期的には品格が決定的な要因となる。

——セオドア・ルーズベルト[1]

社員と不倫した銀行の頭取はどうなったのだろうか？　私が彼の不倫行為を知っていることと、それが社員に与える影響について打ち明けたとき、彼は頭をかきながら、「どこから話したらいいかわからない」と言った。

「その関係はもう終わったのですか？」と私は尋ねた。

彼はまっすぐ私の目を見つめて「ええ、もちろん」と答えた。

「それでは、奥さんと話すことから始めてはどうでしょう」と私は言った。

彼は妻に話をし、妻は彼を許した。次に、彼は社員とのミーティングを召集し、彼らとやる気の問題について話をした。「この問題の原因がわかりました。原因は私にあります。もう一度やり直させていただきたい」

時間はかかったが、最終的に、社員のやる気（開放的で、楽観的で、信頼を感じられる気分）は向上した。しかし、大きな恩恵を得たのは、結局はこの経営者自身だった。彼は、自分自身の人格形成の道を切り開いたのだ。

個人の信頼性

変わらぬ信頼が続くところには、必ず信頼性が存在する。このことに例外はない。これは原則なのだ。信頼が信頼性という母体から生まれるように、信頼性は**人格と能力**から来るものだ。人格と能力を強化することによってもたらされるのが知恵と判断力――優れていて、永続する業績であり信頼の基礎である。信頼関係の構築に関係するおもな要因を特定するには図８・３が役立つだろう。

まず、個人の**人格**の三つの側面、すなわち誠実、成熟、豊かさマインドから言及することにしよう。

誠実であるとは、あなたが、究極的に人間の行動の結果を支配する原則や自然の法則に従っているということを意味する。「正直」は、真実を話すという原則である。「誠実」は、自分と他人にした約束を守るということである。

図８・３

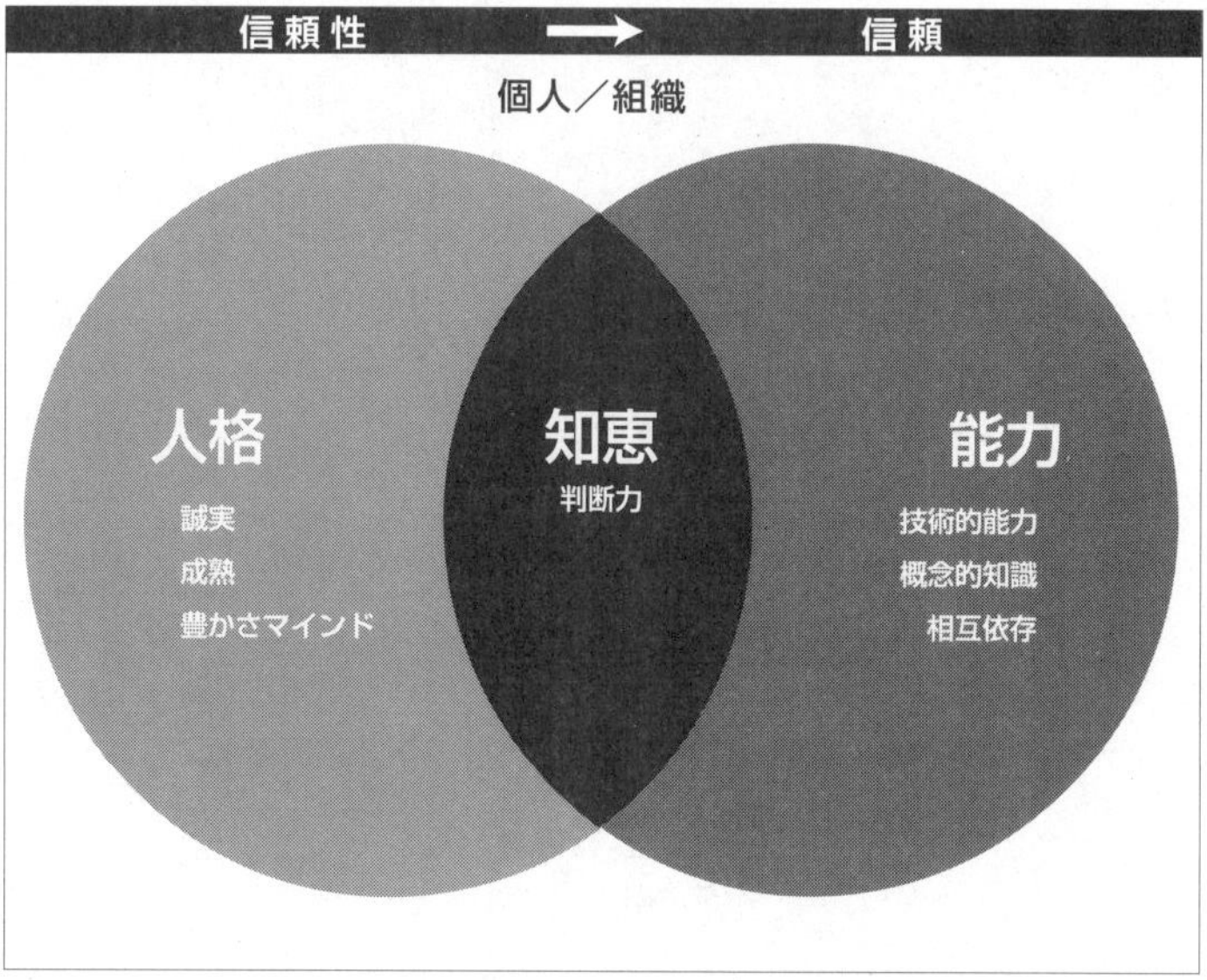

人は人生において、一方で不正を働き、他方で正しい行いをすることはできない。人生は一つで、分割することはできないのだ

——マハトマ・ガンジー[2]

成熟は、誠実さを貫き、自分自身に打ち勝ってはじめて身につくものだ。その結果、勇気と思いやりが同時に備わる。つまり、そのような人物は、むずかしい問題も思いやりをもって処理できる。勇気と思いやりの組み合わせは、誠実さの源であり結果でもある。

豊かさマインドとは、勝者が人生を自分一人の競争の場として見るのではなく、チャンスや資源や富がどんどん生まれてくる「打出《うちで》の小槌《こづち》」と考えることを意味する。自分を他人と比較せずに、他人の成功を真に喜ぶこと。逆に「欠乏マインド」を持つ人は、他人と比較してばかりで、他人の成功を脅威と感じてしまう。彼らは、他人の成功を喜んでいるふりをして祝福するが、内心は嫉妬に満ちている。豊かさマインドを持つ人は、競争相手を非常に価値の高い重要な師と考える。この三つの属性、すなわち、誠実、成熟、豊かさマインドが分かれば、相互補完的チームとは何かを完ぺきに描き出すことができる。

＊＊＊

では、個人的信頼性における**能力**の側面を見てみよう。

技術的能力は、特定の作業を成し遂げる上で必要となるスキルや知識である。

概念的知識は、物事を大局的に、全体の中の部分それぞれがすべてどのように関係し合っているかを見ることができるようにすることである。これによって単に戦術的ではなく戦略的、体系的な思考ができるようになる。

相互依存は、すべては互いにつながっているという現実を認識していることをさす。生活のすべては、特に顧客や組合員、サプライヤー、オーナーの忠誠心を勝ち取りそれを維持したいと努める組織や、相互補完的チームと結びついているのだ。相互依存の現実の中で孤立して考えることは、ゴルフクラブを使ってテニスをしたり、デジタルの世界でアナログのアイデアに思いを巡らせていることに似ている。

私の義理の息子のマットが医学部への入学面接試験で、無能であるが正直な外科医と不正直ではあるが有能な外科医とでは、どちらがよいと思うか尋ねられた。彼は、思案したのちに非常に的を射た答えを出した。「すべて状況によるでしょう。手術が必要ならば、有能な外科医のところに行きます。手術をするか否かを尋ねる場合は、正直な外科医のところに行きます」

もちろん、人格と能力の両方が必要ではあるが、この二者は個々では不完全である。H・ノーマン・シュワルツコフ将軍はこう述べている。

私は、軍隊で大勢の非常に有能なリーダーたちに出会った。しかし、彼らは人格面に問題があった。彼らは、軍務で優秀な成績をあげ、賞や勲章、誰かを犠牲にした昇進、そして昇級という形で報奨を勝ち取り――トップへの確かな道のりを歩んできた。たしかに彼らは有能な人間ではあったが、人格には欠けていた。また、人格はすばらしいのだが能力に欠けるリーダーにも多数出会った。彼らには、優れたリーダーになるために必要だからという理由で犠牲を払ってリーダーシップを獲得しようという気はない。二十一世紀のリーダーとなるためには、人格と能力の両方が求められることになる。[3]

もしもあなたの生活が乱れていたり、基本的に信頼できる人間でなければ他人との関係を大きく改善できるはずがないのはなぜか、という理由があなたにまだ明確にわかっていないのなら、以下を読めば納得できるはずだ。

結局のところ、分析してみると、いかなる人間関係も、よくするためには自分自身から始める必要があるということになる。自分自身を向上させる必要があるということなのだ。

模範になることは、非常に有能な人間が「7つの習慣」を生きることである

非常に有能な人間の「7つの習慣」は、バランスがとれていて統合された人格を持つパワフルな人間になること、互いに尊重することにもとづいて相互補完的なチームを結成することの真髄である。これが**人格**の原則である。本書では「7つの習慣」の内容を十分にはカバーしきれず最高の経験であるはずの真の感動を与えることはできないが、以下に「7つの習慣」を簡単にまとめておく。

非常に有能な人間の「7つの習慣」

第一の習慣――主体性を発揮する

主体性を発揮することは、率先力を発揮する以上の行動であり、自分の選択に対して責任を持つこと、ムードや条件ではなく原則や価値観にもとづいて選択を行う自由があることを認識することだ。主体性のある人は、変革をもたらす仲介者となり、被害者になったり、反応的になったり、他人のせいにしたりしないことを選ぶ。

第二の習慣――目的を持って始める

個人、家族、チーム、組織は、規模の大小や自分のことか他人のことかに関係なく、どのようなプロジェクト

について も、まず頭の中でビジョンを描くことによって自らの将来を形づくる。明確な目的を持たずに毎日を生きるのではない。自分たちが最も重要とする原則、関係、目的を見いだし、それらに自らを合わせて生きるのだ。

第三の習慣——重要事項を優先する

重要事項を優先することは、最優先重要事項を中心にものごとを構成して実行することを意味する。どのような状況であっても、緊急課題や自分を取り巻く勢力ではなく自分が最も尊重する原則に従って生き、行動することである。

第四の習慣——Ｗｉｎ—Ｗｉｎを考える

Ｗｉｎ—Ｗｉｎを考えるとは、あらゆるやりとりにおいて互いの利益を求め、互いを尊重することである。欠乏や敵対的な競争ではなく、豊かさやチャンスという観点から考えることである。利己的に（Ｗｉｎ—Ｌｏｓｅ）、あるいは、殉教者のように（Ｌｏｓｅ—Ｗｉｎ）考えない。「私」ではなく「われわれ」という観点から考えることである。

第五の習慣——理解してから理解される

本当のコミュニケーションや人間関係は、ただ応えるためではなく、相手を理解しようとして相手の言うことに耳を傾けることから始まる。そうすれば、率直に話す機会や理解される機会をもっと自然に簡単に確保できる。理解しようとするには思いやりが必要だし、理解されようとするには勇気が必要となる。これらの二つのバランスをとること、あるいは融合することで効果が得られる。

第六の習慣——相乗効果を発揮する

相乗効果は「第三案」、すなわち、あなたのやり方でも私のやり方でもない第三のやり方である。自分または相手が個別に考えることよりも優れている。それは、互いの相違点を尊重し、評価し、称賛すらした結果生まれるものであり、問題解決や機会の獲得、相違点の解決につながる。それは、1＋1が3にも11にも111にも、もっとたくさんにもなる一種の創造的な協力なのだ。相乗効果は、有能なチームや人間関係の鍵をも握っている。相乗効果を発揮するチームとは、相互補完的チームであり、そこでは一部のメンバーの長所が残りのメンバーの短所を補うように編成されている。このようにして最適化を図り、強さを打ち出して個人の弱点を無意味にするのだ。

第七の習慣——刃を研ぐ

刃を研ぐとは、生活の四つの側面、すなわち、肉体的、知的、社会・情緒的、精神的側面で常に自己を再新再生することを意味する。これは、他のすべての効果的な習慣を生きる能力を高めてくれる習慣である。

最初の三つの習慣を非常に簡潔な表現にまとめると、「**約束をして、それを守る**」ということになる。約束をする能力は、主体性（第一の習慣）である。約束の内容は第二の習慣、約束を守ることは第三の習慣である。

表3

7つの習慣に具現化された原則とパラダイム		
習慣	原則	パラダイム
❶ 主体性を発揮する	責任／率先力	自己決定
❷ 目的を持って始める	ビジョン／価値観	二つの創造／フォーカス
❸ 重要事項を優先する	誠実／実行	優先順位／活動
❹ Win-Winを考える	相互尊重／相互利益	豊かさ
❺ 理解してから理解される	相互理解	思いやり 勇気
❻ 相乗効果を発揮する	創造的な協力	価値観の相違
❼ 刃を研ぐ	再新再生	全人格

所属している組織が一貫して約束を守ると答えたのは、全体の五十七％にすぎなかった。

相互補完的チームに関係する残りの三つの習慣をまとめると、「**問題に関係者を巻き込んで、いっしょに解決策を練る**」ということになる。そのためには、互いを尊重し（第四の習慣）、相互理解（第五の習慣）をし、創造的な協力（第六の習慣）をすることが必要となる。第七の習慣である「刃を研ぐ」は、生活の四つの側面、すなわち、肉体、知性、情緒、精神面の能力を高めることである。それは個人的な誠実と安定性（第一、第二、第三の習慣）の再新再生であり、また相互補完的チームの精神と人格の再新再生である。

「7つの習慣」それぞれの原則とパラダイムをチャートに示す（表3参照）。

「7つの習慣」にみる原則

これらの原則を注意してみてほしい。前述したように、

図8・4

三つの特徴に気づくことだろう。第一に、これらは**普遍的**である。すなわち、文化を超越し、世界の主要な宗教や不朽の哲学すべてに体現されている。第二に、これらは**不変的**である。すなわち、絶対に変わることがない。第三に、**自明の理**である。ではどうすればそれが自明の理であることがわかるのだろう? 前述したように、反論してみることだ。無駄であることはすぐにわかるだろう。「7つの習慣」の土台であるこれらの原則の場合、責任や率先力の重要性、目的を持つこと、誠実、相互尊重の相互理解、創造的な協力、継続的再新再生の重要性に対して反論することはできない。「7つの習慣」は人格の原則であり、これらが**あなたの人格や性格**を形成するのである。

これらの原則は、家族、コミュニティ、社会などの組織内であなたが影響力を勝ち取るときの信用、道徳的権威、スキルのベースとなる。これらは、リーダーの四つの役割のうち第一の役割、すなわち、「模範を示す」の中核をなすものだ。リーダーの四つの役割とは、自分のボイス(内面の声)を発見するよう人を奮起させるために、リーダーとして**実行すること**である(図8・4参照)。

多くの組織が社員のトレーニングに「7つの習慣」を取り入れてきた。組織の体制やシステムがその実践に都合のよいものであれば、「7つの習慣」が職場で非常に役立つことがわかった人も少なくない。しかし、多くの場合職場の信頼関係が薄かったり、体制やシステムがばらばらでプラスに働いてくれないため、「7つの習慣」は、実際には役に立たないと結論づける人も多かった。この四つの役割のモデルがあれば、「7つの習慣」に合ったプラスの状況ができるので、職場でも家庭でも「7つの習慣」が生きてくる。事実、私たちには単なる知的な学習ではなく、経験的な学習の場でこそ、人は「7つの習慣」を真に学べることがわかった。人が「7つの習慣」を熟知するようになるのは、「7つの習慣」を適用するとき、すなわち、それらを実際に実践するときだけだ。知識として「7つの習慣」を知っていても、それを実践しなければ、本当に知っていることにはならない。四つの役割がどうあるかで、「7つの習慣」が実践される生活は一新する。すると「7つの習慣」は、すばらしいが二次的な研修プログラムではなく、組織にとって戦略的に重要であると見なされるのだ。「7つの習慣」の本流をなすのがこれらの四つの役割である。

昔、エジプトで公共、民間両部門の多数のトップ経営者たちにトレーニングを行ったことがある。彼らは、私が「7つの習慣」を売り込みに来たと思った。私のオープニングコメントは、こうであった。「みなさんは私が「7つの習慣」を売り込みに来たと思っているでしょうが、みなさんには「7つの習慣」を導入**しないように**というのが私の意見です。なぜならみなさんは、このトレーニング・プログラムは自分より劣った人向けだと考えているようですから、みなさんのリーダーシップ・スタイルを根本的に変えることはないでしょうし、「7つの習慣」の原則を強化する体制、システム、プロセスを改革することもないでしょうから。このような変革には、新しいリーダーシップのパラダイムが必要となります。私は、**それを**教えるために来ました。アラブ世界のリーダーになりたければ、また、新たなグローバル経済市場の潮流になりたければ、「7つの習慣」をプラスするような広範で実践しやすい状況が必要です。それによって驚くほどの結果を達成できるでしょう」明らかに、このコメントが彼らの興味をそそった。休憩時に彼らが携帯電話でそれを広めたので、その後のセッションでは参加者が二倍に増えた。

「7つの習慣」のパラダイム

「7つの習慣」のそれぞれは、原則だけでなくパラダイム、すなわち、考え方をも表している（表3参照）。第一、第二、第三の習慣が「約束をして、それを守る」と表現されていることをもっと深く考えてみると、それぞれの習慣に付随するパラダイムが理解できる。第一の習慣である「主体性を発揮する」は、遺伝子的、社会的、心理学的、環境的決定ではなく自己決定のパラダイムである――私は約束できるし、約束する。これは、**選択**の力である。第二の習慣である「目的を持って始める」は、すべてのものは二度創られる、すなわち、第一の精神的な創造と第二の物理的な創造というパラダイムである。これは、約束の内容である――私は自分が望む約束の内容と、その約束によって成し遂げたいことの両方を考慮できる。**フォーカス**の力であるといえる。第三の習慣は、**優先順位**、**活動**、**実行**のパラダイムである――私はその約束を遂行する能力と責任がある。

第四、第五、第六の習慣、すなわち、「Ｗｉｎ－Ｗｉｎを考える」、「理解してから理解される」、「相乗効果を発揮する」は、他の人との関係における**豊かさ**のパラダイムである――尊重、相互理解（**思いやり**と**勇気**のバランスをとる）、**相違点の尊重**という豊かさ。これが相互補完的チームの真髄である。

第七の習慣は、**全人格**の絶え間ない改善のパラダイムである。これは、教育、学習、リコメットメント（再び力を注ぐこと）、すなわち、日本人が言う「カイゼン（改善）」を意味する。そのため、本書で使用する円形図では矢印を使用して円を不完全な形に残し、上向きの螺旋《らせん》形としているが、これは、四つの選択分野のそれぞれで常に改善を行うことを表している。

模範になるときのツール――個人的なプランニング・システム

常に最初に来るのは模範になることであり、他の三つの役割の中にあっては明らかだ。あなたが最初にやるべきことは、自分の行動をまとめて、何を自分の生活の中心に置くかを特定することである。あなたにとって何が最も大切かを決めなければならない。あなたが最も価値を置いているものは何か？　自分の人生についてどのようなビジョンを持っているか？　家庭において父親、母親、祖父、祖母、叔母、叔父、姉妹、兄弟、従兄弟、息子、娘のいずれかの立場で自分が果たすべき仕事についてはどうか？　あなたは、困っているコミュニティ、教会、近隣地域などに、どのようなサービスを提供したいか？　あなたにとって健康はどれくらい重要か？　どのように自分の健康を維持、増強するつもりか？　健康は豊かさであり、健康でなければ他の豊かさは重要ではないという意見もある。あなたの知性、成長や発達レベルについてはどうか？　それはあなたとって、どれくらい重要か？　自分の職務はどうか？　何が自分の真の才能か？　自分が情熱を注いでいるのはどこか？　組織や市場のどこに最大のニーズがあるか？　自分の良心に駆られて行動するのは、どのようなプロジェクトや取り組みにおいてか？　自分の職務において、実際にはどのように変化を生み出すのか？　あなたは遺産として何を残せるだろうか？

最初の役割にフォーカスするときのツールが**個人的なプランニング・システム**である。まずやるべきことは、ふつうの手帳か電子手帳のいずれかに、自分にとって最も大切なことを書きとめる。さらに、優先順位に沿ってプランニング・システムを作り上げるのだが、これがあれば、体制や規律が必要なことと自発的な欲求の間のバランスを効果的にとることができる。要するに、フォーカスと実行である。

書きとめることは思い浮かべることよりも強力で、意識と潜在意識をつなぐものになる。書きとめるという行為は精神神経筋の活動で、文字どおりそれを脳に刻み込む。これを検証するには、朝起きていちばん最初に実行したい、あるいは熟考したい三つの事項を寝る前に書きとっておき、どうするかを見てみる。ほとんどの場合、朝起きたときにこれらの三つの事項を覚えているはずである。

個人的なプランニング・システムを持っているのはxQ回答者の三分の一にすぎない。

個人的なプランニング・システムを開発、維持するアプローチはいろいろある。うまく機能するように使って、優先順位の最も高い事項に神経を集中できることが鍵である。私のように、このような体制が自由をもたらすと考える人もいるが、窮屈であるという意見もある。強力な計画・構成ツールには以下の三つの判断基準がある。自分の生活・ライフスタイルにこのツールを**取り入れる**。これは、**可動性**があり常にアクセスできる。また、**個人化**しているので、自分のニーズにぴったり合う。

あなたが中心においている事柄が、あなたにとって最も大切なことと明確に一致するかどうかを評価するシンプルなプロセスがある。下記の生産性ピラミッドを考察してみるとよい。

土台として、まず**ミッション**と**価値観**（基準や理想）を**明確にする**必要がある。エルビス・プレスリーが以下のように言ったことがある。「価値観とは、指紋に似ている。誰一人として同じ価値観を持った人はいないが、人は行動のすみずみに自分の価値観の痕跡を残す」前述したように、これらの価値観を**原則**に根づかせて、変わることのない芯を持ち、内面に安定性、方向性、知恵、力の源がある生活を送れるようにする。その鍵

図8・5

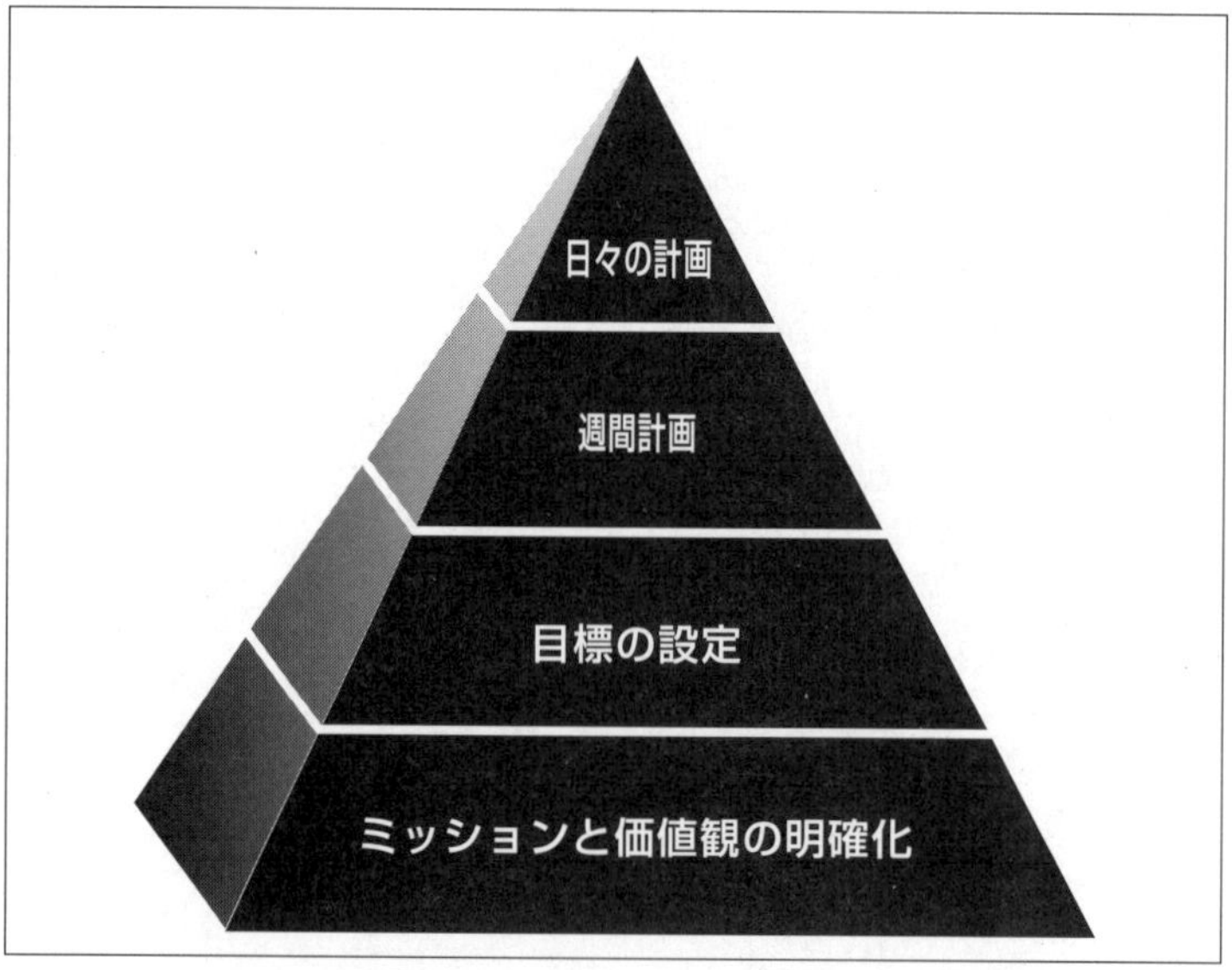

は、おそらく個人的なミッション・ステートメントを作成することだろう。そのミッション・ステートメントにはビジョンや価値観など、自分にとって最も大切だと思うことを書く。事前にこのミッション・ステートメントを用意すれば、自分の生活で何を優先するかを決めることができる。あるとき、一人の女性が私のところにやって来てこう言った。「私は、父が死を向える場に立ち会いました。父と私は非常に仲がよかったので、感情的にとても辛い体験でした。あなたは『**7つの習慣**』でお書きになっていました。第二の習慣『目的を持って始める』を実践する最も効果的な方法の一つは、自分の葬式で自分が聞きたい言葉、愛する人、友人、同僚、教会やコミュニティで一緒に奉仕した人への四つの賛辞を書くことであると。父がこの世から旅立つのを目にし、また父の葬式を準備していたときに、私ははじめて個人的なミッション・ステートメントを作成し、そこで、深い意味で私にとって何が最も大切かを明確にすることを真剣に考えました」

次に、自分が果たす最も重要な**役割**（例：家族、教会・コミュニティのボランティア、友人、母・父、チームリーダー）を明確にし、その週に価値観と一致していて明確な役割に沿った**目標の設定**が重要だ。達成可能で、自己責任とし、さらに小さな目標に細分できる目標を設定するときには個人的プランニング・ツールが役立つ。こうした目標へのコミットメントレベル（どれだけ力を注ぐことができるか）で、目標が自分の価値観にどのくらい結びついているかがはっきりする。自分の役割と目標を明確に認識できれば、自分の生活のバランスをとることができる。

先のピラミッドの第三レベルが**週間計画**である。この計画立案時に、あなたは自分の役割について熟考するチャンスが得られる。「大きな石」（次頁参照）を選択して、その週のスケジュール作成を始めるときにそれらを最初に盛り込むことができるのだ。その後に**日々の計画**を行う。そこでは、現実的なタスクリストを作成し、タスクの優先順位を決めて、その日の予定事項を見直す。

私がレベッカ＆ロジャー・メリルと共同執筆した本『**7つの習慣　最優先事項**』（キングベアー出版刊）は、これらの個人的ミッション・ステートメントとプランニング・システムの分野を深く掘り下げたものである。興味がある人は、参照してみるとよい。

日々の計画のみを、自分が果たすべき役割に関する広範な価値観や目標の外で、また、その週の計画立案の範囲外でやってしまうと、消火や危機管理に時間を費やすことになる。緊急度は、重要度を定義するためのものなのだが、その中毒のようになってしまうのだ。薄いもののいちばん厚い部分でストレスに満ちた生活を送ることになる。

映像作品『大きな石』

『**7つの習慣　最優先事項**』という本の中で私は、生活のバランスをとることや、自分にとって最も大切なことを達成する完ぺきなたとえを紹介した。そして私のセミナーの一つで、このたとえ話をリハーサルなしで紹介している様子をビデオに収めた。『**大きな石**』と題し、人生を前向きに変革したいとき、三つの天賦《てんぷ》の才、すなわち、選択の自由と能力、原則・自然の法則、そして人間の四つのインテリジェンスをどのように使えばよいかを独自の方法で伝えるものである。前記の本の付録DVDを参考にしてほしい。

この演習から学ぶ教訓は多い。最も重要なことは、非常にシンプルだ。すなわち、「**まず大きな石を入れる**」ことである。バケツ、すなわち、生活にまず小石を詰めてしまうと、その状態で子どもの誰かが、あるいは財政、健康上の問題で大きな危機におちいったり、新たに大きな創造的機会に遭遇したときにはどうするつもりなのか？それが「大きな石」の意味で、生活の中に入れる余地がなくなってしまうのだ。必ず、まず大きな石の観点から考える。生活で何が最も重要かを決めて、そうした非常に重要な基準にもとづいて物事を決める。大きな石とは、自分の生活で最も大切なことである。大切なのは、重要なことを重要なこととして扱うことである。三つの崇高な天賦の才がそうした選択を行う力となり、実際に生活の創造力となる。人は、優先順位が高い事柄にははっきり「イエス」と言うが、緊急であっても重要ではないことに対しては、にこにこしながら陽気に罪の意識を感じることなく軽く「ノー！」と言ってしまう傾向がある。

Q&A

Q　組織が信頼されるには、その組織内に信頼できる人がいなければならないというのは道理にかなっている。けれども、自分の組織の信頼できる職員を悪用、誤用する顧客がいる場合はどうするか？

A　その顧客を切るべきである！　私が知っているある非常に高名な組織では、顧客が組織の職員を執拗《しつよう》に悪用していることが誰の目にも明らかになったときには、その顧客に対して実際に手紙を出して注意する。実際に、その顧客との取り引きを打ち切ると申し渡したこともある。しかし、コミュニケーションをよくして（当然ながら、常にまず相手の言うことを聞いて）第三の解決策を探すのが得策、良策である。

第九章
信頼を築くボイス（内面の声）と信頼がもたらすスピード

愛されるよりも信頼されるほうがより光栄なことである。

――ジョージ・マクドナルド

自分の影響力を広げて、それぞれに自分のボイス（内面の声）が発見できるよう**人を奮起させること**は（他者に生命を吹き込むことであるのを忘れてはならない）、人間関係の世界に足を踏み入れるということである。強い人間関係を築くには、本書の第一部で述べた内面の安定性をもたらす人格的基盤、豊かさ、個人的な道徳的権威を備えることが必要となるだけでなく、対人スキルが不可欠で、新たに開発するために能力を発揮しなければならない。この対人スキルを身につければ、人間関係の試練に直面したときにきちんと向き合うことができる。このあとの二つの章では、これらのスキルの開発に重点を置く。

世界で展開されているあらゆる活動は、人間関係や組織内関係を通して行われている。しかし信頼関係がない場合、コミュニケーションは成り立つのだろうか？　それは不可能である。まるで地雷原を歩くようなものだ。

図9・1

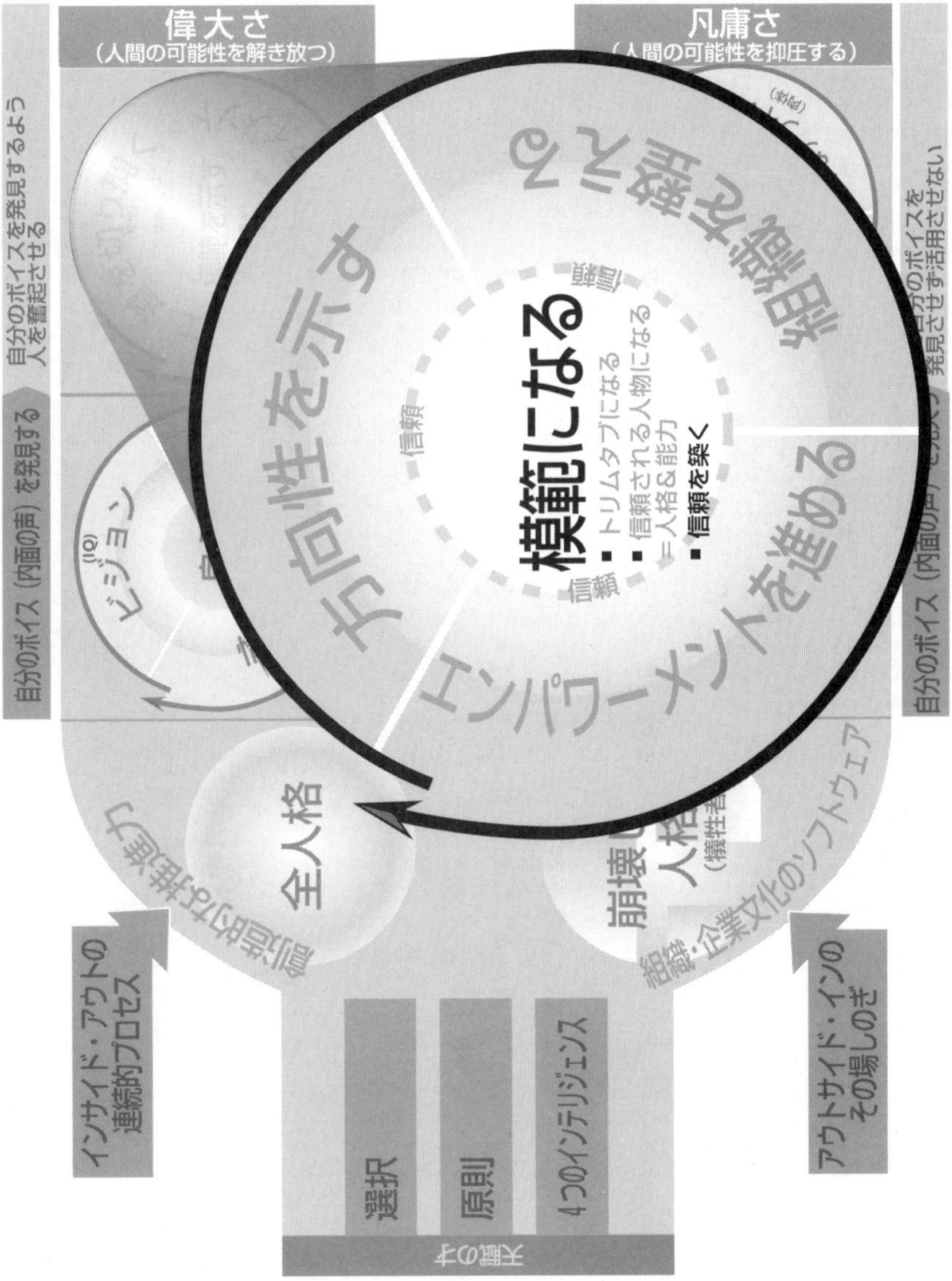
偉大さ
（人間の可能性を解き放つ）
凡庸さ
（人間の可能性を抑圧する）
自分のボイスを発見するよう人を奮起させる
自分のボイス（内面の声）を発見する
自分のボイスを発見させず活用させない
方向性を示す
組織を整える
エンパワーメントを進める
模範になる
■トリムタブになる
■信頼される人物になる＝人格＆能力
■信頼を築く
信頼
ビジョン
全人格
崩壊した人格
（犠牲者）
組織・企業文化のソフトウェア
インサイド・アウトの連続的プロセス
アウトサイド・インのその場しのぎ
選択
原則
4つのインテリジェンス
天賦の才

コミュニケーションが明確かつ的確であったとして信頼関係がない場合はどうだろうか？　人は常に隠された意味合い、隠された問題を探そうとする。「信頼関係の欠如」は、「悪い人間関係」の定義以外の何ものでもない。息子のスティーブンのことばを借りれば、「信頼が希薄であるということは、そこに大きな間接税があるようなものだ」。事実、この間接税は、間接、直接を問わず、すべての税金と利子を合わせたものよりも高くつく。

信頼がもたらすスピード

では、強い信頼関係が築かれているときのコミュニケーションはどのようなものだろうか？　事は簡単で、努力を要することなく、瞬時にコミュニケーションが成り立つ。では、強い信頼関係が築かれてはいるが、失敗してしまった場合はどうだろうか？　それもほとんど問題ない。相手はあなたという人間をわかっている。「心配ない。わかっている」、「気にしないで。あなたの言いたいことはわかるし、あなたという人間をわかっているから」と言うだろう。これまでに発明されたどんなテクノロジーにもできないことだ。おそらく、ある意味で、頭よりも心の方が重要である理由はそこにあるのだ。脳死状態でも心臓が動いていれば、生き続けられる。心臓が止まれば、人は死んでしまうのだから。

息子のスティーブンが言うように、「信頼がもたらすスピードほど速いものはない」そのスピードは、あなたが思いつくあらゆるものよりも勝っている。インターネットよりも速いのだ。というのは、信頼関係が存在すればミスは許され忘れ去られる。信頼とは、生活の接着剤である。信頼は、組織、文化、人間関係をつなぎ合わせる接着剤なのだ。だが皮肉なことに、信頼はゆっくりと構築される。人が相手の場合は、焦ってもすぐにはよい結果は生まれず、逆に時間をかければ結果的にはスムーズにことが運ぶのだ。

数年前、私はビジネスで大きなプロジェクトを成し遂げたばかりの友人を訪れた。彼の仕事のことはよく知っていたし、その仕事が何千という人々の生活に大きく貢献しているのはすばらしいことだと祝意を表していた。私は、彼がその体験からどのような教訓を得たのかを尋ねた。彼は、「この二年間のプロジェクトは、私の人生に最も重要な貢献をしてくれたものの一つになると、あとで振り返ることになると思う」と言った。そしていったん言葉を止めて、少し微笑み、深い思いを込めてこう続けた。「だが、私が本当に得た教訓は、もし妻との一体化した親密な関係が壊れてしまえば、それはなんの意味もなさなくなってしまう」

「そうですか」と私は答えた。彼は私が関心を持っていることに気づき、心を開いて次のような経験を話してくれた。

最初、このプロジェクトの指揮をとるように依頼されたときは、この機会が得られたことに感激した。妻も子どもも応援してくれたので、全身全霊でプロジェクトに打ち込んだ。責任の重さを感じ、そして目的意識に駆り立てられ積極的に活動した。プロジェクトの二年目になると、本当に日夜働いていた。重要な仕事を担い、しかし私は燃え尽きていた。それでも、野球の試合やダンスリサイタルを見に行くなど、子どもの生活にも今までどおりつきあっていたし、いつも家族と夕食を共にしていたので、なんとかうまくやっているつもりでいた。最も忙しかったのは最後の六ヶ月間で、この間に妻はほんのささいなことで私に欲求不満を抱いている（少なくとも私にはそう思えた）ことに何度も気づいていた。しかし、私は、とくに重要なこの時期に、自分が取り組んでいる仕事を妻が理解してくれず、応援もしてくれないことにしだいに腹を立てるようになっていた。たとえささいな問題であっても、私たちのコミュニケーションはどんどんとげとげしくなっていった。プロジェクトが完了したとき、妻は祝賀会に行くことさえいやがった。結局祝賀会には出席してくれたものの、明らかに楽しめていなかった。腰を据えて十分に話し合わなくてはならないことはわかっていた。実際にそうできる時間を持ったとき、お互いの感情のはけ口が開かれた。

彼女は、いつも「孤独」でいることがどのようなものかを話し出した。私が家にいるときでさえ、彼女は私がいないかのように感じていた。毎週デートをするという私たちの習慣もかなり回数が減り、妻が床についたあとも毎晩私は遅くまで起きていたので、お互いに話し合うことも、以前のように思っていることを打ち明け合うこともなくなっていた。すると彼女は、ますます孤立感を強め、それは認められていないがゆえの孤独だと感じるようになっていった。私は、あらゆることについて十分なコミュニケーションを怠ってきたのだ。今では、自分の考えや気持ちに集中できないときはいつも、仕事や他の約束に一途に集中していたあのときの経験を思い出すようにしている。彼女から言われて思い出したことだが、あの頃の私は妻の誕生日さえ、その日が半日過ぎるまで思い出さないほどだった。誕生日を忘れたことがそれほど許されないというわけではないが、その年がどのような状況であったかを象徴している出来事だ。

妻になぜもっと早く心を開いて、自分の気持ちを打ち明けなかったのか尋ねると、私に心配をかけてプロジェクトに集中できなくなるような事態にはしたくなかったと答えた。彼女の目を見ると、深い痛みと孤独が漂っているのがわかった。私は自己嫌悪に陥った。これまで自分が何も気づかずにいたことに驚き、それを恥じた。妻が率直に孤独であったことを打ち明けてくれたことは、長い間自分がどんなに無為に過ごしてきたかを気づかせてくれた。その当時の私たちは、個人としても夫婦としても以前ほどうまくいかなくなっていた。私は、妻に謝り、自分にとってはこの地球上に、彼女以上に大切な人やモノもないと言って安心させようとした。だが、私の言葉は、すぐには受け止めてはもらえなかったようだ。他のあまりにも多くのことが、それとは異なるメッセージを伝えていたことに私は気づいた。

謝罪と、生活の優先順位を変えるという約束は効果があったものの、一晩で状況が改善したわけではない。何日も何週も何ヶ月もかけて根気強く努力して――話し合い、思っていることを打ち明け合い、そばにいて、約束をしてそれを守り、一日が終わると家族のために仕事をやめて、少し脱線したときには謝罪して軌道修正した――ついに完全な信頼と心のつながりが修復でき、そしてそれはこれまで以上に強いものとなった。

この友人は私と話したあとも、最初のプロジェクトと同じくらい要求が厳しく、重要な、長期にわたるプロジェクトを二回も成し遂げていた。しかし、彼と妻との絆《きずな》は、プロジェクトを経ていく中でいっそう強まっていた。彼の場合、痛みが大きかった最初の経験を経て、妻をこれまで以上に理解し、彼女と献身的な気持ちで向かい合うことが、その後の永続的な変革につながったのだ。彼は、自分が経験した対照的な出来事を振り返り、最近、私に新たな思いを打ち明けてくれた。

私が本当に体得した教訓は、結婚の責任をしっかり果たし、妻または夫を愛し、互いに貞節、忠誠心を持ち、子どもの養育に対する責任を果たしていても、関係や信頼が崩れることもあるということだ。耳障りなことを言わなくても、思いやりのない言葉を使わなくても、無礼な態度をとらなくとも人を傷つけてしまうことはある。相手と自分の関係が非常に親密な場合、その心、知性、精神を無視するだけで傷つけてしまう。関係や信頼は、不変ではない。関係や信頼は、親切な行為、思いやりのある行為、感謝を表した行為、相手のための行為を常に行って積極的に育み、構築した場合にのみ維持され、深まっていくのだ。結婚の質も自分の幸せの本質も妻が私にしてくれていたこととはあまり関係がない。妻の幸せを育み、彼女の苦しみを共有し、私たち夫婦が最も大切にしていることのために、妻と協力し合うことに、毎日どのように私が努力するかである。妻との結束が強いものであることが、私には生きる力の糧となる最も大切なことの一つである。家庭やコミュニティでいっしょにやっている最も重要な活動だけでなく、職業を含め生活のあらゆる分野においても言えることだ。それが強さ、平和、喜び、帰属意識、エネルギーの源泉となり、自分の最良の活動、創造力、貢献したいという気持ちの原動力となる。

今ようやく、強い人間関係を築くには真の努力と犠牲が必要であると実感している。それには、自分よりも相手の福利、成長、幸せを優先する必要がある。そしてそうする価値はある！　その努力は自分の幸せにつながるからだ。こうした人間関係は、私たちが自分を理解し可能性を十分に発揮することに大きな影響を与えている。そうした人間関係がなければ私たちはいったいどうなるのだろう？

道徳的権威と信頼がもたらすスピード

先ほど紹介した友人の経験は、人間関係が自然の法則に左右されるという現実を十分に例証している。人間関係における永続的信頼はごまかすことはできないし、一回限りの努力によって劇的に構築されることはほとんどない。良心や熱意によって裏づけられた習慣的な行動の賜物である。『**7つの習慣　成功には原則があった**』では、信頼口座、つまり信頼残高という信頼のレベルを表わす比喩《ひゆ》表現を使っている。銀行口座の貯金や引き出しに似ているからだ。ただし、信頼口座では、金ではなく自分の人間関係を構築したり崩壊させたりする信頼の預け入れや引き出しを行う。どの比喩表現にも共通することだが、突き詰めて掘り下げすぎると表しきれない限界がある。しかし、このたとえは、概ね人間関係の本質を表すパワフルでシンプルな方法だろう。

人間関係において考えられるおもな預け入れと引き出しを、以下に十個ずつ記載する。私の経験によれば、これらは人間関係における信頼レベルに大きく影響している。また、必要となる**犠牲**およびそれぞれの預け入れに具体化されている**原則**も記載する（表４）。

これら十個の預け入れが信頼を築くのは、それらが人間関係の中心となる原則を具体的に表しているからであることを認識することが大切だ。十個の預け入れをそれぞれ考えてみれば、何が共通要素であるかが見えてくるのではないだろうか？　私は、預け入れの共通点の一つが、意志力と決意から構成される率先力であると思う。それぞれの預け入れのすべてが自分の実行力の範囲内にあることがわかるはずだ。また、これらのすべてが影響力を与える自分の能力の範囲内に属する。それらは原則に基づいているため、道徳的権威や信頼を生み出すのだ。個人レベルで「二十個の個人的感情の腕立て伏せ」ができなければ、そうした預け入れを行うことはできないし、そのような勇気、率先力、決意を行使する手段がないことがわかるだろう。

第二の預け入れの共通点は何か？　私は利己主義の不在と謙遜の存在にあると思う。それは自分よりも相手、原則よりも崇高な大義を優先させようとする意志

表４

道徳的権威と信頼がもたらすスピード			
預け入れ	引き出し	必要な犠牲	具体化された原則
まず相手を理解するように努める	まず理解されるように努める	我慢、エゴ、自分の関心事	相互理解
約束してそれを守る	約束を破る	ムード、気持ち、感情、時間	誠実／実行
正直と誠実	相手を巧みに操る	エゴ、傲慢、コントロール	ビジョン／価値観、誠実／実行 相互理解
親切と礼儀正しさ	不親切、無礼	自己、時間、直観、 ステレオタイプ、偏見	ビジョン／価値観 誠実／実行
Win-WinまたはNo-Deal（取引なし）の考え方	Win-LoseまたはLose-Winの考え方	「勝つこととは負かすこと」 という考え方、競争心	相互尊重／相互利益
期待を明確にする	期待を裏切る	ゴマすり的コミュニケーション	相互尊重／相互利益／相互理解 創造的な協力、再新再生
その場にいない人にも忠誠心をもつ	不忠実、不誠実	ある程度の社会的受容性 心の慰め合い	ビジョン／価値観、誠実／実行
謝罪	自尊心、うぬぼれ、傲慢	エゴ、傲慢、自尊心、時間	ビジョン／価値観、誠実／実行
フィードバックのやり取り	フィードバックを受けず、 「他人の」メッセージを送る	エゴ、傲慢、自尊心 反応性のあるコミュニケーション	相互理解
許すこと	恨みを持ち続ける	自尊心、自己中心的態度	ビジョン／価値観、誠実／実行

である。生活とは、自分を中心に回っているわけではないし、自分のものではないと認識することである。哲学者マーティン・ブーバーの言葉を引用すれば、それは、「我と汝（I and Thou）」の世界であり、すべての人々の価値と可能性に深い畏敬の念を抱くことである。

とくに職場や家庭で生活を共にする身近な人に対して、継続的に預け入れを行わなければ、道徳的権威も信頼も絆も、時間とともに消え失せてしまう可能性がある。彼らの期待の方がはるかに大きいからだ。長年疎遠だった人とは、最後に会った時点から関係を再開できる可能性がある。この場合、相手は、継続的預け入れを期待していないので、信頼、絆、愛情はすぐに修復される。

道徳的権威……自由な選択という行為は原則にもとづいて行われる。ただし、ほとんどの場合、なんらかの犠牲を伴う。

第三の共通点は、生活において価値あることのほとんどがそうであるように、**犠牲**が伴うことである（忘れてはならないのは、犠牲の正当な定義は、よりよいもののために、よいものをあきらめることだ）。すでに信頼残高について知っているならば、ここでは新たな見方でそれを復習し、さらに新たに補足された見識も参考にすることを勧める。そうすれば、自分のボイス（内面の声）を発見し、それぞれに自分のボイス（内面の声）を発見できるよう人を奮起させることもできる。それぞれの預け入れが表しているのは、役に立たない個人的習慣を捨てるために、自分の生来の才能を使い、それとは引き換えに人間関係で道徳的権威を構築する行動を選択する行為である。

ある程度の規律、とくに自己規律を人に期待しないシステムは、それらの人の忠誠を長く勝

ち取ることはできない。安楽を得るためのコストは大きい。実際に犠牲も発生し得る。しかし、この非常に苛酷な現実こそが人格、強さ、高潔の本質である。寛大さによってよい結果がもたらされたことはない。神が啓示した真理に要求されるままに自己規律を実行するときに、経験する内面の葛藤を通して誠実、忠誠、強さといった徳の土台が構築される。

――ゴードン・Ｂ・ヒンクレー[1]

まず相手を理解するように努める

「**まず相手を理解するように努める**」がなぜ第一の預け入れなのか？　以下にその簡単な理由を一つ挙げる。相手の身になって理解しない限り、その相手にとって何が預け入れであるかはわからない。自分にとっては高レベルの預け入れであっても、相手にとっては低レベルの預け入れかもしれないし、それは引き出しであるかもしれない。自分にとって重要な約束であっても、相手にとっては重要でないかもしれない。自分が表現する正直さ、率直さ、親切、礼儀正しさは、他の人が彼らの固有の文化的・個人的フィルターを通してみるとまったく違って見えるかもしれない。それぞれの預け入れの基本原則は、あらゆる状況に当てはまるが、それをどのように具体的に実践すべきかを把握するには、**相手の**立場から相手を理解することが必要なのだ。

ある女性が信頼残高に預け入れをするという考え方について学んだあとに、それを実行してみることにした。その経験について聞いてみた。

私は夫との関係を改善しようと、彼のために何か特別なことをすることにした。夫が帰宅したときに、子どもが清潔な服を着ているようにすれば、またもっと早く洗濯を済ませるようにすれば夫がとても喜ぶと思った。

二週間ほどスーパー洗濯女に徹したが、それに対して夫からはなんの言葉も得られなかった。まったくなんの反応もない。夫は、私がやっていることに気づいてさえくれなかったのではないだろうか。私は、多少いらだち始めた。「この試みは、なんの意味もなかったのだ」と思った。だが、ある夜、夫が無意識に清潔なシーツの間に滑り込んで寝るのを見て、突然ひらめくようにわかった。

「そうか！　夫にとっては子どもの顔が汚れていないだろうと、ジーンズが洗いたてだろうとどうでもよいのだ。それは、私がしてもらってうれしいことなのだ。夫が私にしてほしいのは、むしろ彼の背中を掻《か》いたり、金曜の夜のデートを準備したりすることなのだ」私は、くやしかった。夫にとってはどうでもいい洗濯という預け入れをせっせとやっていたなんて。

たいへんな苦労をしたが本当の真実を学んだ。預け入れとは、相手にとって意味がなければならないのだ。

私自身、相手を理解しようとする行為が大きな力を発揮することを何度も経験してきた。非常に高名でハイレベルな経営者に招かれ、ある大学の新しい学長の選択について分析と提案を行うように求められたときのことは、決して忘れられない。それは、私にとって最も奥深いコミュニケーションの経験の一つになっている。彼は自分のオフィスから出てきて、私が待っているオフィスにやってきた。私に挨拶したあと、丁重に彼のオフィスに私を招き入れ、物理的に邪魔されずに私の目を見て話せるよう、私を彼のすぐそばにある机の前に座らせた。簡単に言ってしまえば、彼は私にこのようなことを言ったのだ。「スティーブン、お越しいただきありがとう。あなたが私に理解してほしいと思っていることを、私はなんでも理解したいと思っている」

私はこの訪問のためにかなりの時間をかけて準備し、プレゼンテーション用の資料を作成した。彼にその資料のコピーをわたし、ポイント別にゆっくり説明した。彼は、いくつかの点について質問する以外は、私の話を遮ることはなかった。熱心に集中して聞いていてくれていたので、三十分間のプレゼンテーションが終了したとき、私は完全に理解されたと感じることができた。彼からは、いっさい、なんのコメントもなかった——同意も、反論も、約束も。なのに、最後に立ち上がって私の目を見て、握手しながら私に対する評価と敬服を態度で示してくれた。それだけだったが、私は彼の率直さ、謙遜な態度、礼儀正しさ、集中して聞く態度に深く感動すると同時に、感謝や忠誠の念に圧倒されてしまった。私の意見に真心から耳を傾けてくれたし、尊重されたということがわかったので、完全に理解されたと感じることができ、どのような決断が下されても全面的に従う準備はできていた。

以前にもこの紳士とは何度も会っていたが、あの膝を交えての一対一の真のコミュニケーションで、彼が道徳的権威を備えていることをはっきりと感じることができた。だからこれ以上訪問しなくても彼に対する道徳的権威は揺らぐことはなかった。自分でも驚いているが、これを書いている今でもあの時の貴重な会話の衝撃を感じられるほどである。

約束をしてそれを守る

約束をしてそれを破る行為ほど、即刻信頼を壊してしまうものはない。反対に、**約束してそれをを守る**行為ほど信頼の構築や強化につながるものはない。

約束をするのは簡単だ。相手はたいていすぐに満足する。とくに悩んでいてこちらに問題を解決してほしいと思っているときや、何か心配ごとがあるときはそうだ。相手が約束に満足すれば、こちらに好感を持つ。人は、他の人から好感を持たれたいと思っている。

最も切望していることに対しては、人はいとも簡単に信じてしまう。どのような人でも心からほしいものがあると、それを手に入れられるという説明、話、約束を容易に信じてしまうから、だまされて取り引きしたり契約したりしてしまう。彼らは、不利な情報を見ようとせずに、自分が信じることに固執してしまう。

しかし、**約束をしてそれを守ること**は容易ではない。たいていは犠牲を伴う困難なプロセスになる。とくに、約束をするという気持ちのよいムードが過ぎたあと、厳しい現実を突きつけられたり、状況が変化した場合にそれが言える。

相手が子どもの場合、私は約束を守るためにどのような犠牲でも払う用意が完全にできている場合を除き、「**約束する**」とは決して（「決してという言葉は決して言うべきではない」）言わないように自分を訓練してきた。子どもから「約束して」とせがまれることはよくあった。もし簡単にその要求に応じれば、彼らは、私がその約束を守ると理解して安心感を得るだろう。まるで**今**ほしいものがなんでも手に入るかのように感じてしまうだろう。「約束する」と言えば、彼らはその場で満足感が得られるし、その瞬間、なごやかな雰囲気が作れるので、そうしたいという気持ちに強く駆られることは何度もあった。「やってみる」、「目標にする」、「そう願っている」では、彼らは満足しない。「約束する」以外に彼らを納得させることはできない。

ときには、私の手に余るほど状況に変化があった場合に、子どもに理解を求めて約束を取り消してもらうことがあった。たいていは、彼らは私のことを理解してくれ、許してくれた。しかし、小さな子どもには通用しない。たとえ彼らが理解したと**言って**も、私が約束を破ることを頭では許してくれていても、感情的には許してはいなかった。だから、よほど都合が悪くない限り約束を守ってきた。そうしなければ、一時的に低下してしまった信頼に甘んじなければならないし、また別の方法でゆっくりと信頼を築き直す努力が必要となるからだ。

正直と誠実

伝説的なバスケットボールコーチのリック・ピティーノは、正直という原則を以下のように簡潔かつ奥深く表現した。「嘘は問題を先送りし、真実は、問題を過去のものとする」[2]

直面している難題やプロジェクトで自分が犯してしまった失敗に対してさえも、信じられないほど率直で正直な建設会社とかつて仕事をしたことがある。彼は、自分の失敗に対して責任をとった。矛盾のない完ぺきな財務諸表を提出し、建設の各段階で私たちが利用できるあらゆるオプションを提示したので、私はその人物を絶対的かつ直観的に信頼し、それ以降、彼の言葉を信じられるようになった。何かが起きても、自分の利益よりも私たちの利益を優先してくれるという確信があった。彼には、自分の失敗を隠して恥をかくことを避けたいという自尊心や自然の欲求よりも、自分の誠実さと私たちとの人間関係を優先したいという強い思いがあって、私たちの間に特別な信頼の絆を作ったのだ。勝ち得た信頼によって彼は、多くの仕事を得てきた。私は、同じような建設会社の問題で逆の経験をしたことも何度かある。

人間は、自分用とその他大勢用の顔を長い間使い分けていると、最終的には必ずどちらの顔が本当のものかわからなくなる。

——ナサニエル・ホーソン[3]

私が大学で働いていたとき、米国心理学会の元会長である高名な心理学者の接待を務めるという光栄な機会に恵まれたことがあった。この人は、心理学的治療法である「誠実療法」の父と言われていた。「誠実療法」とは、心の平穏、真の幸福、そしてそのバランスが、良心に対して誠実な人生を生きるがゆえの効能であるというアイデアにもとづいたものだ。どの時代にも、あらゆる永続的な文化、宗教、社会に共通する普遍的な善悪正邪の観念には、良心が根底にあると彼は信じていた。

ある午後、講義の合間に、雄大な景色を彼に見せるために山のドライブに連れ出した。そのとき、どうして誠実療法を信じるようになったのかを尋ねる機会が持てた。

彼はこう言った。「非常に個人的な話になるのだが、私は躁鬱《そううつ》病を患っていた頃、人生の大半が躁と鬱の繰り返しである生活を送っていた。長年、他人のカウンセリングをしながら、私自身のストレス、精神的な弱さを感じるようになっていた。鬱状態におちいってしまうと、もう少しで自殺を考えるところまでいってしまう。私は、専門教育を受けて専門的な研究も行っていたので自分の症状を十分に認識していたし、自分が危険な状態であることもわかっていた。この時点で、自殺を防ぐために入院することを余儀なくされた。一、二ヶ月後には、退院して仕事に復帰した。しかし一年ぐらいたった頃、病気が再発してしまい、また入院した。その後は徐々に仕事に復帰して研究や執筆を行うようになった」

彼は続けた。「心理学会の会長だった頃に鬱の症状が重くなり、会議に出席したり職務を遂行することができなくなってしまった。その時点で、『自分の生活と職業で間違った枠組みから抜け出すことは可能だろうか?』と自問してみた。心の奥底では何年も嘘をついて生きてきたことはわかっていた。私の人生には、告白できずに秘密にしていた暗い部分があったんだ」

ドライブしながら彼はこの話を始めたので、私は真面目な気持ちになり、かしこまってしまった。また、彼の話がどのように展開するのか多少不安も感じていた。彼は、次のように続けた。「私はこの状態から思いきって脱却することに決めた。愛人と別れ、妻との関係も修復した。そして、長年来はじめて平和な気持ちになれた。それは、鬱状態から抜け出して生産的な仕事に復帰したときに経験したものとは違った平和な気持ちだった。それは心の平穏であり、一種の自分に対する正直、一種の自己統一、誠実さだった」

「私が直面した多くの問題の原因は、生まれながらに持っていた良心を無視し、拒否し、それに背いて個人的誠実さを喪失したことで、そのときはじめてある理論に到達できた。それで私は、このアイデアを取り入れて研究し始めた。この調査には、このパラダイムの観点を使って患者の治療に取り組み始めた他の臨床医も巻き込んだ。そしてデータにもとづきこれが正しいと確信できた。そうした経緯で、誠実療法に取り組むことになったんだ」

この人の率直さと強い説得力に、私はひどく感動した。そして驚いたことに、その翌日大学のフォーラムで彼は、何百人という学生の前で同じ話をし、彼らを私と同じように感動させた。彼の治療アプローチの中心となっているのは、模範を示すことと率直さである。また、彼が個人的誠実さを、すべての人間関係だけでなく精神的健康の中心であり、また自分が決めた人生に効果的に力を発揮するときにも役に立つことを、とても明確に示したことに感銘を受けた。

親切と礼儀正しさ

他人を相手にすると、ささいなことでも大きなことになる。昔、学期末に一人の学生が私のところにやって来て、クラスを称賛したあとに本質的なことを言った。「コヴィー博士、あなたは人間関係のエキスパートではあるが、私の名前さえもご存じない」

彼の言うことは正しかった。私は無念で恥ずかしく、きちんと自分を改めることにした。私は常に知識の概念にとらわれ、職務に順応しようと務め、また物事の効率化を図ろうとしすぎる傾向を打破しなければならなかった。人間関係が強固に築き上げられて目的が共有されるまではとくに不安定で、「執拗に固執する」人が相手の場合には、効率性を追求した行為は効果がない。相手がモノなら、それほど効力がなくなることはない。モノには感情がないからだ。だが人には感情がある。いわゆる大物と言われるＶＩＰでさえも例外ではない。つねに小さな礼儀正しさや親切を行っていれば、大きな利益が見いだせる。これがＥＱの世界である。

その一方、人はうわべだけの「親切」テクニックを見抜き、巧みに操られていることに気づく。真の親切、礼儀正しさ、敬意は、深い人格の蓄積を意味するＳＱに由来するもので、多くの社会的駆け引きや形式的な礼儀正しさは必要なくなる。

家庭や学校で子どもに話すときは、一貫して誠意をもって以下の四つの表現を学習して使用すれば、ほとんどの場合、ほしいものは手に入るということを伝えるようにしている。

「お願いします」

「ありがとう」

「愛している」

「お手伝いしましょうか？」

そして大人も大きな子どもなのである。

「Ｗｉｎ－Ｗｉｎ」または「Ｎｏ－Ｄｅａｌ」（取引しない）の考え方

ほとんどすべての交渉や問題解決で、「Ｗｉｎ《ウイン》－Ｌｏｓｅ《ルーズ》」の考え方は根底にある前提のようなものである。この考え方は、相手が勝つほど、あるいは相手が得るほど、自分の取り分は少なくなるという社会の欠乏マインドのことだ。目標はほしいものを手に入れることだ。これはふつう、相手を巧みに操って有利に立ち、相手にできるだけ敗北を認めさせることを意味する。多くの人は、他人との相違点をこれと同じ方法で解決しようとする。その相手が家族であってもだ。両者ともどちらかが譲るまで、あるいは、両者が相互に折り合って解決するまで戦ってしまう。

私は、この「Ｗｉｎ《ウイン》－Ｌｏｓｅ《ルーズ》」の考え方から抜け出す鍵を握るのは、自分の勝利も相手の勝利もできるだけ同じように守ろうと感情的にそして精神的に決意することにある、というアイデアを、あるプレゼンテーションで発表したことがある。どちらかが妥協して解決するということにしないためには、勇気、豊かさマインド、大きな創造力が必要となる。そして私は、「Ｎｏ《ノー》－Ｄｅａｌ《ディール》」のオプションから始めることがさらなる鍵となることも伝えてきた。事実、双方が勝者と感じているとき以外は、人は、頭の中で「Ｎｏ－Ｄｅａｌ」が実行可能なオプションとなるまで、つまり、「Ｎｏ－Ｄｅａｌ」を求める覚悟、取り引きを破棄する覚悟、穏やかに合意または不合意に到達する覚悟が完全にできるまで、相手を巧みに操ったり、ときには圧力をかけたり脅したりして自分の勝利を認めさせようとする。しかし、「Ｎｏ－Ｄｅａｌ」が本当に実行可能なオプションである場合は、人は相手に正直に言うことができる。「圧倒的に私があるいはあなたが勝ったと心の底から思えないのならば、今すぐ『Ｎｏ－Ｄｅａｌ』ということで合意しよう」これは非常に解放された自由なプロセスだ。謙遜、親切と強さ、勇気の組み合わせが必要だが、いったんしっかり意見の違いを調整できれば、両者は一変する。そこに強い絆が生まれると、その後は一方がいなくても常に相手に忠節であろうとするのだ。

このプレゼンテーションを終えると、前列に座っていた一人の男性が私のところにやって来て、このタイムリーなアイデアに謝意を表してくれた。彼は、ディズニー・エプコットの代表者だった。その翌日エプコットセンターで行われる特定の国の展示に関する話し合いの中で、そのアイデアを実践するつもりだと言った。彼の説明によれば、多額の資金提供を申し出ている取引相手がある国の展示を希望していたが、ディズニーはそれでは公衆の関心を十分につかむことができないと感じていた。しかし、ディズニーは、資金を獲得して開発を予定どおりに進めるためには、妥協せざるを得ないと圧力を感じていた。だが、今は、新しいオプションを見いだすことができたと彼は言う。

後日彼は、資金提供者に丁重に次のように伝えたと私に報告してくれた。「あなたとは『Win-Win』の契約と関係をめざしたいと本当に思っている。私どもは、あなたがたが提供する資金がたしかに必要だ。だが、私たちの間にある根本的な意見の相違を考慮し、両者の間で交わされる契約や合同プロジェクトが、双方にとって本当に**大きな**勝利とならないのならば、『No-Deal』とした方がよい」資金提供者は、彼の説明の誠実さ、率直さ、正直さに気づくと、操ったり圧力をかけることをみずからやめた。彼らは、真の相乗効果のあるWin-Win」体制ができるまで、バックアップし合い、編制し直し、真のコミュニケーションをとった。

この「**Win-WinまたはNo-Deal**」という預け入れの力は、何かを犠牲にしてもかまわない、つまり相手が最も希望することやその理由を理解するまでは自己の利益を保留にしてもかまわないと、はじめから思う気持ちの中にある。そうすることで結果的には、**両者の**利益となる新しい創造的な解決策を、両者が力を合わせて見いだすことができるのだ。

期待を明確にする

「**期待を明確にする**」とは、実際には、前述した他の預け入れをすべて組み合わせたものである。というのは、コミュニケーションを推進するには深い相互理解や相互尊重が必要となる。とくに、**役割**や**目標**についての期待を明確にする場合にそれが言える。コミュニケーションの中断や崩壊、あるいは病んだ文化などあらゆることの根本原因を調べると、**役割**や**目標**（すなわち、誰がどのような役割を果たすか、その役割の優先目標は何か）が不明確であったり、予測が外れていることがあるとわかる。

昔、大手レストランチェーンの上層経営陣とチーム構築作業を行ったことがある。優先事項や目標について意見が分かれ、もはや無視することも耐えることもできない状態になってしまった。組織全体が悲惨な結末をたどることは目に見えていた。私は二枚のフリップチャートを用意し、それぞれの頭に「私の役割と目標に関するあなたの意見」、「自分の役割と目標に関するあなたの意見」と書き込み、各自にそこに記入させた。それぞれが納得いくまでチャートに記入させ、記入が完全に終わるまでは判定、同意、反論はいっさいしなかった。意見のちがいを調整することは不可能のように思われていたのだが、それが役割や目標に対して「期待するものがちがった」からなのだと、全員が自分の目で確認すると、すぐに謙遜と尊重は修復された。彼らは期待を明確にすることで、はじめて誠実にコミュニケーションすることができた。

その場にいない人にも忠誠心を持つ

「その場にいない人にも忠誠心を持つ」は、すべての預け入れの中で最もむずかしいものの一つである。それは人格と人間関係の絆の深さの両方を証明する最大の試金石の一つである。そこにいない人に対して、誰もがよってたかって陰口を言ったり話を誇張しているようなときには、とくにこのことが言える。利己的にならず公正な態度で次のように発言するとよい。「私の見方は違うな」、あるいは「私の経験は違っていた」、あるいは「もっともな話だ。それでは彼（女）と直接話し合おう」。そうすることで、不在者だけでなく、そこにいる人間に対しても、忠誠心が誠実を意味することが瞬時に伝わるだろう。そこにいる人全員が、自覚しているかどうかはわからないが、あなたのことを心の中で高く評価し、尊敬することになるだろう。彼らがそこにいなくても、あなたは彼らを尊重してくれることが伝わる。しかし一方で、忠節の方が誠実であることより高い価値感をもってしまうと、その場の言いなりになり、迎合して陰口に参加してしまう。するとそこにいる誰もが、あなたは彼らに対しても同じことをするだろうと圧力とストレスを感じてしまう。

私はある大きな組織で、正式なリーダーたちがさまざまな人事問題を話し合う会議の議長を務めたことがある。ある特定の人物の弱点について、出席者全員の意見が一致していたようだった。面と向かっては絶対にないような態度で、この人物について冗談を言ったり茶化し始めた。その日、会議が終わったあとで、役員の一人が私のところにやって来て、私が彼に対して示した感謝や好意をはじめて信用できると言った。「なぜか？」と私が尋ねると、彼は、「ある人物に対して会議で痛烈な批判をしていたときに、あなたは、大多数の意見に逆らって、心から彼のことを心配し、心遣いと敬意を示していた」と答えた。私がさらに、なぜそんなことに衝撃を受けたのかと尋ねると、彼はこう答えた。「私にも同じような弱点があり、しかもその弱点は、みんなから批判されていた彼よりも、もっとひどい。そのことは誰も、あなたさえも知らないことだ。だから、あなたが私に感謝や敬意を示してくれていたときに、いつも私は心の中で『でも、あなたは、わかっていない』と言っていた。だけど今日は、あなたにわかってもらえているように感じる。私がそこにいないときでもあなたは、私に対して誠実で忠誠心を持っていてくれるように思える。あなたのことを信頼できるし、あなたの親切な態度が信じられる」

よくあることだが、多くの人間が集まっているときに鍵を握る人物は一人だ。つまり、ある人がその場にいるとき、またはいないときに、あなたがその人をどのように見てどのように話すかによって、多くの人は、自分がその場にいるとき、またはいないときにあなたが自分のことをどのように見てどのように話すかを感じ取るのである。

謝罪

「私が間違っていた、ごめんなさい」または「自己本位なことをしてしまった、過剰反応してしまった、あなたを無視した、一時的にせよ誠実よりも忠誠心を優先してしまった」と言えるようになること、またそれに応じた生き方ができるようになることは、最も効果的な**謝罪**の形の一つである。何年も壊れていた人間関係が、そうした深く心のこもった謝罪によって比較的短期間で改善されたのを目にしたことがある。一時的な興奮で何かを口走ってしまったとき、それが本意でなかったならば、謝罪してそれが自尊心ゆえの行為だったことや、本当は自分がどう思っていたかをきちんと説明しなくてはならない。一時的な興奮で口走ったことでも、それが本意であったならば、謝罪の本質として実際に自分の心を入れ替えて、誠意をもって次のように言えるようになるまで反省しなくてはならない。「ごめんなさい。傷つけたことばと行いを悪く思っている。今後はそういうことをしないように、ことばも行動も正すように努めるつもりだ」

ある人に個人的な弱点をつかれたことで不愉快な思いをし、大論争となってしまったことがある。表面的には礼儀正しく明るくふるまっているように見えても、それ以来そのときの気持ちが私たちのコミュニケーションに影を落とし、純粋なコミュニケーションができなくなってしまった。するとある日、彼が私のところにやってきて、私たちの関係がぎくしゃくしていることを悲しく思っていて、もとのような一体感や共感し合える関係を取り戻したいと言ってきた。彼は自分の心を見つめ直し、どこで道を誤ってしまったのかを振り返ることは最も辛いことの一つだと言い、心から謝りたいと言った。彼の謝罪は謙虚な気持ちと誠意にあふれ、自己を正当化する痕跡はいっさい見られなかったので、私も自分の心を見つめ直し、自分がとるべき責任をとった。そして私たちは、再びかたい絆で結ばれた。

また、もとの同僚から、一週間ある場所にこもって上層経営チームと働いた経験について次のような話を聞いたことがある。ある朝、まず最初に社長がチームメンバーに、会議の場で自分の考えを述べる前に、他者の意見に耳を傾けてそれを理解しようと努めるように、と話した。会議を進める前に社長は、彼が言わんとすることの裏づけとなっていた感動的な個人的経験を話して聞かせてくれた。

その会議の出来事について彼女から聞いた話を簡単に紹介しよう（登場人物は、本書で紹介する話の多くに登場するため、ここでは名前を変えている）。

その日の会議の最中に、ちょっときらわれ者の重役が、自分が取り組むビジネスアプローチの話を始めた。グループのメンバーは口々に彼をなじった。正直言うと、私も彼をなじりたい気持ちになったけれど、私がやるべきことではないということはわかっていた。そのとき、社長のジャックがその重役のことを面と向かって大声で笑い始めた。実際に、彼はチームメンバー全員の前で彼をからかったのだ。もちろん、チームメンバーは彼の発言に便乗した。

私は驚いてしまった。わずか数時間前に、社長は自分が話す番を待つこと、人の行動を理解するように努めることの価値について感動的な経験を話して聞かせてくれたばかりだったのに、今はそれとはまったく逆のことをしていた。でも私は、チームメンバー全員の前で社長を非難することはできなかった。だからちょっと彼をにらんだ。彼は私の暗黙のメッセージを明確に読み取った。「そのやり方はまちがっています。今すぐあなたがなんとかしてこの状況を修正しなければ、私は出て行きます」私は本当に腹が立った。チームメンバー全員を見捨てる覚悟だった。彼らは昔ながらの好戦的な態度で、悪意に満ちた集団の力学に逆戻りしてしまっていた。

社長は私を見つめ返した。私は自分の席で背筋をピンと伸ばして、再びにらみつけた。「なんとかして下さい」社長は、自分の席でまた身を縮めた。私は社長から目を離さなかった。この状態が五分間ほど続き、この間もメンバーは、そのかわいそうな重役をまだいじめていた。すると突然、社長は会議を中断した。彼は、「やめろ。私は悪いことをしてしまった。デビッド、許してくれ」と言った。

「何をですか？」デビッドは、ちょっと戸惑っていた。それまで彼は、何も不思議には感じていなかったのだ。「あれは間違った行為だった。笑うべきではなかったんだ。私たちは、君の意見に耳を傾けずに、よってたかって君を非難しただけだった。許してくれるかい？」

私は、重役のデビッドが、「たいしたことじゃないですよ。気にしなくてください」というようなことを言うだろうと思っていた。だが、彼の対応はすばらしかった。「ジャック、あなたを許しましょう。ありがとう」。起きてしまったことを忘れようとするよりも、積極的に相手を許そうとする方が、どんなに勇気がいるかわかるだろうか？

私は席についた。社長の行動に圧倒されていた。社長は、謝る必要はなかった。ましてや、メンバー全員の前で謝る必要などなかった。彼は八千人を擁する組織の長である。やりたくないことはやらなくてもよい立場にある。会議のあと、私は社長のところに行き、感動さめやらない声でこう言った。「あのようにしていただきありがとうございます」。彼は、次のように答えてくれた。「よくやってくれたね。僕をにらみつけてくれてありがとう」。この出来事について二度と彼と話すことはなかったが、その日、私たちは共に、自分をベストに表現できたと思った。

フィードバックのやり取り

教師になった頃からとても親しくしている生徒たちは、私がたくさんフィードバックを与えた生徒だ。「君はもっとやれる、楽な道はとるな、言い訳はするな、犠牲を払えるはずだ」と私は言ってきた。責任を伴う行動を彼らに要求してきたこと――すなわち、自分の行動がもたらす結果を受け入れさせてきたこと――は、当時の私にとっても生徒たちにとっても苦しいことだったが、それこそが人生の転機となり、人生が決まった瞬間でもあった。

ネガティブなフィードバックを与えることは、最もむずかしいコミュニケーションの一つである。また、最も必要なことの一つでもある。盲点を抱えている人は多いが、それに取り組もうとする者はいない。それは、彼らにどのようにフィードバックを与えたらよいのかを知っている人がいないからである。人は、上司と「向き合う」と関係を壊してしまったり、自分の将来を台無しにすることになるのではないかと、あまりにも臆病になっている。

ジャックの話にある「自分を卑下する」という偽善行為に関しては、傷つけた者にも、それは盲点を抱えるという問題でないことははっきりしている。エゴの一つと言っていいだろう。あの場合は、フィードバックを与えた女性の勇気と誠実の方が、身分や地位よりも影響力があった。つまり、彼女の行動には効果があったのだ。ときには、それほど影響力も効果もない場合がある。その場合は、個人的にその人に会って和解する必要が出てくるかもしれない。一対一の状況でフィードバックを与える最もよい方法は、相手についてではなく**自分自身**について話すことだ。相手を非難したり、評価したり、レッテルを貼るのではなく、その状況について自分が感じていること、心配していること、認識していることについて話す。このアプローチだと、相手は脅威を感じることなく、自分の盲点に関する情報を受け入れやすくなる。

権限のある人は、フィードバックを押し戻すことや**フィードバックを提供すること**を正当な行為として認めておくべきである。フィードバックを受けたなら、それによってどんなに傷ついたとしても、フィードバックを受けたことをはっきり言って、感謝の意を表する必要がある。それを明確にしないと、上司にネガティブなフィードバックを提供したり、それを押し戻すことが、基本的に不忠実や不従順の一形態とする規範ができてしまう。「フィードバックを押し戻すこと」を正当な行為として認め、社会規範としてさえ認めてしまえれば、正式な権限を持つ人は解放される。それが相手の気持ちを傷つけたり、相手との関係を壊してしまったり、「最後の言葉」として受け取られてしまうことを恐れずに、フィードバックを「押し戻す」ことができるようにもなる。

私たち誰にとっても、とくに自分の盲点——私たちが認めるもろい弱点の部分——についてはフィードバックが必要である。だから個人的成長がきわめて重要なのである。実は盲点は、それほどもろくはないのだ。人の価値観は本質的なものだ。弱点を自覚していようがいまいが、価値観が特定の弱点によることはない。

昔、隣人の一人と気まずい関係になったことがある。わが家は何かとさわがしい大家族で、ときには隣人に辛い思いをさせてしまうことがあったからだ。吠える犬はいるし、早朝から深夜まで明かりが灯ったわが家の近くで暮らすのはむずかしいことだ。私は彼に会ったとき、わが家はよい隣人になりたいと思っているので、私たちに状況を改善するために何ができるかフィードバックしてくれると幸いだというようなことを言った。彼は私たちと話し合うことを躊躇《ちゅうちょ》していたので、会話の呼び水として、わが家の隣に住むことがどんなに大変かを相手の立場に立って話してみた。すると、その隣人と彼の妻が内に秘めていた、不平、懸念を喋り立てた。だが、私が耳を傾ければ傾けるほど、彼は私のフィードバックを求める態度に圧倒され、それを尊重し、私の家族を巻き込んで関係改善に取り組もうとしているようだった。彼は、自分が多くのことに過剰反応し、物事全体に偏った見方をしてしまっていたことを認めた。彼の話の大半は、大家族の騒々しさや複雑さ、混乱についてであった。帰り際、私は訪問を感謝され、どんなに気持ちが楽になったかを伝えられた。

許すこと

怒りは酸のようなもので、注ぐものにも増して、その器に大きな害を与える。
——マハトマ・ガンジー

許すことには、忘れる、思いきる、前に進むという行為が必要となる。かつて出張していたときにマネージャーから電話がかかってきたことがある。彼は、直属の上司からこっぴどく批判され辞職したいとのことだった。私が会って相談にのるので、それまではそのような軽率な決心はしないようにと助言した。「あなたに電話したのは相談にのってもらうためではなく、報告するためです。私は辞職します」と彼は言った。そのとき、私は彼の言うことに耳を傾けていなかったことに気づき、その後は態度を改めてきちんと言い分を聞いた。彼は、パンドラの箱をあけて、経験したこと、不平・不満や心境、そしてそれよりも強い妻への不平や心境をぶちまけた。私が心から彼の話に耳を傾けると、彼の言葉の中にあったネガティブなエネルギーが消え、私が出張から戻ったらすぐに会いたいと自分から言い出した。

私が戻るとすぐに、彼は妻を連れて私のオフィスにやって来た。彼らは表面的には明るく見えたが、本題の話し合いを始めるとすぐに、深い怒りや憤りがとめどなくあふれ出てきた。彼らが理解されたと感じるまで、私はじっと話を聞き続けた。そのうち彼らは、とても率直になってきた。その時点で、彼らに刺激と反応の間にある空間についてや、どうして傷つく最大の原因は自分に対する他人の行動にあるのではなく、そうした他人の行動に対する自分の反応の中にあるのかについて話して聞かせた。最初彼は、私が辞職を思いとどませるために誘導していのだと思っていた。そこで、彼らが別の問題について話し、こちらはそれを理解するまで、私はひたすら耳を傾けた。その中には、そうした仕事上の問題が彼らの結婚生活や家庭生活にどのように影響していたかという話も含まれていた。それは、まるでソフトな内芯に達するまで玉ねぎをむいていくような作業であった。

彼らの気持ちがとても率直になり私の助言を受け入れられる状態になると、私は彼らに選択する能力があることを強調し、そのマネージャーが上司に憤りや怒りを抱いていたことについて、上司に許しを求めてみてはどうかと勧めた。彼の反応は、こうだった。「どういう意味ですか？　まったく逆のことではありませんか。許しを求めるのは**私たち**ではなく、**上司**の方が**私たち**の許しを求めるのが筋ではないでしょうか？」

さらにネガティブなエネルギーが放出されたが、最終的に彼らは非常に率直になり、次のアイデアを全面的に受け入れた。誰も私たちの同意なしに私たちを傷つけることはできないし、私たちが選ぶ反応こそが自分たちの生活を決定する主要な因子なのである。つまり、私たちとは、自分が存在する状態ではなく、自分が下す決断の産物なのだ。彼らは非常に謙虚になり、これについて考えることに同意した。後日、彼から電話があり、先日話し合った原則がいかに賢明なことか理解できたので受け入れることにしたこと、そして上司のところに行き許しを求めたこと、上司は、彼のその態度に文字どおり圧倒されたこと、上司も彼に許しを求めたこと、彼らの関係が修復されたことを伝えてくれた。友人が私に言ったように、彼とその妻は、刺激と反応の間に空間があることや、彼らに選択する能力があることを受け入れる境地に達することができたので、たとえ誠実に許しを求めてはねつけられたとしても、辞職せずにその場にとどまれるよう、できるだけ努力してみることができたのだ。

許すことは、因縁の連鎖を断ち切る。愛情から相手を「許す」人間は、相手の行いによってもたらされた結果に対して責任を引き受けるからである。このように、許すことは常に犠牲を伴う。

――ダグ・ハマーショルド[4]

重大な危害をもたらすのは、毒蛇にかまれたことではなく、蛇を追いかけたために毒が心臓に回ってしまうことである。誰もが失敗してしまうことはあるのだから、許し、許されることが必要である。他人の失敗にフォーカスして彼らの方から許しを求めてくるまで待ち、許しを求めてきたらしぶしぶそれに応じるよりも、自分の失敗にフォーカスして許しを求める方がよい。「主よ、私とは違う罪を犯す者を許す力を私にお与えください」と祈る者の精神を持つ方がよい。C・S・ルイスは、その精神について次のように述べている。

夜の祈りに来てその日の罪を数え上げようとすると、最も明らかな罪の十回に九回は、慈悲心に対するなんらかの罪である。私は、すねたり、人の言葉を遮ったり、冷笑したり、鼻であしらったり、怒鳴ったことがある。そんなときにすぐに思いつく言い訳は、怒りの原因が突然または予期せぬときに現われたためというものである。油断につけ込まれて自分の考えをまとめる時間がなかったなど……しかし油断につけ込まれた時に人がとる行動が、その人の人間性をいちばんよく証明することは確かである。人がごまかす時間を持つ前に現われるものが真実である。地下室にネズミがいると、突然地下室に入ったときにネズミを目にする可能性は高い。しかし、その突発性がネズミを作り出すわけではない。あまりにも突然でネズミが隠れることができないだけである。同じように、怒りの原因が突然発生したから自分が短気な人間になるわけではない。それによって、自分が短気な人間であることが証明されたにすぎないのだ……つまり、その地下室は自分の意志が届かないところで……直接的な道徳的努力で新しい原動力を自分に呼び起こすことはできないのだ。最初の二、三歩で……私たちの心の中で本当にすべきことは、神にしかできないということがわかる。[5]

信頼に関する最後の言葉

人間関係の構築に関する本章では、他人との信頼関係構築において意識的にできること、すなわち、名詞（状態）である**信頼**の構築に重点を置いてきた。

しかし、**信頼**とは**動詞**でもあることを忘れてはならない。本書の第二部ではまずはじめに、私が成人した早い時期に、私の中にある可能性を私自身よりもはるかに高く評価した人がいたという話を紹介した。彼は表面からではなく、そこに隠れた部分にある、顕著で明白なこと以上のものを見つけ出してくれた。私の心、目、精神をのぞき込み、それぞれの人間が持っている、まだ洗練されていない優れた資質、未開発の目に見えない種を見たのである。

それで彼は、私の経験と客観的能力をはるかに超える責任を私に**委ねた**のだ。彼は、証拠も証明もないにもかかわらず私を**信頼**してくれた。彼はまっすぐに、私が試練に立ち向かうことを信じ、期待し、そしてそのように私を扱ってくれた。それは信頼行為だった。しかし、その信頼行為によってあまりにも価値と可能性が認められたので、私は自分の中にそれを見たい気に駆られた。彼が私を信用してくれたおかげで、私は自分に対する信用と自分自身を見つめる力を強化することができた。私は自分の中の高潔な性癖を最大限伸ばしたいと思った。完全ではなかったが、私はどんなに成長したことか！　それは、私にとって人生哲学にもなった。他人を認めよ。子どもを認めよ。彼らの見える部分ではなく見えない部分、つまり可能性を信じよということだ。

真理を言い当てて奥深いのが詩人ゲーテの言葉である。「人をありのままに扱え。そうすれば、人はありのままの自分でいられる。人をできる人間として、そうあるべき人間として扱え。そうすれば、人は、できる人間、そうあるべき人間となれる」

その人の価値や可能性を明確に伝えて、その人が自分の中のそれを見たいという気持ちに駆られたときに、信頼は動詞となる。

信頼は信頼性によって生み出されるというだけではなく、モチベーションの根源でもある。それはモチベーションの最高の形態である。同じように**愛情**も動詞となる。それは行動なのだ。人は他人を愛したり他人に仕える。人は他人を信頼する。人は、他人に価値と可能性を見つけると、機会を与えて彼らを育て、激励する。自分がこの信頼に忠実に生きていかないと事態は悪化する。自分の価値や可能性を見たいという気持ちに駆られることもない。人にも自分の価値や可能性を伝える能力がないということになる。このような人間にとって、**信頼**とは動詞ではない。事実、信頼できない人間にとって持続的に誰かを信頼したり信用することは非常にむずかしいことである。

私がしばしば紹介する話を使って、**信頼**——同じように**愛情**——がどのようにして動詞になり得るかを説明する。私が講義をしていたあるセミナーで、一人の男性がやって来てこう言った。「スティーブン、あなたの講義はとても興味深かった。しかし、状況は人によって違う。私の結婚生活を聞いてほしい。私は本当に心配だ。妻と私は、もう昔のようにお互いの気持ちが通い合っていない。私はもう彼女を愛していないし、妻も私をもう愛していない。どうしたらいいのですか?」

「もう愛情がないのですか?」と私は尋ねた。

「そうです」彼は、再度断言した。「しかし、三人の子どものことが本当に心配だ。アドバイスしてほしい」

「妻を愛しなさい」と私は、答えた。

「言ったでしょう。彼女への愛情はないと」

「でも、彼女を愛しなさい」

「あなたはわかっていない。もう愛情がないというのに」

「だから、彼女を愛しなさい。愛情がないのならば、それが彼女を愛する十分な理由になります」

「しかし、愛していないのに、どうしたら愛せるのですか？」

「**愛**は動詞なのです。**愛**、つまり愛情は、動詞の愛によってもたらされるものです。だから、彼女を愛しなさい。犠牲を払いなさい。彼女の言うことに耳を傾けなさい。心から共感しなさい。感謝しなさい。彼女を認めなさい。そうする意志があればの話ですがね」


近代社会の名文学作品では、**愛**とは動詞であった。しかし、感情的で反応的な人間は、それを感情として促え、感情によって行動する。ハリウッドの脚本では通常、人間とは理非の弁別ができない動物で、愛とは感情であると信じ込ませる。しかし、ハリウッドの脚本は現実を反映していない。人間の感情が人間の行動を制御するのであれば、それは人間が自分の責任を放棄し、感情にそうさせているということになる。

主体的な人間は、**愛**を動詞にする。愛とは行動である。つまり、出産する母親のように犠牲を払い自己を提供することである。愛について学びたければ、他人のために、無礼な人や愛情を返してくれない人のためにさえ犠牲を払う人について学ぶとよい。親であれば、子どものために犠牲になることをいとわない親の愛を見てみるとよい。愛とは、愛するという行為を通して実現される価値観である。主体的な人は感情よりも価値観を優先する。愛情のある愛は、取り戻すことができる

信頼を与えたり、人の価値や可能性を伝えるベストな場所はどこか？　その答えは、間違いなく家庭である。家庭が機能していなければ、次にベストな場所はどこか？　それは、学校である。ここでは教師が親の代わりとなり、信頼するというプロセスを教えられる。

自分の信頼を人に与える力が自分にあることを忘れてはならない。ただし、失望させられるリスクがあるので、この力を発揮するときには賢明になる必要がある。しかし、この力を発揮することで、人に貴重な天分と機会を与える。最大のリスクは、リスクのない人生を送るリスクである。

映像作品『先生』

ここで別の映画を見てもらいたい。それは、ヘレン・ケラーとその教師のアン・サリバンの実話である。ヘレン・ケラーは、聾唖《ろうあ》者で盲目である。アン・サリバンは盲目に近く、彼女自身非常に投げやりな子ども時代を過ごしたが、それを乗り越えて一人の生徒、ヘレン・ケラーに仕えることの意味を見いだした。

ヘレン・ケラーの人生と貢献は、感動的ですばらしく、その影響力は果てることがない。何千万人もの人が直接的、間接的に彼女の影響を受けた。しかし、ヘレン・ケラーの場合、鍵を握った人物は、家庭教師のアン・サリバンだった。本書に挿入したＤＶＤに収めたこの映画は、二つの生き方――偉大さに至る優れた道と凡庸さに至る劣った道――を念頭において観てほしい。アン・サリバンがどのように犠牲を払い逆境を克服して、自分の中に培った良心と道徳的権威に従って行動するビジョンと情熱を備えた規律正しい人物となったか。それを彼女の選択を通して考えてみるとよい。また、ヘレン・ケラーが盲目として生き、のちにどのようにバランスがとれ統合されたパワフルな人物となったかについても考えてみてほしい。継続的に預け入れを行うことにより、アンとヘレンとの間に信頼関係がどのように構築されたか？　それにより可能となったスピーディで微妙なコミュニケーション（忍耐、根気強さ、理解）や築かれた絆を考えてみるとよい。

要するに、これは自分のボイス（内面の声）を発見するだけでなく、自分のボイスを発見するよう人を奮起させる、つまり世界中の無数の人に「生命を吹き込む」ことに人生を奉げた二人の偉大な人物の美しい実話なのだ。

Q&A

Q　態度を改善するにはどうするか？　組織にとってマイナス思考ほど癌と似た働きをするものはない。それにどのように対処するか？

A　三レベルの観点から回答する。

第一に、個人レベルでプラス思考の人、すなわち、不平を言う、批判する、比較する、競争する、論争するという転移性癌を回避する人の見本を示すことが大事だ。まじめな話、審判ではなく光源のような人、批評家ではなく模範を示す人の周辺にいることほど強力なことはない。

第二に、敵対思考やマイナス思考を持つと思われる人と人間関係を構築するときは、多少個人的な一対一の時間を持つことだ。マイナス思考は、実は心の奥底を表す徴候である。人は理解されたと感じる必要がある。相手を理解しようと努めることは、相手にとって治療としての効果があり、相手は癒され肯定された気持ちになる。成果が上がらないと嘆くのではなく根本的な原因究明につながることが多い。

第三に、自分が示す見本や、自分と相手との関係よりも強い他の力が働くこともある。ときには、くよくよせずに微笑むしかない。これにより消極性の癌が転移することを防ぐことができる。他人のマイナス思考など弱点を土台にして自分の感情的生活を築くことは、自分の力をなくしてしまう。他人のマイナス思考がその癌細胞を文化のあらゆる側面に転移し続けることを許してしまう。人は、あらゆるものを変えられるわけではない。他人を変えることはできない。人が変えることができるのは自分自身だけである。しかし、人が自分の基本的な天分や才能に合ったスキルや能力を開発できれば、ときには人の自己に対する態度、他人に対する態度、人生に対する態度が大幅に改善されることがあるというのが私が悟ったことである。たとえば誰かにテニスを教えるとする。彼らが少し意気消沈したり落胆したりしてマイナス思考にとらわれたと思える場合は、彼らの態度について彼らに話して聞かせるのがベストだろうか？　グラウンドストロークやボレーに関して彼らにもっと知識を与えるのがベストか？　あるいは、コートに出て彼らがもっと知識を得たいと思うまで文字どおりスキルを練習させるのがベストか？　彼らは試合を楽しむようになれば、当然ながらもっとプラス思考になるはずである。これらが改善を実行するときの三ルート（知識、スキル、やる気）だ。ほとんどの人がやる気のルートと知識のルートに重点を置くが、私はこれらの二ルートの鍵を握るのがスキルのルートであると考える。何かが上手だと自分や人生に対するその人の満足感は高まるものだから。

Q　あなたがモチベーションについて与えたアドバイスで、ベストであったものは？

A　私の第一のアドバイスは、見本や模範を示し、他者の価値や可能性を明確に肯定することだ。そうすれば彼らは、自分自身の中にそれを見いだすようになる（あなたの言葉を通してだけでなく、彼らの価値や可能性を強める一本化されたシステムやインセンティブが発生し、それを通して）。内因的モチベーションと外因的モチベーションの両方が重要であることを認識する必要がある。人の内面の火は、マッチのようなものである。というのは、まず摩擦を通して火がつき、次に熱を通して他のマッチが発火する。私は意欲というものを信じるが、激励型スピーチを矢継ぎ早に与えることは好きではない。正しい行為をする人を見つけようというケン・ブランチャードの教えを支持している。人は尊重されている、評価されていると感じる必要があると同時に、自分の仕事はコミットする価値があり、全力を尽くす価値があると感じる必要もある。

Q　インターネットの世界では多くの場合、一対一の人間関係が必要ない。その場合、職場を非人間的な場所にせずに、新テクノロジーを使って可能となる効率向上を達成するには、新テクノロジーをどのように最適化したらよいだろうか？

A　私の意見では、ハイテクは、長期的には、高度な技巧があってはじめてうまくいくものだ。人間関係が介入すると、効率的な思考、能率的な作業が可能となる。テクノロジーによって人は能率的になれるが、テクノロジーは人間関係の代わりにはなれない。人が相手の場合は、焦ってもすぐにはよい結果は生まれず、逆に時間をかければ結果的にスムーズにことが運ぶのだ。身体と同じように、テクノロジーは、よいサーバントであるが悪いマスターである。

第十章
ボイス（内面の声）の融合――第三の案を探す

リーダーは、対立を回避したり抑圧したり否定せず、むしろそれを機会と見る。[1]

――ウォーレン・ベニス

家庭、職場、あるいはどこであろうと、生活において最もむずかしく試練となる問題の一つが、対立をどのように処理するか、すなわち、人間の個性の違いにどのように向き合うかということであると私は確信している。試練のときを思い浮かべてほしい。きっとそうだったに違いない。違いというものを相乗効果で解決する人格とスキルがあり、これまでの誰よりも優れた解決法を提案できたとしたらどうだろう？　そうした相乗効果による解決策や創造的な協力を生み出す能力は、個人レベルの**道徳的権威**と人間関係における**信頼**を土台に築かれる。

昔、ガンジーの孫娘であるアルン・ガンジーが祖父について以下のような感動的な話をするのを聞いたことがある。彼女のスピーチをその場で聞いた聴衆の全員が謙虚な気持ちになり、強い感動を覚えていた。

図10・1

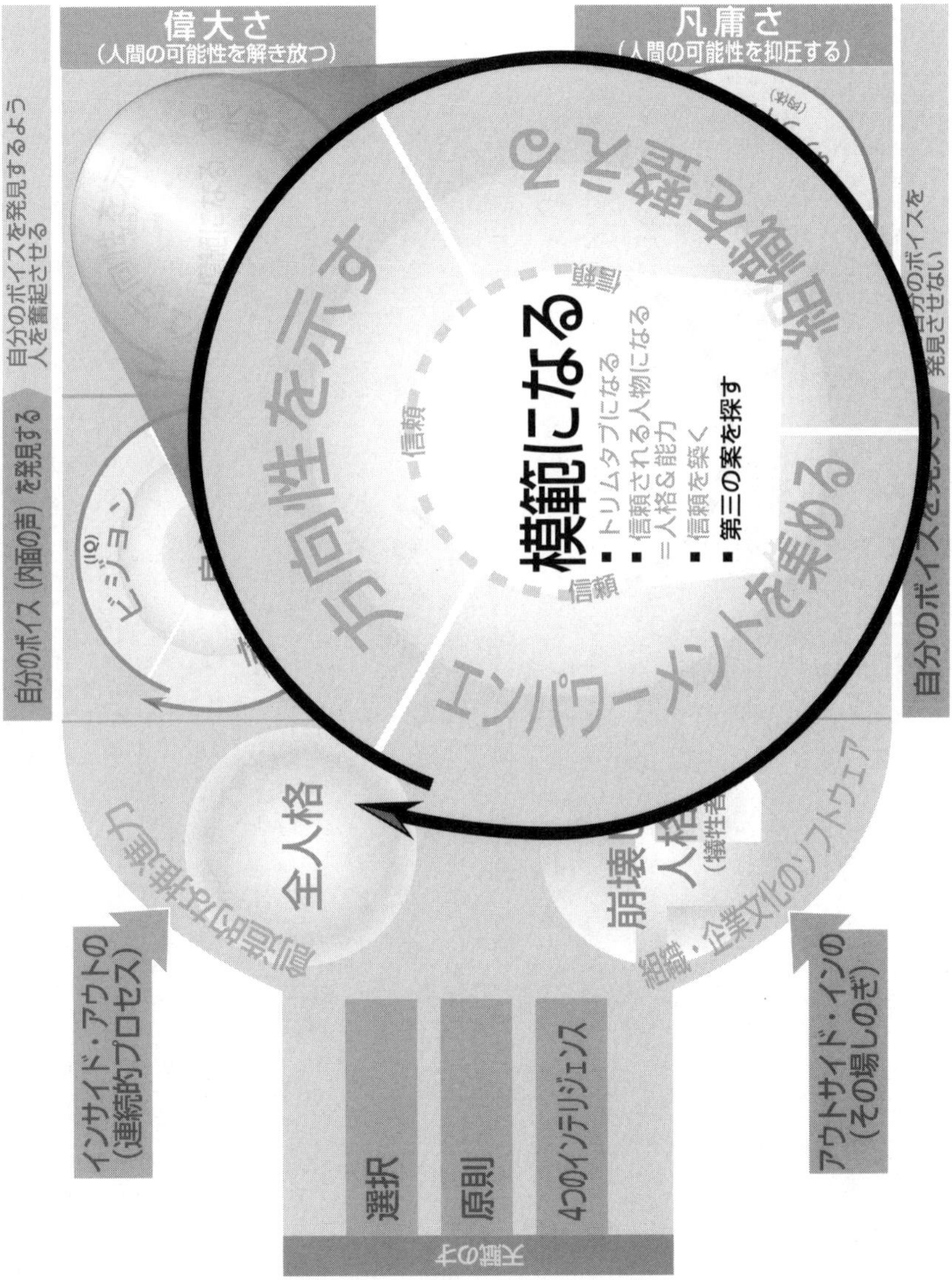
偉大さ
（人間の可能性を解き放つ）
凡庸さ
（人間の可能性を抑圧する）
自分のボイスを発見するよう人を奮起させる
自分のボイス（内面の声）を発見する
自分のボイスを発見させない
模範になる
トリムタブになる
信頼される人物になる
＝人格＆能力
信頼を築く
第三の案を探す
方向性を示す
組織を揃える
信頼
全人格
インサイド・アウトの（連続的プロセス）
アウトサイド・インの（その場しのぎ）
組織・企業文化のソフトウェア
選択
原則
4つのインテリジェンス
天賦の才

皮肉なことではあるが、人種差別や偏見がなければ、ガンジーはこれほどまで注目されていなかったでしょう。彼は大金を稼ぐただの有能な弁護士にすぎなかったかもしれません。しかし南アフリカでの差別を前に、彼は、到着して一週間もすると屈辱にさらされることになりました。皮膚の色のために、列車から降ろされたのです。そこで味わった屈辱感はひどいもので、ガンジーはその日一晩中、駅のプラットホームにすわり、正義を勝ち取るにはどうすればよいのかを考え込みました。最初の反応は怒りでした。彼は激しい怒りを覚えて、「目には目を」の正義を実行しようと思いました。自分を侮辱した人を暴力で制したいと思いました。しかし、思いとどまって自分にこう言ったのです。「それは正しいことではない。その方法では、正義を勝ち取ることはできない。一時的に満足感が得られるかもしれないが、正義は得られない」

第二の反応として彼は、インドに帰り、郷里で尊厳を持って生きたいと思いました。そして、それも退けました。「問題から逃げることはできない。逃げずに問題に直面しなければならない」そのとき彼は、第三の反応、つまり非暴力的行動の反応を思いついたのです。それ以降、彼は、自分の人生と南アフリカでの正義探求の活動で非暴力の哲学を確立し、それを実践しました。結局、二十二年間その国にとどまったあとインドに帰り、インドの運動[2]を率いる主導者となったのです。

この第三の案とは、私のやり方でもあなたのやり方でもなく、**私たち**のやり方である。相手のやり方と自分のやり方の中間で妥協することではない。妥協よりも優れた方法だ。第三の案は、仏教で言うところの「中道」である。これは中の上の位置を意味し、他の二つのやり方のいずれよりもよいもので、三角形の頂上に似ている。

第三の案は、それまでに提案されたどの案よりも優れたもので、純粋な創造的努力から生まれる。二名以上が持つ弱点をオーバーラップさせることにより編み出される案だ。率直さ、真剣に聞こうとする意志、探求欲などがその根源となる。結末はどうあれ、唯一はっきりしているのは、現状よりもよくなることだ。内容も、精神、動機が変化することもあるし、これらのうちの二つまたは三つが変化するかもしれない。だが、少なくとも必ず一つは変化し得る。

ガンジーもそうだったように、第三の案は、通常自分の中から**生まれる**。しかし、そのためには、多くの場合、実際に自分の中でそれが芽生えるには、反対意見を唱える者と対立するような厳しい状況に直面することが必要である。ガンジーの孫娘が引用した話からガンジーの個人的な内面の葛藤と対人関係との間の相互作用に気がついていいただけただろうか？　ガンジーは、**個人的**な途方もない努力を経て**人間関係**の試練に立ち向かわなければならなかった。

唯一必要なのは、第三の案を探すという考え方

個人の成功を体力に比べたりたとえたりするとき、私はよく腕立て伏せを二十回するという表現を使う。同じように、真なる第三の案を探し求めて達成するときの考え方とスキルの両方を教える際には、腕相撲を好んで使う。身長一九〇センチ以上の非常に強い「志願者」を、クラス全員の前で私と腕相撲をする相手として、一人選んでくれるようにお願いする。その人が志願するように説得されている間や前に出て来ている途中には、「負けを覚悟するように」と横柄な口調で言う。私は、自分の腕前、技、強さを自慢し、黒帯級であることをまくしたてる。受講者らが前に集まると、「私は、負け犬」とあとについて復唱するように彼らに命じる。ほとんどの人が協力し、私の言うとおりにしてくれる。問題は身体の大きさではなくテクニックなのであり、私はそのテクニックを持っているが、対戦相手はそれを持っていないということを、辛辣に、痛烈に皮肉る。案の定、それを聞いて

いた人は、対戦相手に同情するようになる。

私と対戦相手は、互いの右足を向かい合わせて腕相撲の対戦姿勢をとり、真ん中で互いの手を握り合う。「志願者を選出した」傍観者には、この試合に金を賭けるかどうかを尋ねる。すなわち、対戦相手が私の腕を二人の肘レベルまで押し下げたときには、彼らがその対戦相手に一ドルを払い、私が対戦相手の腕を押し下げた場合は、私が一ドルを受け取るというルールにする。彼らは必ずそれに同意する。そこで私は、誰か近くの人に時間を計るように頼む。タイムキーパーがスタート時間を知らせて、われわれに約一分間腕相撲をする時間を与える。対戦相手あるいは私が相手の腕を押し下げた回数をカウントし、傍観者にはすべてのラウンドに金を賭けてもらう（腕を押し下げるたびに一ドル）。私は、賭けるグループに自分たちがこの試合を支えられる十分な財力があると仮定してもらい、彼らは必ず賛同した。

タイムキーパーがスタートの号令をかける。私はすぐに力を抜いて相手に勝たせる。ふつう対戦相手は、私が抵抗しなかったことに非常に驚き、困惑する。どうなっているのか不思議に思う。それで、われわれはまた対戦姿勢になるが、私はまた相手に勝たせる。おそらく次のラウンドも、さらに次のラウンドでも。相手は毎回抵抗を期待している。そして通常、自分が不公平なことをしているかのような気持ちになり、多少罪の意識を感じ始める。

そこで私は、彼に言う。「われわれの両方が勝ち得る勝利を収めたときに限り、はじめてあなたは真の満足感を味わうことができるでしょう」対戦相手は、このことばにたいてい興味をそそられるが、私の戦い方を目の当たりにしていったいこの人物を信頼してよいものかわからなくなる。もしかしたらそれは単なる甘い言葉で、本当は自分の得になるように、どうにか対戦相手を負かしたり操ることを計略しているとしたら？　しかし、抵抗せずに対戦相手に勝たせることを続けていれば、彼の良心はまず私に味方するようになる。それで彼は、「われわれの両方が勝つようにすれば双方ともっと勝てるようになる」という私の示唆を受け入れるようになる。躊躇《ちゅうちょ》し葛藤しながらではあるが、最終的にはみずから進んで私に一度勝たせてくれるものだ。
　われわれはまた対戦姿勢をとる。私は抵抗せずに相手にまた勝たせようとするが、その後二、三秒すると、相手は抵抗せずに腕を動かし始める。ときには、まだ困惑し、何がどうなっているのか不思議に思っている人もいる。相手は抵抗し続けるが、たいてい双方が、楽に努力せずに自由に腕を動かしているだけの状態になる。次に私は言う。「では、本当に能率的にやってみようじゃないか？」　そこでわれわれは、手首だけを前後に移動し始める。腕全体を動かすよりも約五倍速い。次にもう片方の腕も使い、二倍の結果を出す。最後に私はこう言う。「では、あなたのテーブルに行き、金を賭けてもらって、彼らの目の前で同じことをやってみよう」。そのときになると、全員が大声をあげてそのメッセージを受け取っている。

xQ回答者の中でWin‐Winの環境で働いていることを認めたのは三分の一にすぎない。

　次に、受講者に「Win‐Winを考える」（第三の案を探すという**考え方**）とは、相互尊重と相互利益のアイデアあるいは原則であると説明する。腕相撲では、対戦相手をWin《ウイン》‐Lose《ルーズ》の考え方に引き込むために彼より強く優れて攻撃的である**ふりをしていた**が、実際には腕相撲にWin‐Winの**概念**と考え方を導入したのである。するとすぐに、抵抗もなく**対戦相手**の興味と利益を確保することができた。いったん対戦相手がつつましく率直になれば、もしくは罪の意識を感じるようになれば、両者が協力し合うことで、互いがさらに勝てるというアイデアを受け入れられるようになる。
　次に、われわれは創造力を発揮して、まず手首を非常にすばやく前後に動かし、次に互いのもう一方の腕を合わせて同じく前後に動かした。最終結果としてみごとに相乗効果が発揮され、両者の勝利回数が増えた。賭け金を支払わなければならないテーブルの連中も、学習することで大いに勝利した。当然ながら、実際の金銭はやり取りしなかったわけだが、第三の案を探し、それを策定するという行為を表す非常にパワフルでおもしろい実験である。

信頼を築き第三の案を探す努力を続けるために、私が個人レベルで「二十回腕立て伏せをする」能力に相当する内面の強さや安定をどのように発揮しなければならなかったか理解できただろうか？　対戦相手の意識の中に深いWin―Loseの競争感覚を植えつけたので（「この小柄なはげ頭の弱そうな人間に負けるはずがない」と心の中で思うくらいまで）、当初見せつけた偽りの傲慢な態度や個人攻撃に対する対戦相手の当然の激しい反応を前にしても私は、忍耐強くそれを続けざるを得なかった。

ところで**両者**がWin―Winを考える必要があるという意見は多いが、そうとは限らない。Win―Winを考えるのは一方だけでよい。また、相手の協力を得なければならないと考える人も多いが、第三の案を生み出す創造的な協力は、のちに相乗効果が発揮される段階になってはじめて発生する。まず、相手にその準備をさせる必要があるが、そのためには、感情移入を行ったり相手の言うことに心の奥底から耳を傾けたり、相手の関心を引き、相手に信頼されるまで一貫してその態度を貫く必要がある。

昔、**オプラ・ショー**（アメリカの人気テレビ番組）でこの腕相撲を実践したことがある。私はその日、番組のプロデューサーにそれを実践させてくれるよう説得するのに膨大な労力を費やした。問題は、誰も、特にオプラ自身もその結末を予想できないように、無意識のうちに行われるように取り計らわなければならないことだった。コントロールが及ばない事態への不安と毎回のショーで視聴率を確保しなければならない現実とのはざまで、プロデューサーは弱気になり懐疑的になっていた。しかし、彼女を説得し続けて、結局、私とオプラはそれを実行することになった。

放送中に、私は同様のやり方で彼女を攻撃し、批判し、彼女に向かって彼女の短所と私の長所を並べたて、彼女が**落ち目**であるといった。それは彼女の気持ちを逆なでし、彼女は全力で立ち向かってきた。彼女は、すばやく私を負かして、腕を押さえつけた。そこで私は、「われわれの両方ともが勝つのはどうか」と言ったが、彼女は、「だめ！」と答えた。「どうしてだめなんだ？」と尋ねると、彼女は、「私は、小さいときからストリートで育ち現実を見てきた。そんなことを言う人の口車には乗らないわ」。「わかった、オプラ。もう一度あなたに勝たせてあげる」。また彼女は言った。「絶対だめ！」もう信頼関係が成り立っていなかった。私は言った。「ではこうしよう。ゆっくりと腕を真ん中まで持ってきてから、あなたの側に腕を倒す。そうしたらあなたはまた勝利の一ドルを手にするというのではどう？　望みどおりでしょう」。われわれは楽しみながら、最終的には、彼女だけでなくほとんど全員がこのレッスンを学んだ。

東洋には「百聞は、一見に如《し》かず」ということわざがあるが、一見は、千聞に値すると思う。受講者がその腕相撲を見たことは、実際に一万聞の価値があり、参加者の経験は千見の価値がある。おそらく読者は、自分の頭の中でそれを想像できるだろうが、その威力を確認したい場合は、子ども、妻（夫）、同僚を相手にそれをやってみるとよい。

第三の案を見いだすために「Ｗｉｎ－Ｗｉｎを考える」、「理解してから理解される」というむずかしい作業を行うことはたいてい必要ない。実際に必要なのは、個人的勝利だ。他人の自分に対する見方や、常に正しくあるという中に安定を求めるのではなく、自分自身の中に安定を見いだすところまで達するには、個人レベルでの大きな成功を要する。そのためには、自分の弱点を受け入れなければならない。なぜなら基本的に、人は原則に基づく自分の価値体系に誠実であれば、強く安定した自分でいられるからである。そのため、影響を受け入れて柔軟になることで、結末がわからなくても（自分と相手の出発点よりもよくなることだけを自覚して）第三の案を探すことはできるようになる。

第三の案を探すスキル

生活において最も重要なスキルは、間違いなくコミュニケーションである。基本的には、読む、書く、話す、聞くの四つのモードのコミュニケーションがある。ほとんどの人は、寝ていない時間の三分の二から四分の三をこれらの四つの行動に費やしている。これらの四つのコミュニケーションモードのうち、われわれのコミュニケーション時間の四十～五十%を占めるのが**聞く**というモードだ。訓練を受ける機会がいちばん少ないモードでもある。ほとんどの人は、読み、書き、話すという行為については、何年も訓練を重ねてきているが、聞き方について正式な訓練を二週間以上受けた人は、多く見ても約五%にも満たないだろう。

ほとんどの人が常に聞くという行為を行っているので、自分は聞き方を知っていると思っている。しかし、実際には、自分の見地の範囲内で聞いているにすぎない。これから聞くという行為の連続体として紹介する五レベルの「聞く」――無視する、聞くふりをする、選んで聞く、注意深く聞く、感情移入して聴く――のうち、相手の見地の範囲内で行われるのは最後の「感情移入して聴く」だけだ。本当に聞くという行為は、自叙伝的な聞き方を超え、自分の見地から脱却し、自分の価値体系から脱却し、自分の

図10・2

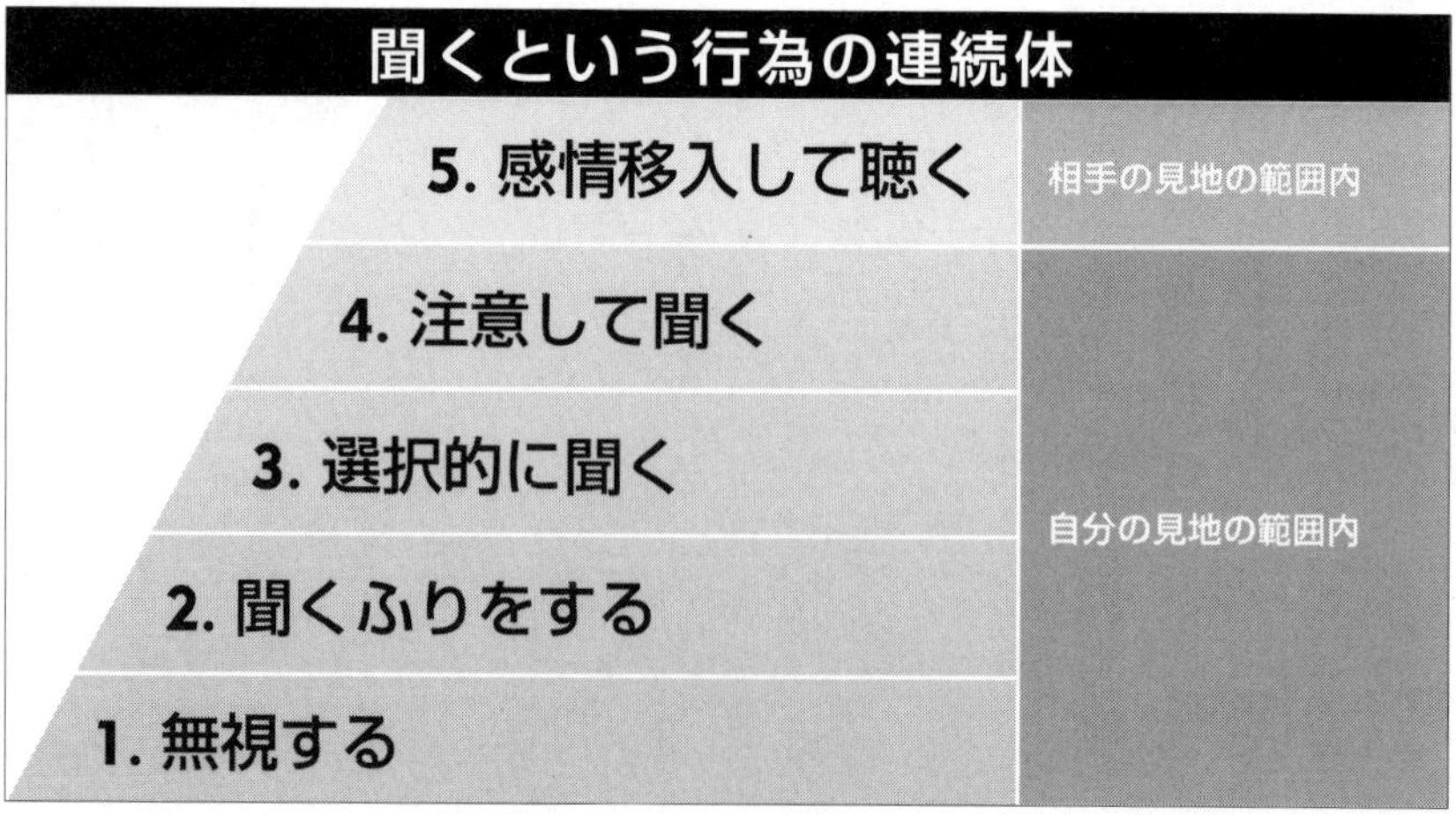

歴史や判断傾向から脱却し、相手の見地や見方に深く踏み入ることを意味する。これが「感情移入して聴く」という行為である。このスキルを目にすることはめったにない。これは、スキル以上のもの、スキルをはるかに超えたものであるといってもいい。

調査の対象となった労働者のうち、彼らが属する組織内でコミュニケーションが本当にオープンに、正確かつ敬意を払ってなされていると感じているのは十七パーセントにすぎない。

コミュニケーション・スキルは、非常に重要なものだ。それを強化するためにも、経験することを勧める。確実に言えることは、ただ読むという行為を続けるだけでも、その経験を知性に変えることはできるが、実際に経験することによって得られる感情的影響や充足感を享受するところまではいかない。体験することだ。私の他の著書を通して同様の経験をしたかもしれないが、ここではイメージが違う。プロセスを復習することにより、学習とそれに作用するモチベーションの両方が強化される。

いっしょに実験をしてくれる相手を探してほしい。まず、**あなただけが**284頁の図10・3を一秒間見る。次に、相手に286頁の図10・4を見てもらうが、あなたは**見ない**（のぞいて見ないことが重要である）、最後に、あなたと相手の両方が306頁の図10・8を見る。そして、以下の質問に進む。

最後の絵で自分たちに見えたものは何か？

それは、若い女性の絵か、サックス奏者の絵か？

あなたと相手のどちらが正しいか？

相手と話して相手に見えているものを理解する。相手が話すことを注意して聞き取り、相手に見えているものが自分にも見えるようにする。相手の見方を理解したならば、自分の見方を相手に説明する。自分に見えているものが相手にも見えるように手助けする。

この認知の違いの原因は、どこにあるのだろうか？ 二人が個別に見せられた一組目の絵を見るとよい。相手が見た最初の絵が別ページに掲載されていた絵だったことを自分が知っていた場合は、どうか？ 相手にはなぜ第二の絵がサックス奏者に見えたか、あなたには納得がいくか？ もちろん、納得できるはずだ。

私が、受講者を相手にこの小さな実験を行う場合は、受講者の半分には条件づけ用の若い女性の絵を一秒間見せる。残り半分には条件づけ用のサックス奏者の絵を見せる。全員に第三の複合絵を見せると、比較的数少ない例外を除いて、半分の人には、若い女性に見えて、残り半分の人には、サックス奏者に見える。彼らは、まったく同じ絵を見ているが、その解釈は、それぞれまったく違う。

図10・3

聞くこと（抜粋）

私の言うことを聞くように私があなたに求めたのに、あなたが助言を始めたとしたら、あなたは、私が求めたことに応えていないことになる。私があなたに対して私の言うことに耳を傾けるように求めたのに、あなたが私に対して、なぜそのような気持ちになるべきではないかさとし始めた場合は、その人は私の気持ちを踏みにじっていることになる。私の言うことを聞くように私があなたに求めたのに、あなたが私の問題を解決するために自分が何かをしなければと感じた場合は、おかしなようだが、あなたは私を失望させる。

聞いてくれ！　私はただ聞くように求めただけだ。話したり何かの他の行動に出なくていいから、ただ聞いてほしいだけなのに。私は自分で行動に移すこともできるし、無能ではない。落胆したり、ためらっているかもしれないが、無能ではない。私が自分でできること、自分でしなければならないことをやられると、あなたは私を不安にさせ無力感を感じさせることになる。しかし、どんなに不合理なことであっても私が感じるままの感情をあなたが事実として受け入れてくれれば、私はあなたを納得させようと努力せずにすむし、その不合理な感情の背景にあるものを理解するという作業に取りかかることができる。それが明確になれば、答えは明白で、助言は必要ない。

――ラルフ・ラフトン医学博士[3]

次に、受講者は、非常にパワフルな学習経験をすることになる。両者とも同じ物体を見ているが、見えるものは違う。それで、私は、互いに違うものに見えると言う彼らに、隣の人と話して、相手の見方を理解するまで相手の言うことをきちんと聞くように命じる。彼らは、その絵のもう一つの見方を発見すると「なるほど」と叫ぶはずである。すぐに、ホールのあちこちで勝ち誇ったような**なるほど**という声が上がる。しかし、一部の人にとっては、この学習に長い時間がかかる。その絵が本当は何を表しているかについて口論が生じたこともある。彼らは、自分にはっきりと見えるものが別の人にはそのように見えないことに当惑し、不安に感じる。彼らにとっては、自分の見方がその絵の唯一の見方であるため、自分の見方を弁護する。一方、人が互いに引きつけられて、励まし合い、相手がその絵の第二の見方を理解したことに本当に喜ぶ様子も見てきた。

創造的思考は、既成のパターンを打ち破り、物事を違う角度から見る。
——エドワード・デボノ医学博士
『水平思考の世界―電算機時代の創造的思考法』（講談社刊）

この認知経験を通してコミュニケーションについて学習すべき非常に重要な点が四つある。

①他人に見えるものを理解し、彼らの世界観の根拠を理解するには、彼らを誠実に受け入れて言うことを聞かなければならない。——第三の案を探す基礎

図10・4

②情報を受け取る前に経験したことは、新しい情報に対する自分の見方をゆがめてしまう。一秒の条件づけによって受講者を二分できるのであれば、一生分の条件づけがどのように影響するか想像してみてほしい。家庭の場合はどうだろう？　物事をどのように解釈するか？　人は、まったく同じ事実を見ているかもしれないが、その事実の意味は、それ以前の個人的経験を通して解釈される。人は、意味を作り出し、自分の世界観にもとづいて行動する。われわれは、客観的な見方でありのままの世界を見ているわけではないことを忘れてはならない。われわれは、主観的な見方で世界を見ているにすぎない。努力との相乗効果が発揮される前に認知は定まってしまう。したがって、相互理解につながるコミュニケーションこそがなすべき最も有意義な活動である。

③何かを解釈するとき、解釈の方法は一つに限らない。むずかしいのは、共通の見方を築くことであり、オリジナルの見方に忠実である一方で、異なる見方をすべて正確かつ正直に考慮することである。むずかしいことを解釈するときに、解釈の方法が違う場合は、誰が正しいのか？　自分と配偶者の意見が一致しない場合は、どちらが正しいのか？　自分と子どもの意見が一致しない場合は、どちらが正しいのか？　役職に就いた場合は、必ず正しい答えを一つに決めることになる。自分の認知にエゴを持ち込めば持ち込むほど、自分の考え方も硬直化し、自分の反応も固定化されてしまう。

④コミュニケーション崩壊の原因は、ほとんどの場合、語義、すなわち、言葉の定義の仕方にある。感情移入することで、語義の問題はほぼ瞬時に解消される。それはなぜか？　人の言うことを理解しようと本当に耳を傾ければ、言葉が意味のシンボルと思えるようになるからである。鍵を握るのは、意味を理解することで、シンボルについて議論を戦わせることではない。

ここで認知経験に戻ることにする。ものの見方について自分の方が正しく、相手の見方が間違っていると思い込んでしまった場合、どうなるかを想像してみよう。絵の意味を説明しようとすると、必ず口論となってしまうだろう。両者が自分の見方に感情移入し、感情に駆られてゆがんだ形でフォーカスしてしまうため、誠実に他人の見方を受け入れることができないのだ。

次に、その感情移入の問題と地位的権限とが合わさった場合を考えてみる。組織が直面する大きな試練にどう対応するかを高い地位にいるリーダーが一方的に決めて、その方針を全社的に発表した場合はどうなるか想像してみる。高い地位にある人間が、今後の体制や報酬制度がどのように一新されるか、組織をどのように団結させるかについて、職務の本質について、一方的にプレゼンテーションしたとする。そして、それを聞く側がその高圧的な処遇に憤り、発表に反抗しながらも沈黙を貫くとする。そこには「言われるまで待つ」の共依存関係の共同謀議が成立し、一方で異論は、拒否、無視される。どのような混乱が生じるか想像できるだろう。

地位的権限の強さを借りても道徳的権威が欠けていれば、自分の中だけでなく、他人の中や人間関係の中にも弱さを築くことになる。共依存関係を生み出してしまうということだ。

インディアン・トーキング・スティック（発言棒）

米国やカナダのインディアン種族を率いるインディアンの酋長《しゅうちょう》を相手に研修を行ったことがある。その後に、酋長たちから美しい贈り物をもらった。それは、複雑な彫刻が施された高さ一五〇センチのトーキング・スティックで、ハクトウワシという銘が刻み込まれていた。このトーキング・スティックは、何世紀にもわたってネイティブ・アメリカンの政治において重要な役割を果たしてきた。事実、アメリカ共和国建国の父に数えられる数人は、（特に、ベンジャミン・フランクリン）イロクォイ族連合のインディアン酋長からこのトーキング・スティックの背景にあるアイデアの教えを受けたことがある。それは、これまで見た中で最もパワフルなコミュニケーション・ツールの一つであった。なぜならば、有形で物理的なものでありながら強力な相乗効果を生み出す概念を表しているからである。このトーキング・スティックは、意見の異なる人間が互いを尊重することで、どのように理解し合えるか、そして、結果的に双方の妥協を最小限に抑えて意見の相違や問題を相乗効果で解決できるかを表す。

その背景ある理論をここに紹介する。人々が集合するときには必ずこのトーキング・スティックを使う。このトーキング・スティックを握っている人だけが発言することを許される。そのトーキング・スティックを持っている限り、理解されたと納得できるまで一人で話すことができる。他者は、主張することも異論を唱えることも反対や賛成することもできない。彼らにできることは、発言者を理解し、理解したことを明確に説明しようと努めることだけである。発言者が理解されたと認識できるように、傍聴者は発言者の主張の趣旨を正しく説明する必要がある。または、発言者自身、傍聴者が理解していると感じる場合もある。

発言者は、理解されたと感じたらすぐに、トーキング・スティックを次の人に手渡して、その人が理解されたと感じられるようにする義務がある。次の人が主張を発言するときには、その人が本当に理解されたと感じるまで、まわりはその人の主張に耳を傾け、その趣旨を言い換えたり、強調してみたりする必要がある。このようにすれば、当事者の全員がコミュニケーション（話すことと聞くこと）に百%責任をとれることになる。各当事者が理解されたと感じると、たいてい驚くべきことが起こる。ネガティブなエネルギーが消え去り、口論がなくなり、相いに尊重が育まれ、人は創造的になる。そして、新たなアイデア、すなわち第三の案が生まれるのだ。

理解することは、同意するという意味ではないことを忘れてはならない。相手の目、心、頭、精神で物事を見ることができるという意味である。人間の魂が最も深く求めることの一つが理解されることである。その欲求が満たされると、人は相互依存的に問題解決に集中できる。しかし、理解されたいというその非常に強い欲求が満たされないと、エゴの闘争が発生する。防衛的で保身的なコミュニケーションが日常茶飯事になる。ときには口論、暴力さえも起こり得る。

理解されたと感じることの必要性は、肺が空気を必要とすることに似ている。自分がいる部屋から突然すべての空気を吸い取られたとしたら、どれほど空気を吸いたい気持ちに駆られるか？　自分と他人との相違点について協議し解決することに関心を持つか？　もちろんノーである。欲しいのはただ一つである。空気。空気を得たあとにはじめてほかのことを考えることができる。理解されたと感じることは、心理的空気に相当する。

前述したプロセスは、トーキング・スティックがなくても人の頭の中で起こすことができる。ただし、勇気を持って話し、感情移入して聞くという、責任を明確に手渡していくという同じ有形の規律がそれから発生するわけではない。物理的なスティックを実際に持っていれば、注意力や個人的関心が著しくフォーカスされる。本物のトーキング・スティックが必要だというわけではない。鉛筆、スプーン、チョーク（なんらかの有形の物で、発言者は、理解されたと感じたときにはじめてそれを次の人に手渡す責任を物理的に課される）を使用してもよい。

ある会議に出席し、そこであいまいに議事が進んでいると感じたことはないだろうか？　そうした会議にトーキング・スティックのアイデアをとり入れることの威力を考えてみよう。本物のスティックや鉛筆を使用することが不適当であれば、その根底にある基本的な概念やアイデアを表明する。物議をかもす問題に出席者が感情移入してしまう前の会議開始時にはっきりとそれを表明する。会議の議長を務めていなくとも、以下のようなことを発言する。「今日は、出席者が強い関心を持つ多くの重要な議題について話し合います。コミュニケーションをスムーズに行うために、発言者は、自分の前の発言者の主張の趣旨をその人が納得するまで説明しない限り発言できないと決めてはどうでしょうか？」（この提案によって物理的なトーキング・スティックが導入されるわけではないが、相手が「理解されたと感じる」と言うまで誰も発言できないので、トーキング・スティックのアイデアの真髄は浸透する）

このプロセスは、多少平凡で、子どもじみていて、非能率的でもあるので、とり入れることに躊躇《ちゅうちょ》する人は多いかもしれない。だが、まったくその逆の効果があることを保証する。自制が必要となるし、コミュニケーションを成熟したものにするので、最初は非能率的に思えるかもしれないが、最終的には非常に能率的なものとなるはずだ。つまり、相乗効果のある判断と相乗効果のある関係の両方、さらに絆《きずな》や信頼の点で望ましい結果が得られる。

あなたがインディアン・トーキング・スティックの概念で進行役を務めると会議がどのように進むか、その例を以下に紹介する。

シルビアとロジャーが会議に出席している。シルビアが自分の主張を述べようとしている最中に、ロジャーが次のようなことを言う。「シルビアには賛成できない。私が思うには、われわれがやるべきことは……」

あなたがそれを遮って言う。「遮って悪いがロジャー、スムーズなコミュニケーションを可能にするために、われわれが合意したことを忘れてはいないか？」

ロジャーは答える。「あー、そうだった。シルビアの主張の趣旨をまず正しく説明したあとでないと自分は発言できないんだ」

あなたは答える。「そうではない、ロジャー。ただシルビアの主張の趣旨を正しく説明するのではなく、**シルビアの納得がいくまで**彼女の主張の趣旨を正しく説明してはじめて自分の意見を述べることができるんだ」

「そうだった」と彼は答える。

「ロジャー、シルビアは、どのようなことを主張したか？」

彼は、なんとか説明する。

「シルビア、それでいいかい?」

「いいえ、そんなことは言っていない。私が言おうとしていたのは……」

ロジャーがそれをまた遮る。

「まだだ。われわれが合意した基本原則をわかっているのか、ロジャー?」

「わかっている。私はシルビアが納得するまで彼女の主張の趣旨を説明しなければならない」

彼ははじめて、もっと集中して聞くように努めるが、基本的には彼女が言ったことをオウム返しに言う。

「シルビア、それでいいかい?」とあなたが尋ねる。

彼女は答える。「彼は、私が言ったことをオウム返しに言っただけで、主張したことの趣旨をまったく理解していない」

「申し訳ないが、ロジャー、もう一度説明してくれ」

「私はいつになったら発言できるんだ? 私の番はいつくるんだ? スタッフと二晩徹夜してこの会議の準備をしたんだ」

「基本原則を忘れないように、ロジャー」

相手の主張の趣旨を理解したと、相手からお墨つきを得ることなしにその段階に移ることはできない。

そのため彼は、自分のエゴの欲求、あいまいな議事、話したい欲求、まず相手が納得いくまで相手の主張を理解しない限りプレーヤーにはなれないという認識の狭間で揺れ動く。彼ははじめて、感情移入して耳を傾けるようになる。

シルビアはこう言う。「ありがとう、ロジャー。今は理解されたと感じる」

「では、ロジャー、あなたの番だ」

ロジャーはシルビアの方を見て言う。「シルビアの意見に賛成だ」

私の経験上、人が互いに理解しようと本当に努力すれば、必ずではないとしても、ほとんどの場合、意見が一致するようになる。それはなぜか？　コミュニケーションに関連したすべての問題の九十％以上は、語義または認知の違いによるものだからである。繰り返すが、語義とは言葉や表現の定義の仕方を意味する。認知とは、データの解釈の仕方を意味する。互いに本当に感情移入して、すなわち相手の見地の範囲で相手の言うこと聞くようにすれば、必ず語義と認知の問題の両方が解決される（サックス奏者／女性の絵を使った演習の場合同様に）。この場合は、互いに相手が言葉や表現をどのように定義し、相手が意味やデータをどのように解釈するかを感じ取っている。結果的に、両者は同じソングシートに同じ言葉を使ってそれらを記入し、残り十％の本当の意見不一致部分の問題解決に進むことができる。この相互理解の精神には非常に肯定的な効果、癒し効果、結束効果があるため、両者は意見の不一致について話し合うときには、受容できる方法でそれを行い、多くの場合は、相乗効果または一種の妥協を通してそれを解決できる。

インディアン・トーキング・スティックを使った他人とのコミュニケーションでは、沈黙も鍵となる。他人に深く感情移入するときには、はじめは静かに沈黙を守る必要がある。この沈黙の力については、ロバート・グリーンリーフが以下のようにコメントしている。「多少の沈黙を恐れてはならない。人によっては沈黙を気詰まり、または重苦しいと感じる。しかし、リラックスした対話アプローチでは、多少の沈黙は歓迎される。ひどく辛い問いをみずからに投げかけることになることも多いが、それもときとして重要だ。自分の頭の中にあることを、口に出して言うことで沈黙するよりよい結果が得られるのだろうか」と。

最近聞いた話が、インディアン・トーキング・スティックの概念を理解、実践していない人がもたらす影響についてよく表しているので、笑い話のようだが紹介する。

ある農夫が離婚訴訟を提起したいと思い弁護士事務所に行った。弁護士が「ご用件は？」と尋ねると、その農夫は、「離婚訴訟を提起したい」と答えた。弁護士が「grounds（根拠）はあるか」と尋ねると、農夫は（groundを土地と勘違いして）、「約百四十エーカーを所有している」と答えた。弁護士は、「そうではなくて、case（訴訟する言い分）があるか」と尋ねた。農夫は（caseを「ケース・トラクター」と勘違いして）、「ケース・トラクターは持っていないが、ジョン・ディア・トラクターは持っている」と答えた。「そうではなく、grudge（恨み）があるかと尋ねているのだ」と弁護士は、言った。それに答えて農夫は（grudgeをgarage「ガレージ」と勘違いして）、「ガレージはあるし、そこにジョン・ディア・トラクターを入れている」と答えた。弁護士は、まだなんとか意思疎通を図ろうと努力し、「そうではなく、suit（訴訟）を起こすのか」と尋ねた。農夫は（suitを「洋服のスーツ」と勘違いして）、「スーツは持っている。日曜に教会に行くときに着る」と答えた。いら立ちフラストレーションが募った弁護士は、「奥さんからbeat upされた（暴力を振るわれた）か、何か問題があったのか」と尋ねた。農夫は（beat upを「くたびれている」と勘違いして）、「二人とも朝四時半ごろ起きる」と答えた。ついに弁護士は「つまり、なぜ離婚がしたいのか」と尋ねた。農夫は言った。「妻とは有意義な会話ができない」

第三の案を探す二つのステップ

第三の案を探すには基本的に二つのステップがある。実際には、これらのステップから成る探求プロセスでフィードバックを行い、信頼（道徳的権威）構築を助長し、その信頼によって探求を促進する。

これら二つのステップに必ずしも順序があるわけではないことに気をつけることが重要である。第一のステップから始まるときもあれば、第二のステップから始まるときもある。ときには、自然に対話を始めて、まったく異なる見解や解決策を持つ他人の言うことに耳を傾けようとしている場合もある。さらに、自分が相手の言うことに耳を傾けたように、相手が第三の案を探したいか確認したあとに、相手にも自分の言うことに耳を傾けるように要求する場合もある。また、これらの二つのステップ間を行き来することもある。どの状況もそれぞれ異なるし、人間関係もさまざまである。基本的に、これらの二つのステップを開始するには、正しい判断力、意識、自制、参加が必要となる。

第三の案を探す経験

長年の私のキャリアにおいて、最もむずかしくも楽しかったプロフェッショナルな経験の一つは、第三者の立場で進行役を務めて、互いに激しく対立（不合理なほどに）している人々を導き、相乗効果のある第三の案を探し出す二つのステップを踏ませることだった。彼らが文字どおり苦労しながら体験したコミュニケーション・モードが連続体に表されている例を紹介する。

　私が第三者の立場を経験した最初の頃の出来事として、弊社が制作中の商品の相乗効果を伝えるために、

図10・5

相乗効果を上げるための2つのステップ

（第三の案）

自分または相手が提案したもの
よりも良い
解決策を探したいか？

以下のシンプルな基本原則に従うか：
相手の主張の趣旨を相手が納得
いくまで正しく説明しない限り
発言できない。

嘘偽りのない、現実的で自発的な経験を映画にしたことがある。その題材に私は、ライブ・セミナーの一つを使うことに決めた。大きな物議をかもしそうな課題である「環境」をテーマにし、聴衆の中から二名を選び、前に出て来て壇上に上がるように求めた。強い信念を持つ熱心な環境保護論者（根っからのグリーン主義者）である女性一名と、ビジネスにおいて営利目的に天然資源を使用する、強い信念を持つ熱心なビジネスマン一名が選ばれた。彼らは握手をしなかった。女性は壇上に上がる途中からビジネスマンを攻撃し、「われわれの空気、水、子どもの将来を台無しにしたのはあなたがたのような人間だ」と言った。ビジネスマンは彼女の靴に目をやって、「すてきな靴だ。それは革かね」と尋ねた。彼女は足もとに目をやってまた彼の方を向き、「何の関係があるのかしら」と答えた。「あなたが何の動物を殺したのかなと思って」と男性がやり込めると、「私は動物は殺さないわ」と言い返した。男性は、「あなたに代わって誰かが殺したことになる！」と答えた。そのようにしてコミュニケーションが始まった。

四十五分後に二つのステップを経たあと、二人は、企業レベルや政府レベルの持続可能な開発政策に賛成する議論をしていた。聴衆は、完全に驚いていた。

第一ステップ（両者のいずれが提案したものよりもよい解決策を探したいか？）に到達すると必ず、この二人同様に、人は誰でも、「その解決策

図10・6

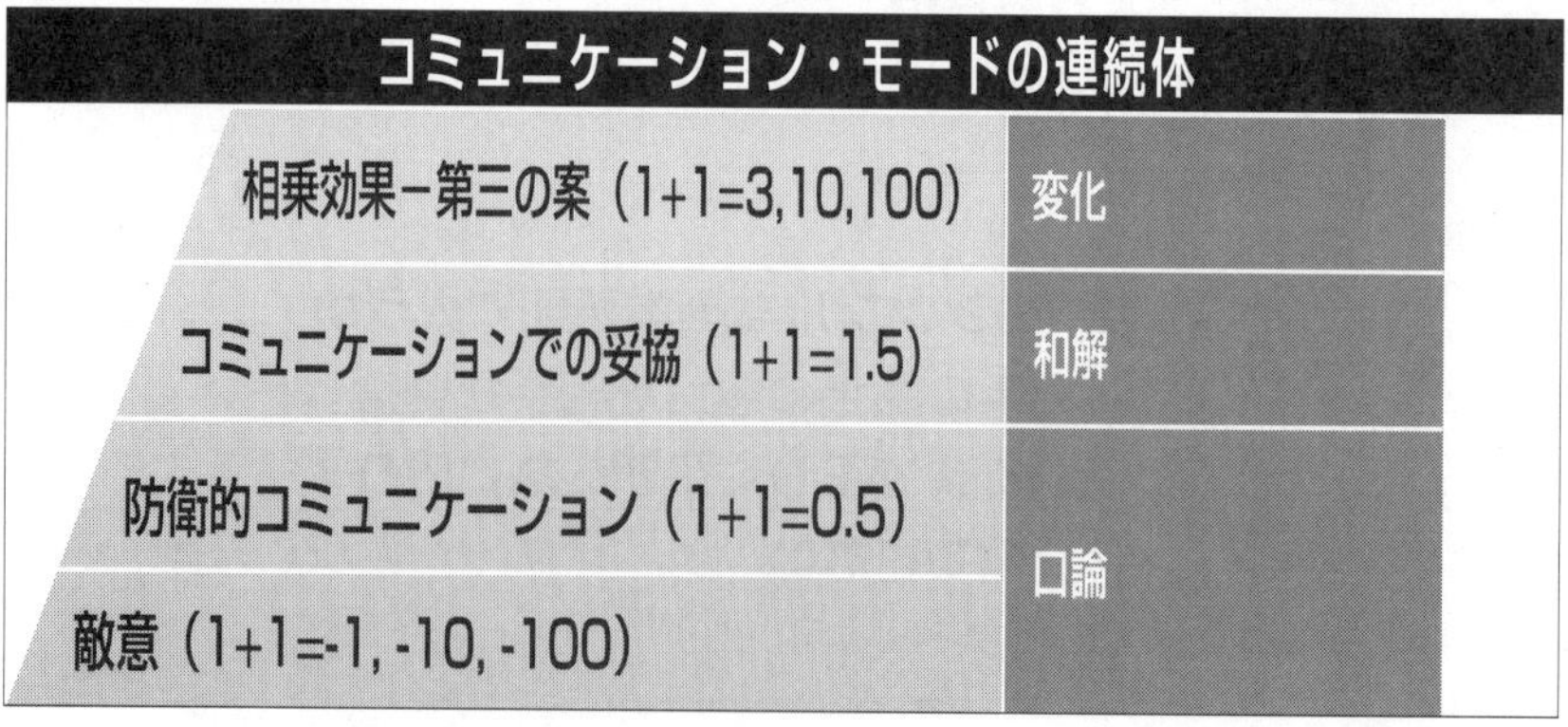

コミュニケーション・モードの連続体	
相乗効果—第三の案 （1+1=3,10,100）	変化
コミュニケーションでの妥協 （1+1=1.5）	和解
防衛的コミュニケーション （1+1=0.5）	口論
敵意 （1+1=-1, -10, -100）	

がどのようなものになるか検討がつかない」とか「自分は、この件に長年取り組んできたし強い信念がある」と言う。

それで、あなたは「あなたの言うとおりだ。それがどのようなものになるか誰にもわからない。いっしょに練る必要がある。問題は、そうした解決策を探す意志があるかどうかだ」と言う。

彼らはたいてい、「自分は、妥協は**しない！**」と答える。

あなたは答える。「もちろんしないとも。相乗効果は妥協ではない。それは**よりよい**解決策（あなたがそれを承知し、相手もそれを承知しなければならないし、両者がそれを承知していることを両者が承知しなければならない）でなければならないし、妥協であってはならない」

「このあとどのような展開となるのかわからない」

「第二ステップに行くが、相手が納得いくまで相手の主張の趣旨を正しく説明できない限り、誰も発言できない」ここでは、**それが試金石**となる。一つの意見を際限なく主張した人にとっては、相手の言うことに本当に耳を傾けることは非常にむずかしい。しかし、相手の言うことを聞いて、相手の納得がいくまで相手の主張の趣旨を正しく説明できない限り、自分は発言できない。それが発言権を得るためのチケットとなる。

私は昔、大学で堕胎について話し合うときにこの手法を用いたことがあるが、そのときは、堕胎反対派と堕胎選択権擁護派から一名ずつ選んで前に出て来てもらった。両者とも道義的にそれぞれの意見に責任を感じていた。私はMBAクラスの全員と多くの教授陣や招聘《しょうへい》ゲストから成る四百名以上の聴衆を前にして彼らを誘導し、二つのステップを体験させた。このときも約四十分かけてゆっくりと二つのステップを踏んだあと、両者は予防、堕胎、教育について話し始めた。議論の性質が全面的に変わった。聴衆は魅了された。二名の参加者は、涙ぐんでいた。

私は、この議論がなぜ彼らをそのように感情的にしたのか尋ねた。理由は、この問題にあったわけではなく、この問題について異論のある人間を断定的に判定し、非難し、ステレオタイプ化し、悪魔のように評したそのやり方を恥じていたからだった。彼らは、相手の言うことに本当に心底から耳を傾けると以下のように自覚するようになった。「この人は、よい人間だ。私はこの人に親しみを覚えるし、この人を尊敬する。私は、この人の意見には賛成しないが、その意見を聞きたいと思う」彼らの頭が開放的になり、心が柔らかくなり、意見が融合されてより優れた相乗効果のある第三の案が生み出されることを目にすることは、感動的な経験である。

人は、これらの二つのステップを**いつも**採用するわけではないので、これらの二つのステップは、常にうまくいくとは限らない。昔、ワシントンでヤング・プレジデンツ・オーガナイゼーションにこのマテリアルを教えたことがある。そのときは、全米教育協会（ＮＥＡ、アメリカの教職員組合）会長とカリフォルニアで展開されている教育バウチャー運動（学校で生徒に使っている教育費用を「教育券」のかたちで本人に渡し、それを持って自分の好きな学校に行けるシステム）の主導者に参加してもらい、二つのステップを実践するように求めた。しぶしぶながら、彼らは、第一ステップを実践しながらも、両者ともこれを通してどのような案が見つかるか検討もつかないし、妥協もしないと主張した。

相手が納得するまで相手の主張の趣旨を正しく説明するという第二ステップに到達すると、彼らは試してはみたものの脱落してしまった。彼らは非常に防衛的な態度をとり、敵対的にさえなり、互いの名前を呼び捨てたり、互いの親を話題に持ち出す事態になった。聴衆は、事実上彼らを退出させた。彼らは招聘ゲストであったのだが、会議の目的にかなわなかったので追い出されたのだ。一方で聴衆は、相乗効果を発揮するようになった。これが非常に複雑な問題であること、十把一からげに一般論化できないこと、理解をさらに深める必要があることを認識していた聴衆は親たちだったのだ。彼らは、教育制度をどのように強化するかについてますます創造力を発揮するようになった。その中には、一部の状況において教育にどの程度市場化を取り入れることができるか、それが非常にむずかしく逆効果でさえある状況下では何をすべきかという問題も含まれていた。

ビジネスの現場で、私はこれを何度も実践したことがある。「どのような問題（ほぼ論議不能な問題）が御社の文化を分断していると思われるか？」と私は、クライアントに尋ねる。たいてい彼らは躊躇するが、最終的にそれを明らかにする。「では、相乗効果、すなわち、第三の案を作成するときの例としてそれを使用できるか」と尋ねると、「あまりにも扱いにくいむずかしい問題なので、どのようにそれができるかわからない」という回答が得られる。私は、このプロセスと二つのステップについて説明する。そして、グループ内に十分な誠実さと道徳的権威があり、そのグループがこれらの二ポイントの実践に対して誠実さと真の努力をすれば、組織はかつてなかったような強力な経験をすることができる（問題解決においてだけでなく、さらに重要な点として、将来的に発生するあらゆる問題についても同じことを行えるようにする免疫システムを文化内に構築することも）と保証する。

あるときは、理事、経営者、アドミニストレーター、多数の内科医から構成される医療専門家グループを相手に仕事をしたことがある。議論の対象となった問題（何ヶ月も物議をかもしてきた問題）は、外部内科医を使用するかという点であった。一方の側のスポークスマンは医療ディレクターで、他方のスポークスマンはＣＥＯであった。約百名の聴衆の前で、私は彼らを誘導し二つのステップを実践させた。彼らは、両者が完全に納得いく第三の案を策定した。それは、その案が現行の制度よりも、また、彼らが提案したいずれの案よりも彼らに納得できる答えであったというだけでなく、彼らの関係を修復し強める大きな効果があった。

また、あるときは、メキシコのカンクンで保険業界人グループが開催した大規模な国際会議で、原則中心のリーダーシップを通して達成される文化改革について話すように要請された。そのグループのムード（慢性的問題に関する彼らのコミュニケーションがどんなにわざとらしく、本部が現場の一般マネージャーとどんなに乖離《かいり》しているか、一般マネージャーがプロデュースを担当する代理人とどんなに乖離しているか）を感じ取ったあと、私は用意しておいたスピーチを取りやめることにした。代わりに、この文化的倦怠がどんなに深刻か、それが彼らのビジネスや顧客に及ぼしている影響を彼らにわからせることにした。

それで、一つの質問を投げかけた。顧客を所有するのは誰か？　そして、三つのグループ（本部人員、一般マネージャー、プロデュース担当のエージェント）のそれぞれから二名を選んで聴衆全員の前に出て来てもらった。各人は自分たちこそが顧客を所有していると言わんばかりに、順番に主張した。プロデュース担当エージェントは、顧客を見つけて、関係を築き、その顧客に売っていると主張した。一般マネージャーは、軽蔑の眼差しでその説明を聞き、「時間をかけて顧客にサービスしているのは**われわれ**だ。あなたがたは歩き回ることができるが、われわれにはできない。われわれは片時も現場を離れず、製品の質を満たさなければならない」と言った。本部の経営陣は、軽蔑の眼差しで両グループに目を向けて、基本的に以下のようなことを言った。「君たちは無知だ。商品を開発したのは誰だ？　商品に対する責任を果たすのは誰だ？　弊社の制度化された事業運営システム全体を構築したのは誰だ？」　口論を終えると、この会社の文化がどんなに病んでいたか、また、彼らが協力し合わない限り、顧客を獲得、維持することはできないことが誰の目にも明らかとなった。この経験をきっかけに彼らは謙虚になり、相乗効果のある第三の案を策定する二つのステップを実践することに非常に積極的になったのだった。

またあるとき、ある会社の社長から電話があった。大手クライアントとの長期にわたる超高額訴訟の解決に協力してほしいという要請だった。大手クライアントは、彼らの理解する合意基準と比べてパフォーマンスに欠けるという理由で同社を訴えていた。私はこの社長をよく知っていた。彼は私が教えたマテリアルで研修を受けたことがあるが、それを適用する能力が自分にあるのか、自信が持てないでいた。私は彼ならば私抜きで独力で成し遂げられるはずだと彼に言った。電話で以前に提供したマテリアルを読ませ、復習を手伝った。彼は、かなり躊躇し不安がっていたが、私が再度太鼓判を押すと独力でやってみることに賛成した。

彼は訴訟を提起した相手企業の社長に電話し、昼食を共にすることを提案した。相手企業の社長は、おそらく電話をかけてきた側の社長が和解、妥協、交渉に乗り出すつもりだろうと考え、「その必要はない。法的手続きに任せよう」と言った。強硬作戦を貫く意志で昼食の招待を断ったのである。

そこで、友人である社長は、自分がやろうとしていることとその理由を相手側社長に説明した。彼は二つのステップについて説明し、自分は弁護士を同伴しないが、相手側社長は弁護士を同伴してもよいこと、その弁護士があれこれ助言しないのならば何も発言しなくてよいことを伝えた。そうすれば、相手側社長は、裁判のときに自分の不利になるリスクを回避できるわけだ。「何を失うというのですか？　一時間か二時間ではありませんか。すでに両社が何万ドルもの損害を被っているのに、訴訟手続きはまだ開始段階でしかないではありませんか」と彼は、くりかえし訴えた。それがきっかけとなり、相手側社長も弁護士同伴で会うことに同意した。

三人は、部屋にこもり、二枚のフリップチャートが用意された。友人である社長は、「まず、自分がこの訴訟におけるあなたの見解を理解しているか確認したい」と言い、できるだけ正しくかつすべて相手の見解を説明した。数分後に、「私が正しく理解していると感じますか？　今の説明は正しく公正であると思いますか？」と尋ねた。相手側社長は、「二つの点を除いては正しい」と答えた。そのとき弁護士がその発言を遮ってこれ以上は何も言わないように助言した。しかし、相手側社長は、そこに偽りのない姿勢があること、その努力の中に真の誠実さがあることを感じ、基本的に弁護士に口出ししないように命じて、その二つのポイントについて話し始めた。友人は、それをフリップチャートに書きとめた。そして再度こう尋ねた。「私に理解されていると感じますか？　ほかにも私に理解してほしいことがありますか？　何か見落としている点はないでしょうか？」　相手側の社長は、「いいえ、理解してくれていると思います」と答えた。友人は、次にこう要求した。「私があなたの言うことを聞こうと努めたように、私の言うことにも耳を傾けてほしい。聞いていただけるでしょうか？」

基本的にここで展開されたのは、第一のポイント（第三の案の探求）で、互いに相手を理解しようと努めることによりそれが実行されたわけだ。そして問題解決のモチベーションが生まれた。両者が大いに納得できる方法で問題が解決されただけでなく、両者間の関係も継続された。残った課題は、両者間の闘争や対立を軸に団結する二つの文化に、このビジネス関係を続けたい気持ちをどのように伝えるか、その方法を見極めることだった。

ここでの主なポイントは、人は、独力でこれを行うことができ、第三者による舵取り《かじ》は必要ないということだ。ただし、それには、参加者と傍聴者または第三者の立場に立った舵取り人を同時に勤める能力が必要となる。また、厳格な精神的／感情的な自制心も必要となるが、原則に忠実で内面に十分な勇気や誠実さを備えていれば、成し遂げることはできる。

ときには、第三の案の本質が妥協（どちらか一方または両者が多少折れる）と思えるかもしれないが、必ずしもそうではない。鍵を握るのは問題自体ではない場合もある。最も重要な要素となるのは、関係の質、理解の深さ、モチベーションの変化である。同僚から両親の話を聞いたことがあるが、その話はこのポイントをみごとに例証していた。

父は、三十年間優秀な歯科医として活躍してきたが、癌に似た難病であるアミロイドーシスと診断された。医者は彼に六ヶ月の余命だと宣告した。この病気の影響のために、父は医療に携わることをあきらめざるを得なかった。かつてはいつも猛烈に活動的だった父が今ここにすわり、不治の病について考える以外にすることがない毎日を送っている。

そこで彼は、病気のことを忘れるために、裏庭に温室を設けてそこで大好きなプラントを育てることにした。それは、ビクトリア調の館の裏庭に登場するように瀟洒《しょうしゃ》なガラス張りの温室ではなかった。屋根は波形プラスチックで、サイドは黒のプラスチックから成る組み立て式キットの温室だ。母は、庭にそんな奇怪なものを設置したくなかった。隣人にそれを見られるのがたまらなくいやだと言った。この話はエスカレートし、二人の仲は、互いに冷静に話し合うことができないところまで険悪化した。病気に対する二人の怒りがいっせいにこの問題に向けられたのだと思う。

しかしある日、母は、父の考え方を理解してみようと思うと私に告白した。母は二人が幸せになれるようにこの事態を解決したいと思っていた。彼女は裏庭に温室を設置してほしくない自分の気持ちをよくわかっていた。温室を設けるなら花壇にセイヨウヒルガオを植えたかった。しかし、母は、父には幸せに有意義に過ごしてほしいと自分が思っていることも心得ていた。彼女は、自分は身を引き、父の思いどおりにさせてあげることにした。父の幸せの方が裏庭や隣人よりも彼女にとって意味あることであるとの思いに至ったからである。

その結果、温室のおかげで父は、医者が見放したあとも長く生きた。宣告された余命よりも二年半長生きしたのだ。化学療法のために夜眠れないときには、父はプラントの様子を見に温室に行った。朝になると、プラントに水をやることが父に起き上がるきっかけを与えた。温室によって彼は、身体が壊れていく中でやらなければならない仕事や集中できるものを得たのだ。温室を建てたいという父の気持ちをサポートしたことが自分が成し遂げた最も賢明なことの一つだったと母が語っていたのを思い出す。

当初、温室は同僚の母親にとっては「Ｌｏｓｅ」だった。しかし自分の**当初**の欲求よりも夫の幸せと笑顔を願う気持ちの方を優先し、その気持ちの方が強くなったときにＬｏｓｅではなくなった。この話から得られる教訓として、人のことを理解すると、自分の中で何がＷｉｎ–Ｗｉｎであるかが定義し直される。しかし、夫にとって何が重要かを理解したいと思うほど当初から夫に敬意を感じていなければ、彼女の気持ちは変わることがなかっただろう。

おもしろいことに、結果的に発生した相乗効果は、第三の案の解決策ではなく、第三の案の態度であった。第一の案は、温室を設けないことだった。第二の案は、しぶしぶでも父親に温室を持たせることだった。第三の案は、本当に父親を理解し、父親が温室を持つ満足感に浸ることに、母親が喜んで心から幸せを見いだすことだった。多くの場合、相乗効果はこのようにして働くものだ。外野にいる傍観者は、これを妥協と言うかもしれないが、この女性は自分が妥協したかという問いには否定するはずである。彼女は夫の幸せや笑顔に満足感を味わったのである。そうした態度の相乗効果は、成熟した愛情をみごとに表している。

人間どうしの取引のほとんどは、妥協、Ｗｉｎ–Ｌｏｓｅ、Ｌｏｓｅ–Ｗｉｎのいずれかに帰する。しかし、第三の案の解決策（物質的または精神的解決策、あるいは、意見の一致を見ることなしに相互尊重や相互理解に達する解決策）は、変化を表すものである。すなわち、人が変わることを意味する。彼らの心と頭がもっとオープンになり、学習して相手の言うことを聞き、物事を新しい角度から見るようになる。こうして、彼らは変わる。取引による解決策と変化による解決策の対比を示す（図10・7参照）。

相乗効果が発揮される第三の案のコミュニケーションを通してほとんどの争いごとは防止、解決できると私は確信している。訴訟や「法律」は、最初の手段としてではなく最後の手段として使用すべきである。訴訟文化は、社会にとって不健康であり、信頼を壊し、ひどい見本を示し、せいぜい妥協につながるだけである。私は、いつの日かこれらのアイデアを実践し、めざましい結果を出している企業の一般法律顧問や連邦判事と共同で、弁護士、弁護士の教育にあたる人や弁護士を雇用する人、弁護士を雇わずに手に負えそうにない問題を解決したい人向けの本を執筆したいと考えている。本の題名は、『Blessed Are the Peacemakers（福者は仲裁人）』とし、副題を『Synergy in the Prevention and Settlement of Disputes（争議の防止と解決における相乗効果）』にしようと考えている。

第三の案のコミュニケーションを通して行う相互補完チームの編成

相互補完チームを編成するときには、第三の案のコミュニケーションの模範をオープンに示すことも必要となってくる。この種の模範を示す行為が最も行われるべき場所は、経営者チームである。型にはまったリーダーは、**型にはまった**権限を有するので、彼らは誰よりもこの種のコミュニケーションに内在する**道徳的**権威を行使する必要性がある。第二の理由は、経営者は明らかに部門間、部門内部、組織全域で常時、相互補完チームを編成する立場にいるからだ。

しかし、相互補完チームを生み出すこの種の第三の案

図10・7

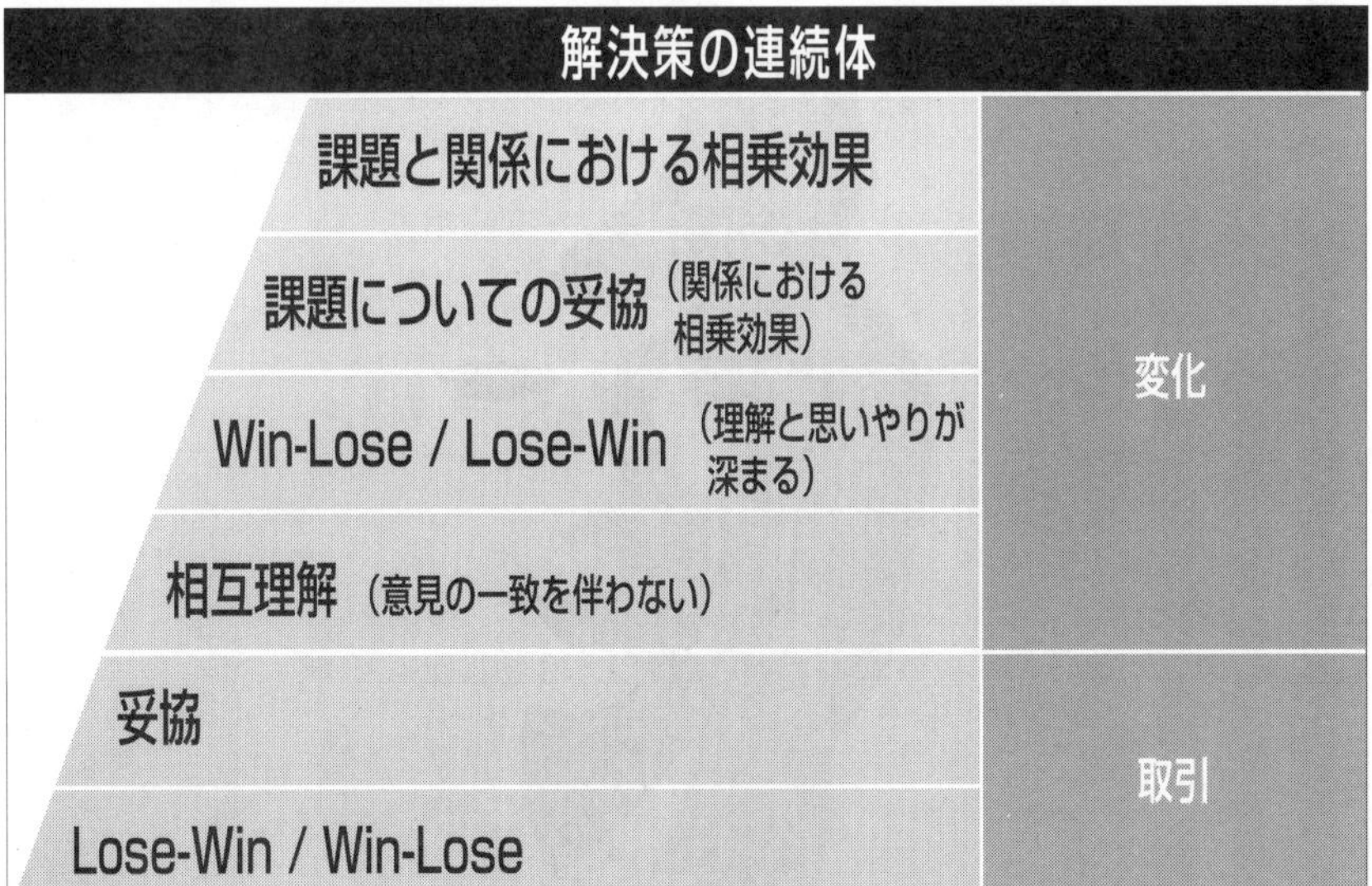

のコミュニケーションは、どんなレベルにおいても発生し得る。組織の下位レベルの人々がもたらす実際的な結果が上位レベルの悲観論をも変える。これからもわかるように、リーダーシップは地位ではなく、個人もしくはチーム全体が行使し得る選択肢の一つなのである。

どこからスタートするか。まずは、所属チームの全員や所属部門、相互依存チーム間や部門間で率直なコミュニケーションを行うことから始めるとよい。第三の案のコミュニケーションのスキルを実践すると、人は、しだいに互いを知るようになり互いに親しみを覚え、さらに率直に、誠実に本来の自分を見せるようになる。相互尊重が生まれると、人は、相手の長所を認めることにいっそう積極的になり、相手の短所を積極的に補って長所を有意義に使うことに努める。音楽グループや運動チームで見られるような調和が生まれる。

互いの短所のレンズを通して見ると、相手の長所が無意味になり、短所が顕在化する。

図10・8

映像作品『露天商人』

数年前に、南アフリカの企業が町の旧市街地で新しい衣料品店を開店しようとしていた。開店日に、一般に「露天商人」と呼ばれている果物・野菜売りがその中心地にまた押し寄せて来た。この店が建つ前、その土地は彼らが占有し、そこで長年商売をしていたのだ。彼らは心理的に自分たちがそこを所有しているように感じていた。開店日に彼らは店の前に戻って来て、果物や野菜のスタンドを設営した。場所は散らかり、客は物理的に店に多少入りづらくなった。

新しい店を開く日に果物売りが群れをなして集まり、歩道を汚し店の出入口を部分的にふさいだとしたら、どうするだろうか？　あなたなら？

オプションは二つある。露天商人をモノのように管理しようとすることもできる。すなわち、警察を呼んで彼らを移動させたり、土地の法的所有者としての自分の立場を行使する。あるいは、彼らを人のように扱うこともできる。この場合、両者が相乗効果を発揮し、両者にとってよりよい解決策を探すことができるだろう。

店のマネージャーは、これらの露天商人のことを警察に通報することもできたが、代わりに第三の案を探すことにした。彼は、まず彼らの目的や要求に耳を傾けて、次に店側の要求を説明した。小売店マネージャーと露天商人から構成される最も似つかわしくないチームが協力して、両者にとって納得できる相乗効果のある計画を作成した。

新しい小売店と果物・野菜の行商人との間のこの経験について、われわれは映画を制作した。映画の題名は、『**露天商人**』である。本書付録のDVDに収録されているので、ここで、この作品を観ることを勧める。この映画では、権能を与えられた人が編み出した相乗効果のある解決策を紹介している。

この映画を観ると、創造的解決策の鍵となるのは、まず相互理解をすることなのだとわかる。この創造力がもたらす思いがけない利点にも気づく。ここで言う**思いがけない**とは「幸運な偶然」という意味だ。信頼と人間関係がもたらす、当初誰も予想していなかったことが起きる。ここでは、露天商人が本質的にその店の警備隊的存在となった。街路で商売をしている人は、誰が泥棒かわかるし、泥棒の方もそれを知っている。南アフリカでは、在庫品を盗むこそ泥が大きな問題であるため、これが大きな利益につながった。文字どおり信頼とコミュニケーションの構築を目にすることができた。人の集団に責任を任せると信頼が動詞に変わり、人はその信頼に忠実に生き、それに報いるようになる。このつながりは常に強い。また、それによって免疫システムが生まれる。この免疫システムは、将来的に発生し得る問題や課題に対処する能力を備えている。

Q&A

Q　組織のライフサイクルはどれくらい重要か？　組織の来たるべき衰亡や滅亡に対する第三の案はあるだろうか？

A　**衰亡、不幸、滅亡につながる四つの「バミューダ・トライアングル」があると思う。第一の**それは、アイデアの段階で発生し、その場合よいアイデアでもネガティブなエネルギー、自己疑惑、恐怖によってつぶされてしまう。**第二の**それは、生産段階で発生し、その場合、よいアイデアでも正しく実行されない。この段階で、ほとんどの新組織が失敗に帰する（二年以内に九十％以上は失敗することになる）。何事も成就するまでは油断できない（よいアイデアとその実現との間で多くの過ちが発生する）。**第三の**それは、管理段階で発生する。規模調整が可能な生産が制度化され、事業の複製、たとえば、事業を拡張して別のよいレストランを作るなどができるようになっているのに、プロデューサーが自分ですべてをやろうとしたり、自分のクローンを作り出そうとする。物事、とくにキャッシュフローを管理する正式なシステムが確立されていないのだ。**第四の**それは、変革段階で発生する。この場合、組織は、変化する市場の状況や新たな商機に適応するために自己投資をやり直す必要があるが、独自の官僚的生活、規則、規制にはまり込み動きがとれなくなってしまうのだ。そうなると、もはや目標とする顧客のニーズを満たすことも当該ニーズを予測することもできない。

優れた管理チームは、全四段階のニーズにかなう資質のある人材を備えていることが求められる。最も重要な点として、チームには相互尊重の精神が求められる。そうすれば、各人の長所が認識、採用されて、他者の長所により弱点が無意味となる。**アントレプレナー**（アイデアを持つ人間）、**プロデューサー**、**マネージャー**、**チーム編成者兼リーダー**が必要となる。彼らが相互尊重の規範を築き、自己投資をやり直して新たなライフサイクルに導く力を持った相補チームを結成する。

Q　合併や買収に関与し、さまざまな企業や文化出身の人間どうしを和合させようとするときにはどうすればいいか。グローバル経済において、押せば相互依存を達成できる、魔法の第三の案のボタンはあるか？

A　ほとんどの合併や買収がうまくいかない理由は、そのプロセスを強制しているところにある。異なるＤＮＡを融合しようとしているようなものである。調和した家族に会ったことがあるだろうか。その成功例を見つけるのがどんなにむずかしいことか。第三の案の解決策を探すには、時間、根気よさ、忍耐、インディアン・トーキング・スティックを使ったコミュニケーションが必要となる。一方で、五つの転移性癌（口論、比較、競争、批判、不平）が現れる。人や文化が相手の場合は、焦ってもすぐにはよい結果は生まれず、逆に時間をかければ結果的にスムーズにことが運ぶのだ。モノが相手の場合は、これは当てはまらない。早くやればそれだけ早く結果も出る。相手が人の場合は、能率やスピードが非能率的なのである。私は、苦労し身をもってこれを学んだが、その経験は、今私がここで説明していることを強く証明する結果となった。第三の案の文化を確立するには、さまざまなアプローチの価値観を率直に、相互に、ていねいに伝える必要がある。それには、新たな型のリーダーシップが必要となる場合が多い。

カナダで非常に成熟した力のある文化をもつ大手企業を相手に仕事をしたことがある。米国にあるその企業の本社のリーダーは、他の国での事業展開を予定していたので基本方針を設定したいと考えていた。しかしこの方針では、カナダの文化よりもはるかに遅れて成熟度に劣る文化圏を想定していた。私はカナダの経営陣から、彼らが相対的な自立とエンパワーメントを維持できるように、未成熟文化や最も弱い価値体系リンクに合わせた役割や方針に飲み込まれないように手助けしてほしいとの要請を受けた。私は、喜んで引き受けた。米国の経営陣は、自分たちがカナダと相互依存状態にならないこと、今後のモデルとしてカナダを採用できること、カナダの成熟した文化の方がぜい肉が少なく、生産性・利益性・エンパワーメントに優れ、それほど官僚的ではなく繁雑な手続きも少ないことを認識すると、カナダの事業所をモデル事業所として評価し、カナダよりも遅れた文化圏でもそれをまねることができると指摘し始めた。

鍵は、相互依存を人為的に強制しないことである。人々が互いに知り合い、理解し合い、信頼関係を築くことにより、自然に相互依存が生まれるべきである。そうすれば、彼らは創造力を発揮できるようになる。そうならない限り、人は、相互依存を自立とみなしてしまう。

第十一章

一つのボイス(内面の声)——方向性を示し、共通のビジョン・価値観・戦略を確立する

ある日、アリスが分かれ道へ来ると、木の上にチェシャー猫がいた。
「どっちへ行けばいいのかしら?」と彼女は尋ねた。
チェシャー猫は質問で答えた——「どこに行きたいんだね?」
「わからないわ」とアリスは答えた。
「それならどうでもかまわないさ」と猫は言った。

ルイス・キャロル作『不思議の国のアリス』より

〈第8の習慣〉を身につけることは、インサイド・アウトの連続的プロセスであることを忘れてはならない。どの習慣もそうだが、**やる気**、**スキル**、**知識**の組み合わせである。**トリム・タブ的な率先力**を示すという意味の「やる気」については前述した。**信頼を築いて第三の案を探す**スキルについても言及した。リーダーシップの四つの役割は、**第三の案**を生み出すリーダーシップと影響力を具体的に表すものだ。この四つの役割は、変革をもたら

図11・1

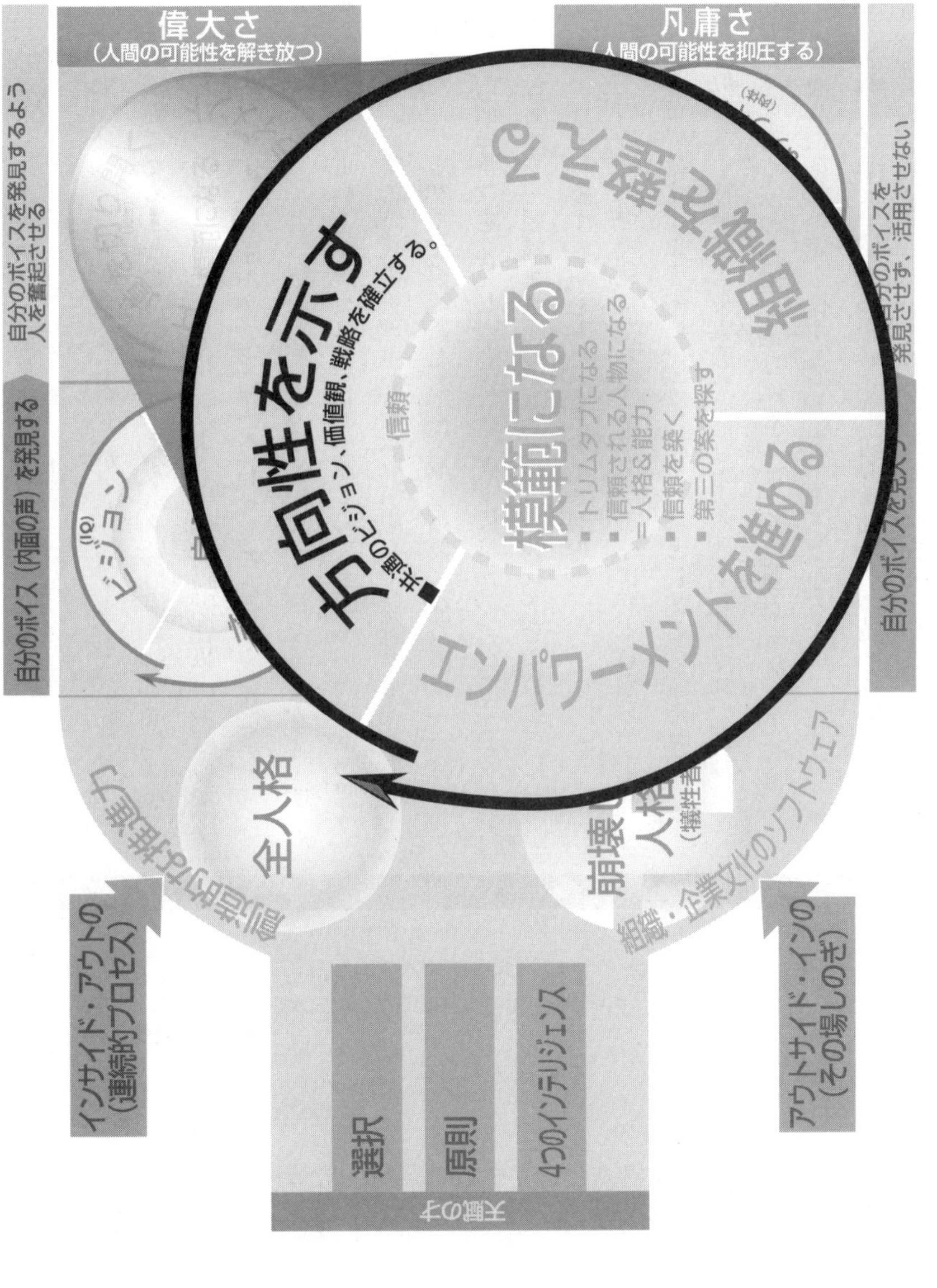
偉大さ
（人間の可能性を解き放つ）
凡庸さ
（人間の可能性を抑圧する）
自分のボイスを発見するよう人を奮起させる
自分のボイス（内面の声）を発見する
自分のボイスを発見させず、活用させない
方向性を示す
■共通のビジョン、価値観、戦略を確立する。
信頼
模範になる
・トリムタブになる
・信頼される人物になる
＝人格＆能力
・信頼を築く
・第三の案を探す
組織を整える
エンパワーメントを進める
ビジョン
全人格
組織・企業文化のソフトウェア
インサイド・アウト
（連続的プロセス）
アウトサイド・イン
（その場しのぎ）
選択
原則
4つのインテリジェンス
天賦の才

すリーダーシップがもとづくべき諸原則について、知識を与えてくれるのだ。

繰り返すが、第三の案を生み出すことができるリーダーの影響力は、**信頼性の模範になる**ことから始まる。まず人々に信用されなければならないからだ。しかし当然ながら、リーダーには信頼性以上のものが求められる。まずい判断を善意で埋め合わせることはできないのだ。人々はどのようにすれば異なるやり方で働いたり指揮できるかを示す模範を必要としている——それまで慣れ親しんできたものとも、職場の文化とも、産業の時代の管理主義的な取引中心の伝統とも違うあり方の模範だ。リーダーが模範になる上で最も重要になるのは、自分のボイス（内面の声）を発見した者がリーダーのほかの三つの主要な役割（**方向性を示す、組織を整える、エンパワーメントを進める**）においてどのように行動するかを人に示すことである。

これら三つの役割で模範になる際に役立つように、本章から第十三章までの各章ではまず以下の二点から始めることにする。①それぞれの役割を取り巻く社会通念や実態を明確にする。②それぞれの役割にのぞむ方法として三つの対照的な案を示す。何に挑戦するにしても、常により優れた第三の案を探すことがポイントとなる。

本章では、それぞれ異なる強みや世界観をもつ人々を一つのボイス（内面の声）——つまり一つの大きな目的——に向かってまとめていく

図11・2

社会通念	最も周知した者、すなわち、トップの者がミッション・ステートメントの作成と戦略的優先事項の決定を行う。（従来のパラダイム）
現実	トップの者が急いで作成・決定し発表したミッション・ステートメントや戦略的優先事項は、忘れ去られる。関与や強い共感を伴わなければ、コミットメントは生まれない。（新パラダイム）

というリーダーシップの課題を取り上げる。これは**共通のビジョン、価値観、戦略的優先事項の三つにおいて方向性を示す**という役割である。まずはじめに、方向性を示すことに関する社会通念、実態、第三の選択肢を見てみよう。

「方向性を示す」というリーダーシップの役割を果たす上で、**第一の案**は、チームや組織のメンバーを実質的に関与させることなく、ビジョン、価値観、戦略を一方的に通知することだ。

第二の案は、メンバーに過度の関与を許すやり方だ。しかしこれでは、やたらと分析したり委員会を開くことばかりに熱心で、結局は身動きがとれなくなってしまう。あるいは数限りないオフサイト・ミーティングや果てしない議論ばかりになり、戦略の実行やエンパワーメントはほとんど忘れ去られてしまう。

第三の案は、ビジョン、ミッション、戦略を策定するプロセスに適度に人を関与させることだ。ただし同時に、十分に強い信頼の文化を築き、自分自身が個人的に信頼に足る人物であれば、共感の力は関与の力と同等になることを認識することである。

ここでこの第三の案の例を紹介する。

私は長年リッツ・カールトン・ホテルを利用しているが、決して変わることのない、まったく類《たぐい》まれなるレベルのサービスには滞在するたびに感服している。長きにわたって同ホテルチェーンを率いた元社長兼ＣＯＯ（最高執行責任者）のホルスト・シュルツ氏とはその間に知己を深めてきたが、おかげで私は同ホテルのすばらしい文化がどのように築かれてきたのかをよく理解できるようになってきた。シュルツ氏の指揮下で、リッツ・カールトン・ホテル・カンパニーは、優れた品質管理を達成した企業に贈られるマルコム・ボルドリッジ賞をサービス部門で二回も授賞するという史上初の快挙を成し遂げた。

私は国際的に提供されているあるコラムを執筆するために、シュルツ氏にインタビューしたことがある。「リーダーシップをどのように定義するか？」と質問すると、シュルツ氏は次のように答えた。

リーダーシップとは、人が組織のために働くだけでなく、組織の一員になりたいと思うような環境作りをすることだ。リーダーシップは、メンバーが「やらされる」のではなく「やりたい」という気持ちになるような環境を生み出す。そうした環境作りは、ビジネスにとって至上命題である。ただ単に職務と役割を与えるだけでなく、目的を与えなければならない。ビジネスパーソンとして、私には、従業員が帰属意識を持ち、充足感を感じ、目的を持つような環境作りをする義務がある。従業員を本当に精魂傾ける気にさせるのは目的（人生における価値）である。そうすれば、リーダーは彼らから最大限のものを受け取り、彼らにも最大限のものを与えることができる。それ以下では組織に対して無責任になるし、従業員たちをいっそう管理する必要も出てきてしまう。

人のことを単に機能を果たす存在としか見なければ、たとえば椅子のようにモノとして扱っていることになる。私たちには人間として、人をそんなふうに扱う権利があるとは思えない。誰だって、部屋のすみにでも置いてあるモノのような存在になどなりたくないはずだ。これまでの経験からわかったのだが、従業員が最も満足を覚えるのは、帰属意識を持つことができるとき、そして意志決定をして貢献できるほどに信頼されていると感じるときなのである。

誰もが、担当するそれぞれの分野の知識労働者だ。食器洗い係はその仕事について私よりも豊富な知識を持っていることは間違いない。そのため食器洗い係は、環境、労働条件、生産性を改善したり、食器の破損を少なくしたりすることなどに寄与できる。彼らはそれぞれの分野で自分の知識を大いに活用して貢献することができるのだ。

十六年ほど前、ナイロビ出身の一人の若者が食器洗い係として当ホテルに就職した。はじめはまともに英語を話すことさえできなかったが、実に勤勉な青年だった。しばらくしてルームサービス係になり、その後さらにルームサービス・リーダー、ロビー・アテンダント、バーテンダー、ロビー・マネージャー補と昇進していった。現在、彼は食品飲料部門の管理部長だ。食器洗いからたたき上げられて、いまやホテルでナンバー・ツーの地位にある。

私は十六歳のときに、母に連れられ小さなスーツケースを抱えて当ホテルにやって来て、見習いを始めた。数々の賓客が訪れ、私にとっては誰もが雲の上の人のように思えた。しかし、七十歳になるすばらしい給仕長と親しくなり、私は彼のもとで見習いとして働いた。彼が部屋に入ってくると、誰もが彼の存在に気づいた。実に優秀で、尊敬されていた。常に申し分のない身のこなし、会話、ふるまいを心がけていた。この給仕長の姿を見て、物事をみごとに成し遂げれば賓客と同じくらい重要な存在になれることに私は気づいた。何であろうと仕事を申し分なくやれば、貴重な存在になれることを知ったのだ。事実、これがリッツ・カールトンのモットーとなった――「われわれは、紳士淑女に仕える紳士淑女である」

この二十二年間、私は約五百万人を調査して、有能なリーダーやマネージャーの特徴や能力を理解しようと努めてきた。この大規模調査から得られた最も顕著な結果の一つとして、次のような事実が浮き彫りになった。マネージャーは、一般に職業倫理（模範になること）については評価が高いが、フォーカスと明確な方向づけ（方向性を示すこと）の能力については評価が低い。そのため、社員は主要な優先事項を明確に把握しておらず、それに対して責任もなく、組織全体に実行力が欠けている。このため大きな矛盾が存在する――社員は従来になく懸命に働いているが、明瞭さとビジョンに欠けるために成果があまり上がっていない。無駄に力を費やしているのだ――しかも全力で。

模範になることで信頼の念が生まれる。一方、**方向性を示すことで、要求せずとも秩序を生み出すことができる。**組織のメンバーたちは、組織にとって何が最も重要かという点で意見が一致すれば、その後のあらゆる意志決定につながる基準をその時点で共有することができる。この明確化を進めるコミュニケーションの過程で**フォーカス**が生まれ、それが秩序に、そして安定につながる。それはまた、機敏さももたらす。機敏さについてはあとでエンパワーメントの役割を説明する際に考察する。

個人的なレベルでは**ビジョンを抱く**が、組織という枠組みの中では、それは**方向性を示す**という行為になる。個人的なレベルでは**あなたが**重要だと思うものを明確にするわけだが、組織という枠組みの中におけるリーダーの課題と役割は、何が最も重要か、かけがえのないものは何かについて、**共通した見方を確立する**ことになる。社員について以下の二点を自問してみてほしい。

①社員は組織の目標を明確に理解しているか?
②社員はコミットしているか?

リーダーシップの本質は、ビジョンを持つことである。あいまいなまま笛を吹いても誰も踊ってはくれない。

――セオドア・ヘスバーグ、ノートルダム大学学長[1]

部下に重要な目標をはっきり理解させ、それにコミットさせるには、彼らを意志決定に参加させる必要がある。組織がめざすものは何か(ビジョンとミッション)をいっしょに見極める。そうすれば、組織のメンバー全員がそこに到達するまでの過程(価値観と戦略的計画)を自分のものにすることができる。

組織やチームにとって何が最も重要かを共に決めていくには、目下直面している現実と向き合う必要がある。まず現実的な問題を理解した上で、共通のビジョンや価値体系を、ミッション・ステートメントや戦略的計画として具現化するよう、努力するのだ。まず根本的な現実をしっかり把握しておく必要があるという点について、経営論で知られる著述家クレイトン・M・クリステンセンが次のように述べている。

どの業界の、どの企業も特定の「力」（いわば組織にとっての「自然の力」）の影響下にある。この力によって、ある企業ができること、できないことが大きく決定づけられる。それまでのやり方を打ち破る破壊的技術が登場すると、マネージャーはその力に圧倒されて企業を失敗に導いてしまう。

たとえ話で言えば、羽根の翼を腕に縛りつけ、全力で羽ばたきながら高所から飛び降りた古代人たちは、必ず失敗したのだ。夢を追求し懸命に取り組んだが、彼らはあまりにも強力な自然の力と戦っていたのである。

この戦いに勝つだけの力を持った人はいなかった。飛行が可能になるには、この世の中の物事を規定する自然の法則や諸原則を理解する必要があった──重力の法則、ベルヌーイの定理、揚力、抗力、抵抗などの概念である。そしてこれらの法則や原則の力と戦うのではなく、それらを認識し利用した飛行システムを設計してはじめて、人は以前は想像もできなかったほどの高度や距離の飛行を達成できたのである。[2]

方向性を示す役割を十分に理解し、その役割を果たす準備ができるようになるには、まず四つの現実に対処する必要がある。四つの現実とは、**市場の現実、コア・コンピテンス（中核的能力）、利害関係者の欲求とニーズ、そして価値観**である。

・市場の現実――あなたが所属する組織やチームのメンバーは、どのように市場を認識しているか？　より大きな政治的、経済的、技術的状況はどうなっているか？　どのような勢力が競争優位性を持っているか？　業界にはどのようなトレンドや特徴があるか？　業界全体や業界の基本的な伝統を陳腐化してしまうような、クリステンセンの言う「破壊的技術」や「破壊的ビジネスモデル」が登場する可能性はあるか？

・コア・コンピテンス（中核的能力）――あなた独自の強みは何か？　方向性を示すということに関して、私はジェームズ・コリンズのアプローチにとても感銘を受けた。コリンズは著書『ビジョナリーカンパニー2』（日経BP社）で、三つの輪が重なり合う図解を用いている。それらは人間の主要な強みを表すもので、コリンズはそれを「針鼠の概念」と呼んでいる。[3] 三つの輪は三つの質問を表す。第一に、あなたが本当に得意なものは何か（もっと大胆に言えば、あなたが世界一になれる可能性があるものは何か）？　第二に、あなたが心の底から情熱を感じるものは何

図11・3

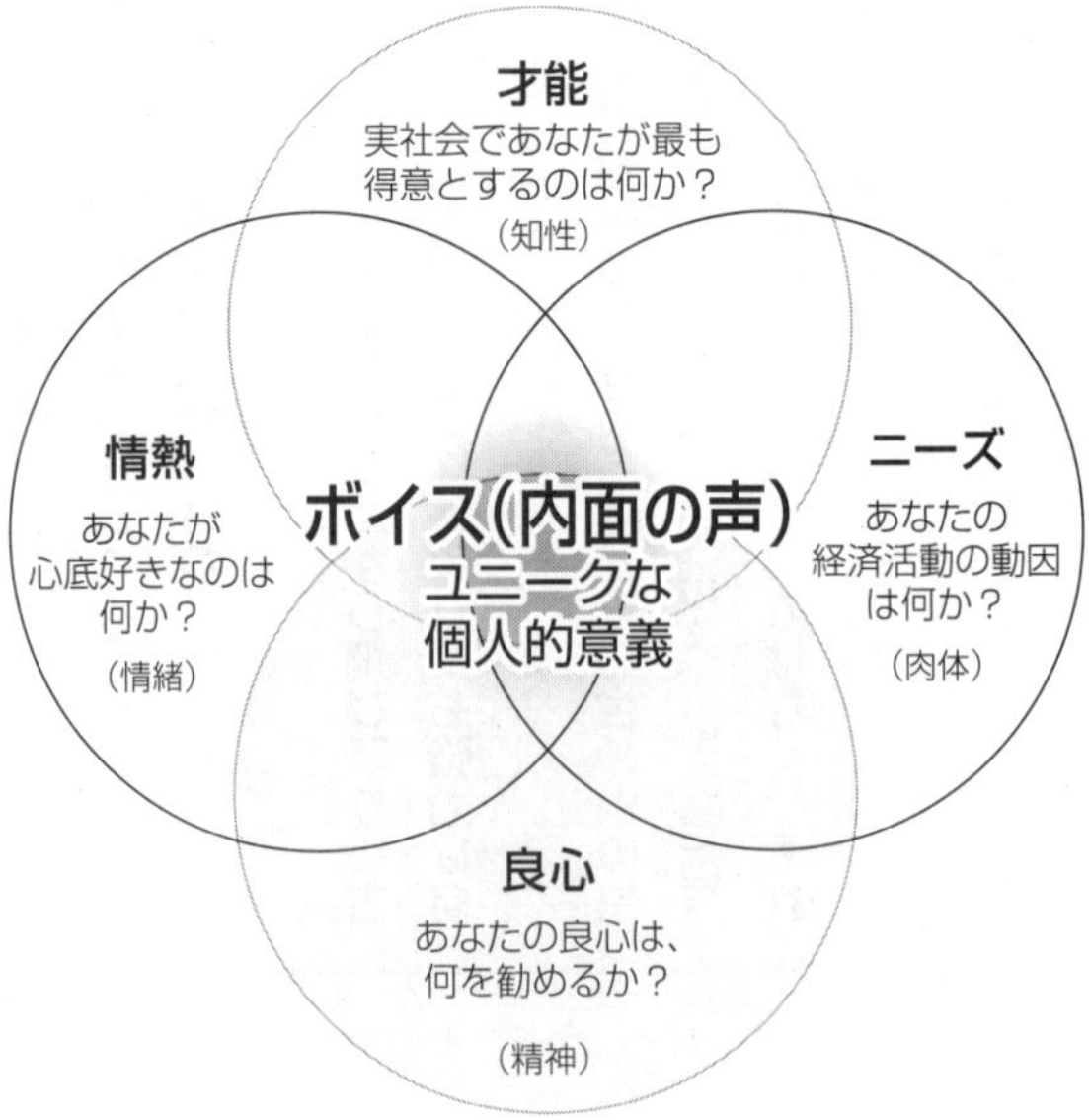
才能
実社会であなたが最も
得意とするのは何か？
（知性）
情熱
あなたが
心底好きなのは
何か？
（情緒）
ニーズ
あなたの
経済活動の動因
は何か？
（肉体）
ボイス（内面の声）
ユニークな
個人的意義
良心
あなたの良心は、
何を勧めるか？
（精神）

か？　第三に、人は何に対して金を払うか？　つまり、あなたなら人間のどのようなニーズや欲求を満たして経済活動を営むことができるか？　この三つの輪が重なり合った中心の部分が、あなたの価値命題の基礎になるものである。もう一つ質問を加えるならば、「あなたの良心は何を勧めるか？」という問いになるだろう。こうすれば全人格的アプローチが可能になる（**肉体**――経済活動、**知性**――最も得意とすること、**情緒**――情熱、そして**精神**――良心）。この四つの分野が重なり合うところに、あなたのボイス（内面の声）がある（図11・3参照）。前述したように、このアプローチは個人が自分のボイスを発見することだけでなく、組織がそのボイスを発見することにも適用できるものである。

・**利害関係者の欲求とニーズ**――さまざまな利害関係者のことを考える（まず第一にターゲットカスタマーのことを考えることが最重要だ）。彼らが本当に欲し、必要としているのは何か？　彼らの問題、課題、関心事は何か？　**彼らの**顧客は、何を欲し何を必要としているか？　彼らの業界では市場の動向はどうなっているか？　どのようなテクノロジーやビジネスモデルが彼らの支障となったり、彼らを衰退させる可能性があるか？　オーナーたち、つまり資本を提供してくれたり税金を払ってくれる当事者たちはどうか？――彼らの欲求とニーズは何か？　共同事業者、従業員、同僚はどうか？――彼らの欲求とニーズは何か？　サプライヤー（供給者）、ディストリビューター（卸業者）、ディーラー（サプライ・チェーン全体）はどうか？　コミュニティと自然環境はどうか？

・**価値観**――これらの人々の価値観は何か？　あなたの価値観は何か？　組織の中心的目的は何か？　その目的を達成するための、組織の中心的戦略は何か？　どんな職務のためにあなたは雇われているのか？　指針となる価値観は何か？　ストレスや圧力を受けたとき、さまざまな状況下でどのように価値観の優先順位を決めるのか？　ほとんどの人は、彼らにとって何が最も大切かさえ見極めたことがない。ほかのあらゆる意志決定を特徴づけ、かつ律すべき基準を確立していない。それなのにいまやあなたがたリーダーたちは、グループ、チーム、組織全体のためにそれを行おうとしている。それはどんなに複雑で、どんなに相互依存的であるか考えてみる――本当にどんなにむずかしいことか。

こうした種類の問題や課題を**明確にしない限り、フォーカスすることはできない**。それゆえに、良心に律せられた優れた人格、能力、ビジョン、自制心、情熱が必要なのである。

方向性を示すことはリーダーにとって最もむずかしい課題である。あまりにも多様な人間、問題、現実認識、信頼レベル、エゴに対処しなければならないからだ。だからこそ、模範を示すことが最も重要で、中心的で支配的な役割となるのである。方向性を示すプロセスを先導する人物とチームが信頼されなければ、人々の共感は得られないし、彼らを関与させてもうまくいかない。

ジョージ・ワシントンのような人物の**模範になる**人格と能力があってこそ、アメリカ合衆国の「建国の父」たちであるトーマス・ジェファーソン、ジョン・アダムス、ベンジャミン・フランクリン、アレクサンダー・ハミルトンのような人々の才気と相違点が統合・調和され、最終的に独立宣言や合衆国憲法と十か条の修正条項（権利章典）が生み出されたのだ。アメリカ合衆国を建国する際、方向性を示すこの作業を達成することこそ最もむずかしい課題だった。しかし独立宣言や憲法というビジョンに富んだ指針のおかげで、その後米国は国家生命を脅かされるほどの大きな傷を負ったときにも（南北戦争、両世界大戦、ベトナム戦争、ウォーターゲート事件、大統領のスキャンダル、大統領選挙をめぐる混乱など）、切り抜けてこれたのだ。また、エンパワーメントについて言えば、世界の人口のわずか四・五％にすぎない米国人が、世界の物資のほぼ三分の一を生産しているのである！

ビジョンと価値観の共有を実現する

ビジョンや価値観が**共有**されている状態を比喩的に表現するのに、「同じページを読む」「同じ楽譜を使う」などと言う。これはすばらしい比喩だ。なぜなら、組織のビジョン、価値観、戦略的価値命題の中で何が最も重要かという点で、意見が一致していることを含意しているからである。いっしょに演奏したり歌ったりすると、音楽はハーモニーを奏でるのだ。

「共有」とは興味深い言葉だ。何かを人と**共有する**とは、自分が持っているものを相手に与えることである。あなたが私に共感したり、私がしようとしていることを信じ、信頼すれば、私はあなたと喜んでビジョンを共有するだろう。そのビジョンに対して、あなたは自分自身でそのビジョンを築いた場合よりも深く心酔するかもしれない。それは、自分自身の経験よりも私の経験の方を強く信じるからである。一方、あなたが自分を有能と感じ、関与したいと思っているときに、私が**私の**計画を**あなたと私の**計画として一方的に発表したり共有したりしようとすれば、あなたが感情的にコミットすることはないだろう。つまり計画は「共有」されない。あなたは、ミッションや価値命題を押しつけられたものだと感じるだろう。二人は同じ歌を歌うことにならないのだ。

要するに、ミッション・ステートメントや戦略計画が重要であることはたしかだが、全員が同じ曲を奏でるようにするプロセスも**同じように重要**な、大きな仕事なのだ。「模範になる」というリーダーの仕事は、「方向性を示す」という役割において真に現れてくる。そうでなければ、組織のメンバーたちが同じ歌を歌うことはない。戦略的な問題について共通の思いを抱くこともなく、組織の底辺に向かうほど人々は道に迷うことになる。その場合、唯一の救いは人々の心の中にある純粋な生存本能のみである。競争相手も混乱状態であれば、生き延びることができるかもしれない。しかし、主要な競争相手が団結して相乗効果を発揮すれば（特に相手が世界一流であれば）、間違いなく負けてしまう。

映像作品『ゴール！』

週末の午前中に小さな子どもや孫たちがサッカーをしているのを見たことがあれば、この短編作品に笑わせられるだろう。グラウンドのすぐ脇で観戦しているかのような感じを味わえるはずだ。職場で全員を同じ大きなゴールに向けて集中させようとするときに遭遇する試練と多くの類似点があるので、注目してみるとよい。ＤＶＤをセットして、メニューから『ゴール！』を選択しよう。楽しんでご覧いただければと思う。

方向性を示す（フォーカス）ツール——ミッション・ステートメントと戦略計画

組織やチームにとって、「方向性を示す」ということは、個人にとっての「模範になる」という行為に相当する。それは、組織、チーム、家族として何に**フォーカス**すべきか決めることである。個人のレベルで自問するのと同じく、価値観や目的に関して問いかけるのだ。ただしこの場合は、グループ全員がグループの特定のミッションについて問いに答える。対話のプロセスを通して、ミッション・ステートメントと戦略計画（価値命題と目標）を書面にする。ミッション・ステートメントには自分たちの**目的意識**、**ビジョン**、**価値観**を盛り込む。

戦略計画は、顧客や利害関係者に**どのように**価値を提供するかを簡潔明瞭に記したものである。それは企業の価値命題である。**フォーカス**であり、組織の「ボイス（内面の声）」である。戦略計画を作成するには、顧客や利害関係者が誰か、誰が顧客や利害関係者であってほしいか、提供する価値のあるサービスや製品は何か、そして顧客の獲得・維持に関するなんらかの目標を達成するための計画（達成期限を含む）を把握する必要がある。家族の場合の戦略計画とは、日常生活の中で自分のビジョンや価値観を実現するための行動計画にほかならない。

エンパワーメントを進めるミッション・ステートメント

私の経験からすれば、エンパワーメントを進める効果のある共有されたミッション・ステートメントが生まれるのは、次のような条件がそろっている場合である。①十分な人数のメンバーが、②十分な情報提供を受け、③自由かつ相乗効果を生むようなやり方で相互に作用し合い、④それも強い信頼関係がある環境の中で行う。事実、これらの条件下で作成されたほとんどのミッション・ステートメントは、同じ基本的な考え方や価値観を含んでいる。言い回しは違うかもしれないが、たいていどれをとっても人間の四つの側面とニーズ（肉体、知性、情緒、精神）に触れているはずだ。

リッツ・カールトン・ホテルのような類まれなるサービスをめざす企業文化の力は、人間（自分自身と顧客）に対する基本的な見方にある――「われわれは、紳士淑女に仕える紳士淑女である」。ホルスト・シュルツ氏のリーダーシップ観の核心にあるのが、人間は誰でも全人格的な存在としての威信を求め、意義への欲求を持っているという考え方である。もう一度シュルツ氏の言葉を読み直し、熟考するとよいだろう（３１６ページ）。

覚えておいてほしい。自分の本質の四つの側面のすべてにおいてニーズやモチベーションを開拓する機会を与えられた者だけが、自分のボイス（内面の声）を発見できるのであり、最大限、貢献することができる。ニーズやモチベーションは、肉体にとっては**生き残り**（経済的繁栄）であり、知性にとっては**成長・発展**であり、情緒にとっては**愛情**と**人間関係**であり、精神にとっては**意義**、**誠実さ**、**貢献**である。

組織にも同じ四つのニーズがある。

①**生き残り**――財政的健全さ　【肉体】

②**成長・発展**――経済的成長、顧客の伸び、新たな製品やサービスの革新、専門能力や組織の能力の増強　【知性】

③**人間関係**――強い相乗効果、強い外部ネットワークと協力関係、チームワーク、信頼、思いやり、相違の尊重　【情緒】

④**意義、誠実さ、貢献**――すべての利害関係者（顧客、サプライヤー、従業員とその家族、コミュニティ、社会）に奉仕すると同時に彼らを向上させる。つまり世の中で大きな意味のあることを行う　【精神】

組織のメンバーの力を解き放とうとする場合、私が「ミッションの共有化（co-missioning）」と呼んでいるものが鍵を握っている。それは、個人の四つのニーズと組織の四つのニーズが重なり合うように、組織のミッション、ビジョン、価値観を明確にすることである。すべての社員の職務は、個人と組織の両方の四つのニーズを明らかに満たすよう、ミッションが共有化されている必要がある。この点を間接的に表現する「普遍的ミッション・ステートメント」はだいたい次のようになるはずだ――「**すべての**利害関係者の経済的豊かさ**と同時に**生活の質も高めること」。これに対し、**あなたの**組織、部門、チーム、家族のミッション・ステートメントは、普遍的ミッション・ステートメントの精神を具体的に表現するだけでなく、あなた**独自のやり方で**どのように達成するかを説明するものになる。つまり、あなた独自の天性、潜在能力、適性――自分のボイス（内面の声）――を表すものになるのである。

ノー・マージン／ノー・ミッション

私は、常に使命感と目的意識に駆られてきた。しかし自分の会社をおこして間もなく、現実を突きつけられた――「ノー・マージン／ノー・ミッション（利益なければ使命なし）」という現実である。一貫して利益を生み続けるように企業を経営しない限り、結局ミッションを果たす機会は失われてしまうのだ。

だが一方で、ほとんどの企業は利益と四半期ごとの数字ばかりに目を向けているため、ビジネスをおこそうと思い立つきっかけになったビジョンを見失ってしまう。社員やその家族、事業を展開するコミュニティも目に入らなくなってしまう。**すべての**利害関係者とどれほど相互依存の関係にあるかを忘れてしまい、使命感や貢献の意識を喪失してしまう。この四十年間、私は組織を相手に仕事をしたが、その大半はこの後者のアプローチが引き起こしてきた問題に追われてきたのだった。「ミッション／ノー・マージン（使命はあれど利益なし）」と「マー

図11・4

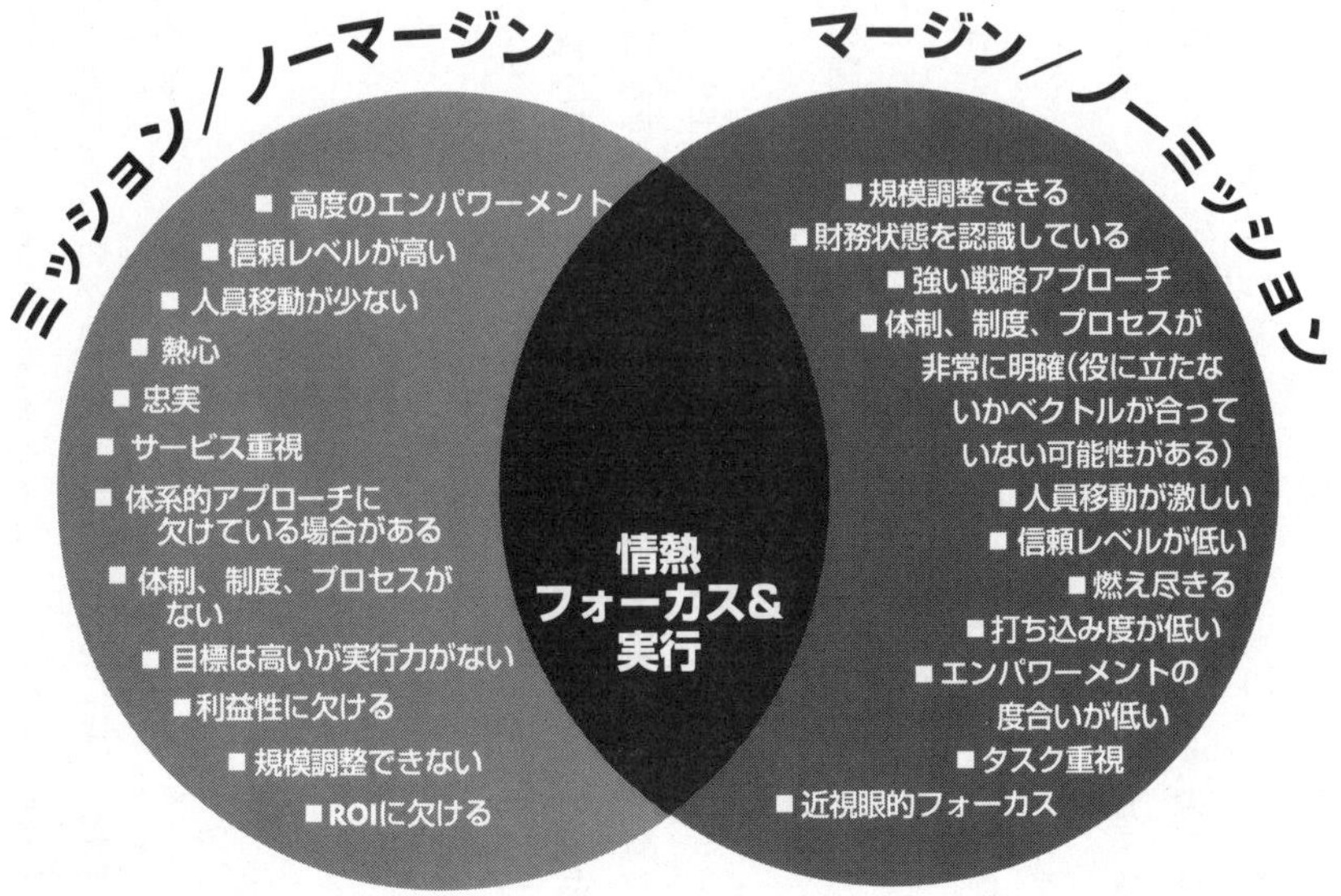
ミッション／ノーマージン
■ 高度のエンパワーメント
■ 信頼レベルが高い
■ 人員移動が少ない
■ 熱心
■ 忠実
■ サービス重視
■ 体系的アプローチに欠けている場合がある
■ 体制、制度、プロセスがない
■ 目標は高いが実行力がない
■ 利益性に欠ける
■ 規模調整できない
■ ROIに欠ける
マージン／ノーミッション
■ 規模調整できる
■ 財務状態を認識している
■ 強い戦略アプローチ
■ 体制、制度、プロセスが非常に明確（役に立たないかベクトルが合っていない可能性がある）
■ 人員移動が激しい
■ 信頼レベルが低い
■ 燃え尽きる
■ 打ち込み度が低い
■ エンパワーメントの度合いが低い
■ タスク重視
■ 近視眼的フォーカス
情熱
フォーカス＆
実行

ジン／ノー・ミッション（利益はあれど使命なし）」の両アプローチは、どちらも重大なネガティブな結果をもたらす（図11・4参照）。どちらも持続可能なアプローチではない（特に今日のグローバル経済においては）。鍵は、使命と利益の両方をめざすことにある。鍵は「バランス」にあるのだ。

戦略計画の実行

当然ながら、戦略計画はまず顧客ありきである。厳密に言えば、**組織には二つの役割しかない――顧客かサプライヤーかである**。組織の内外を問わず、誰もがこの両方の役割を同時に果たしている。**誰もが**とは、最終製品の生産を可能にしてくれる、サプライチェーンのすべての利害関係者である――資金提供者、アイデア・労働力の提供者、資材提供者、社員をサポートする家族、そしてサプライチェーン全体の存立を認め、育成するコミュニティや環境を意味する。

したがって、優れたビジネスの真髄は、顧客とサプライヤーの**関係の質**である。サプライヤーであるあなたは、多様な顧客に商品やサービス以上のものを売っている。つまり、実は顧客が抱える問題に対する解決策を売っているのだ（顧客はあなたから購入する商品やサービスという形で、必要な人材を雇用しているのと同じ効果を得ている）。表面をなぞるだけでなく、問題を真に解決できるようになるためには、さまざまな利害関係者のニーズを深く理解する必要がある。有意義な方法で戦略的に計画が立てられるように、利害関係者にとって何が最も大切かを把握する努力が必要となる。その際、原則にもとづく価値観は変化しないので、戦略的な計画立案のプロセスでは価値観が優先される。一方、顧客は変化するものだから、戦略も合わせて変える必要がある。しかし不変の原則に自分の価値観が合っている限り、どのような避けがたい変化の渦中にあっても、よって立つべき中心の軸を失うことはない。

優れたミッション・ステートメントと戦略計画の試金石はなんだろうか？　それは、組織のどのレベルのどのような人物に問いかけても、自分の仕事が戦略計画にどのように貢献し、支配的な価値観とどのように調和しているかを彼らが説明できるかどうかである。再び羅針盤の比喩を使えば、誰もが北（正しい方向）がどちらにあるかを知っていること、そして彼らの役割がどのように組織をその正しい方向に導いているかを認識していることだ。

共感によるにせよ、関与によるにせよ、ミッション・ステートメントと戦略計画がいったん深く共有されたならば、もう半ばは戦いに勝ったも同然だ。すでに知的、情緒的、精神的な創造がなされたからである。その後に、肉体的な創造が来る。**戦略を実行すること**である――実現すること、着手すること、生産すること、組織を整えること、エンパワーメントを進めることである。そのためには、体制を構築し、**適正な**ツールやサポートを与えて**適材**を**適所**に配置し、あとはリーダーは邪魔をせず、必要に応じて支援を与えることが必要となる。

それぞれの下位組織、委員会、実行委員会、部署、プロジェクト、チームが同じように二つの創造のプロセスを経る――まず知的な創造、次に物的な創造である。まず設計図、次に建築工事。まず作曲し、次に演奏する。すべてのものは二度創られる。第一の創造は、方向性を示すことである。このプロセスによって、物事を物理的・具体的・現実的なものにするための戦略計画が敷かれる。

方向性を示して戦略計画を設けるというこのプロセスがうまくいき、事前の共感や関与によってそのプロセスへの情緒的な結びつきが深まれば、必要なときに組織全体にわたって大幅なコスト削減を推進できることに気づくだろう。重要ではないが緊急性の高いことに忙殺されてしまうのは、個人も組織も同じである。企業の文化というものは独自の生命を持ってしまう。だからこそ、包括的な目的・価値観・戦略計画を常に駆使してフォーカスし、**ほかのあらゆる意志決定の推進力とする**必要がある。そうすることで、ビジネスの中核的な目的ではない、いわば「趣味的な」業務にわずらわされることを避ける自覚と勇気も得られるだろう。

ではビジネスリーダーが遭遇する最大の試練は何か？　その一つは、企業のビジョンを、目標を見通した、実際に行動できる形に移し変える――いわば**翻訳する**――という作業だ。重大な目的を達成するために、はるか雲の上の上層部で作られたビジョンを、最前線で働く社員にわかりやすい形にしてやらなければならない。たとえミッション・ステートメントの作成や戦略立案のプロセスに末端の社員が関与していたとしても、それらを「現場」で適用できるものにすることは簡単ではない。適切な時点で適切な人材が適切な業務をこなしてくれれば（つまり、究極的に最も大切な限られた中枢的プロジェクトや目標に集中してくれれば）、どれほど生産性を高めることができるか考えてみるとよい。

しかし多くの場合、そこに問題がある。戦略計画が遠大で不明瞭なことがあまりにも多く、リーダーたちは近い将来に達成すべきごく少数の重要目標に書き換えることも怠る。また同様に問題なのは、戦略が八やら、十一やら、あげくの果てには十五もの新しい「重要目標」に翻訳されるような場合だ。これでは優先事項が多すぎて実際にはフォーカスできない。多すぎれば、最優先事項などないも同然である。

戦略目標について言えば、ごく少数であること、優先順位が決められていること、測定可能であること、**説得力のあるスコアボード**で評価可能なことが重要である。そうすれば、戦略目標が何で、どのように達成すべきかを誰もが正確に把握できる。ごく少数の「最重要目標」に向けてチームや組織をフォーカスさせることや、説得力のあるスコアボードの重要性については、別の章でさらに述べることにする。

組織の上から下まで、メンバーたちがフォーカスし、チームワークに励む環境を築くには、社員が最優先事項を認識し、賛同し、具体的な行動に移す必要がある。そして、あきらめずに最後までやり遂げる自制心を持ち、互いに信頼し合い、効果的に協力し合わなければならない。残念ながら、ほとんどの人はどこに自分の時間やエネルギーを集中すべきかわかっていない。なぜならば、最優先事項が明確にされておらず、周知されてもおらず、説得力のあるスコアボードで評価されてもいないからである。また、最優先事項が明確で、周知され、適切に評価されているとしても、社員が最優先事項を自分たちのものと思うことができなかったり、戦略に反対したり、あるいは競合する優先事項を与えられたり、自分の任務と企業のビジョンとのつながりを見いだせないような場合には、その企業のビジョンを実行する彼らの能力は損なわれてしまう。そうなると、脆弱《ぜいじゃく》な信頼関係や、中傷、システムやプロセスの不備、行動を妨げる障害が多すぎるといったことが原因となって、チームワークが脅かされてしまう。

メンバーがミッションを共有しているという意識を生み出すことができ、各人が大きな枠組みでの「**なぜ**」と「**誰が**」を把握し、情熱を感じ、さらに明確に**目標を見通した戦略**（「**どのように**」と「**いつ**」）をも認識し、それに熱心に取り組んでいるような組織では、組織がおのれのボイス（内面の声）を発見し、原則を中核に据えた力強い企業文化を構築することができる（図11・5参照）。そのような組織では、部署、チーム、個人がそれぞれの目標に一貫してフォーカスしており、社員は組織の絞り

図11・5

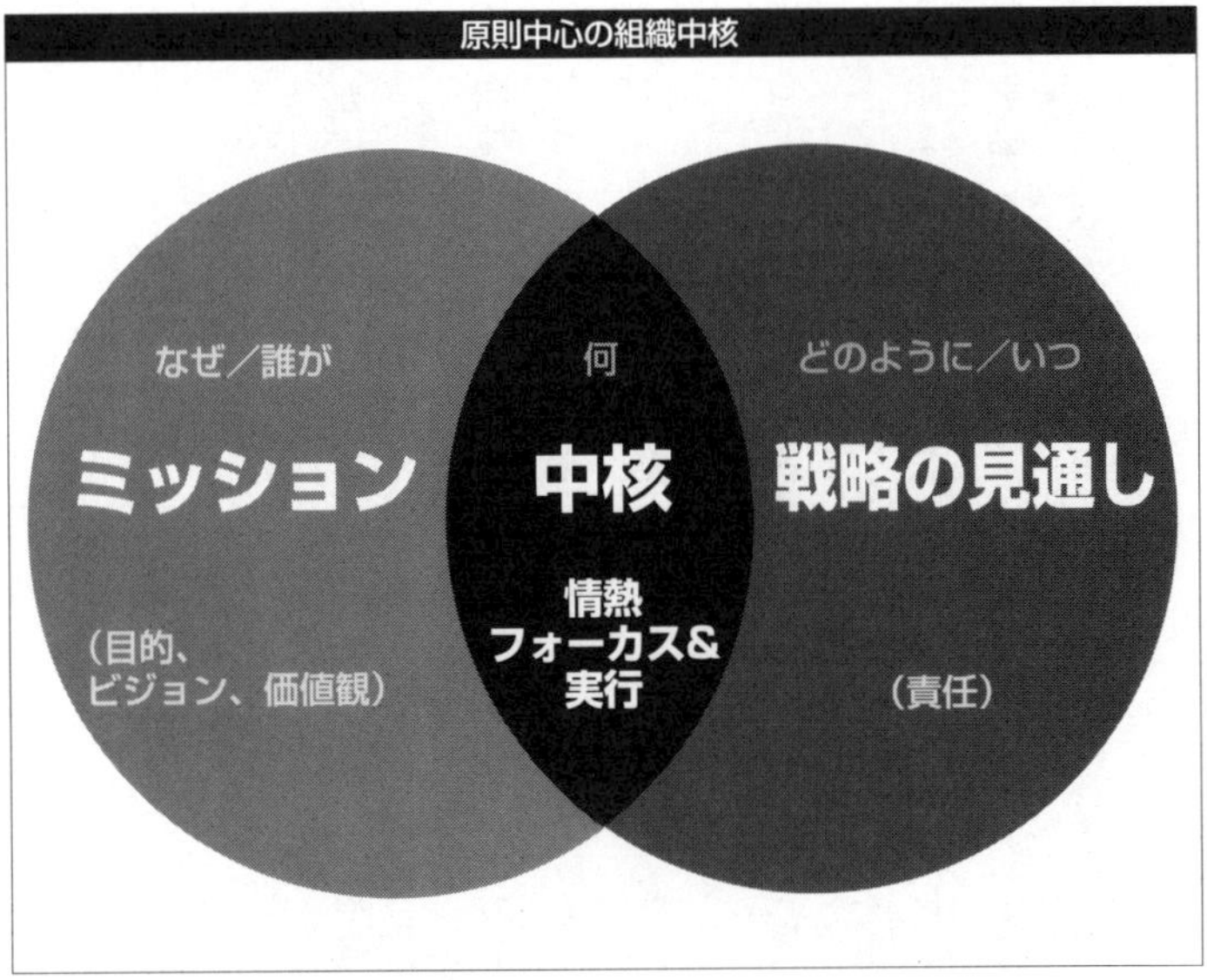

込んだ最優先事項に対して責任を負う。そのような組織にすることにこそ、方向性を示すというリーダーの役割の本筋があるのである。

Q&A

Q　私は四世代の社員を雇っている。そのように多種多様な社員がいる場合は、どうすれば共通のビジョンや価値観によって社員をまとめることができるのか？

A　唯一**適用可能**なのは、原則中心のモデルだ。相手が古参者、団塊の世代、X世代だろうと団塊ジュニアのY世代だろうと（その誰もが異なる価値体系を持っていて、異なるレンズを通して人生を見ている）、彼ら全員を一致団結させることができるものは一つしかない。それは、共通のビジョンや価値体系を築く土台となり得る、不変かつ普遍的な諸原則である。

実際よりもはるかに簡単に聞こえるかもしれない。それは承知している。しかし、各世代の社員に敬意を表し、コミュニケーションに参加させて相乗効果を生むことにより、第三の案を見いだし、達成することができると私は確信している。もう一度原則を思い出してほしい――問題の検討に社員たちを関与させて、いっしょに解決策を練る。そうすれば、社員たちはその解決策に情緒的なつながりを感じるようになる。彼らが問題の深さを真に理解し、自分の世代のレンズだけを通して見る領域を脱すれば、彼ら全員が組織という一つの社会生態系の一員になるはずだ。

Q　あなたは常に原則と価値観を区別しようとしているが、どうもまぎらわしい。どちらも同じように思えるの

だが？

A　あなたがそのように思う基本的な理由は、最もよく練り上げられた価値観は実際、原則や自然の法則にかなっているからである。事実、価値観を明文化する作業に十分な人員を関与させて、彼らに情報を与え、強い信頼関係のある職場環境を作り、互いに率直に意思疎通を図って相乗効果を生み出すことができれば、そこから生まれてくる共有された価値観は、本質的に原則にもとづくものであることに気づくだろう。また、このように価値体系を構築するグループは、たとえ表現は違っていても、本質は同じであることがわかるだろう。文化的慣行は世界のどこに住んでいるかによって異なる。しかし私が世界中で経験してきたことから考えると、上記のような過程を経て価値観が表明される場合、組織の種類や組織内の階層にかかわらず、表明される価値観は人間の本質の四つの構成要素（肉体、知性、情緒、精神）と四つの基本的なニーズ（生きること、学ぶこと、愛すること、貢献すること）を含んでいる。これは個人と組織の両方について言える。しかし一方で、価値観が一方的に確立され発表される場合、それは原則にもとづいていないかもしれない。犯罪者でさえなんらかの価値観を持っているのだから。

Q　ミッション・ステートメントの作成や戦略立案には、オフサイトの会議を行う必要があるか？

A　それは状況次第だろう。オフサイトで得られた成果が主流となって、組織全体にインプットされるならば、大いに効果的であり得る。しかし、ただ通知されるためだけのミッション・ステートメントや戦略計画を作成するだけならば、オフサイト・ミーティングも無意味だ。問題は、ミッション・ステートメントや戦略計画には情緒的な結びつきが得られなければならない、ということだ。そうでなければ、いくら基準を作り出しても、組織の構造やシステムやプロセスのアライメントに生かされることはないだろう。性急に作成され、通知されるだけのミッション・ステートメントは忘れ去られてしまう。ただ一方的にPRされるステートメントにしかならない。

オフサイトの会議の産物は、しばしばこのケースに当てはまる。

社員の情緒的な結びつきを得ようとするならば、そのミッション・ステートメントや戦略計画そのものに劣らず、それらを練り上げるプロセスも重要でパワフルな役割を果たすことを忘れてはならない。この場合も、関与と共感を組み合わせる必要がある。共感とは、自分のビジョンよりも他人のビジョンに強い信頼を置くため、他人のビジョンに共感するということである。

ミッション・ステートメントなどに社員たちの情緒的な結びつきを得るためには、やはりコミュニケーション、フィードバック、オープンな関係、そして参加が必要となる。テクノロジーをみごとに使って次から次へとこれが反復される例を何度も目にしたことがある。まず二、三名で構成される委員会がたたき台を作る。次にフィードバックを通して（意見を交換したり聞いたりして）、試案が次第に洗練され、多様な利害をより深く反映したものとなり、最終的には真の文化的絆《きずな》が生まれるのである。

第11章　一つのボイス（内面の声）── 方向性を示し、共通のビジョン・価値観・戦略を確立する

実行

組織を整え、エンパワーメントを進める

第十二章

実行のためのボイスとステップ——結果を出すために組織の目標とシステムを整える

馬は、馬具をつけない限り言うことを聞かない。
蒸気やガスは、閉じ込めない限り何も動かさない。
ダムにためられた水もトンネルをくぐらない限り電気にも電力にもならない。
どんな人生も集中、献身、修錬を経ないと成長しない。

——ヘンリー・エマーソン・フォスディック[1]

リーダーシップが果たすアライメント、すなわち組織を整える役割の**第一の案**は、組織を正常に成長させていくためには、個々人が自らの模範を示すことで十分であると信じることだ。

第二の案は、慎重かつ意図的に策定したビジョンと戦略を継続的に伝えることにより、組織として目標を達成できると信じることだ。体制や制度は、その次に重要なものである。

図12・1

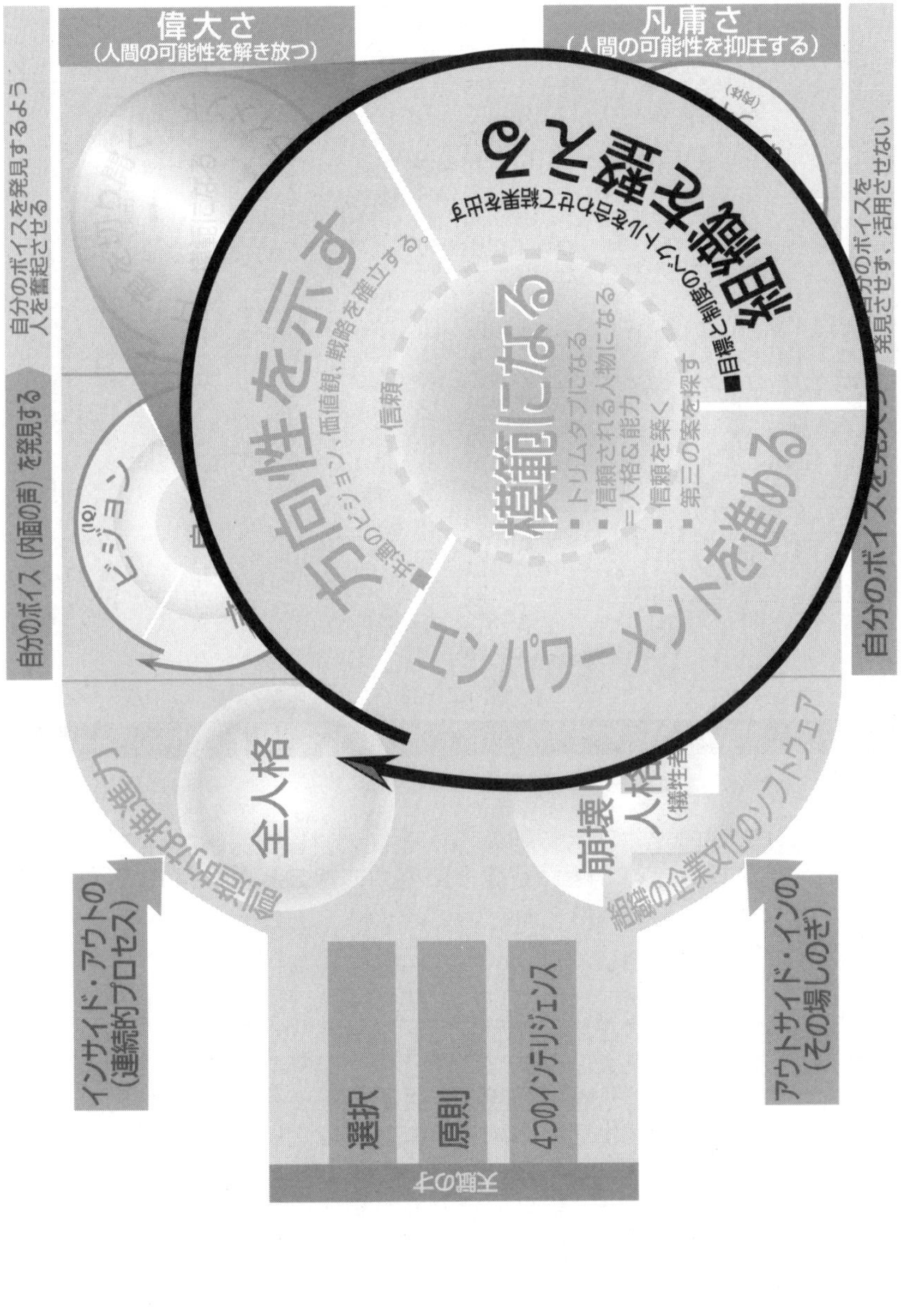
偉大さ
（人間の可能性を解き放つ）
凡庸さ
（人間の可能性を抑圧する）
自分のボイスを発見するよう人を奮起させる
自分のボイス（内面の声）を発見する
自分のボイスを発見させず、活用させない
方向性を示す
■共通のビジョン、価値観、戦略を確立する。
信頼
模範になる
■トリムタブになる
■信頼される人物になる
＝人格＆能力
■信頼を築く
■第三の案を探す
エンパワーメントを進める
組織を整える
■目標と制度のベクトルを合わせて結果を出す
ビジョン
全人格
（犠牲者）
組織の企業文化のソフトウェア
インサイド・アウト
（連続的プロセス）
アウトサイド・イン
（その場しのぎ）
選択
原則
4つのインテリジェンス
天賦の才

第三の案は、①個人の道徳的な権威と正式な権限の両方を使って、共通のビジョンと価値観に具現化された戦略や原則に**一定の形を与えたり制度化する仕組みを築くこと**、②組織全域で共通のビジョン、価値観、戦略的優先事項に合わせた段階的目標を設定すること、③自分がどれほどニーズを満たし、どれほど価値（制度の一つ）を生み出しているかについて市場や組織から定期的に受けるフィードバックに自分自身を合わせることだ。協力を尊重すると言うならば、競争するのではなく協力することに報いる。**すべての**利害関係者を尊重すると言うならば、**すべての**利害関係者に関する情報を定期的に収集し、それを使ってアライメントをやり直す。言わば、育てたい作物に水をやるのだ。

原則中心の生き方やリーダーシップの模範になることにより、信頼性が生まれたり引き出されたりする。方向性を示すことにより、要求しなくても、共通のビジョンと秩序が生み出されたりする。しかし、ここで重大な問題が持ち上がる。正式なリーダーが継続的に存在することに頼らず、どのように価値観と戦略の両方を一貫して実行し、全員が正しい方向に進めるようにしていくか？

図12・2

社会通念	社員が自立するよう訓練し、それに対して報酬を与えることができる。そして彼らに協力的かつ相互依存的に行動することを期待する。（旧パラダイム）
現実	今のままではゴルフクラブでテニスをやったり、デジタルな世界でアナログ的に考えるようなものだ。自立や競争を奨励してそれに報酬を与える組織構造や体系は、自立的な組織文化を生み出す。成長させたいものに水をやること。すなわち、互いに協力させて相互依存を指導し、報酬を与えれば、相互依存的な行動が生まれる。（新パラダイム）

答えは**アライメント**、すなわち、組織の中心的価値観と戦略的な最優先事項（方向性を示すプロセスで選択される）を**強化するシステムや体制を設計、実行すること**だ。

組織における現行の体制、システム、プロセスを見直してみよう。それらは、社員が最優先事項を実行できるようになっているだろうか？　あるいはその実行を妨げるものとなってはいないだろうか？　組織が支持する価値観と一致しているだろうか？　障害を取り除くのは——障害を作り出すのではなく——リーダーシップの責任である。しかし、組織を整えるのプロセスでは、自身を深く謙虚に見直すだけでなく、多くの「神聖で侵すべからざる」組織のシステムや体制も見直す必要がある。

組織的信頼性

前述したように、主要な信頼の源となる二番目にくるのが組織である。体制やシステムが、組織が支持する価値観と一致していなければ、たとえその中で働く人が信頼できても、必ず信頼できないシステムが支配してしまう。それは、信頼が築かれないからだ。これらのシステムやプロセスは、伝統や文化的な予想を通して深く組織に根づいているために、変えるのは個人の行為を変えるよりもはるかにむずかしい。

組織内に重大な「信頼ギャップ」があることがxQデータによって証明されている。所属組織が総合的にその組織の価値観に従って行動していると答えた回答者は四十八％にすぎなかった。

たとえば、ほとんどの組織がチームワークや協力の重要性を認めるが、そうした組織には内部での競争に報いる深く根づいた制度があることも事実である。かつて、協力の精神に欠いた企業を相手に仕事をしたことがあるのだが、そのときに私がどのようにしたのかという話をよく聞かせることがある。その企業のCEOは、社員がなぜ協力し合おうとしないのか理解できなかった。彼は、協力し合うようにさとし、訓練もし、心の準備もさせた。しかし、協力し合う姿勢は生まれなかった。

そのCEOと話しているときに、偶然、彼の机のうしろに目をやると、たまたまカーテンがあいたままになっていた。そのカーテンの背後には競馬の模型があった。左側には、すべての馬が一列に並んでいて、それぞれの馬の前部には、各マネージャーの楕円形の顔写真が貼りつけられていた。右側には、手をつないで白い砂浜を歩くロマンチックなカップルが写ったバミューダの観光ポスターが掲示されていた。

ここで、この企業に内在するミスアライメントを想像してみよう。「力を合わせて働こう、協力し合おう、そうすれば生産性を上げることができる、パフォーマンスを改善できる。そしてもっと幸せになり、もっと楽しめるのだ」といってカーテンを開けると――「バミューダ旅行を勝ち取るのは誰か?」とくる。

そのCEOは、また私に尋ねた。「なぜ社員は協力し合わないのだろうか?」

エドワード・デミングが言っているように、組織が抱えるあらゆる問題の九十%以上は組織的なものだ。問題の原因はシステムや体制にある。それらは、彼が言うところの「特別な原因」、あるいは人によって引き起こされたものではない。しかし、最近の分析によれば、人がプログラマーで、制度がプログラムであるところから、最終的にはそうしたシステムに対しては人に責任がある。システムや体制はモノであり、プログラムである。それらには選択する自由がないのだ。したがって、リーダーシップは人から生まれるものである。人がシステムを設計するのであり、すべての組織が出す結果は、そのように設計され調整されたものなのだ。

組織のシステムを設計することについて言えば、正直な人というのは、多くの場合その能力に欠ける。同様に、一部の有能な人は、不正直で欺瞞《ぎまん》的であるということができる。しかし、組織的な信頼性を確保するには、組織に合った人格と組織に役立つ能力の**両方**が必要となる。要するに、**組織を整えるとは、システム化された信頼性**なのである。すなわち、人が価値体系に組み込んだ原則こそが、体制、システム、プロセスを設計するときの基準となる。環境、市況、人が変わっても、原則は変わらない。建築家の言葉にそれがよく表されている。すなわち、**機能のあとにフォルムがくる**。言い換えると、目的のあとに体制がくる。方向性を示すことのあとに組織を整えることがくる。個人的においても組織的においても規律ははっきりしている。組織的状況では、規律をアライニング（組織を整える）と言う。なぜならば、組織ではビジョンを実現できるように体制、システム、プロセス、文化を構築して、それらのベクトルを合わせるからである。

相乗効果のある意志決定を行い、融通がきかない実行を回避するように注意する。

価値体系で長期と短期の両方に重点を置く場合は、情報システムでも長期と短期の両方に重点を置くべきだ。価値体系で協力と相乗効果を高く評価する場合は、報酬システムでも協力と相乗効果に報いるべきである。これは、個人の努力やパフォーマンスを認めたり、それに報いることを否定しているのではない。たとえば、報酬のパイのサイズは、協力や相乗効果にもとづくかもしれないが、そのパイのうち特定の個人の取り分は、相互補完的チーム内のその個人の努力にもとづくものであり、そのことから、相互依存と自立の両方が育まれるのである。

多くの組織が協力することへの努力を犠牲にして、個人的な努力のみに報いるという罠《わな》にはまってしまう。これはリップサービスと大差ない。協力するという価値観は認知と報奨の制度に組み込まれてはいないということだ。誰もが自分の課題に取り組んでおり、当然ながらその誰もが、個人的な努力に報いる報酬システムに賛成する。すると、顧客に最適なレベルで仕えるにはチームワークが必要な時に、そのチームワークは生まれないし、市場では失敗という結果に終わってしまう。人が協力したがらないのではなく、システムが個人的な努力や内部での競争に報いてしまうのである。繰り返しになるが、レトリックであろうと良心的な意思であろうと、結局のところは、それを押しつぶしてしまうのがシステムであることを忘れてはならない。

「勝者にするためにこれらすべての社員を雇ったのではないのか？」

年次集会で約八百名の集団を前に講義をしたときにも、よく見られる別の的外れなシステムに出会ったことがある。その制度では、八百名のうちの三十名のみが報奨を受けた。八百名のうちの三十名だけである！　そこで、私は、社長に向かって「勝者にするためにこれらの社員を雇ったのではありませんか？」と尋ねた。以下は、そのときのやりとりである。


「そのとおり」

「敗者を雇ったのですか？」

「いいえ違います」

「今晩、ここには七百七十名の敗者がいます」

「彼らは、競争に勝たなかったのです」

「彼らは敗者ということですね」

「なぜですか？」

「あなたの考え方に原因があるのでしょう。Win-Loseの考え方です」

「では、ほかに何ができるというのでしょうか？」

「全員を勝者にすべきでしょう。競争をしなければならないという概念はどこから来たのですか？　市場での競争で十分ではないでしょうか？」

「生きるとはそういうものでしょう」

「そうですか。ならば奥さんとの関係はどうですか？　どちらが勝者ですか？」

「ある日は妻が勝者となり、またある日は、私が勝者となりますよ」

「そういうことを将来のために子どもたちに模範として示したいですか？　どうでしょう」と私は尋ねた。

「では報酬についてはどうしたらよいのでしょう？」と彼は言った。

「個人全員、そしてすべてのチームと個別にＷｉｎ－Ｗｉｎパフォーマンス契約を結ぶとよいでしょう。目標を達成すれば、彼らは勝者になります」と私は助言した。

一年後、方向性を示す作業やアライメント作業が数多くなされたあとで、私は再び招かれた。このときの年次集会には千人以上が出席した。この千人の中で何人が勝者になったと推測するだろうか？　八百名だ。二百名は、勝者とならないことを選んだのである。それは彼ら自身の選択だった。比較されることはなかった。これらの八百名は、どのような成果を上げたのだろうか？　**各人が**前年度選ばれた三十名と同等の実績を上げたのである。文化全体が変化した。文化全体が、「欠乏マインド」から「豊かさマインド」に移行した。そして八百名が前年度の三十名に並んだ。

なぜだかわかるだろうか？

この質問には、前述したバミューダの話と比べて答えてみよう。各人が「われわれのうち**誰が**バミューダに行くのか？」と考える代わりに、「相手に夫婦でバミューダに行ってほしい、われわれ全員で行きたい、相手を応援する」と考える。この思考プロセスが、どのように内部で競争のある組織を大変革させてしまうか想像してみてほしい！

いずれの場合も、社長は信頼できない人間ではなかった。彼らには人格があったし豊かさマインドも持っていた。欠けていたのは、的を射た報酬システムを築く考え方やスキルだったのだ。また、完全な情報システムもなかった。それでは、ダイヤルが一つしか機能しない状態で飛行機を飛ばすようなもので、まさに悲惨だ！　しかし、彼らは、その概念にすぐに飛びついてしまった。繰り返すが、彼らの問題は、人格ではなく能力にあった。必要なスキルを身につけてこなかったし、欠乏マインドにもとづく伝統的で欺瞞的な制度から脱却できていなかった。こうした制度は、社長が当該スキルを身につけない限り欺瞞的な側面を残す。

組織を整えるには絶え間ない用心が必要だ

組織を整える作業に終わりはない。非常に多くの変化し続ける現実に対処するには、絶え間ない努力や調整が必要になる。システム、体制、プロセスには、そうした変化する現実に合わせられるように柔軟性がなければならない。その一方で、不変の**原則**にもとづいていることも要求される。この**柔軟な不変性**の組み合わせを確保すれば、安定して活気のある組織を築くことができる。

> **原則とは深めの井戸のようなものである。この原則という深めの井戸がエンパワーメント、品質、少ない資金や材料で多くの製品を作ること、規模調整の可能性、機敏性というあらゆる浅めの井戸や根本体制の源泉となる。**

組織の能力をさびつかせないようにするために、必要に応じて随時組織構造を変える一つの方法としては、自組織に限らず、世界中のあらゆる産業や職業において同様の**機能**をより上手に実行している優れた人々基準を置いて真面目に取り組むことがある。それにより、人々は単に過去に目を向けたり、自産業内の傾向あるいは現在の競争相手との傾向から推定するだけではなく、世界クラスの意識や定義を見いだすことに努力するようになる。優れた実行者と見なされる優れた実践者である組織を探して（完ぺきあるいは優等であるか否かに関係なく、現時点の優れた実践者を常に探す）、彼らから学習するのである。

観察、常識、しっかりした調査によって証明されているように、成功する組織は、個人の行為だけでもたらされるものではないし、正式なリーダーの個人的特性によってもたらされるものでもない。成功する組織は、組織の特性によってもたらされるものなのだ。このような組織は、個性に依存することなく、制度や文化に依存している（文化については、エンパワーメントを進めるという役割のセクションでさらに詳細に言及する）。

多くの社内部門を駆使し、産業の時代から知識労働者の時代への転換を成し遂げた企業の一例としてＧＥ社がある。長年ＣＥＯを勤めたジャック・ウェルチとＧＥ社のマネジメント教育責任者を務めたノエル・Ｍ・ティシー博士がおもに重点を置いたのが、リーダーシップ育成をＧＥ社の遺伝子と同社のリーダー研修に組み込むことだった。

リーダーシップは、上席役員チーム内でのＣＥＯの本領にとどめることなく全社的にシステム化すべきというウェルチの考えは、当時はビジネス界で広く共有されるものではなかった。経済のグローバル化とは、安定性や独裁制、また厳格に区分けされたプロセスを長年にわたって特徴としてきたビジネスの世界が、もっと変革を受け入れるようになる必要があることを意味する。そのためには、企業の階級組織のあらゆるところで機知に富む適応力のあるリーダーを育成する必要がある。結局、それは、人々に変革への対応の仕方だけでなく変革を生み出す方法をも教える能力を身につけることを意味する。[2]

システム化された道徳的権威

本当に原則中心を貫くベクトルの合った組織や機関には、**システム化された道徳的権威**がある。システム化された道徳的権威とは、一貫して高品質を生み出し、さまざまな利害関係者と信頼関係を築き、能率、スピード、柔軟性、そして市場との適合性を継続的に重視するシステム化された能力である。中には、ときどきそれに落ちこぼれる個人もいるかもしれないが、機関が彼らを的確に監督して前進し続ける。

文化的に持続可能な憲法（成文化されているか否かに関係なく）のある国では、常にシステム化された道徳的権威がある。個々のリーダーが常に一貫してその国の憲法に従うわけではないが、これらの国では、個々のリーダーの長所に頼ることができるし、これらのリーダーの弱点を本質的に無意味にしたいときには政府の残りの機能に頼ることができる。独裁制の国や、いまだに相互依存型で文化的に腐敗が黙認されるような脆弱な開発途上民主主義国にはこれは当てはまらない。

一般に認知されているように、システム化された豊かな道徳的権威がある場合でも、堕落していたり、独裁的であったり、あるいはエゴで行動するようなリーダーが、一定期間にわたって大きな害をもたらすことはある。しかし通常は、組織や機関はすぐに立ち直る。基本的に権力は、政治家や任用された官僚自身にではなくシステムの中にあるのだ。関係者たちの個人的弱点よりもシステム自体の方が強い。マリオット・コーポレーションが、悪魔は詳細の中にいるが、**成功はシステムの中にある**と教える所以は、そこにあるのだ。

世界最大のホテル企業であるマリオット・インターナショナルの会長兼ＣＥＯのＪ・Ｗ・ビル・マリオットに最近話をする機会があった。この世界最優良組織の一つを築き上げたのはビルとその前任者であるビルの父だった。彼らは、それを成し遂げる一つの方法として、**コミュニケーション・システム**を構築し、社員に自分の特質を発揮させたのである。

「任期中に得た最大の教訓は、社員の意見に耳を傾けるということだ」と、彼は私に言った。「実際に社員をまとめ、彼らからアイデアを集めたりその意見を聞く上席マネージャーがいて、自分がこれらのマネージャーと話し合い、彼らの意見を聞くと、はるかに優秀な意志決定を行うことができると悟った」

マリオットによれば、彼がその教訓を認識する機会は人生の早い時期に訪れた。世界で最も著名なリーダーの一人である元大統領のドワイト・デビッド・アイゼンハワーと出会ったときだった。

「私は、大学卒業間近で、六ヶ月間海軍に従軍していたが、クリスマス休暇で帰省していた」と彼は振り返った。「あるとき、米国農務省長官のエズラ・タフト・ベンソンがアイゼンハワー将軍とわれわれの農場にやって来たのだ。当時、アイゼンハワーは大統領で、私は海軍少尉だった」

「外は極寒の天候であったが、父は射撃の的を設置し、アイゼンハワー大統領に『外に出て射撃をしますか、それとも、暖炉のそばでくつろがれますか』と尋ねた」と、マリオットは語った。

「彼は私の方を向いて、『少尉、君はどう思うか』と尋ねた」

今日でさえ、私にその話をしながらマリオットは呆然とした様子を見せた。

「『これが彼の常套《じょうとう》手段で、ドゴール、チャーチル、マーシャル、ルーズベルト、スターリン、モントゴメリー、ブラッドレイ、パットンと対峙《たいじ》したときにもこの手法で切り抜けてきたのだ。君はどう思う、というのは絶妙な質問だな』と、私は独り言を言った」

「それで私は、『大統領、外はあまりにも寒いですから、暖炉のそばにいらした方がよいと思います』と言った」

今日までその教訓を忘れたことがない、とマリオットは言った。

「それは、私にとって本当に画期的な瞬間だった」と彼は言った。「あとでこう思ったことを覚えている。『ビジネスの世界に入ることがあれば、その質問を使おう。そうすれば、非常に正確な情報が得られるはずだ』」

それゆえに、ビル・マリオットは、自分自身を変えたその方法で同社のホテルチェーンを再編し、組織全体にコミュニケーションを奨励する文化を築いた。「君はどう思う?」と尋ね、彼らの意見に耳を傾けて、その経験や知恵を尊重することで、「肉体」労働者と思われる人が「知識」労働者に変わることを彼は認識したのである。

彼は、この話を総括して以下の話をしてくれた。「息子のジョンは、弊社が買収したニューヨークにある企業のある部門の再建に取り組んでいた。キッチンで、社員の一人に近づき『率直に言って、弊社はこういった問題を抱えている。何をすべきだと思う?』と尋ねた」

「その社員は、涙を流してこう答えた。『この老舗企業に二十年勤めてきたが、会社のことについて自分が意見を尋ねられたことは一度もない』」

アライニングツール――フィードバックシステム

リーダーシップの役割のうち、三つの役割とそれに使用するツールで取り組むのは、「何が最も大切か?」という一つの基本的な問いだ。第三の役割であるアライニングでは、「われわれは、的を射ているか?」、「最も大切なことについて本道を進んでいるか?」という問いを扱う。

前述したように、現実には、ほとんどの場合、われわれの**誰もが**本道を外れている。あらゆる個人、家族、組織、操行中の飛行機がそうである。それを認識することこそが重要なステップとなる。しかし、多くの者にとって、本道を外れていると自覚することは失意や絶望感を伴う。本当は、それほど落胆する必要もないし落胆すべきでもないのだが。本道を外れていることを認識することは、本当に大事な目標(原則)に自分自身を合わせ直したり、目的に改めて向かうことにつながるのだ。

覚えておいてほしいのだが、個人、チーム、組織としての道のりは、航空フライトに似ている。飛行機を飛ばす前に、パイロットは、フライト計画を提出する。彼らはどこに行くのか正確に把握している。しかし、飛行する中で、風や雨や乱気流、航空交通、人的過誤など他の要因が飛行機に作用する。飛行機が飛ぶ方向は多少ずれてきて、飛行中はほとんど、指定された経路から外れていたりする。しかし、過度に逸脱しなければ、飛行機は目的地に到着する。

では、それはどのように達成されるのか？　飛行中、パイロットは、絶え間なくフィードバックを受ける。環境、管制塔、他の飛行機、ときには星から読み取る計測装置から情報を収集する。そのフィードバックにもとづいて、何度も調整を行いながら当初の計画に戻していくのだ。

このフライトは、例の四つの役割の理想的な比喩《ひゆ》であると思う。模範を示し、方向性を示し、エンパワーメントを進めることによって、われわれは、自分の家族、組織、仕事、そして自分自身にとって何が最も大切かを確認できる。これが、われわれのフライト計画だ。パイロットのように絶え間なく受けるフィードバックは、自分の進捗《しんちょく》状況をチェックして自分自身を本来の誘導基準に**合わせ直す**機会を意味する。これらの役割と手段が一体となって、われわれが目論む目的の達成に寄与することになる。

目標達成と能力開発とのバランスを取る

アライメントの原則の鍵を握るのは、まず結果ありきという点である。市場でどのような結果を上げようとしているのか？　利害関係者は、彼らが行った投資から得られる利益に満足しているか？　社員はどうか？　彼らは、自分が行った知性、肉体、精神、情緒面の投資から得られる利益に満足しているか？　サプライヤーはどうか？　コミュニティはどうか？　あなたは、子ども、学校、街、空気や水、社員が労働し家族を養う状況に対して、社会的責任を感じているか？　これらの利害関係者から得られるすべての結果はどうか？　顧客はどうか？　物事はどのように進んでいるか？　どのような結果が得られているか？　顧客は、世界クラスの基準と比べてどのように水準の評価を行うか？　これらの利害関係者が上げる結果について調査、検証し、その結果と自分の戦略との間のギャップを検証する必要がある。

効果性とは、**目標達成**（Ｐ）と**目標達成能力**（ＰＣ）とのバランスである。これをＰ／ＰＣバランスと言うこともある。[*] 言い換えれば、それは、人が欲する黄金の卵とその卵を産むガチョウである。効果性の本質は、将来的に得られる結果を増大できるような方法で、望む結果を上げることである。

過去十年間、Ｐ／ＰＣバランスを測定する多くのアプローチが開発されてきた。私は、３６０度フィードバックの重要性を頻繁に訴えてきた。この場合、最初の９０度は財務会計を表し、残りの２７０度は、組織の主要な利害関係者の認識と、その認識を取り巻く彼らの感情の力について、科学的に収集した情報で構成される。

この種のフィードバックは、さまざまな名前で呼ばれているが、最近の最も強力なものに、**バランス・スコアカード**がある。私は、ときにはこのアプローチをダブル・ボトムライン会計と呼んできた。伝統的な会計は、常にシングル・ボトムライン会計に重点を置いてきた（黄金の卵）。ダブル・ボトムライン会計は、黄金の卵を生む「ガチョウ」自体を尊重し、「ガチョウ」の健康を図る。つまり、組織とそのすべての主要利害関係者（顧客、サプライヤー、社員とその家族、政府、コミュニティなど）との関係の質を包括する。

あなたの組織の現在、そして将来の健康と体力を二ページにまとめた総括表を用意してみよう。一ページは、財務諸表（過去の取り組みから得られた現在の成果）とし、もう一ページは、将来的な結果に

＊目標達成と能力開発のバランスをどのようにとるかに関する詳しい情報については、付録8を参照。

つながる自分と利害関係者との関係についての指標を示したものである。こうすれば、どのような力を発揮するか想像できるはずである。

> **自分が掲げる最重要目標の進捗状況を測定する人はほとんどいない。真のフィードバックを提供する。明確かつ正確で目に見えるスコアボードがあると申告したxQ回答者は、十%にすぎない。最前線での意志決定には行動可能な知性が不可欠である。**

重要なことは、いわゆる**スコアボード**を作成することである。組織のミッション、価値感、戦略に組み込まれた基準を反映するパフォーマンス・スコアボードを設けるときには、関与する人や評価対象者も関わる必要がある。そうすれば彼らは、継続的にプロセスに従ったり、責任を負うことができる。彼らは感情的にそれとつながり、所有する必要があるのだ。これは、個人やチーム、部門やタスクを遂行したり、責任やプロジェクトを担当する責任がある人**にも**言えることである。全員がスコアボードの作成に関与し、それに対して責任を負うべきである。スコアボードの作成に関する詳しい実用的な提案を第十四章に記載する。

このスコアボード・フィードバック・システムのアイデアの重要性を説明してみよう。その一環として、これらの診断的質問と直面したある組織の経験を紹介する。

私は大きな会議で全国新聞発行者・編集者協会を相手にスピーチを行っていた。このイベントの準備のために、さまざまな新聞関係団体を対象に実施された文化監査から情報を収集した。その情報は、業界内での信頼レベル、目的や価値観の属性共有度、システムのミスアライメント、結果的な無力化を示していた。

このデータを紹介する前に、違うアプローチを使用してみることにした。マイクを片手に大きなホールを歩き回り、「社会で新聞が果たす本質的な役割とはどのようなものだろう？　あなたの中心的目的はなんだろうか？」

と尋ねたのだ。

出席者に順にマイクを手渡すと、彼らは社会で新聞関係団体が果たす絶対的に重要な役割について臆せずに語り始めた。印刷媒体でより深い分析を行えば、政府は正直な態度を維持し、役人は説明責任を負うようになって公衆への透明性が確保されるというのが彼らの考えだった。みんなの発言は、最も基本的な価値観、すなわち、自由を保持しながら国やコミュニティに仕えること、政府が国民に説明責任があること、憲法に明記されたチェック・アンド・バランスを守ること、この民主共和制と自由企業体制の理想を維持するために国民への情報開示を促進することといった話題に集中した。

そこで、私は質問を変えて、「それらの目的に本当の信念を抱いていますか？　それを心で感じていますか？」と尋ねた。部屋を歩き回りながら人々に回答を求めた。満場一致で「イエス」だった。次の質問は、さらにむずかしいものだった。「ある人物が特定の価値観を本当に信じているのか、どうやったらわかりますか？」　これにさまざまな回答が出たところで、私は、その人物が自分の価値観に従って生きようとしていることが試金石の一つになるというアイデアを出した。価値観に対して誠実であることが本当の信念を表すのだと提言すると、彼らはそれに賛同した。

次に重要な質問を投げかけた。「あなた方が属する新聞関係団体のどれほどが、あなた方がコミュニティや国に提供する機能と同様の機能を内部にもっているのでしょうか？」　彼らは私の質問に困惑した。それで、「あなた方のどれほどが、人に正直であるように徹底させ、説明責任を負わせ、最も基本的な理想や価値観に従わせる機能を内部に持つ組織と文化の両方、またはどちらか一方に属していますか？」と質問し直した。出席者のうち手を上げたのは約五％だった。そこで、新聞関係団体を対象に実施された文化監査から収集したデータを紹介した。不誠実さ、個人間の不和、部門間の競争、人員のミスアライメントや組織が極端に無力化した状態を彼らに示した。

次に、四つの役割のアイデア（まず自分から始めること、明確化するという目的に他者を関わらせていくこと、情報や強化・報奨の制度を設けて最適なエンパワーメント環境を築くこと）について説明した。これらの編集者や発行者の多くは、そのイベントからリーダーシップについてこれまでとはまったくちがうパラダイムを持ち帰った。それは、われわれ全員にとって非常に興味深い啓発的な経験だった。

この種のフィードバックが重要なのは、組織だけでなく組織内の個人にも当てはまる。

あるとき、歴史的に試練と紛争に直面してきたある国の空軍司令官を対象とした訓練プログラムを行った。主要な利害関係者からフィードバックを得ることの重要性について話していたときに、私は、司令官たちがうなずいて賛同するのに気づいた。そこで、担当の司令官の方を向いて「そうしたフィードバック測定システムを使用しているという意味ですか？」と尋ねた。

「訓練にその方法をとり入れている」と、彼は答えた。「訓練する相手は、マネージャーではなくトップパイロッ

表5

問題	かつての産業時代の管理モデル	新知識労働者時代の解放／エンパワーメントモデル
リーダーシップ	地位（形式的な権限）	選択（道徳的権威）
マネジメント	モノや人を管理する	モノを管理し、人を解放(エンパワー)する
体制	階級的、官僚的	よりフラット、境界がない、柔軟性がある
モチベーション	外的、アメと鞭	内面的—全人格
パフォーマンス評価	外的、サンドイッチ・テクニック	360°フィードバックを使った自己評価
情報	おもに短期財務報告	バランスのとれたスコアボード（長／短期的）
コミュニケーション	おもにトップ・ダウン	オープン：アップ／ダウン／横方向
文化	社会的規則／職場の慣習	原則中心の価値観と市場の経済規則
予算作成	おもにトップ・ダウン	オープン、柔軟性がある、相乗効果がある
訓練&啓発	二次的課題、スキル重視、使い捨て	メンテナンス、戦略的、全人格、価値観
人員	損益の犠牲、リップサービスを大事にする	最大の影響力を持った投資
ボイス	一般に重要でない	すべてに戦略的、相互補完チーム

トだが。彼らが接する全員が下した評点とその評点の高さを記載したプリントアウトを年に一度彼ら全員に配布する。彼らは、個人的啓発や専門能力開発の基準としてそれを使用する。高い評点（部下からの評点も含む）をとらない限り誰も昇進できない」

「あなたには分からないと思いますが、私の国では多くの組織でその概念を取り入れさせるのがどんなにむずかしいことか。なぜ、それが人気コンテストとならないのですか？」と私は言った。

軽蔑の眼差しで私を見ながら、彼はこう答えた。「スティーブン、わが国が生き残れるか否かは、これらの人材にかかっており、彼らはそれを承知しているんだ。われわれが人気コンテストにふけると本当に思っているのか？実際には、ときには実行力があるという理由で最も人気がない人が最高点をとることもある」

体制やシステムと価値観や戦略のベクトルを合わせることは、リーダーシップやマネジメントが直面する最もむずかしい試練の一つだ。それは、単に、体制やシステムが過去（伝統、期待、仮説）を具体的に表すことになるからである。多くの人は、これらの体制やシステムの予測可能性や不確実性から安心感を得ている。それらは、実際には「神聖で侵すべからざる」存在であり、道を切り開くときの戦略的基準が深く受け入れられ、この基準に対して感情的に関わらない限り、それらを無視したり粗末に扱ってはならない。

前頁の表に、かつての産業時代の体制やシステムの管理モデルと新知識労働者時代の解放／エンパワーメントモデルとを対比させる（表5参照）。これらの二つの対比は役に立つことだが、現実の世界では、二つのうちのいずれかを選択するのではなく、それらを連続体として扱うことの方が多い。少なくとも、おそらく、これらの対比リストは、各連続体の両極端を表したもので、文化・体制・システムと、道を切り開くときの基準のベクトルを合わせることに大きな力があることを明確にする上で役立つかもしれない。

Q&A

Q　短期的な内部の競争を重視し、ランキング制度や数字を強制する制度を持った文化を築いた組織に属する場合はどうすればいいか？　そうした状況では現実的に何ができるか？

A　その組織が市場の競争力と関連する場合は、人は選択の自由を使って、自分自身をトリム・タブとし、影響の輪を拡大できる。もし組織が市場の競争力に関連しなければ、人はギリシャ哲学（エトス、パトス、ロゴス）を使って自分の勧告を受け入れれば、より上手に目的にかなうことを相手に認めさせることができる。または、継続的に自己啓発や専門能力開発に努力して、自分の問題解決能力や人のニーズに応える能力に自信がもてるようになれば、他のことに挑戦する機会も無限に持つことができる。その場合は、まさしく――どこかに行って他のことに挑戦する道を選ぶことができるのだ。

Q　マネジメントまたはリーダーシップチームが行う活動の中で、戦略的な方向性を示す作業プロセスを設けることの次に重要な活動は何か？

A　人を雇用、選択、配置することだろう。ジェームス・コリンズの言葉を借りれば、**正しい**バスの**正しい**席に**正しい**乗客がすわるように徹底させることだと思う。人を雇用、選択、配置することは、訓練や啓発よりも重要なのではないだろうか。急激に発展する経済においては、ほとんどの組織が性急に人材を必要とするし、問題も緊急性を帯びているために、雇用面で危機におちいってしまうことが問題となる。人は、最も切望することを最も簡単に信じてしまう。その結果、川下では、本当の災害に耐えざるを得ない場合が多い。代わりにすべきことは、戦略的な雇用を行うことで、その場合は、慎重に基準について検討し、基準を開示し、さまざまな人の追跡記録を徹底的に検証することに努力する。候補者と本当の関係を築く努力をし、彼らが信頼できて率直で、そのビジョン、価値観、ボイス（内面の声）が彼らが将来就く職務の戦略的基準と一致しているか否かを判断する時間を持てるようにする。そのあとに鍵となるのが実行である。

Q　あなたの経験上、人を雇うときに尋ねる質問の中で最もよい質問は何か？

A　私の経験上、「物心ついたときには、何をすることが本当に好きで、何が上手だったか？」という質問が最も優れている。次に、小学時代、中学時代、高校時代、大学時代、その後の職業についても同じ質問をして、その人の本当の才能や長所がどこにあるのか（その人の真のボイス（内面の声）がどこにあるのか）について本当のパターンを把握する。また、依存、自立、相互依存のいずれのパターンなのかもわかるし、モノ、人または単純にアイデアのいずれを使って働くかのパターンもわかる。人に果たしてほしい役割については、戦略的に設定した基準を進んで示す必要がある。

Q　共依存（受動性や迎合）が報いられる場合はどうなるか？

A　それが報いられるのは一時的でしかない（市場がそれを許さない）。長期的には成功できない。受動的で相互依存型の人は、創造力、創意工夫、先見の明をもって顧客に仕えようとはしないからである。長期的には、市場に透明性があったり、市場から役立つフィードバックが得られる場合は、共依存型の人や文化は生き残ることができない。今日のグローバル経済で必要なのは、ぜい肉のついていない、生命力のある、機知に富んだ創造的で革新的な文化である。特に局地的ではなくグローバルな競争にさらされている場合にこれが言える。

Q　チーム編成プロセス全体はどうか？

A　人の長所が生産性のあるものとなり、短所が他者の長所でカバーされる相互補完チーム（ここでは、共通のビジョンと価値体系が団結力となる）を設けるときにはチーム編成が基本となる。しかし、チーム編成を強化するには、ベクトルが合った多くのシステムや体制が必要となる。一つの花に「育て」と言っても別の花に水をやるのでは、最初の花は育たない。チームとして働こうと言いながら、単独で高圧的に考えたり、一方的で勝手な意志決定を頻繁にしていたら、チームは編成されない。組織の体制・システム・プロセス内にある原則によってチーム編成が強化される場合、チーム編成はきわめて重要で望ましい活動となる。そうでなければ、掛け声だけの二次的な課題となり、主題とはならないだろう。

Q　組織全域にさまざまなビジョンや目標がある場合、団結した結合力のある文化をどのように築いたらいいのだろうか？

A　痛みを与えることだ。人は、満足し幸福である限り、あまり行動を起こすことはない。市場によって痛い目に合うのを待ちたくはないだろうから、他の方法で痛みを与える必要がある。それには、バランスのとれたスコアボード・アプローチが役に立つ。特に、メンバーが痛みに対して責任を負い、それにもとづいて報奨が与えられる場合にこのことが言える。

第十三章
エンパワーメントするボイス——情熱と才能を解き放つ

社員を奮起させて優れたパフォーマンスを引き出すための最良の方法は、自分がまず模範になると同時に、彼らを心から支援していることを日々の態度に表し、彼らが納得するようにすることである。

——ハロルド・S・ジェニーン、元ＩＴＴ最高経営責任者

リーダーがエンパワーメントを進めようとするとき、三つの選択肢があり得る。**第一の案**は、部下をコントロールして、結果を出させようとすることである。

第二の案は、彼らを束縛せずに放任することである。このやり方は、口先ではエンパワーメントを説くが、実際にはリーダーが自分の責任を放棄し、また部下のアカウンタビリティ（各自が出した結果に対する説明責任）をも無視することになる。

第三の案は、この中でいちばん厳しくかつ思いやりがある方法だ。現場からも見通しがきく目標を部下に伝達

図13・1

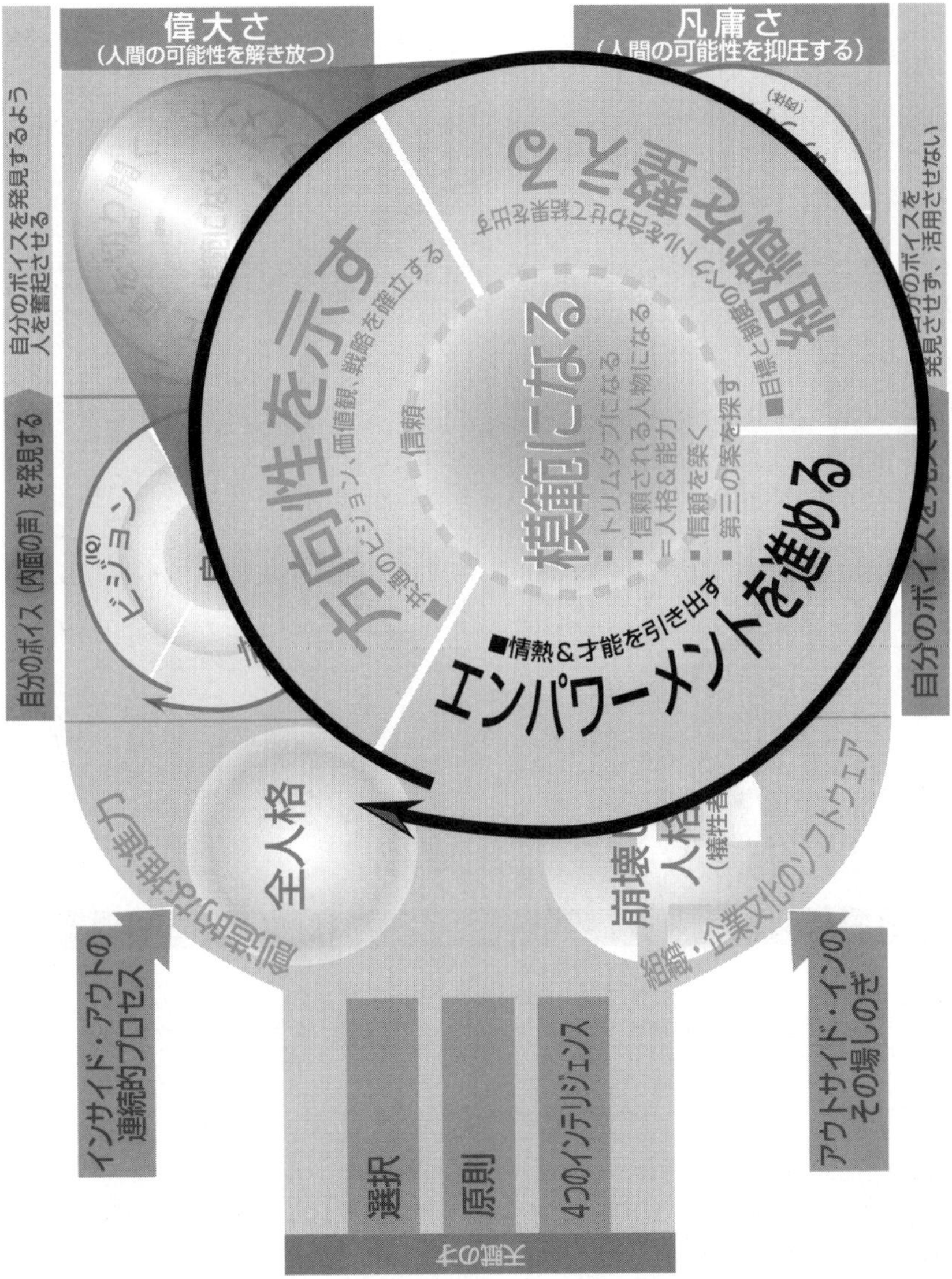
偉大さ
（人間の可能性を解き放つ）
凡庸さ
（人間の可能性を抑圧する）
自分のボイスを発見するよう人を奮起させる
自分のボイス（内面の声）を発見する
自分のボイスを発見させず、活用させない
方向性を示す
■共通のビジョン、価値観、戦略を確立する
模範になる
■トリムタブになる
■信頼される人物になる＝人格＆能力
■信頼を築く
■第三の案を探す
組織を整える
信頼
ビジョン
■情熱＆才能を引き出す
エンパワーメントを進める
全人格
組織・企業文化のソフトウェア
インサイド・アウトの連続的プロセス
アウトサイド・インのその場しのぎ
選択
原則
4つのインテリジェンス
天賦の才

し、各人の結果に対するアカウンタビリティを浸透させ、部下との間にWin-Win型の合意を形成する。こうしてリーダーは方向性を示しながら、部下の自律性を尊重するというやり方だ。

前述したように、家庭を含むほとんどの組織は、過剰な管理と過小なリーダーシップのもとに置かれていると言える。このことを痛烈に実感させられるのは、親子の間の摩擦や、その結果しばしば見られる子どもの反抗という現実に出会うときだ。家庭というものは誰もが属する普遍的な組織の形であるから、エンパワーメントの問題を検討するにあたり、まず家庭を例にとってみよう。私の友人であり同僚である男性の体験談だ。彼は子どもとのむずかしい関係を妻と共に克服した。

> ある日、妻が暗い顔をしているのでどうしたのかと聞いてみた。「気が滅入っちゃって」と彼女は答えた。「毎朝子どもたちが学校に行くまではもう本当にたいへんなの。あれをしろ、これをしろといちいち言ってやらないと何もしてくれないんだから。起きてこないし、着替えもしないし、いつになったら学校に行くのかしらという感じなのよ！　私、どうしたらいいかわからなくて」
>
> 翌朝、私は子どもたちの様子を観察することにした。妻は六

図13・2

社会通念	「アメと鞭」がモチベーションを高める最良の方法である。（旧パラダイム）
現実	「アメと鞭」でモチベーションを高めることは、動物心理学の分野である。人には選択する能力がある。人の背中を買うことはできても、感情や頭の中を買うことはできない。人の手を買うことはできても、心を買うことはできない。（新パラダイム）

時十五分頃になると子どもたちの部屋を回って一人ずつ優しくつついては「時間よ。起きなさい」と声をかけた。全員が起きるまで、妻は二、三度同じことを繰り返した。次に、なかなか目が覚めない娘にシャワーを浴びさせる。それから十分間、妻は風呂場に行ってはガラス戸をトントンとノックして「もう出なさい」と呼びかけた。「わかってるわよ！」と言い訳をするような子どもの声が聞こえた。娘はついにシャワーを止めて身体を拭いたが、自分の部屋に戻るとタオルをかぶって床で丸まってしまった。

十分後に妻が声をかけに行った。「ねえ、服を着なさい。さあ早く」

「着るものがないんだもん！」

「これを着なさい」

「その服はきらい。ダサイ！」

「じゃあどれを着たいの？」

「ジーンズ。でも、汚れているし」

六時四十五分に三人の子どもが全員階下に降りてくるまで、こんな感情的なやりとりが続いた。妻はもう友だちが迎えに来る時間だからと注意しながら、子どもたちを促し続けてあれこれと用意をさせた。そしてやっとハグとキスをして子どもたちが出かけたときにには、妻は疲れ果てていた。私も妻子の様子をずっと観察しているだけで疲れてしまった。

私は思った――「妻が情けなくなるのももっともだ。親があれこれ注意してやるから、子どもたちは何でも自分でできるはずだということをわかっていない」と。風呂場のドアをノックする行為は、私たち両親が何げなく子供たちの無責任さを許してしまっていることを象徴していた。

そこである夜、私は家族を集めて新しいアプローチを提案した。「わが家では毎朝すさまじく忙しいよね」。子どもたちは心当たりがあるかのように笑い始めた。「今のやり方でいいと思う人はいるかい？」と尋ねると、誰も手を挙げなかった。そこで私はこう告げた――「みんなに言いたいことがあるんだ。真剣に考えてほしい。君たちは選択をする能力を持っているし、責任感もあるはずだ」

そして私は次々と質問を投げかけた。まず、「君たちの中に、目覚まし時計を自分でセットし、毎朝自分で起きられる人はいるかい?」と尋ねた。すると子どもたちは「お父さんは何が言いたいんだろう?」といった顔で私を見た。私は言った、「まじめに答えてほしいんだ。君たちの中に今言ったことを実行できる人はいるか?」全員が手を挙げた。「君たちの中に、しっかり時間を意識しながら、シャワーを浴びる時間がどれぐらいあるかを考えて、自分でお湯を止めることができる人はいるか?」。全員が手を挙げた。「君たちの中に、シャワーを浴びたら自分の部屋に行って着たい服を選び、一人で着ることができる人はいるか?」。子どもたち全員が「自分はできる」と思っていたので、おもしろくなってきた。「着たい服がなければ、前の晩にどんな服があるかをチェックできるかい? 着たい服が汚れていたら、それを夜のうちに洗濯して乾燥機に入れられるかい?」彼らはやはり「できる」と答えた。「君たちの中に、頼まれたり注意されたりしなくても、ベッドのシーツを直し、部屋を整理整とんする力がある人はいるかい?」全員が手を挙げた。「君たちの中に、六時四十五分に階下に降りてきて、みんなといっしょに朝食を食べることができる人はいるかい?」また全員の手が挙がった。

私はあらゆる点について同様の質問をした。どの場合も、子どもたちは「やればできる、自分には能力がある」と認めた。そこで私は言った、「よし、全部書きとめるとしよう。毎朝の計画を立てて、全員がそれを守ることを約束することにしよう」

子どもたちはやるべきことをすべて書きとめて、スケジュールを作成した。最も問題児の娘がいちばん張り切っていた。彼女は分単位で詳細に予定を立てた。いくつかの点については、私たち両親が助言を与えた。いくつか大まかな決まりごとも伝えた。子どもたちがいつ、どのような場合に責任を負うか、その場合のごほうびと罰を取り決めた。ごほうびは、朝、全員がよい気分になれるということだった――特にママが。母親が幸せならば家族みんなが幸せになれることは、全員が知っていた！　時間どおりに起きたり、自分でやるべきことをきちんとしなかった場合、罰として数日間は就寝時間を三十分早めることにした。これはフェアに思えた。早寝すれば早起きもできるはずだからだ。全員が計画書に名前を書いて約束をして、アイスクリームを食べたあと床に就いた。「さあ明日の朝どうなるかな？」と妻と私は思った。

翌朝六時、妻と私はまだ寝ていた。すると子ども部屋で目覚まし時計が鳴り、電気をつける音がした。あっという間に、いちばん私たちが手を焼いていた娘が風呂場に行き、シャワーを浴び始めた。妻と私はちょっと驚いて、顔を見合わせてにっこり笑った。この方法は彼女には効果があるはずだと信じていた。しかしいつもより十五分も早く起き出すとは思わなかった！　二十分もしないうちに、いつもなら一人でやれば一時間半もかかりそうなことを娘はすっかり済ませていた。ピアノの練習をする余裕さえあった。すばらしい朝になった。ほかの子どもたちも同じように自分でしっかりやってくれた。

子どもたちが出かけたあと、妻が言った――「天国にいるみたいだわ。でも問題は、これが続くかどうかね。今朝は子どもたちは張り切っていたけど、続くかしら？」

それからもう一年以上になる。いつも最初の朝のように熱心だったわけではなく、時には例外もあった（罰として、二、三日就寝時間を早められる子どももいた）。しかしだいたい子どもたちは自分で起きて、すべてを自分できっちりやっている。私たちは数か月ごとに話し合いをして、それぞれ評価をし、決意を新たにする。こうすると効果があることもわかった。

子どもの中に「自分はできる、やる能力がある、責任感もある」という意識が育つのを見るのは喜ばしい。私たちは子どもたちになるべく注意をしないように心がけている。この経験は大きな教訓になっている。そして今、毎朝のわが家の様子は一変したのだ。

これからわかるように、前述の両親は**子どもたち**が変わる必要があるとはじめは思っていた。しかし次第に、変わるべきなのは**親自身**だということを認識するようになった。最初の考え方は、子どもたちには注意を与えるべきであって、親はチェックし、監視し、つきまとわなければならないというものだった。おそらく誰でもそのような上司のもとで働いたことがあるだろう。それは、従来の管理・統制型の考え方である。

しかしこの両親は、次に子どもの価値や潜在能力について考えた（特に潜在能力）。二人は子どもたちには大いなる価値があると思っていたし、無条件に子どもたちを愛していた。ただ、不品行という点からばかり子どもを見るという典型的な罠《わな》にはまっていた。また、子どもたちが持っている潜在的な可能性について、彼ら自身にははっきりと伝えていなかった。そこで二人は、やる気さえあれば基本的なこと（朝起きて、着替えて、学校に行く用意をすること）はできると思うかどうか、子どもたちに簡単な質問をしてみた。こうして彼ら一人ひとりに潜在能力があることを伝えたのだ。子どもたちもその点で親に共感したので、コミュニケーションがうまくいった。子どもたちは約束をして、守った。そして彼らの潜在能力が引き出され、責任を持てるようになり、成長した。家族の相互の信頼・信用が増大し、心と家庭生活の安らぎにつながった。これはエンパワーメントの美しくかつ強力な一例である。

この例はごくささいな家庭の問題ではあるが、多くの人が共感するはずだ。組織や家庭で、人は他者の潜在能力は信じてもその価値を信じないことがある。すると忍耐強く、根気強く、じっくり構えることができず、相手を信頼することもなく、相手のために犠牲を払うこともない。そうするだけの価値がないと思ってしまうからだ。コスト・パフォーマンスの問題になってしまい、おそらくコストが高くつきすぎると無意識のうちに結論づけてしまうだろう。人はまた、自分自身の価値を認識していなければ、他者の価値を信じ、それを相手にしっかりと伝えることはできない。

原則に沿った信頼感ある行動の**模範になる**ことによって、声高に要求しなくても信頼を得ることができる。**方向性を示す**ことにより、強要しなくても秩序が生まれる。**組織を整えること**により、宣言しなくてもビジョンとエンパワーメントの両方が培われる。**エンパワーメント**は、これらの三つが結実したものである。個人的および組織的な信頼性の当然の帰結であり、これによって、人は自分の潜在的可能性を確認し、発揮することができる。エンパワーメントを進めることは、自制、自己管理、自己形成を尊重することである。組織全体だけでなく、チーム／プロジェクト／業務／各人の仕事の各レベルにおいて、このように個人と組織の基本的なニーズが重なるようミッションの共同化が行われると、情熱、活力、気力——要するにボイス（内面の声）——が生かされるのだ。

何か価値ある目的のために努力し、それが自分の内面の奥深い欲求にも応えるものであり、楽しみながらやり遂げられるとき、人は熱意や勇気、つまり内面の炎を感じる。それが情熱である。**熱意（enthusiasm）**という言葉の語源は、ギリシャ語で「自分の内に神がある」という意味であることを忘れてはならない。エンパワーメントもまったく同じことであるが、エンパワーメントは**組織的**状況で発生するものである。社員はやりがいのある業務を行い、内面の奥深いところから発する個人的ニーズと、重要な組織的ニーズの両方を満たすようにその業務を遂行する。そして、組織のメンバーたちのボイス（内面の声）が融合する。

著書『さあ、才能《じぶん》に目覚めよう』（日本経済新聞社刊）の中で、マーカス・バッキンガムとドナルド・O・クリフトンはギャラップ調査から判明した結果を紹介している。「偉大な組織は、社員が一様ではないことを認めるだけでなく、個々の差異を生かすべきである」[1]。著者たちは、三十六社の七千九百三十九の事業単位で働く十九万八千人の従業員に対してギャラップ社が行った調査の結果も紹介している。

> 調査ではまず「毎日、職場では最も得意なことをする機会に恵まれているか?」と質問し、各人の答え

と、調査対象の事業単位の業績の関係を調べた。その結果、次のことが判明した。「とてもそう思う」と答えた従業員が属する事業単位は、人員異動が少ない公算が五十％高く、生産性が高い公算が三十八％高く、顧客満足度が高い公算が四十四％高かった。また、やがて「とてもそう思う」と答える従業員の数が増えた事業単位が属する企業は、生産性、顧客の忠実性（ロイヤルティ）、社員の定着率が向上した。[2]

自分の生活を考えてみるとよい。どのような仕事が好きか？　どのように管理されているか？　最も内面の奥深くからわき上がる情熱を突き動かすものは何か？　情熱を燃やせるような仕事をしていて、上司がサーバント・リーダー的な役目を果たしている（上司が個人的にまたは制度上、部下の仕事を手助けするためにいる）としたらどうか？　組織の構造や制度が社員を支えてくれるようなもので、社員の役に立ち、個々の潜在能力を認識し、引き出すようなものであったらどうか？　あなたの功績が絶えず認められ、報いられ、さらに重要なことに、心から献身するに足る大義のために大いに貢献しているという、内面的な満足感を感じる場合はどうだろうか？　考えてみてほしい。

知識労働者のエンパワーメントを進める

現代は知識労働者の時代であり、最も重要なのは知的資本だ。これまでは製品コストの八十％が材料、二十％が知識だった。それが今では知識が七十％、材料が三十％と逆転している。[3]スチュアート・クレイナーは著書『マネジメントの世紀1901－2000』（東洋経済新報社刊）の中で以下のように書いている。「情報化時代には知的労働が最重要視される。競争力をつけるには、才能ある人材を雇用、保持、育成することが不可欠だとの認識が高まっている」[4]

ピーター・ドラッカーは、著書『未来企業――生き残る組織の条件』（ダイヤモンド社刊）の中でこう述べている。「これからは知識がポイントとなる。世界は労働集約型でも材料集約型でもエネルギー集約型でもなく、知識集約型になってきている」[5]

リーダーシップこそ、今最もホットな話題である。今日の新しい経済は知識労働を基礎としている。知識労働とは、要するに人間のことだ。今日の製品やサービスの付加価値の八十％は知識労働によってもたらされることを忘れてはならない。知識労働型経済の時代になって、富を生み出す源泉は金《かね》やモノから人に移ったのである。目下、最大の金銭的な投資の対象は知識労働者である。給与を払い、諸手当を出し、ストックオプションを与えることもあるだろう。それに彼らを雇用、訓練するのにどれだけ費用がかかったかを考えてみるとよい。すべてを計算すると一人当たり年間何十万ドルにも相当する！

質の高い知識労働はきわめて貴重なもので、その潜在能力を引き出せば、組織は価値創造のとてつもなく大きな機会を得ることができる。組織のほかのあらゆる投資は知識労働によって生きてくる。事実、知識労働者は、組織が行うさまざまな投資を結び合わせる働きをする。組織の目的達成のためにさまざまな投資を生かしていく上で、フォーカスや創造性や力をもたらしてくれるのは知識労働者たちだ。あらゆる投資を活用し、最適化するためには、知的資本や社会的資本が不可欠なのである。

ここで、人員のエンパワーメント――ボイス（内面の声）をアライメントすること――は、模範となること・組織を整えること・方向性を示すことが**結実して得られる**ものだという考え方が絶対的に重要になってくる。そうしなければ、組織はいくらエンパワーメントを論じ、宣言しても、実現することはできない。そこには共通のビジョンも規律もないだろうし、明らかに情熱もないからである。

「エンパワーメント」というのは新しいアイデアではない。一九九〇年代にマネジメントの分野では流行語になって一世を風靡《ふうび》した。しかし率直に言って、結果としては多くの冷笑や怒りを生んだだけだった（経営陣でも一般社員の間でも）。なぜか？　それは繰り返し述べているとおり、エンパワーメントを進めることは、模範となる・組織を整える・方向性を示すというリーダーの三つの役割の**結果**だからだ。エンパワーメントによって模範的行為や組織の整合性やビジョンが生まれるのではないのだ。

　私たちはクライアントの組織で三千五百人のマネージャーと専門職を調査し、こう質問した――「エンパワーメントを妨げているのは何か？」（図13・3参照）。彼らの回答から、個人的および組織的な信頼性（人格と力量）の**両方**が重要だということが見てとれる。この点に注目すべきだ。

　ここまでリーダーシップの全人格的／四つの役割というパラダイムの理解を深めてきた。だからまず模範となる・方向性を示す・組織を整えるという基本作業を行わずにエンパワーメントを行うとなぜ社員たちが欲求不満を抱くか、もうよくわかるはずだ。

図13・3

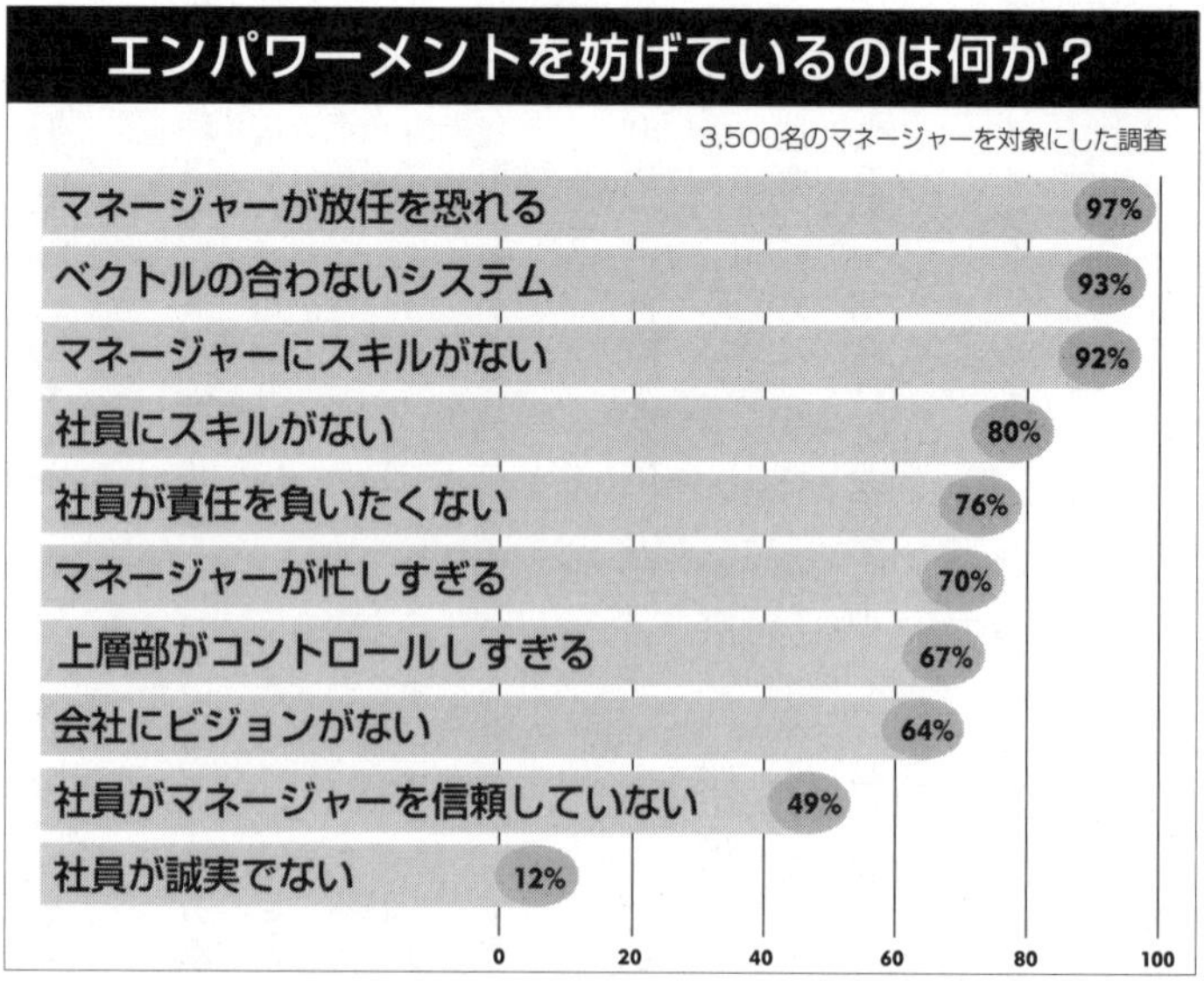

マネージャーのジレンマ――管理を放棄するのか？

二、三年前に、優れた品質改善活動を実現した組織に贈られるマルコム・ボルドリッジ賞を受賞したある企業の最高経営責任者にインタビューしたことがある。「あなたの企業でこれほどの品質を達成するのに、ＣＥＯとして直面した最も厳しい試練は何でしたか？」と彼に聞いてみた。しばらく考えたあとに、その人物はニッコリして「管理するのをやめることでした」と答えた。

模範になる・方向性を示す・組織を整えるという作業をきちんと行わない限り、エンパワーメントは、**必ず**冷笑を呼ぶだけの単なるスローガンになってしまう。リーダーシップの四つの役割は、**管理**と**管理を放棄する不安**との間で板ばさみになるマネージャーのジレンマを打破する。ほかの三つの役割によってエンパワーメントの条件が本当に満たされれば、管理は放棄されるのではなく、社員たち自身による**自制**に変わるだけである。

「エンパワーメント」の名のもとに人をただ放任しても、自制は生まれない。自制が生まれるのは、目的が共有され、合意に基づく指針があり、組織が構造的・システム的にメンバーを支え、各個人が全人格的な存在としてまっとうな職務を任されている場合である。また、より大きな自由裁量権を与えるための能力に欠ける人には、訓練やコーチングが必要だ。逆に、一貫して成果をあげる者はますます信頼を得て、自由に使える手段も広がるようにしなければならない。メンバーたちは結果に対して責任を負うようになり、（一定の指針の枠内で）各人が独自の才能を発揮しながら目的を達成する自由を得られるようにする必要もある。

私は、これを**指揮された自律**と呼ぶ。この場合マネージャーの役割は、管理者から協力者に変わる――部下といっしょにミッションの共同化を進め、障害を取り除き、援助や支援の源となる。これはかなりの変革である。

ビジョン、自制心、情熱、良心にあふれるトリム・タブ的な働きをするリーダーについて説明したときに、自分で自分をエンパワーメントする「セルフ・エンパワーメント」に言及した。ここではより広範な視点で、公式化／システム化された正式なエンパワーメントの哲学をどのように生み出すかが問題である。理想的には、個人レベルのエンパワーメントと組織レベルのエンパワーメントの両方を実現することが望ましい。そうすれば社員たちは、彼らを無力化するような組織の力に逆らって突き進む必要がなくなるからだ。

エンパワーメントを進めるツール――Win－Winの実行協定のプロセス

Win‐Winの関係が形成されるプロセスを、ミッションの共同化を担う二名のボランティアの関係から考えてみよう（一人は組織の代表者で、もう一人は利害関係者やチームの代表か個人）。『リーダーシップの真髄――リーダーにとって最も大切なこと』（経済界刊）と題したすばらしい本を書いたマックス・デプリーは、協力し合うボランティアの精神を以下のように記述している。

組織のために働く最優秀な人材は、生き方を組織のために提供するボランティアである。彼らはおそくどこでもよい仕事を見つけることができるので、どこで働くにしても、給与や職位といった現実的なことが理由とはならない。ボランティアに契約は必要ない。彼らが求めるのは盟約だ……盟約という関係からは麻痺ではなく自由が生まれる。盟約という関係の基本は、アイデア、問題、価値観、目標、マネジメントのプロセスなどに共通のコミットメントを抱くことにある。愛、温かさ、相性などが明らかに関係する。盟約という関係は……内面の深いニーズを満たし、職務を有意義で充足感あるものとすることができる。[6]

Win－Winの実行協定というのは、正式な職務規定でもなければ、法的な契約でもない。それは制限のない心理的／社会的契約で、互いの期待を明確に定めたものである。それはまず人の心と頭に書き込まれ、次に、いわばペンではなく鉛筆で紙に書きとめられる。つまり両者が適当または賢明と感じた時点で「簡単に消しゴムで消して書き直せる」ものである。状況の変化に応じ、随意に協議、再交渉できるのだ。人が「Ｗｉｎ−Ｗｉｎの実行協定」という表現を使うかどうかは別として、要するに相互の最優先事項に対する理解やコミットメントを共有することである。

主として手続きや方法に重点を置いた職務規定に比べ、Ｗｉｎ−Ｗｉｎの実行協定はよりいっそうの柔軟性、適応性、創造性を可能にする。Ｗｉｎ−Ｗｉｎの実行協定においては、チームメンバーや正式なリーダーの状況、成熟度、人格、能力などに注目する。また、組織の構造、システム、プロセスなどが目的に向けて調整されている（アライニングされている）かどうかなど、その他の環境条件も考慮する。

Ｗｉｎ−Ｗｉｎの実行協定が形成されていれば、「私の、私たちの最優先事項は何か？」という問いに対する回答はきわめて明確なはずである。責任がはっきりし、相互に何を期待するかも明確になる。バランスのとれたスコアボードという形で、これらの期待の達成に対するアカウンタビリティが確立される。合意された指針の枠内であれば、当事者たちは目標達成に必要となるあらゆることを自由に行うことができる。彼らはただ自己管理を実践するのだ。つまりエンパワーメントを享受する。第十四章「第８の習慣とスイート・スポット」で、力強く、当事者が力を発揮できるような、チームとしてのアカウンタビリティを育てる方法について詳しく説明する。

Win-Winエンパワーメント――産業の時代から知識労働者の時代への転換

全人格型のアプローチについて学んだことをすべて忘れてしまったら、どうなるだろう？　個人や組織が自分のボイス（内面の声）を発見し、自分のボイスを発見するよう人を奮起させる時に生まれる内面の炎を見逃して、産業時代の伝統にとらわれ、古い「色眼鏡」を使い続けるとしたら？　旧来の管理型マネージャーのスタイルにも、Ｗｉｎ－Ｗｉｎの実行協定のプロセスは形式的には容易に適用できる。しかしどれだけ努力してもエンパワーメントという成果を得ることはできないだろう。

エンパワーメントが成功するためには、「Ｗｉｎ－Ｗｉｎの実行協定」に従って共に働くことを、チームのメンバーたちが決意していなければならない。また、組織において「Ｗｉｎ－Ｗｉｎ」の関係とは、組織の四つのニーズと個人の四つのニーズとが明確にオーバーラップしていることを意味する。組織の四つのニーズとは、財政的健全さ、成長と発展、主要な利害関係者と相乗効果を生む関係、意義と貢献のことであり、個人の四つのニーズとは、経済的ニーズ（肉体的）、成長と発展（知的）、人間関係（社会・情緒的）、意義と貢献（精神的）を意味する。

誰かがこの合意の精神に違反し、その違反を是正しようというほかの人々の誠実な努力にもかかわらず改善しようとしない場合は、各個人は**取引をしない（No-Deal）**ことを決断してよい。いっさいの取引をしないのだ。いかなる合意もしない。合意しないことをお互いに合意するだけだ。従業員たちは離職するだろう。新たな雇用も発生しない。配置転換もあり得るだろう。

取引をしないということについて、米国の軍隊にはとても興味深いアプローチが浸透している。私は海軍将校たちと交流する中で知ったのだが、断固たる拒絶の原則というものだ。何かが間違っていることに気づき、それが組織のミッション全般や価値観に重大な影響をもたらすと確信した場合は、どのような地位や階級の者でも、その誤りに従うことを丁重に拒否すべきだという原則である。絶対に間違っていると確信できるような判断が下されようとしている場合、その流れに対してはっきりと反対意見を表明すべきなのだ。これは、良心に従って生きることと本質的に同じことである――同僚の圧力に屈するのではなく、自分の内面の声や光を導きとして行動することなのだ。

高い地位にある人間がこの断固たる拒絶の原則を正式に是認することも重要である。それによって拒絶する権利、間違っていることを間違っていると言う権利、愚かなことを愚かと言う権利が認知されるからである。

エンパワーメントとパフォーマンス評価

よく考えてみれば、個人の成長や実績は誰が評価すべきだろうか？　本人である。伝統的なパフォーマンス評

図13・4

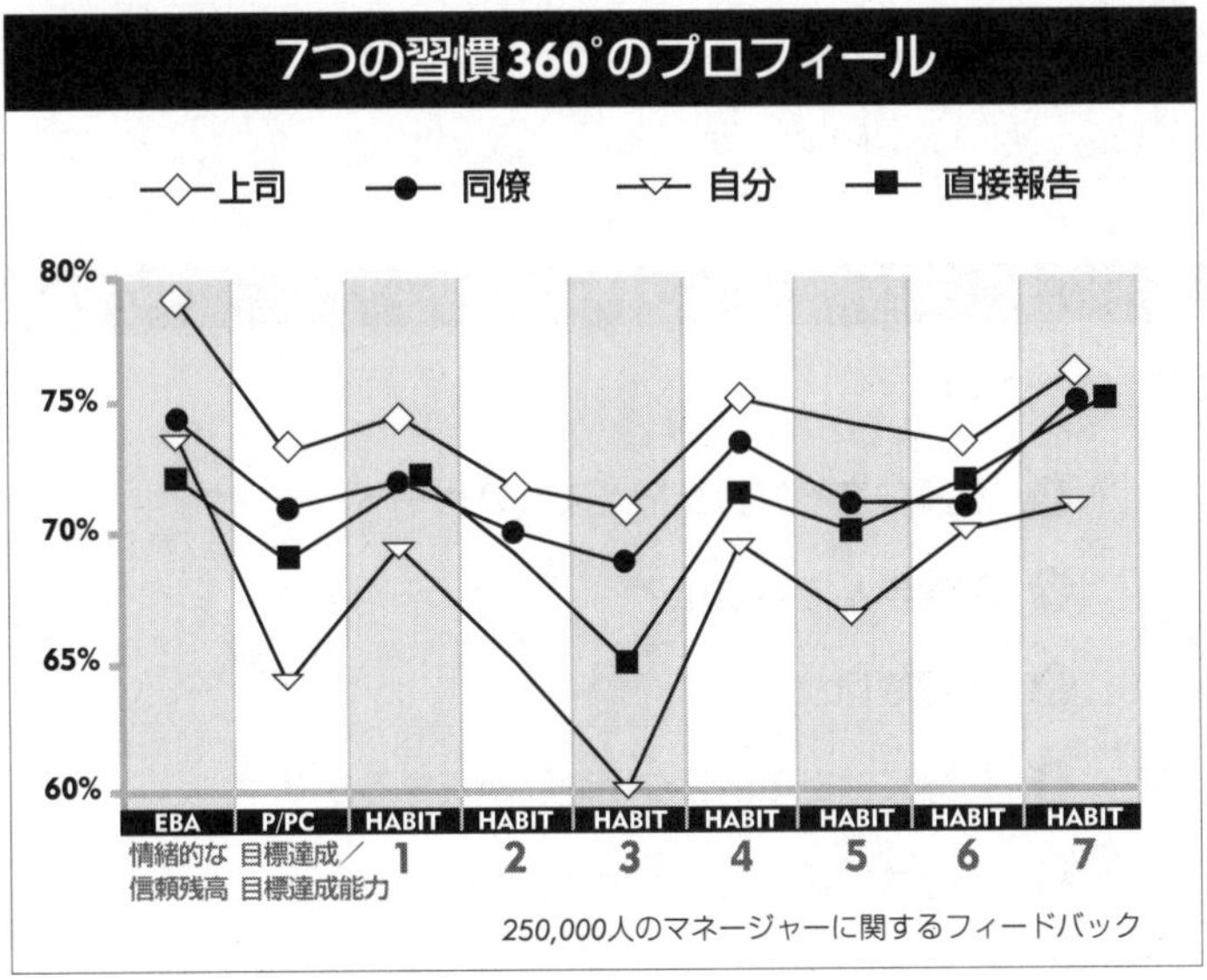

価は、明らかに時代遅れなマネジメント手法に従っている。前述したように、基本的には上司が部下と面接をして、「サンドイッチ・テクニック」を用いる――まず少しほめて、それから痛いところをちょっと突き（「改善すべき分野」について苦言を述べる）、帰り際に背中をポンとたたいて再び励ます。一方、強い信頼関係という組織・企業文化があり、社員を支える有効な制度があり、みんなが共通の目的意識を持っていれば、人はずっと容易に自分で自分を評価できるはずだ。特にあらゆる方面から自由にフィードバックが得られる場合はそうだ。その証拠に、こうした360度型のフィードバックに関わる人々を調査した「7つの習慣」のプロフィール・データを見てほしい（図13・4参照）。

ほとんどすべてのケースにおいて、他人の評価よりも自己評価の方が厳しいことがわかる。最もわかっていないのが上司である（彼らの評価はほかに比べてかけ離れている）。共依存関係にある相手は、被評価者が聞きたいことしか言わないため、被評価者は孤立し、現実から隔絶されてしまうのだ。自分の次によくわかっているのが部下で、次が同僚である。第六章の冒頭近くで言及した聖書のタラントのたとえ話（ルカによる福音書十九章十一、マタイによる福音書二十五章十四）でも、雇われた人たちが自己評価をし、主人は彼らの自己評価に従って、各人が管轄する財産を増やしたり減らしたりするだけである。

図13・5

サーバント・リーダー

（共通の責任）

❶ どんな進み具合か？（スコアボード、データ）

❷ 何を学んでいるか？

❸ 目標は何か？

❹ 自分にはどのような手助けができるか？

❺ 自分は助言者として役立っているか？

さんざんエンパワーメントを行い、社員が最優先目標を達成するために選択をするその能力を尊重した上で、いきなり大ボスが出てきて審判者となり、評価を下すことなどできるだろうか? まったく的外れな発想だ。いわゆる大ボスは謙虚なサーバーント・リーダーとなるべきで、以下のような質問をしながらいわば社員に「伴走」すべきなのである（図13・5参照）。

第一の質問は、「**どんな進み具合か?**」である。どんな進み具合かは、どんな上司よりも社員の方がはるかによくわかっている。上司を含め、その社員の業務の影響を受けるすべての利害関係者からフィードバックを得られるようなシステムが確立されている場合、特にそう言える。したがって「どんな進み具合か?」という質問には、あらかじめ合意され、かつバランスと説得力を備えたスコアボードや、利害関係者から得られる360度型のフィードバック情報に基づいて、社員自身が回答する。

第二の質問は「**何を学んでいるか?**」である。ここでは、社員は見識と無知のどちらを示すこともあるだろうが、重要なのは彼ら自身に責任があるという点である。

第三の質問は、「**目標は何か?**」または「**何を成し遂げようとしているのか?**」である。この質問はビジョンと現実との関係を明確にする。そしてこの質問は必然的に「**自分にはどのような手助けができるか?**」という第四の質問につながる。これによって「私は助け手であり、支え手であり、サーバントである」ということをはっきりと伝えるのだ。サーバント・リーダーは、必要があれば自分の経験や認識を駆使することもある。ここでのやり取りで重要なのは、第十章で紹介したトーキング・スティックを使ったインディアンの話し合いのような、正真正銘のコミュニケーションである。駆け引きや政治的言動は禁物だ。保身的、防御的なコミュニケーションもだめ。ゴマすりもだめ。相手が聞きたがっていることだけを言ってやるようなこともだめだ。そして第五の「自分は助力者として役立っているか?」という質問によって、オープンで相互的なアカウンタビリティ（結果に対する説明責任）があることを伝えるのだ。

現実を直視するのは苦しい時もある。特に他人から聞かれる場合がそうだ。しかし、互いに説明責任を負った責任ある個人としてつき合い、それぞれに選択を行う個人として互いを扱わないと、相手を卑しめたり侮辱することになる。もし、親切の名のもとに彼らを守ろうとすれば、共依存と暗黙の申し合わせという悪弊におちいってしまう。すると最終的に率先力は最低レベルにまで落ちてしまう――「命じられるまで待つ」だけになるのだ。

チーム内や、マネージャーと社員、チームと社員との間でサーバント・リーダーシップの精神が根づいた時、第九章で述べた第三の形の信頼が大きく花開く。この第三の信頼の場合、意識的な選択の結果として、個人またはチームが相手を**信頼する**のである（そうすると相手は、自分は付加価値をもたらす貢献ができる人間であり、信頼されているのだと**実感できる**）。このようにして、お互いに信頼には信頼で報いる。「**信頼**」は、**やり取りされるもの（名詞）であると同時に、行為（動詞）でもある**のだ。名詞でありかつ動詞でもある「信頼」を、互いに分かち合い、やり取りする――実は人が上司に対してリーダーシップを発揮するためのポイントもここにある。相手を信頼することで、自分もまた、信頼されるに値する人間として上司から認められるのだ。信頼される側（この場合は上司）に潜在的な信頼性があって、信頼する側（この場合はあなた）には明らかな信頼性があってこそ、真に「信頼する」という行為が成り立つのだ。リーダーの第四の役割である「エンパワーメントを進める」ということは、**信頼する**という行為を体現するものでもある。

肉体労働者を知識労働者に変える――用務員の事例

全人格的な個人と、使い走りなどではない完全な職務についての実話を紹介しよう。ここで取り上げるのは、立派な仕事ではあるが、仕事の性質からして単純労働で熟練を要さず、低賃金であるケース――用務員という職だ。用務員を例にとる理由は、ごみ箱のごみを集めたり、床を掃除したり、壁や備品を洗ったりするという業務も一つのまっとうな仕事となり得ることを示すためであり、そのような仕事にも全人格的な取り組みが可能なことを示すためだ。そしてこの例によって、どのような仕事でも全人格的に遂行することができることを示したい。

あるとき、管理職研修の担当インストラクターが工場の監督主任たちを指導していた。研修の内容は、社員の職務内容を充実させ、自発的にやる気を引き出すというテーマだった。そのとき、用務員を監督する立場にあった監督主任の一人がこの理論に強い抵抗を示した。用務員（少なくともこの監督主任が監督する用務員たち）が行う仕事を考えると、あまりにも理想的で非現実的だというのだ。なぜなら大半の用務員は教育程度が低く、仕事も長く続かず、ほかによい仕事に就けないから用務員になったような連中ばかりだからだと、この監督主任は主張した。研修を受けていたほかの監督主任たちも用務員に問題があるという点で意見が一致した。結局のところ用務員たちの唯一の関心は毎日時間どおりに勤務することだけであり、中にはアルコール中毒者までいるというのだった。

この用務員担当の監督主任は、自分の仕事にはモチベーションとエンパワーメントの理論が役に立たないとかたく信じていた。そこで研修担当インストラクターは予定していた講義をとりやめて、具体的に用務員の仕事の問題を検討することにした。

インストラクターはまず、黒板に三つの言葉を書いた――計画、実施、評価だ。仕事を充実させる三大要素である。次にインストラクターは、これらの三つの言葉と関連がある用務員のメンテナンス業務をリストアップするよう研修の受講者たちに求めた。用務員が行うメンテナンス業務の「計画」に当たる部分には、メンテナンスのスケジュール作成、ワックスや研磨剤の選択と購入、プラントのどのエリアをどの用務員が担当するかを決めることなどがあった。用務員担当の監督主任はまた、新しい床洗浄装置を近く複数購入する予定だと言った。これらの計画作成はすべて監督主任が自分で行っていた。

「実施」に当たる部分には、用務員たちの通常の活動（掃き掃除、洗浄、ワックスがけ、ごみ捨てなど）があった。そして「評価」の部分には、監督主任が毎日行うプラントの清潔度のチェック、各種せっけん・ワックス・研磨剤の効能評価、試用品の結果検証、改善点の確認、清掃スケジュールの遵守徹底などの活動が含まれていた。さらに監督主任は、新規購入する装置などの機種選定をするために販売店とも連絡をとり合っていた。

こうして各種活動がリストアップされた時点で、インストラクターは用務員担当の監督主任にこう質問した——「これらの活動の中で、用務員たち自身ができるものはどれか？ たとえば、せっけんの選択は監督主任ではなく用務員に任せることはできないのか？ 洗浄装置の販売員を呼んで、用務員たちを相手に新しい機械の実演をさせて、用務員たちにどの機械がベストかを決めさせる手はどうか？ 用務員たちに、仕事の中で特に担当した者がないかを聞いてみてはどうか？」（もちろん、実際の研修ではこれほどぶっきらぼうな言葉遣いだったわけではない。計画や評価のうち、さらにどの部分を用務員たちに任せることができるかについて、受講者の監督主任たち全員が参加してグループ・ディスカッションが行われた）

その後五ヶ月間、このインストラクターが実施したすべての研修で、（簡単にではあるが）用務員のケースについて討議が行われた。その間にも用務員担当の監督主任は、メンテナンス業務の計画・実施・評価に関して用務員たちの責任を徐々に拡大していった。そして彼らがもっと頭を使い、心から関与するようにしていった。用務員たちは新しい機械を試し、購入するための最終的な提言を行った。彼らはさまざまなワックスを使って実験し、通常の使用条件下でどれが最も耐久性に優れているかを判断した。また清掃スケジュールも再検証し、各エリアにどの程度の手間をかけるかを決めた。たとえば、毎日モップがけしていたあるエリアについては、目視検査をして必要な時だけ行うことにした。用務員たちはプラントの清潔度を評価する独自の基準を設定し、基準を下回るような仕事をする者には同僚らがプレッシャーをかけるようになった。

少しずつ、用務員たちは計画・実施・評価のすべてを担当するようになり、彼らの最良の判断が生かされるようになった（肉体、知性、情緒、精神のすべての面で）。大かたの予想に反して、結果的にメンテナンス業務の質は向上し、離職率は下がり、規律をめぐる問題も激減した。率先力・協力・勤勉・品質に関して社会的な規範が確立され、仕事に対する満足度が著しく増大した。要するに、メンテナンス・チームはやる気満々の用務員たちのチームに変わったのだ――ひとえに、完全な職務を全人格的に遂行することを監督者たちが許可したり任せたりしたからだ。用務員たちは「指導された自律」を手に入れた。彼らは自分たちも協力して設定した基準に従い、自分自身を監督・管理できるようになり、監督者たちによる監督や管理は不要になったのである。

ここでより重要なのは、ほかの監督主任たちへの影響だろう。彼らもまた、自分の管轄エリアでどのようにこの原則を適用できるかを考え始めたのである。用務員担当の監督主任が用務員たちと協力して得た成果を、自分の目で確認できたことがきっかけだった。

図13・6

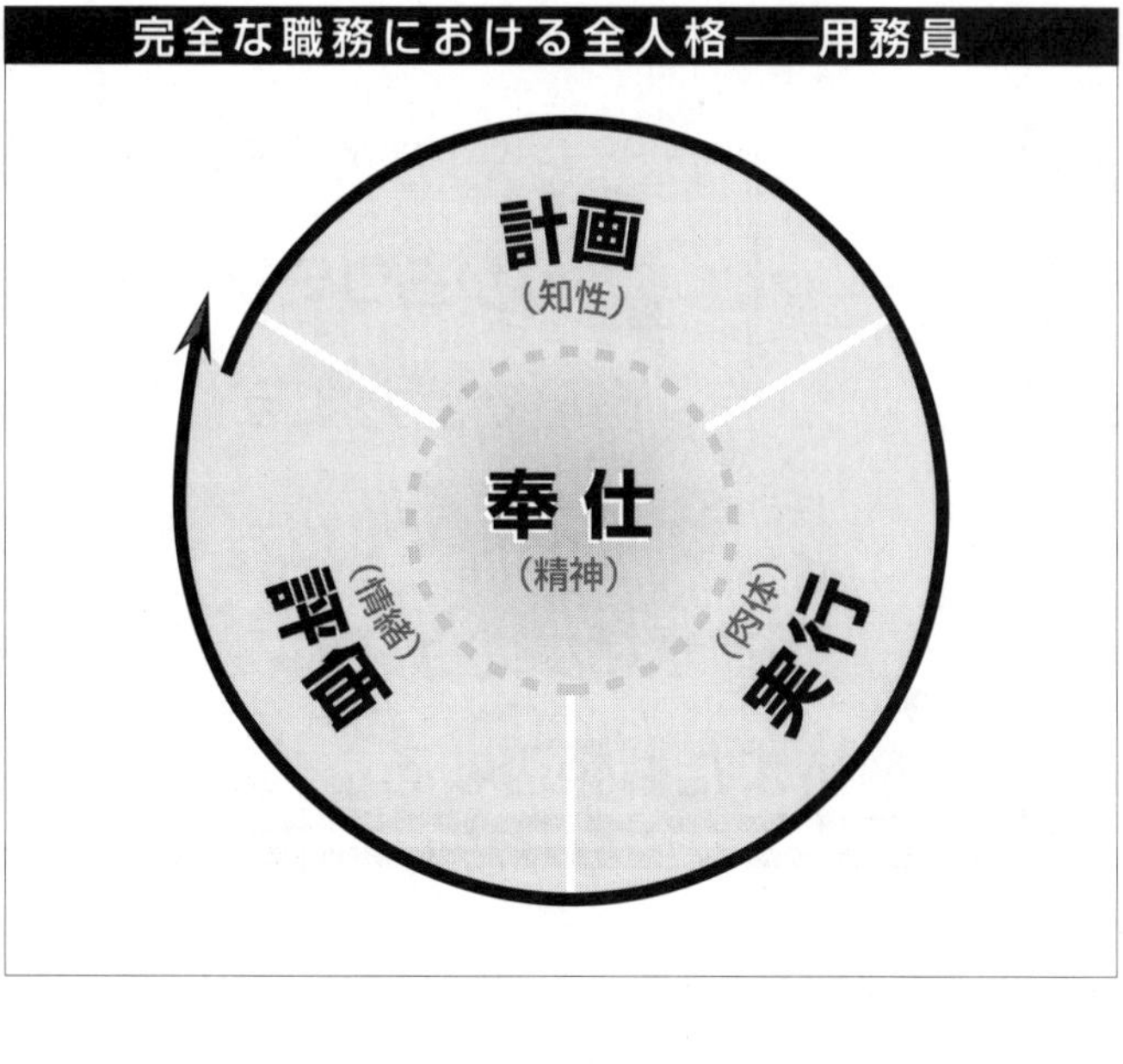

奉仕と意義

この「計画・実施・評価」という考え方をリーダーシップの全人格型モデルに当てはめると図のようになる（図13・6参照）。

ここでは第四の則面である「奉仕」を中心に加えた。意義や貢献という精神的な要求も認識する必要があるからだ。前述の実例からもわかるように、用務員たちも職務に大きな意義を発見していった。彼らは自分たちの技量に大きなプライドを持ち始め、それがプラント全体のメンテナンスの品質を向上させていった。彼らは自分のボイス（内面の声）を発見したのである。ここでも、図の外縁の矢印に注目してほしい。これはサイクルであり、プロセスなのだ。評価という作業が完了すると、新たな計画を作成しなければならない。その中には最新の学習成果を盛り込む。そして次にこの新たな計画を実行に移し、こうして改善のサイクルが繰り返されるのである。

「従業員にそこまで権限を与えるのなら、監督者は不要ではないか？」と疑問に思うかもしれない。簡単に答えると、監督者は**エンパワーメントの条件**を設定し、あとは従業員の邪魔をせずに道を譲り、求められれば手助け

図13・7

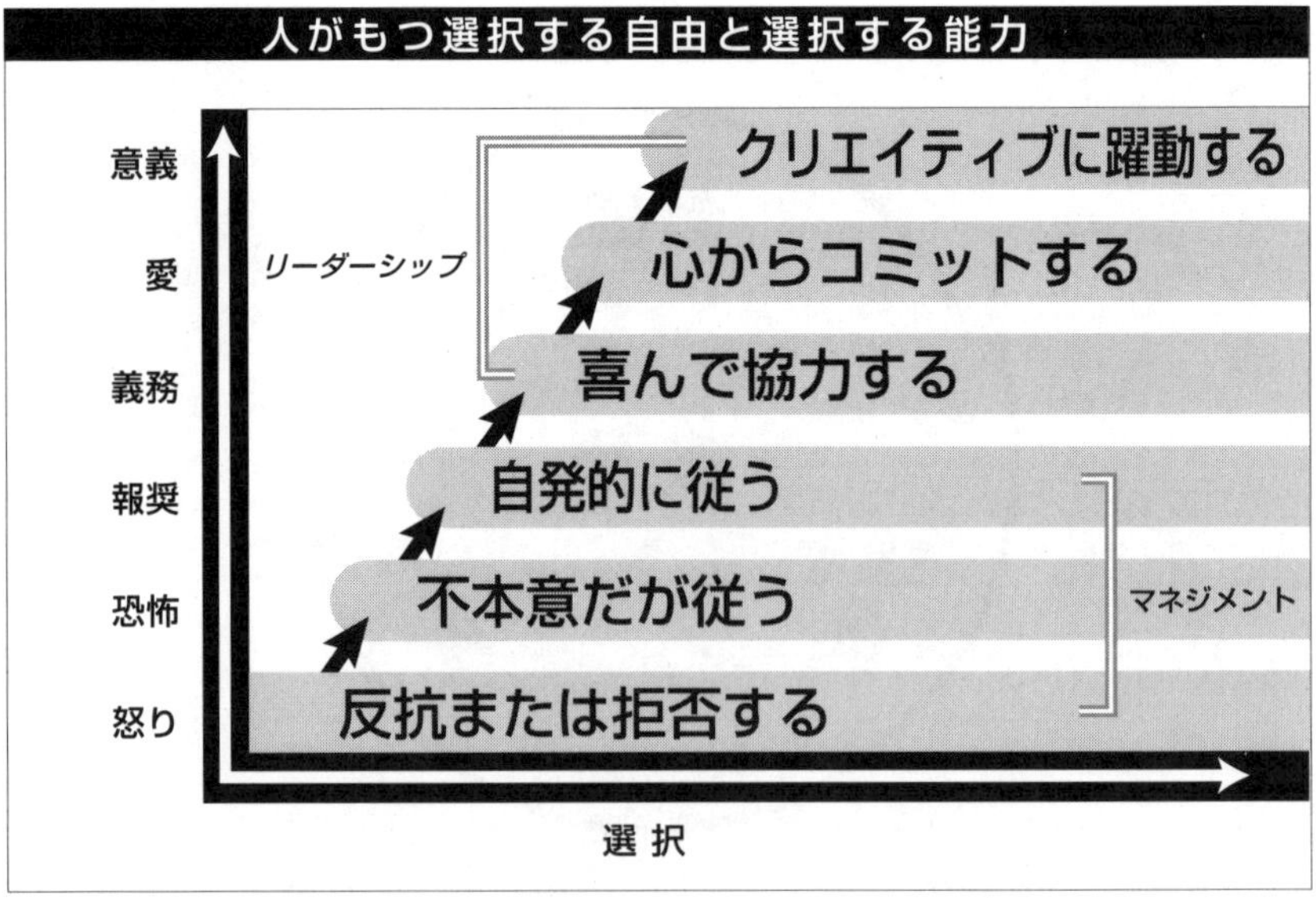

をする。これがサーバント・リーダーシップである。リーダーの仕事は自分がほめてもらうことではない。仕事を成し遂げることなのである。

xQサーベイによれば、職場で自分の貢献が認知、評価されていると感じている人は、回答者の四十五%にすぎなかった。

再び「選択」について

用務員の実例からわかることはこうだ——人の業務上の選択は、自分の本質の四つの要素がどれだけ尊重され必要とされているかによって決まる。前頁の図の左側の欄を見てほしい。それぞれの選択は、怒り、恐怖、報奨から義務、愛、意義にまで至る幅広いモチベーションに触発されているのだ（図13・7参照）。

人間のモチベーションの最高の源泉は義務、愛、意義で、これらは常に最大かつ最も長続きのする成果をもたらす。リーダーは人間が持つ最も崇高な衝動を生かすのだ。人をモノのように管理すると、人は本能のレベルでしか動かなくなってしまう。そんなやり方は時代遅れな近代マネジメントの手法だ。

用務員の実例はさらにきわめて重要な点も明らかにしている。人が知識労働者か否かを決定づけるのは、仕事の性質や経済的な時代区分ではないということだ。決め手になるのは、**リーダーシップに対するマネージャーの信念とスタイル**なのである。リーダーが知識労働者と認知しない限り——たとえば、監督者が用務員を現場のエキスパートだと見なさない場合——、知識労働者ではなく肉体労働者になるのである。

映像作品『リーダーシップとは』*

次に観てもらいたい短編映画は、本書の冒頭で紹介した映像作品とよく似ている。この作品を観れば、本書が説くリーダーシップの枠組みの根本原則をもう一度自分なりに熟考することができるだろう。そしてそれらの原則をしっかり自分のものとして習得し、それに従って行動してみてほしい。この作品では、自然が背景であり、師である。私同様、きっと感動すると思う。この作品も付録のDVDに収録されている。

Q&A

Q　相互補完チームについて述べられているが、自分はスタッフを持たない一匹狼であり、部下もいないし、自分があらゆる仕事をこなさなければならない。自分の弱点を補う相補チームをどのように確保すればよいだろうか?

A　業務を任せられる部下を見つけて、彼らの力によってあなたの長所がより生産的に生かされ、短所が障害でなくなるようにできるまでは、自分の弱い部分について少なくとも必要最低限の能力を確保する必要があるだろう。あるいはその弱い部分を補うことができるアドバイザーやサプライヤーにアウトソースする必要があるだろう。

---

*この映像作品で使わせてもらったすばらしい写真は、デューイット・ジョーンズとロジャー・メリルが撮影したもので、『リーダーシップの本質(The Nature of Leadership)』という本所載のものである。

Q　新たな指令、政策、規制などが常時介入してくるような規制の厳しい環境では、どのように社員のエンパワーメントを進めればよいのか？

A　私であれば社員に聞いてみる。「提案はないか？　意見はないか？」と。冗談ではなく、私であれば直接彼らの前に疑問を投げ出してみる。人は驚くほど創造的で柔軟性に富んでいるものだ。どれだけ厳しい規制のもとにあっても、職務が有意義であれば、必ず人は自分の判断力を行使できる創造的なチャンスを見いだすことができる。また、合意を形成するためには、さまざまな規制ははっきりしたガイドラインとして示されるべきだ。必要ならば従うべき規則として明確化してもよい。

私が英国に住んでいた時、鉄道会社の社員たちが厳格な規制にうんざりしているのを見たことがある。そこで彼らは「徹底的に規則を守ってやる」ことを決意し、結果的に英国全土の鉄道が文字どおり麻痺した。どの列車も時間どおりに到着しなくなった。彼らが規則どおりチェックリストを厳格に守ったために、全路線が完全に混乱におちいってしまったのだ。これまで彼らが円滑に業務を推進できたのは、彼らが創造力と率先力を発揮し、機転をきかせてきたからだったのだ。このことがはっきりしたことで、行政官たちは規則よりも人間の判断力を尊重するようになった。そして、またうまくいき始めた。

低コストで、しかも根幹的な規則に違反することなくよい結果を生むような試験的、実験的なプログラムを実行してみるのもよいだろう。リスクが少ない上に、学習の潜在的可能性は大きい。また、根幹的な規則と、副次的な規則や単に企業文化の所産として残っているだけの規則をより慎重に区別することもできるだろう。

私はかつて規制が厳しい原子力産業の人々と仕事をしたことがある。この業界では、ライバル会社どうしの間でさえ、おどろくほど密接な協力とコミュニケーションが見られた。スリーマイル島級の原発事故があと一度でも発生すれば、原子力産業全体が機能停止になり得ることを社員全員がよくわかっているからだ。安全基準違反やリスクを生むような事故や状況についてはことごとく情報を自発的に共有していた。政府の担当官たちでさえ、これらの競合企業が自発的に行っている規制に匹敵する規制強化に着手することはできなかったほどだ。

Q　Win‐Win方式でアカウンタビリティを強化するにはどうすればよいか？　Win‐Winの精神ではアカウンタビリティが甘くなりがちではないか？

A　そんなことはあり得ない。ポイントは、相互に合意した望ましい目標を基準に、アカウンタビリティを設定することだ。そしてアカウンタビリティに伴う論理的な結果と実際の結果にもとづいて目標達成度を評価する。そのためにはバランスのとれたスコアボードを使用する。バランスのとれたスコアボードや相互に合意された目標や結果を設定せずにいると、Win‐Lose関係がさらにLose‐Winとなり、長期的にはLose‐Loseとなってしまう。

Q　一匹狼タイプの社員（あらゆる決定に反対しているようなタイプで、自分がすべきことは自分のやり方で行うような人間）にはどのように対処すればよいだろうか？

A　一匹狼はさまざまな意義ある進展をもたらすものだ。多くの人々と異なる考え方をし、思考のプロセスが新鮮で創造的な人が存在する余地を残しておくことは必要だ。リーダーは、部下一人ひとりの独自の長所を評価するようにしなければならない。ただし彼らの「異端者度」がエスカレートし、中傷的、ネガティブ、批判的になった場合は、彼らにフィードバックを与えるフィードバック・システムを設けるとよい。まわりの人々の率直な見方や、その見方の背景にある感情をじっくり理解させるのだ。その上で、本当は何をどうしたいのか、一匹狼たち自身に決めさせる。しかし社会的な規範に違反することをおもしろがる逸脱的な人間で、創造的・革新的な貢献によって本当の付加価値をもたらすこともないのであれば、転職させることも考えてやらなければならないだろう。独立独歩を好む人は数多く存在する――共依存型の人間でもなく、逸脱的でもない一匹狼たちは、自主性を重視する種類の仕事でとても重要な役割を果たすことができる。ポイントは、共通の目的や価値観の枠の中で、多様性を受け入れる組織・企業文化を構築することにある。エミール・デュルケームが言っているように、「しっかりした道徳的慣習があれば、法律は不要である。また、道徳的慣習が不十分であれば、法律を執行することはできない」。

Q　私は、個人的にはすべてを管理していたいという強い欲求がある。支配・統制をやめるというアイデア自体は道理にかなっているが、不安を覚える。私は変わることができるだろうか？

A　もちろん、変わることができる。あなたは動物ではない。人は生まれつきの素質や養育の**影響を受けるが、その産物ではない**。人は自分の選択によって形成されるのだが、あなたはまず個人的なレベルで変わり始める必要がある。それには人間独特の三つの天賦《てんぶ》の才（選択する自由と能力、原則に従う能力、そして四つのインテリジェンス／潜在能力）を使わなければならない。忍耐と粘り強さを発揮すれば、あなたはすべてを管理していたいという欲求を克服できるはずだ。やがて、家庭や職場で自分の周囲にごく少数の人しかいなくても自信を失わなくなるだろう。教え、見本を示すことで原則を学ばせたり、人の自制に任せたりすることが、これまで以上に生産的なものに感じ、安らぎも感じるようになる。そしてついにはシステム、構造、プロセスでこの種の道徳的権威を制度化する方法を身につけることができるだろう。

知恵の時代

第十四章

第8の習慣とスイート・スポット

私たちがしていることと私たちにできることとの違いが、世界の大半の問題を解決する。

——マハトマ・ガンジー

「第8の習慣」——自分自身のボイスを発見し、それぞれのボイスを発見するよう人を奮起させる——は、時宜にかなった発想である。「時宜にかなう」とは、先に引用したビクトル・ユーゴーの有名な言葉だ——「時宜にかなった発想ほど強いものはない」。「第8の習慣」が時宜にかなった発想であるのは、人間を総体としてとらえるという考え方に対する理解にもとづいているからだ。この理解こそが、知識労働者経済の無限の可能性を切り開く**鍵**となるのである。図14・1の下段の進路のように、産業の時代の労働者管理は、人の部分的、断片的なパラダイムにもとづいている。今日の世の中で、その進路はよくて凡庸さに行き着くだけだ。まさに人間の可能性を抑圧する。産業の時代の考え方にどっぷりつかった組織では、相変わらず上層の人々がすべての重要な決断を行い、あとの人々は「ねじ回しをいじる」ような実務だけをやらされている。なんと大きな無駄だろうか！　なん

図14・1

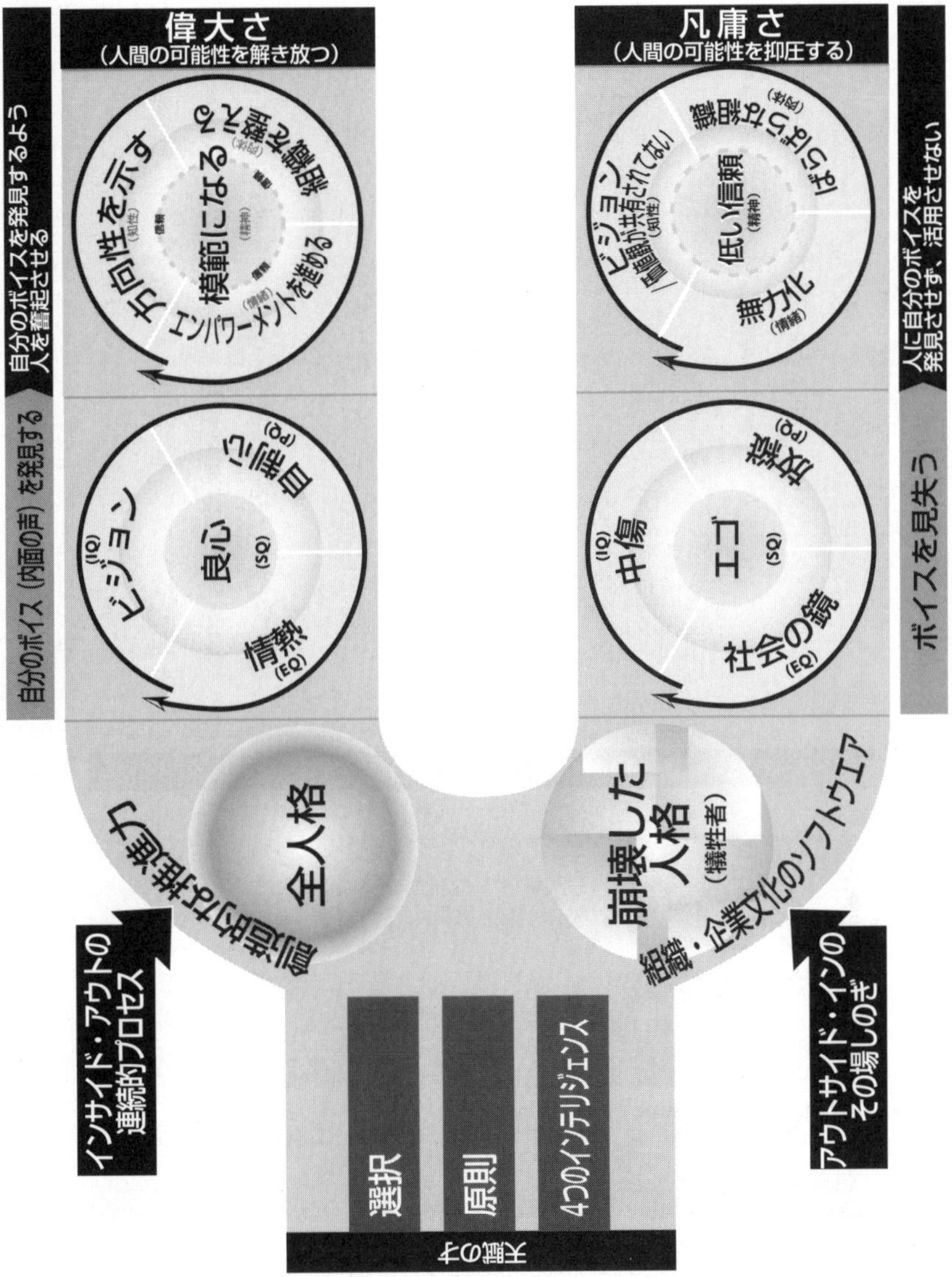
偉大さ
(人間の可能性を解き放つ)
凡庸さ
(人間の可能性を抑圧する)
自分のボイスを発見するよう人を奮起させる
自分のボイス（内面の声）を発見する
人に自分のボイスを発見させず、活用させない
ボイスを見失う
方向性を示す
模範になる
エンパワーメントを進める
ビジョン
良心
自制心
情熱
中傷
エゴ
執着
社会の鏡
低い信頼
無力化
全人格
崩壊した人格
(犠牲者)
組織・企業文化のソフトウエア
インサイド・アウトの連続的プロセス
アウトサイド・インのその場しのぎ
選択
原則
4つのインテリジェンス

とも大きな損失！

ここでまた、著述家ジョン・ガードナーの言葉を思い出してもらいたい。「病める組織の大半は、みずからの欠陥が見えなくなっている。苦労しているのは問題を解決できないからではなく、問題を**見抜けないから**なのだ」これこそ**今まさに**多くの組織で起こっていることなのである。

「第8の習慣」を身につければ、人の潜在能力を常に探していくための思考様式やスキルを体得できる。「第8の習慣」とはリーダーシップを発揮することであり、それは相手にその人の価値や潜在能力をはっきりと伝え、本人が自分の中にそれらを見いだせるようにすることである。そのためには、人々の声に耳を傾けなくてはならない。そして人々に声をかけ、「リーダーの四つの役割」のすべてを通じて彼らを積極的に巻き込み、彼らの価値と潜在能力を肯定する必要がある。

「リーダーの四つの役割」のそれぞれを覚えておけるよう、簡単にまとめておこう。四つの役割を果たす中で、リーダーは人々を全人格的観点から見る。そしてこの観点から彼らの価値を直接的または間接的に肯

図14・2

リーダーの4つの役割	
模範になる	**要求せずに信頼を得る**（個人の道徳的権威）
方向性を示す	**強要せずに秩序を築く**（ビジョンの道徳的権威）
組織を整える	**宣言せずにビジョンとエンパワーメントを育む**（組織・制度の道徳的権威）
エンパワーメントを進める	**外側からのモチベーションなしに人間の潜在的可能性を解き放つ**（企業・組織文化の道徳的権威）

定し、彼らが自分の潜在能力を解き放てるようエンパワーメントを進める。それを各役割を通じてどのように実現できるかに注目してほしい。

第一の役割は（個人、チームの）**模範になる**こと。模範になることで、要求せずとも自然に信頼が得られるようになる。人が「第８の習慣」を通じて原則に従って生きるとき、人間どうしを結びつける「接着剤」である信頼が生み出される。信頼性があってこそ人から信頼される。つまり模範になることでリーダーに**個人の道徳的権威**が生まれるのである。

第二の役割は**方向性を示す**こと。方向性を示すことで、強要せずとも自然に秩序を築くことができる。つまり、とりわけ価値観や優先目標に関する戦略決断を人々が認識し、積極的に関与するとき、情緒的なつながりができるということだ。管理もモチベーションも外側から押しつけるものではなく、内発的なものになる。方向性を示すことで、**ビジョンの道徳的権威**が生まれるのである。

第三の役割は**組織を整える**こと。構造、システム、プロセスの方向性を一致させることで、信頼、ビジョン、エンパワーメントという精神を育み、組織自体を育てることができる。組織を整えることで**組織・システムの道徳的権威**が生まれるのである。

第四の役割は**エンパワーメントを進める**こと。これはほかの三つの役割――模範になる、方向性を示す、組織を整える――が結実したものである。外側からのモチベーションなしに人間の潜在的可能性を解き放つのだ。エンパワーメントを進めることで**組織・企業文化の道徳的権威**が生まれるのである。

リーダーが「模範になる」と言うとき、**ほかの三つの役割の模範になる**ことが最も重要である。この点をぜひ覚えておいてほしい。つまり、「方向性を示す」ことは、方向性を決定する**勇気**と、最も大切なことは何かを決める際に他の人々を深く関与させる**謙虚さ**と**相互尊重**の模範になることである。「組織を整える」ことは、構造やシステムやプロセスを築こうとする意欲の模範になること。その構造やシステムは「最も大切なこと」に関わる戦略的意思決定と合致するものであり、それらのおかげで組織は最優先目標に常にフォーカスしていることができる。「エンパワーメントを進める」ことは、ミッションの共有化を通じて、人々の選択する能力《ちから》と人間としての四つの側面に対するかたい信念の模範になることなのだ。

フォーカスと実行

本書でこれまで見てきた内容は、二つの言葉に要約できるだろう。「フォーカス」と「実行」である。私たちはこの二つの言葉から、まさに「複雑さの果てには単純な真実がある」ということに気づく。繰り返して言うが、「フォーカス」とは最も大切なことに取り組むことであり、「実行」はその実現に取り組むことである。私がこの二つの言葉に行き着いたのは、ラリー・ボシディとラム・チャランによる最新のベストセラー・ビジネス書『経営は「実行」――明日から結果を出すための鉄則』（日経ＢＰ社）の影響によるところが大きい。

実行するという規律を欠いたリーダーシップは不完全で役に立たない。実行する能力がなければ、リーダーシップのその他の特性はすべて空しいものになる。

すべてのリーダーがあらゆるレベルで実行という規律を実践しなければ、どんな企業も責務を果たすことはできないし、変化に十分適応することもできない。実行は、目標を達成するための企業戦略の一部でなければならない。実行は野心と結果の間を結ぶミッシング・リンクなの

である。

——ラム・チャランとラリー・ボシディ[1]

リーダーの最初の二つの役割——**「模範になる」**と**「方向性を示す」**——をひと言で表すなら、それは**フォーカス**である。あとの二つの役割——**組織を整えるとエンパワーメントを進める**——をひと言で表すなら、**実行**である。どうしてそうなるのだろうか。考えてみてほしい。方向性を示すことは本質的に戦略的な仕事である。よリ優先度の高い目標は何か、そしてそれらの目標を達成し、維持するための指針となるべき価値観は何かを決めることだ。しかし方向性を示すことが成功するためには、組織・企業文化の中に目標に対する明確な理解とコミットメントがなければならない。このコミットメントは、信頼、信頼性、そして相乗効果にもとづいている——つまり「模範になる」ことがまさにめざしているものにもとづいているのである。個々に、そして個々人相互に、真の信頼性があってはじめて信頼が育まれ、チームの相乗効果が発揮される。こうした個人や相互のレベルでリーダーが模範になるには、みんながコミットメントを感じる明確な優先的な諸目標が必要となる（第二の習慣「目的を持って始める」）。そしてそれらの目標を練り上げていくときには相互尊重や相互理解、クリエイティブな協力が必要となる（第四、五、六の習慣）。一方、個人や相互の信頼性は、人々が自分の価値観や目標に忠実に生きることから生まれる。言い換えるなら、個々人のフォーカスと実行が基礎になる。つまり第三の習慣「重要事項を優先する」である。「重要事項を優先する」というのは、フォーカスと実行のことなのである。

リーダーのあとの二つの役割、**組織を整えるとエンパワーメントを進める**は**実行**を表している。つまり実行とは構造やシステム、プロセスを築くことである（**組織を整える**）。そしてその構造やシステムが意図しているのは、組織のより大きな「見通し」にもとづく戦略的目標や最優先事項（方向性を示す）を個人やチームが日々の実務や目標に落とし込むことができるようにすることだ。要するに、仕事を成し遂げるために人々の**エンパワー**

メントを進めるのである。

フォーカスと実行は切っても切れない関係にある。つまり皆の考えが一致していない限り、一貫性のある実行は不可能である。たとえば、指揮統制という産業の時代の管理モデルでフォーカスさせようとすれば、人々をエンパワーし、変革を推進させるという知識労働者の時代のモデルを使って実行させることはできない。理由は単純で、人々がフォーカスすべきものに積極的に関与および（または）共鳴していなければ、それを実行することに心からコミットメントを感じることはないからだ。だから実行させようとしてもできるはずがない。同じように、知識労働者時代型の関与とエンパワーメントのアプローチを用いて共通のフォーカスを得ようとし、実行にあたっては産業時代型の指揮統制のアプローチを用いれば、人は誠意や誠実さがないことに気づき、フォーカスを維持させることはできなくなるだろう。

反対に、フォーカス（模範になる、方向性を示す）と実行（組織を整える、エンパワーメントを進める）の両方に知識時代型のアプローチモデルを用いれば、組織の文化の中に誠実さと信頼性が生まれるだろう。組織は自らのボイスを発見するだけでなく、そのボイスを生かし、組織の目的と利害関係者にみごとに奉仕することができるはずだ。

実行の大きなギャップ

この本のはじめの方で、「知っているだけで実行しないならば、本当に知っていることにはならない」と述べた。これは深遠なる真実である。「第8の習慣」に込められた原則は、実践と**実行**によって私たちの人格とスキルの一部にならない限り——**習慣**にならない限り——ほとんど価値はない。

私は常にあなたのそばにいる。あなたのいちばん頼れる助っ人にもなれば、いちばんのお荷物にもなる。あなたが前へ進めるように背中を押すこともあれば、逆に足を引っ張ることもある。どうしたいかはあなたしだい。あなたの仕事の半分は任せてもらった方がよい、私ならすばやく、正確にできる。扱いは簡単――ただ厳しくするだけ。はっきり指示してくれるだけでよい。何度か練習させてもらえば、あとは自動的にやって差し上げよう。私はあらゆる偉大な人々のしもべであり、残念ながらすべてのだめ人間のしもべでもある。だめな人は私のおかげでますますもってだめになる。機械ではないが、同じくらい正確に、しかも人間の知能を使って仕事をこなす。私を使って大もうけするもよし、大損するのもこれまたよし。私の知ったことではない。私を厳しくしつければ、どんな世界もあなたのもの。逆に私を甘やかせば、待っているのは身の破滅。

さて、私は誰？　私は習慣。

――作者未詳

実行は今日の大半の組織・企業で取り組みが進んでいない**一大問題**である。明確な戦略を持っているのと、その戦略を実施し実現する、つまり実行するのとはまったく別なのだ。「並の戦略と優れた実行」の方が、「優れた戦略とまずい実行」よりも望ましいと、リーダーたちの多くは考えるはずだ。実行する人の方が常に重要なのである。元ＩＢＭ会長兼ＣＥＯのルイス・Ｖ・ガースナーが言うように、「世界の優れた企業はすべて、市場でも製造工場でも、物流や棚卸資産回転率という点でも、ほとんどなんであれ日々競争相手を**実行という点で上回っている**。しのぎを削る絶え間ない競争とは無縁な独占的地位を味わっているような優れた企業などめったにない」[2]

効果的な実行を可能にする要素はさまざまだが、xQ（実行指数）サーベイによれば、組織の中で実行を促すおもなドライバーは六つある。**明確さ**、**コミットメント**、**行動に落とし込むこと**、**成果を上げる環境整備**、**相乗効果**、**アカウンタビリティ**。したがって、この六つの動因の一つまたは複数に問題がある場合に実行が破綻《はたん》しがちである。私たちはこれを**実行のギャップ**と呼んでいる。

・明確さ——組織のメンバーたちが自分のチームや組織の目標や優先事項をはっきりと知らない場合。
・コミットメント——メンバーたちが目標を受け入れない場合。
・行動に落とし込む——自分のチームや組織の目標達成に役立つために、個々に何をすべきかメンバーたちがわからない場合。
・成果を上げる環境整備——メンバーたちが仕事をうまくできるような適切な構造、システム、自由がない場合。
・相乗効果——メンバーどうしの関係がうまくいかない、いっしょにうまく仕事ができない場合。そして
・アカウンタビリティ——メンバーが互いに説明する責任を問わない場合。

表6

実行のギャップ	産業時代型の原因	知識労働者時代型の解決法
明確さ	告知	共鳴と（または）関与
コミットメント	押しつけ	全人格型の関与
行動に落とし込む	職務内容記述	結果を出すため目標の方向性を整える
成果を上げる環境整備	アメと鞭（経費としての人）	構造と文化を整える
相乗効果	「協力しろ！」	第三案を生むコミュニケーション
アカウンタビリティ	サンドイッチ・テクニックによる業績評価	定期的でオープン、相互的な評価

われわれが管理と呼んでいるもののあまりにも多くが、人を働きにくくしている。
——ピーター・ドラッカー

前頁の表（表6）は、実行の六つのドライバーとギャップを明示している。そして産業の時代の管理型思考がまさにこのようなギャップを生んでいることと、「第8の習慣」を含む「知識労働者／全人格型の個人」のモデルがいかにそれを解決するかをごく簡単に説明している。

①明確さ　肉体労働者／産業時代のアプローチでは、ミッションやビジョン、価値観と優先目標を組織のメンバーたちにただ単に上から告知するだけだ。すでに見たように、上層部の人々が職場外のミッション・ステートメントのワークショップに参加し、そこで習ったとおり、組織のあらゆる決定の指針となるべき戦略的意思決定をそれらしき言葉でメンバーに告げるというケースが多い。しかしそのようなミッション・ステートメントはやがてただの宣伝文句にすぎなくなる。というのも、メンバーは実質的に関わっていないからだ。したがって、知識労働者の時代の本質とも言える真の共鳴は生まれない。この共鳴は、尊敬する人との関わりから生まれる個人の道徳的権威の問題なのであり、必ずしも戦略的意志決定に参加しているかどうかの問題ではない。

②コミットメント　コミットさせるための産業の時代のアプローチは、上から押しつけることである。コミットするようしきりに伝え、説明し、納得させようとする。押しの一手だ！　ところが調査によれば、チームや組織の優先目標に熱心にコミットしているのは五人に一人だけだ。一方、知識労働者の時代の「第8の習慣」アプローチは、仕事全体に全人格的に——肉体も知性も情緒も精神も——関わらせる。人が公正な賃金

を得て、思いやりと敬意ある扱いを受け、真の価値を生む仕事のために知性をクリエイティブに生かし、それも原則に沿ったやり方で行えるようにするのである。ただやたらと賃金を払えばよいという、人間をロバ扱いする例のテクニックではだめなのだ。実際、調査によれば、知識労働者型のアプローチがとられているとき、労働者は優先順位として給与を信頼、尊重、プライドの次の四番目に置く。なぜなのか。それは、仕事自体に本質的な満足感があれば、付随的、外面的な要素はあまり重要ではなくなるからだ。ところが仕事自体に本質的な満足感がなければ、給与が最大の関心事になる。なぜなのか。金があれば仕事以外で満足感を買えるからだ。全人格型の「第8の習慣」は、**内発的な**モチベーションを解き放つのである。

明確さとコミットメントに関する実行のギャップは、時間管理の問題のおもな原因にもなる。理由は単純だ。組織のメンバーが、ミッションと価値観に基づいて、何を優先目標だと判断するかによって、彼らのほかのすべての判断が左右されるからである。したがって、明確さとコミットメントが欠けていると、何が本当に重要か、人々は混乱するばかりだ。その結果、緊急か否かが重要度を判断する基準になる。なじみがあり、差し迫っていて、身近で快適なもの――要するに緊急なものが重視される。最後には、誰もがお茶の葉で予測を立て、政治的な風向きを探り、上層部に媚《こ》びるようになってしまうだろう。すると混乱はますます悪化しながら組織全体に広がっていく。したがって、組織のミッションやビジョン、価値観がメンバーに明確になり、彼らのコミットメントが得られない限り、どれだけ時間管理の研修を行っても持続的な効果は望めない。せいぜい彼らの私生活で生かされるだけだ。チャールズ・ハンメルはかつて次のように語った。

本当に重要な用件はほとんどいつだってわれわれの「今日すべき」重大事に入っていない。「今週中にすべきこと」にさえ入っていないことが多い……一方、われわれは「緊急の用事」にせきたてられている……一瞬こうした用事はどうにも無視できない重要なものに思え、おかげでわれわれはエネルギーを消耗する。だが長い目で見れば、まやかしの重要度は薄れる。ある種の喪失感とともに、われわれは今まで脇へ押しやってきた肝心の用件を思い出す。そのときわれわれは、「緊急なものごと」の圧制のもとで奴隷になっていたことに気づくのである。[3]

③行動に落とし込む　産業の時代のアプローチは、職務内容記述というやり方だ。知識労働者の時代には、組織はメンバーの仕事をそれぞれのボイス（才能と情熱）に合致させるようにする。そして同時に、彼らの仕事にチームや組織の優先目標達成に向けた見通しがあるようにする。

④成果を上げる環境整備　多くの意味で、実行に関するギャップの中でも環境整備は最もやっかいである。なぜなら、本書でこれまで論じてきたような構造やシステム、文化の機能上の障害を、すべて取り除かなければならないからである。人材募集、人選、養成と能力開発、報酬、コミュニケーション、情報、補償などなど……業務を促進または阻害するこうした構造やシステムのあり方こそ、人々の仕事上の安心感や見通しを左右するものである。ところが、戦略的意志決定に、とりわけ実務と結びついた優先事項や価値観についての決断に、メンバーが真に関わっていない限り、組織にがっちりと根を下ろした構造やシステムを変革し整える上で必要となる情緒的なつながりも信頼も内発的なモチベーションも、彼らから得ることはできない。

産業の時代では、人は経費である。そして機械や技術といった「モノ」は投資である。このことをもう一度よく考えてみよう。人は経費で、モノは投資！　もうけることしか考えない情報システムだ。病気を治すのに「悪い血を抜く」ような時代遅れの処方箋《せん》だ！　しかし知識労働者の時代にふさわしい「第8の習慣」のアプローチをとれば、人々は成果と潜在能力の両方を評価するための実に強力で、目に見え、説得力があり、状況に即応できるスコアボードづくりに深く関与することができる。そのスコアボードにはまた、システムや構造が主要目標達成のためにどれだけよく整えられているかも反映される。

⑤相乗効果　産業時代型のアプローチはよくて妥協的、悪ければWin-LoseかLose-Winをもたらすだけのやり方だ。これに対し、知識労働者時代型の相乗効果を生かせば、「第三案」を作り出すことができる。相乗効果とは、いわば「第8の習慣的」なコミュニケーションである。人々のボイスは組織のボイスと合致し、異なるチームや部署のボイスが一つになってハーモニーを奏でるようになる。

⑥アカウンタビリティ　「アメと鞭《むち》」による動機づけや「サンドイッチ・テクニック」による業績評価は産業時代の慣行である。それが知識労働者の時代には、みんなが理解する最重要目標に対する相互アカウンタビリティと開かれた情報の共有とにとって替わられる。あたかもスポーツの競技場で、観客全員に試合の展開が逐一わかるようスコアボードに情報が表示されているようなものである。

スイート・スポット

以上をまとめてみよう。本書のはじめの方で、誰もが人生の二つの道から一つを選ぶという考え方を紹介した。一つは多くの人が通る凡庸さへと至る道であり、もう一つは偉大さへ至る道である。すでに見たとおり、凡庸さへの道は人の潜在能力を抑圧し、偉大さへの道は人の潜在能力を解き放ち、具現化する。偉大さとは「自分のボイスを発見し、それぞれのボイスを発見するよう人を奮起させる」ことであり、それを可能にしてくれるのが「第8の習慣」である。

本書ではここまでに三種類の偉大さを探ってきたと言ってよいだろう。**個人の**偉大さ、**リーダーシップの**偉大さ、**組織**の偉大さである。*

個人の偉大さは、三つの天賦の才――選択、原則、人間の四つのインテリジェンス――を発見するときに見いだされる。これらの天性や知性を伸ばせば、ビジョン、自制心、情熱にあふれたすばらしい人格を形成できる。この人格は良心に導かれ、勇敢であるとともに優しい。このような人格は大きな貢献へと駆り立てられ、その貢献は人類に奉仕するばかりか、至高の「一なる存在」にフォーカスし、触れることを可能にする。このような人格を私は**第一の偉大さ**と名づける。それに対し、第二の偉大さには才能、評判、名声、富、評価といったものが含まれる。

リーダーシップの偉大さは、「それぞれのボイスを発見するよう人を奮起させる」ことを選択した者が獲得する偉大さだ。どんな立場にあれ、リーダーの四つの役割を生きることで成し遂げられる。

組織の偉大さは、その組織がリーダーの役割と仕事（ミッション、ビジョン、価値観を含む）を、実行に関わる原則・ドライバーに――明確さ、行動に落とし込む、成果を上げる環境整備、相乗効果、アカウンタビリティに――落とし込むという最後の難題に挑むときに生まれる。組織にとって、こうしたドライバーは普遍的かつ不変で、自明の原則である。

図14・3は、個人の偉大さ、リーダーシップの偉大さ、組織の偉大さの関係を示している。これら三つの偉大さによって自らを統率し、律する組織は、いわば「スイート・スポット」を真にとらえることができる。スイート・スポットはこの三つの輪が重なる部分にある。能力《ちから》と潜在能力が最も強力に発揮されるのだ。テニスをしている時でも、ゴルフ・クラブであの小さな白いボールをとらえようとするときでも、「スイート・スポット」に当たったときには自分でそれとわかる。スカッとする！　体に感触が伝わる。ピタリと決まったことがわかるのだ。特段の努力も要さずに、中心をとらえれば爆発的な力

＊この三つの偉大さのあり方を通して持続的な優れた業績を挙げるための詳細は、付録8を参照

が生まれ、ボールはいつもよりぐんとよく飛んでいく。個人やチーム、組織として「自分のボイスを発見する」ときに放たれる力を、このように表現することもできるだろう。

実行への四つのステップ

四つのステップを守れば、チームや組織は実行のギャップを埋め、最優先事項にフォーカスし、組織の能力を格段に伸ばすことができる。これを**実行への四つのステップ**と呼んでいる。もちろん、実行に影響を与える要素はたくさんある。しかしわれわれの調査によれば、組織の成果の八十%は全活動中の二十%の活動から生まれており、「実行への四つのステップ」がまさにその二十%の活動に当てはまる。なぜなら、この四つのステップは常に卓越することを最優先して実行することに深く結びついているからである。また、この四つのステップは三つの偉大さと整合性があり、またその三つの偉大さから流れ出るものであることに気づくはずだ。まさに「スイート・スポット」であり、力

図14・3

原則中心のフォーカスと実行

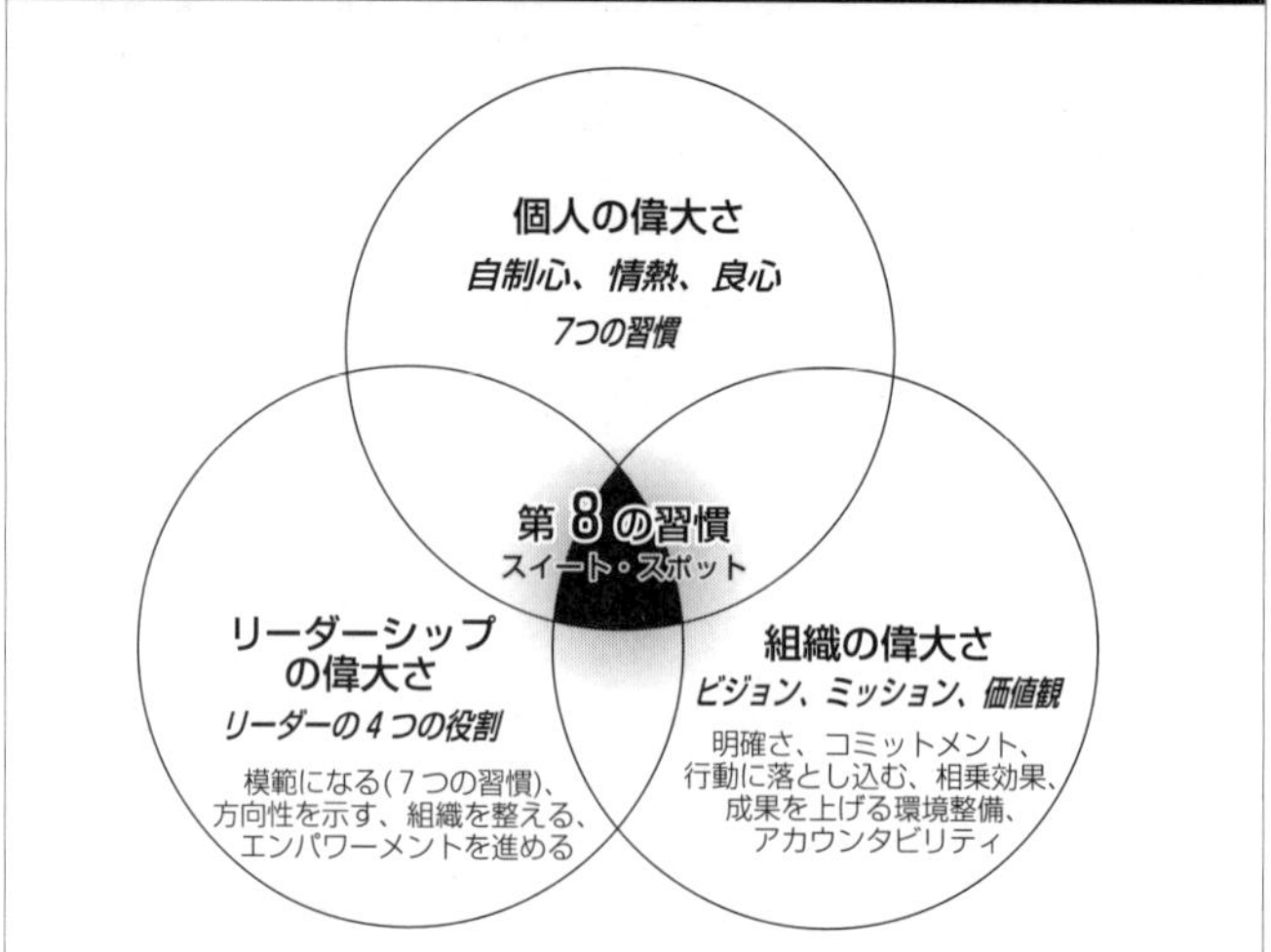

が放たれる接点なのだ。「次なる一歩」であり、実践的で「地に足がついて」いて、レーザー光線のようにぴったり方向性の定まった実行となる。これら四つのステップによって、チームや組織は常に成果をあげることが可能になるだろう。

次に四つのステップをまとめておこう。

ステップ1　最重要課題へフォーカスする

組織をフォーカスさせることについて、多くの人が理解していない重要な原則がある。それは、**生まれつき人は、一度に一つのこと（よくてもせいぜい二、三のこと）にしか優れたフォーカスはできない**ということである。

特定の目標に対して優れた成果を得られる確率が八十％だとしよう。調査によれば、その最初の目標に次の目標を加えると、両方の目標を成し遂げる確率は六十四％に減る。さらに目標を足し続けると、達成率は急激に落ち込む。例えば一度に五つの目標に取り組もうとすると、そのすべてで優れた成果を得る確率はわずか三十三％になるのである。

ごく限られた重大な目標に、努力と熱意を注いでフォーカスすることがどれほど大切であるかがわかるだろう。ほかの目標よりも明らかに重大な目標というものがある。私たちは「単に重要なもの」と「最重要なもの」とを区別することを学ばなくてはならない。「最重要目標」は深刻な結果をもたらす。こうした目標を達成できないと、ほかの目標はいくら達成しても無意味になってしまうほどだ。

航空管制官の例を考えてみよう。いつでも空には何百という飛行機が飛んでいる。どれもみな重要だ——ましてあなたがその一機に乗っていれば！　だが管制官は一度に全機にフォーカスすることはできない。管制官の仕事は**一機ずつ着陸させる**ことである、それもいっさいのミスなしに。どんな組織も似たような立場にある。ほとんどが「注意を振り分ける」ぜいたくなど許されていない。今すぐ決着**させなければならない**目標というのがあるのだ。

では、どの目標が「最重要」であり、自分たちの戦略的計画を実行するのに最も役立つかを見極めるにはどうすればよいだろうか。一目瞭然なときもある。分析が必要な場合もある。この場合、「重要性スクリーニング」（図14・4）が有益な戦略的計画ツールになるだろう。経済的、戦略的、利害関係者に関わる側面を各スクリーンによって判定することで、目標の優先順位が決められるようになる。言い換えるなら、すべての潜在的な目標の中で経済的にも戦略的にも利害関係者にとっても、最も利益に結びつくのはどれなのか、その評価に役立つのである。優先目標を決めるとき、この「重要性スクリーニング」を使ってみてはどうだろうか。これこそ組織の活動の最先端で**方向性を示すこと**なのだ。

利害関係者の満足度　利害関係者の満足度を満たすためにやらなくてはならない最も重要なことは何か？　その目標に顧客、社員、供給元や投資者、その他全員の利害が関わっている。潜在的目標は次の点でどのように貢献するか検討してみよう。

・顧客満足度の向上

図14・4

スコア法	全社目標に対する経済的貢献度	全社的なビジョン・戦略との関連性	利害関係者の満足度
1. チームの重要目標をリストアップする 2. それぞれのカテゴリーに対して－1から 4の単位で評価する 4=もっとも強いインパクト 0=インパクトなし -1=マイナスのインパクト 3. 得点を合計する 4. 直観によるチェックをする 5. 合計得点と直観による確認で最重要目標と判断できるものに（✔）記号を入れる	スケール：－1から 4（単位1） 検討すべき経済的な側面： ● 売上向上 ● コスト削減 ● キャッシュフローの改善 ● 収益性の改善 ● その他の経済的基準	スケール：－1から 4（単位1） 検討すべき経済的な側面： ● 直接的に組織目標と関連 ● コア・コンピテンシーを強化 ● 市場優位性を高める ● 競争力強化 ● その他の戦略的な側面	スケール：－1から 4（単位1） 検討すべき利害関係者に関連した側面： ● 顧客満足度の向上 ● チーム・メンバーの熱意とやる気を引き出す ● 関連業者／パートナー、株主にプラスのインパクトをもたらす ● その他の利害関係者に関連した側面

✔	目　標	全社目標に対する経済的貢献度	全社的なビジョン・戦略との関連性	利害関係者の満足度	合計得点	直観によるチェック 青・黄・赤
		-1　0　1　2　3　4	-1　0　1　2　3　4	-1　0　1　2　3　4		
		-1　0　1　2　3　4	-1　0　1　2　3　4	-1　0　1　2　3　4		
		-1　0　1　2　3　4	-1　0　1　2　3　4	-1　0　1　2　3　4		
		-1　0　1　2　3　4	-1　0　1　2　3　4	-1　0　1　2　3　4		
		-1　0　1　2　3　4	-1　0　1　2　3　4	-1　0　1　2　3　4		
		-1　0　1　2　3　4	-1　0　1　2　3　4	-1　0　1　2　3　4		
		-1　0　1　2　3　4	-1　0　1　2　3　4	-1　0　1　2　3　4		
		-1　0　1　2　3　4	-1　0　1　2　3　4	-1　0　1　2　3　4		
		-1　0　1　2　3　4	-1　0　1　2　3　4	-1　0　1　2　3　4		
		-1　0　1　2　3　4	-1　0　1　2　3　4	-1　0　1　2　3　4		

・チームメンバーの熱意をやる気を引き出す
・関連業者／パートナー、株主にプラスのインパクトをもたらす

ビジョン・戦略との関連性　潜在的目標が組織の戦略にどのような影響を与えるか、考えてみよう。次の点でプラスになるだろうか、ならないだろうか？

・直接的に組織目標と関連
・コア・コンピテンシーを強化
・市場優位性を高める
・競争力強化

自問してみよう――戦略を推進するために、自分たちにできる最も重要なこととは？

経済的貢献度　最重要目標は直接的であれ、間接的であれ、組織の経済全体に寄与しなくてはならない。自問してみよう――あなたの潜在的目標の中で、最も大きな経済的利益をもたらすものを二、三選ぶとすればどれか？　以下の点を検討してみよう。

・売上向上
・コスト削減
・キャッシュフローの改善
・収益性の改善

非営利組織でも、経済的側面はやはり重大である。資金繰りができなければ、どんな組織も生き残ることはできないのだから。

利害関係者、戦略、経済のスクリーンを通じて目標を選別することで、各目標の「何を」という内容に明確な「なぜならば」という理由を与えることができる。

私の見たところ、戦略的計画は二、三の最優先事項か「最重要な」目標（Wildly important goals-WIGs）の形にして具体的に示さない限り、あいまいで大上段に構えたものにとどまるだろう。また、組織のあらゆる階層の利害関係者たちがこうした重要目標の見極めに関わるべきである。そうすれば、彼らのコミットメントはいっそう強化され、各目標の論理的根拠も理解できるようになる。

優れた結果を得るためには、二、三のきわめて重要な目標にフォーカスし、単に重要なものは脇によけておかなくてはならない。人間というものは一度に一つのこと（よくてもせいぜい二、三のこと）しか立派に成し遂げられないのだから、焦点を絞ることを学ぶ必要がある。しかし実状は、あまりにも多くのことをしようとしている人があまりにも多い。航空管制官のように、一度に一機ずつ着陸させることを学ばなければならない。つまり、多くのことをやって凡庸な結果を出すよりも、限られたことをやって優れた結果を出すということだ。

このようなステップを実践するには、あなたのチームで上から二つか三つの「最重要な」目標をはっきりさせ、組織の最重要課題に合うようにそれらを慎重に練り上げなくてはならない。

映像作品『単に重要でなく、最重要なもの』

「二、三の重大なこと」へのフォーカスが欠かせないことを示すために、映像作品『単に重要でなく、最重要なもの』を観てほしい。この作品は役者が演じているのではなく、私たちがクライアントに対して行った実際のインタビューにもとづいている。大半の組織で目標が明確ではなく、構造やシステムなども整合性を欠いている事実が描かれている。ユーモラスではあるが、ほとんどの組織がフォーカスと実行に関する問題に直面していることを如実に物語る。さっそくＤＶＤをセットしてこの作品をじっくり観てもらいたい。あなたの組織についても、思い当たることがあるのではないだろうか。

ステップ2　スコアボードを作成する

スコアボードを使えば、組織に基礎的な原則を培うことができる。**スコアをつけていると、人は一生懸命プレーをする。**

スコアをつけずに路上でバスケット、ホッケー、フットボールなどをしているのを見たことがあるだろうか？選手たちは好き勝手なプレーばかりしがちだ。冗談を言うためにゲームが中断される。選手もそれほど集中していない。ところがスコアをつけ始めると様子が変わってくる。今までになく熱が入る。集まって作戦を練る。ひらめきのあるプレーが出る。状況が変わるたびにすばやく対応する。スピードとテンポも劇的に上がっていく。

同じことが仕事でも起こる。成功のきわめて明確な尺度（モノサシ）がない限り、人は本当の目標が何なのかよくわからないままである。尺度がなければ、同じ目標も百人百様に理解される。その結果、チームのメンバーは、緊急かもしれないがあまり重要ではないことに手をつけて道を外れる。不確かなペースで仕事をする。モチベーションも下がる。

だからこそ戦略的計画や重要目標には、説得力があり、目に見え、活用しやすい「スコアボード」がぜひとも必要なのだ。しかしほとんどの場合、作業グループには成功の明確な尺度がなく、優先事項をどの程度うまくこなしているか自分の目で確かめる方法もない。

私たちが行ったxQサーベイによれば、自分たちの重要目標の達成度や成果を測るはっきりとした正確な尺度があると答えた就労者はわずかに三人に一人だった。しかも、測定可能な尺度に照らしてどれだけ目標を達成できたかという業績評価が報酬や成果に関係する、と答えたのは約三割だけである。正確な実行に不可欠であるにもかかわらず、明らかに、業績のフィードバック・システムを持っている人は数少ないのだ。

「スコアボード」がどれほど強力にモチベーションを引き出すかを考えてほしい。スコアボードが描き出す**現実**からは逃れようがない。戦略的な成功はこれにかかっている。計画はこれに沿わなくてはならない。タイミングもこれに合わせる必要がある。スコアが見えない限り、戦略も計画も単に絵に描いた餅《もち》である。だから説得力のある「スコアボード」を作りあげ、それを常に更新しなくてはならない。これは組織の活動の最先端で**方向性を示す**ことと**組織を整える**ことを組み合わせる作業である。

スコアボードのつくり方

積極的な関与と相乗効果（「7つの習慣」の**模範になる**）を通して、あなたの組織やチームの目標のおもな

図14・5

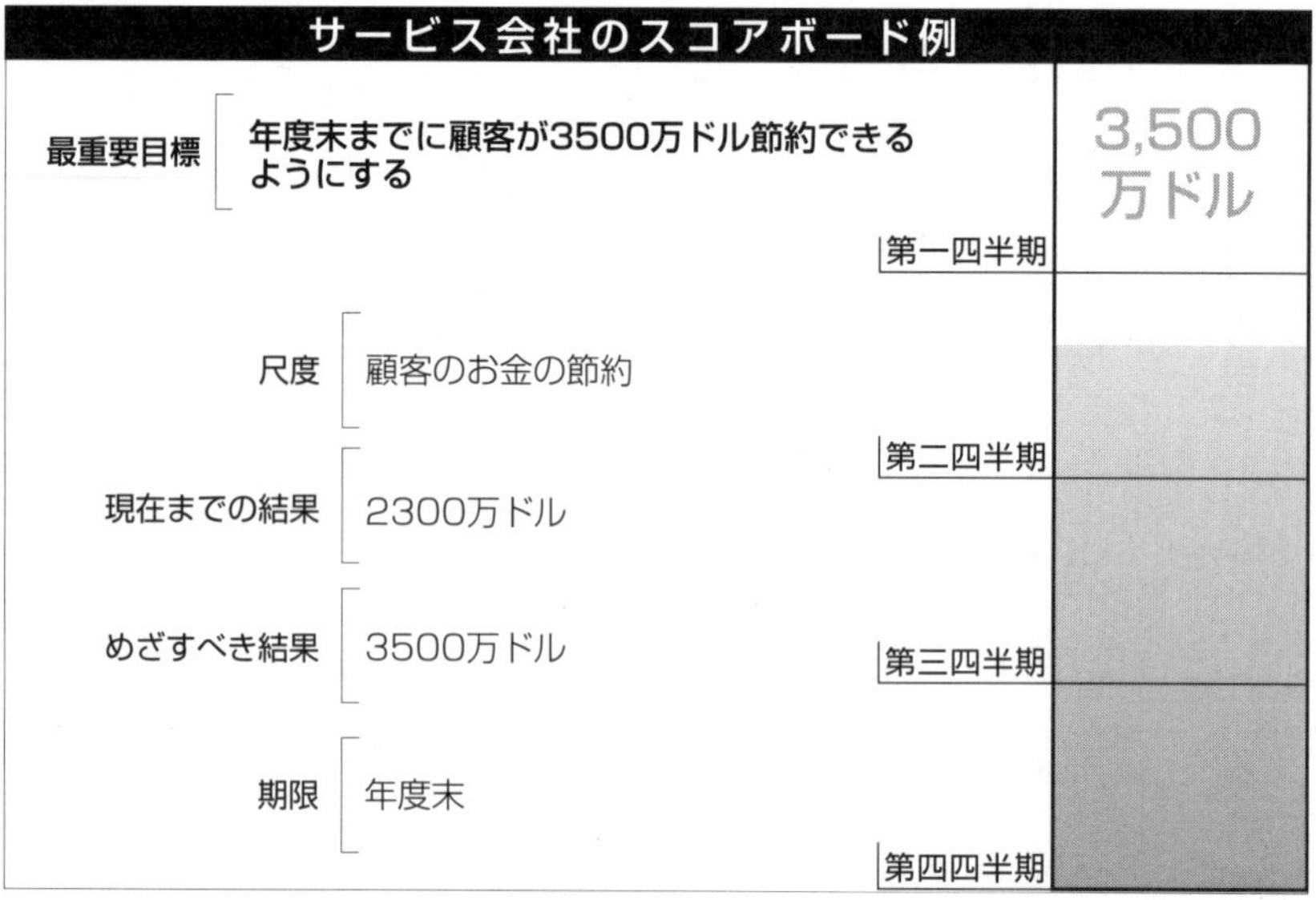

サービス会社のスコアボード例	
最重要目標	年度末までに顧客が3500万ドル節約できるようにする
尺度	顧客のお金の節約
現在までの結果	2300万ドル
めざすべき結果	3500万ドル
期限	年度末

3,500万ドル

第一四半期

第二四半期

第三四半期

第四四半期

尺度を見極め、視覚的に表してみよう。「スコアボード」は次の三点を疑問の余地がないよう明確にすべきである。

どこから？　どこまで？　いつまでに？

①あなたの最優先事項、「最重要目標」を列挙する——何がなんでもあなたのチームが達成しなくてはならないことだ。

②一つ一つの目標に対し、次のような要素を含むスコアボードをつくる。

・現在までの結果（今どこにいるか）
・めざすべき結果（どこをめざすか）
・期限（いつまでに）

「スコアボード」は棒グラフでもよいし、折れ線グラフ、円グラフ、ガントチャート（日程管理表）でもかまわない。温度計や速度計、重量計のようなものでもよい。自分で決めることだが、視覚的でダイナミックで、活用しやすいものにすべきである。また、目的はあらかじめ手段の中に含まれているのだから、原則に沿った価値観に関わる尺度を加えてもよい。この点も覚えておくとよいだろう。

③「スコアボード」を掲示して、毎日でも毎週でも適宜それをよく見るようチームのメンバーたちに求める。表示された結果についてミーティングやディスカッションを行い、問題が持ち上がればそのつど解決する。チームのメンバー全員が「スコアボード」を見られなければならない。一瞬一瞬、または日に日に、または週ごとに結果が変化していくのを見守れるようにすべきである。「スコアボード」に表れる変化について常に話し合うようにする。常に念頭に置いておくようにする。説得力のある「スコアボード」は路上ゲームでスコアをつけるのと同じ効果がある。突然、テンポが変わる。誰もがすばやく働くようになり、会話も変わってきて、新しい問題に即応するようになる。そしてより正確かつ迅速に目標に到達するようになるのだ。

ステップ3　目標を具体的な行動に落とし込む

新しい目標や戦略を思いつくのと、実際にその目標を行動に移し、最前線を含むあらゆるレベルで新たな対応や活動として具体化していくのとはまったく別である。表明される戦略と現実の戦略には大きな違いがある。表明される戦略は伝達されるだけだ。一方、現実の戦略は人が日々、行うものである。今までに達成したことのない目標を達成するには、今までにしたことのないことを行う必要がある。リーダーが目標を認識しているからといって、実務を行う最前線の人々が何をすべきか知っているわけではない。目標達成のために**何をすべきか**チーム全員が正確に知っていない限り、その目標は達成されない。結局のところ、最前線の人々が最終的な収益を生むのである。彼らこそクリエイティブな知識労働者なのだ。リーダーシップは一つの選択であって、地位ではないことを覚えておいてほしい。組織のあらゆるレベルの人々がリーダーシップを発揮することができるのだ。また、部下のやり方を監督しているのであれば、その結果を彼らの責任にすることはできない。この点も肝に銘じておいてほしい。その場合は**あなた**が結果の責任を負うのであり、規則が部下たちの判断力や創造性、責任にとって替わってしまうのだ。

この三つ目のステップを実践するには、あなたのチームはクリエイティブであらねばならない。目標を達成するために必要な**新しい**、**よりよい**行動を見定め、組織のあらゆるレベルで毎週、あるいは毎日行う仕事にそれらを落とし込まなくてはならない。これは組織の活動の最先端で**エンパワーメントを進める**ことなのである。

ステップ4　互いに責任を引き受ける――常に

最も有能なチームでは、人が頻繁に集まり――毎月、毎週、毎日のこともある――、自分たちがコミットしているものに対して説明責任を果たし、「スコアボード」を調べ、問題を解決し、どうやって互いに支え合うかを決める。チーム全員がそれぞれにアカウンタビリティを負わない限り――それも常に――、右のようなプロセスはすぐに行き詰まる。ルドルフ・ジュリアーニ前市長はニューヨーク復興の立て役者として広く知られているが、スタッフと毎日「朝のミーティング」を開いていた。主要目的の進行具合を毎日欠かさず説明させるためだった。一週間以上間が空くと、チームは道を外れ、フォーカスを失うことになる。

みずからエンパワーメントを進めるチームは説明責任を果たすための集まりをたびたび開き、目標にフォーカスし、またフォーカスし直す。こうしたミーティングは典型的なスタッフ・ミーティングとは異なる。典型的なスタッフ・ミーティングではこの世のあらゆることについて話し合い、誰もが早くミーティングを終えて通常業務に戻りたくてうずうずするものだ。アカウンタビリティを果たすための効果的な集まりの目的は、主要な目標へ向けて前進することにある。

アカウンタビリティを目的としたミーティングが効果をあげるには、次の三つの慣行が鍵となる。

・的を絞った報告

表7

効果的なアカウンタビリティ・ミーティング（的を絞った報告）	典型的なスタッフ・ミーティング
限られた重要な課題を手短かに報告	大勢が見ている中で何か話さねばというプレッシャー 「死の行進」さながらに延々と続く。
スコアボードの見直し	進捗状況の達成基準はない
フォローアップ	フォローアップはない
相互にアカウンタビリティを持つ	マネージャーだけがアカウンタビリティを負う
ものごとや失敗を率直に報告	ものごとや失敗を隠す
成功をたたえる	問題だけにフォーカスする

・第三案を見つける（新しい、よりよい活動）
・コース整備

的を絞った報告　病院の緊急治療室には次のような大きな注意書きが貼られていることが多い。「到着順ではなく、症状の重い方から順に治療します」医療スタッフは「トリアージ」と呼ばれるプロセスを行う。症状の重さに応じて患者の順位を決定し、重傷の患者から優先的に治療するのだ。だからたとえ先に病院に着いていたとしても、脳を損傷した患者が搬送されてくれば、腕を骨折しただけのあなたは後回しになるのである。

トリアージ方式の報告会では、誰もが限られた重要問題を迅速に報告し、あまり重要ではないものは別の機会に回される。主要な結果、大きな問題、高度な議題にフォーカスするのだ。だからといって「緊急」な議題だけが論じられるのではない。「重要」な議題のみが論じられるのである――たとえ「重要」な議題が緊急ではなくてもだ。表7は典型的なスタッフ・ミーティングと、アカウンタビリティを目的とした効果的なミーティングの違いを示している。

第三案を見つける（新しい、よりよい活動）　効果的なアカウンタビリティ・ミーティングでは、主要目標をどのように達成するかに強くフォーカスする。ここでの原理原則は、「今までに達成したことのない新たな目標は、今までにしたことのない行動を必要とする」ということだ。つまり、目標に到達するために、新しくてよりよい対応を常に求めていくのである。そこで「第三案」――私の考えよりもあなたの考えよりもよくて、しかも**私たち**の最高の思考から生まれるさまざま

表8

効果的なアカウンタビリティ・ミーティング（第三案を発見する）	典型的なスタッフ・ミーティング
エネルギッシュで、相乗効果が生まれる問題解決	口ばかりで、行動が伴わない
新しくより良い考えが生み出される（1＋1＝3、10、100かそれ以上）	創造的な対話の時間も環境もない。合意と妥協のを強いられる
グループの知恵	「孤高の天才」の言いなり

な行動指針――を見つけなくてはならない。ここでもよく覚えておいてほしい――相乗効果は多様性や違いを尊重することによって生まれる。ミッションや価値観、ビジョン、「最重要」目標（Wildly important goals-WIGs）が**一致**している中での個人的な違いを大切にするのだ。

こうしたセッションではさかんにブレインストーミングが行われる。クリエイティブな対話の時間だ。表8は典型的なスタッフ・ミーティングと効果的なアカウンタビリティ・ミーティングの違いを示している。

コース整備　効果的なリーダーシップの役割の中で大きな部分を占めるのは、進路から障害を取り除き、ほかの人々がそれぞれの目標を達成できるようにさまざまな目標やシステムを整えることである。真の「Win-Winの実行協定」のプロセスでは、マネージャーは次のことに同意する――コースを整備し、本人にしかできないことをだけをやり、社員たちが成果をあげられるようにすること。もちろん、マネージャーだけがほかの人々のための道を切り開くのではない。それはみんなの仕事である。

したがって、効果的なアカウンタビリティ・ミーティングでは次のような発言をさかんに耳にする。「どうすればあなたのためにコースを整備できるでしょうか?」とか「この問題に苦戦していて、助けが必要です」、「それをやり遂げるのに、何か手伝えることはないですか?」など。表9は典型的なスタッフ・ミーティングと効果的なアカウンタビリティ・ミーティングの違いを示している。

これは組織の活動の最先端で**組織を整える**ことなのである。

表9

効果的なアカウンタビリティ・ミーティング（コース整備）	典型的なスタッフ・ミーティング
私に簡単にできることで、あなたの仕事の負担をぐっと減らせる	一人では乗り越えられない障害によって行き詰まる
わたしたち共同の問題だ	あなた一人で解決すべきだ
助けが必要だと認め、助けを求める	助けが必要でも、それを認めるのが怖い

実行のシステム化

少数の優秀な人々によって行われるため変動しがちだとふつうは考えられている要素、つまり一貫した実行を、予測可能で、伝授でき、反復できるものにする——この四つのステップはそのための方法を指し示している。この四つのステップをチームや作業単位、組織が実践すると、最優先事項を次々と実行していく能力が飛躍的に向上するのだ。この事実を私たちはこれまでの調査や経験から学んできた。[*1] 実行はシステム化され、運によるのでも、少数のおもだったリーダーの影響によるのでもなくなる。なお、実行という組織・企業文化をシステム化して根づかせるポイントは、定期的に実行の度合いを測定・評価することである。

実行指数（xQ）

今、組織には、集団として「フォーカスして実行する」能力を表し、測るための新しい手法が必要とされている。すでに述べたとおり、私たちはそれをxQ（実行指数）と呼ぶ。IQのテストで知力のギャップが明らかになるように、xQ評価は「実行のギャップ」、つまり目標設定と実際に達成することの間にあるギャップを測るものである。xQの指数は、組織が最も重要な目標を実行する能力を示す先行指標となる。成功したかどうかを示す遅行指標を待つ必要はもうない。社員に厳選された二十七の質問

＊1　チームや組織で四つの実行ステップを制度化する方法の詳細は付録5「セミナー『ゴール・アライメント』について」を参照

に回答してもらうだけで（十五分もあればできる）、先行指標が得られる。[*]

ｘＱサーベイを一般職員から上層部に至るまで三ヶ月から六ヶ月おきに行えば、組織のフォーカスと実行の度合いを正確に表すことができ、想像もできないような力となる。調査は公式にも非公式にもできる。実際、組織・企業文化が成熟するにつれ、公式と非公式の情報収集の差は小さくなっていく。そしてｘＱサーベイの結果にもとづいて、部門間の目標に整合性を持たせるために一般社員レベルの組織・企業文化に強い刺激を与え、戦略的で重大な優先事項が常にフォーカスされ、実行されるようにもできる。こうすることで、「知識労働者の時代」型のやり方を「知恵の時代」型へと推し進めることになる。

「第8の習慣」の「自分のボイスを発見し、それぞれのボイスを発見するよう人を奮起させる」とはどういうことか、あなたもわかりかけてきたのではないだろうか。それはこういうことだ――「知識労働者型／全人格型の、エンパワーメントを進めるモデルを使おう。「7つの習慣」（個人の偉大さ）、リーダーの四つの役割（リーダーシップの偉大さ）、実行を可能にする六つの原則・ドライバー（組織の偉大さ）をそのモデルに適用しよう」。

さて、次は「第8の習慣」の最高の到達点、「自分のボイスを賢明に生かし、ほかの人々に奉仕する」に移ろう。

＊2　職員、マネージャー、重役ら23,000人を対象にハリス・インタラクティブ社が行ったｘＱサーベイの詳細な報告は付録6「ｘＱサーベイの結果」を参照のこと

Q&A

Q　これまであなたが「望ましいWｉｎ‐Wｉｎの実行協定に関する五つの要素」として教えてきたことと、四つの実行ステップの違いは何か？

A　基本的な原則レベルでは違いはない。違いがあるとすれば、それは表現上（言葉の用法や定義）の違いと、どのような文脈の中で語られているかの違いである。詳しく説明しよう。「望ましいＷｉｎ‐Ｗｉｎの実行協定に関する五つの要素」は次のとおりである。

1．望む結果
2．ガイドライン
3．使える資源
4．アカウンタビリティ（責任に対する報告）
5．履行・不履行の結果

望む結果と**ガイドライン**は基本的に、実行の最初の二つのステップ――最重要目標（ＷＩＧｓ）の特定と説得力ある「スコアボード」の確立――の中に表されている。本書のはじめに論じたように、目的と手段は切っても切れない関係にある。だから「きわめて重要な目標の達成」を通じて「望む結果」を得るプロセスは、原則中心に実践すれば両者を互いに織り合わせるようにして進めることができる。

Ｗｉｎ‐Ｗｉｎの実行協定に関する第三の要素、**使える資源**は、実行の三番目のステップ――遠大な目標を具体的な行動に落とし込む――と暗に関係している。Ｗｉｎ‐Ｗｉｎの実行協定の第四の要素、**アカウンタビリティ**と、第五の要素、**履行・不履行の結果**は、常に互いにアカウンタビリティを負わせるという四番目のステップと明らかに関連している。履行・不履行の結果はアカウンタビリティを果たしたかどうかの自然の結果であるから、これも四番目のステップと暗に関わっている。

「四つのステップ」により実行とチームのエンパワーメントを進めるアプローチのきわめて大きな利点は、それが実行のギャップの調査研究から生まれたということだ。つまり、どのようにして産業時代型のモデルがこうしたギャップを生むのか、そして知識労働者時代型のモデルがいかにしてそのギャップを埋めるかという、より大きな視点から考え出されたものなのである。

第十五章

自分のボイスを賢明に生かし、人々に奉仕する

私はもはやエネルギーや活力に満ちた若者ではない。今は瞑想と祈りにふけっている。ロッキングチェアに座り、処方薬を飲み、静かな音楽に耳を傾け、宇宙のことどもに思いを巡らすのも楽しかろうと思う。だがそうした活動には何の挑戦もなく、何の貢献もない。私は立ち働いて行動していたいと願っている。決意と目的を持って日々を生きたい。目覚めている時間のすべてを使って人々を励ましたい。重荷を背負った人々のために祈り、信仰心と証しの力を育てたい。すばらしい人々の存在こそ私のアドレナリンを刺激する。その人々の瞳に浮かぶ愛が私にエネルギーをもたらすのだ。

――ゴードン・B・ヒンクレー[1]　九十二歳

私は眠り、人生が喜びであることを夢に見た。
私は目覚め、人生が奉仕であることを知った。

私は行動し、気づいた。奉仕は喜びであると。

――ラビンドラナート・タゴール

有益な奉仕を行うことは人類共通の義務だと私は信じている。犠牲という浄化の炎によってのみ、利己心という益なきものが焼き尽くされ、人間の魂の偉大さが解き放たれるのだと。

――ジョン・D・ロックフェラー[2]

①自分自身のボイスを発見し、②それぞれのボイスを発見するよう人を奮起させたいという内的な衝動は、何よりも重要な大いなる目的――人々のニーズに仕えること――によって燃え上がる。また、この①②の目的は同時に、その両方を達成するための最上の手段でもある。人々のニーズに手を差し伸べ、それを満たさない限り、私たちは本来持ち合わせているはずの選択の自由を真に広げ、発展させることにはならない。私たちはほかの人々に尽くすとき、個人としていっそう成長する。自分の家族や人の家族、組織、地域、その他の人間のニーズに対し、人と共に一つになって奉仕しようとするとき、私たちの人間関係は向上し、深まるのである。

最初、学生のときに、私は自分のためだけの自由を欲した。夜遊びをしたり、好きなものを読んだり、どこへでも自由に行くというつかの間の自由だ。その後、一青年としてヨハネスブルグにいたころは、自分の可能性を実現させる自由や、生活費を稼ぐ自由、結婚して家庭を築くといった基本的で尊厳ある自由を欲した。合法的な生活を邪魔されない自由を切望したのだ。しかししだいに私は気づいていった――私だけではなく、私の兄弟姉妹も自由ではないと……そのとき、自分自身の自由への渇望は、わが同胞の自由を求めるというより大いなる渇望とな

った。

威厳と自尊心を持って生きる自由をわが同胞にもたらしたい。そんな願望が私の人生を活気づけた。この願望のおかげで私はおびえた若者から大胆な若者に変貌し、法律を守る一弁護士から犯罪者となるよう駆り立てられ、家族を愛する夫から家のない男に転じた……私は人よりも徳が高く自己犠牲の精神に満ちているというわけではない。しかし、わが同胞たちが自由でないことを知っている以上、私に許された乏しい限られた自由すら享受するわけにいかないことに気づいたのだ。

――ネルソン・マンデラ[3]

組織は人間の要求に奉仕するために築かれる。ほかに存在理由はない。奉仕者としてのリーダーという概念を提唱したロバート・グリーンリーフは、すばらしいエッセイ「サーバント（奉仕者）としての組織」の中で、受託者という概念を組織に当てはめて論じた。

奉仕とは、私たちがこの世に住むために支払う家賃である。

――ネイサン・エルドン・タナー[4]

ワールド・ビジネス・アカデミーの共同設立者、ウィリス・ハーマンは次のような言葉でビジネスという制度そのものに対する信念を言い表した。

ビジネスはいまや地上最強の制度になった。どのような社会でも、支配的な制度は「全体」に対する責任を負わなくてはならない。ところがこれまでのところビジネスにはそのような伝統がない。ビジネスにとっては新しい役割で、よく理解されてもいなければ受け入れられてもいない。資本主義と自由企業の概念にもとづいて最初から前提とされていたことは、数多くの個々の企業単位は市場の力に反応し、アダム・スミスの「見えない手」に導かれ、やがてどういうわけか望ましい結果に結びつくはずだということだった。しかし二十世紀の最後の十年間に、「見えない手」が行き詰まりつつあることが明らかになった。「見えない手」という考え方は、もはや存在しなくなった主要な価値観や意義にもとづいていたのである。だからいまやビジネスは資本主義史上かつて存在したことのない伝統を取り入れなくてはならない。つまり「全体」に対する責任を分担するということだ。あらゆる決定、あらゆる行動が、その責任という観点から見られなければならないのである。

知恵の時代

この一世紀は**きっと**「知恵の時代」になると私は確信している。状況の力に押されて人間が謙虚になるか、または良心の力によって、あるいはその両方を通して「知恵の時代」がやってくるだろう。

文明のボイスの「五つの時代」を思い出してもらいたい。「狩猟採集の時代」のテクノロジーは弓と矢で象徴され「農耕の時代」は農具、「産業の時代」は工場、「情報・知識労働者の時代」は人間によって象徴されていた。「知恵の時代」を象徴するのは羅針盤である。羅針盤は方向や目的を選ぶ私たちの能力《ちから》を表し、(磁石が指す北のように)不変かつ普遍的で自明な自然の法則や原則に従う私たちの能力《ちから》を示している。

インフラの転換が起こるたびに、九十%以上の人々が結果的に人員削減の対象となったことも思い出してもらいたい。産業の時代から情報/知識労働者の時代に移ろうとしている今、また同じことが起こっていると私は考えている。人々は仕事を失うか、新たな仕事の新たな要求によって徐々に変化することを強いられている。私見だが、現在の総労働力の二十%以上が時代遅れになりつつあると考えられる。新たな要請に応えるべく専念し、自己を改造しない限り、さらに二十%が時代に取り残されるのではないか。

さらに、情報時代は知識労働者の時代へと急速に移り変わろうとしている。時代に遅れないようにするには自己の教育と訓練に投資し続けるしかない。多くの人は痛い目にあってはじめてこの必要性に気づくだろう。しかし今何が起こっているかを見抜き、自分を律することのできる人々は、自覚的に学習を続けるだろう。そして新しい考え方や新しいスキルを獲得し、新しい時代の現実を予測し、適応できるようになるまでやめないだろう。うまくすれば、こうしてしだいに「知恵の時代」が形づくられ、情報と知識に目的と原則が浸透していくに違いない。

知恵はどこに?

情報は知恵ではないことを私たちは知っている。知識が知恵ではないことも知っている。

何十年も前、大学で教えながら博士号を取ろうとしていたころ、私は先任教授でもある友人に会いに行った。「モチベーションとリーダーシップをテーマにした博士論文を書きたいと思っているんです。実証的な研究というよりも哲学論文のようなものを」と、私は言った。

すると彼はこのようなことを言った。「スティーブン、君の知識では論文で何を問うべきかもわからないはずだよ」言い換えるなら、私の知識はあるレベルに達してはいるものの、哲学的な論文で問うべきことを扱えるようになるには現在のレベルを大きく超えなければならないということだった。この体験は私に大きな精神的痛手を与えた。なぜなら、私はあとで結果的に取るようになった科学的なアプローチよりも、哲学的なアプローチを取ろうと強く心に決めていたからである。学部生や大学院生としてビジネスの勉強をしながら受けた非公式の哲学教育を組み合わせれば、それで事足りると思い込んでいた。彼の指摘がどれほど的を射ていたか、気づいたのは何年もあとのことである。身の程を知らされる体験だった。

　謙虚に身の程を知るというこの教訓が、のちのち得ることになった多くの貴重な学習や洞察の母胎となった。**知れば知るほど、自分がいかに知らないかをますます知ることになる**——やがて私たちはこの事実を学ぶのだ。次のような見方もできる（図15・1）。図の輪はあなたの知識を表している。あなたの無知はその輪の外縁にある。

　知識が増えるにつれ、あなたの無知はどうなるだろ

図15・1

「教育とは、われわれ自身の無知をしだいに発見していくことである」ウィル・デュラント

（米国の歴史家　1885〜1981年）

うか？　明らかに大きくなる。少なくとも、自分が無知であるという自覚が大きくなる（図15・2）。だから知れば知るほど、自分が知らないことにますます気づくようになるのである。自分の知識の範囲を超えた、つまり自分の安心領域を超えた偉大な目的のために尽くそうという場合、どうなるだろう？　真の謙虚さが生まれ、パートナーやチームなどほかの人々に助けを求めたくなるに違いない。人々とうまく共同作業を行えば、あなたの知識や能力が生産的になるとともに、あなたの能力を補完するチームが必然的に作り出されることになる。そうしたチームのメンバーたちはあなたの無知や弱点を補うだけでなく、それらが問題でなくなるだけの知識と能力を備えているはずだ。人といっしょに何かをやるとはそういうことなのである。

自分が無知であるという認識のおかげで私たちは、とりわけ人間としての成長や対人関係、リーダーシップといった重大なテーマについてさらに人から学ぼうとする積極的な気持ちが強くなるはずである。情報と知識に、価値ある目的や原則が植えつけられるとき、知恵が生まれるのだと私は考えている。

図15・2

ある意味で、知恵が増大すると知識は縮小する。なぜなら個別のディテールは原則の中に吸収されてしまうからだ。知識となるディテールは大切ではあるが、世のさまざまな仕事の中でそれぞれ獲得できる。しかし、よく理解された諸原則を積極的に活用するという習慣は、知恵だけが持ち得るものである。

——アルフレッド・ノース・ホワイトヘッド[5]

別の言い方をすれば、知恵は誠実さの子どもである。知恵は原則を中心に据えて築かれるからだ。そして、その誠実さは謙虚さと勇気の子どもだ。実際、謙虚さはあらゆる美徳の母だとも言える。なぜなら、宇宙を支配する自然の法則や原則があると謙虚に認めることになるからである。支配しているのは法則・原則なのであり、私たちではない。プライドは**私たちが**支配していると私たちに教える。謙虚さは**原則**を理解し、それらに従って生きることを私たちに教える。究極的には原則が私たちの行動を左右するからだ。謙虚さが知恵の母だとすれば、勇気は知恵の父である。原則が社会的な慣習や規範、価値観に反しているとき、真に原則に従って生きるには途方もない勇気が必要だからである。

勇気は恐れがないことではなく、恐れよりも重要なものがほかにあると判断することなのだ。

——アンブローズ・レッドムーン

次の図は右のような概念の親子関係を視覚的に表している。それぞれの反対概念にも目をとめてほしい（図15・3）。

誠実さには子どもが二人いることがわかるだろう。知恵と豊かさマインドである。良心を育て、良心に従う人にこそ知恵が訪れる。また、誠実さは内的な安心感を生むから豊かさマインドが養われるのだ。自分の存在意義について他人の評価や他人との比較に頼らない人は、ほかの人々の成功を心から喜ぶことができる。一方、他人との比較にもとづいて自分のアイデンティティを作りあげている人は、他人の成功を喜べない。情緒的な欠乏感に縛られているからだ。知恵と豊かさマインドは本書で説いてきたようなパラダイムを生み出す。人を信じ、人々の価値や潜在能力を認め、支配するより解放するという考え方に私たちを導いてくれるパラダイムである。知恵と豊かさマインドが組み合わさると、人は他人が持つ選択の能力《ちから》、潜在能力を重んじるようになる。また、モチベーションが内的なものであるという事実を尊重する。このため、知恵と豊かさマインドを共に持ち合わせた人は、ほかの人々をコントロールしたり、やる気を出すよう駆り立てるようなことはしない。このようなリーダーたちは要求するより、鼓舞する。彼らはモノは管理するが、「人」は管理するのではなく導く（エンパワーする）のだ。何事もゼ

図15・3

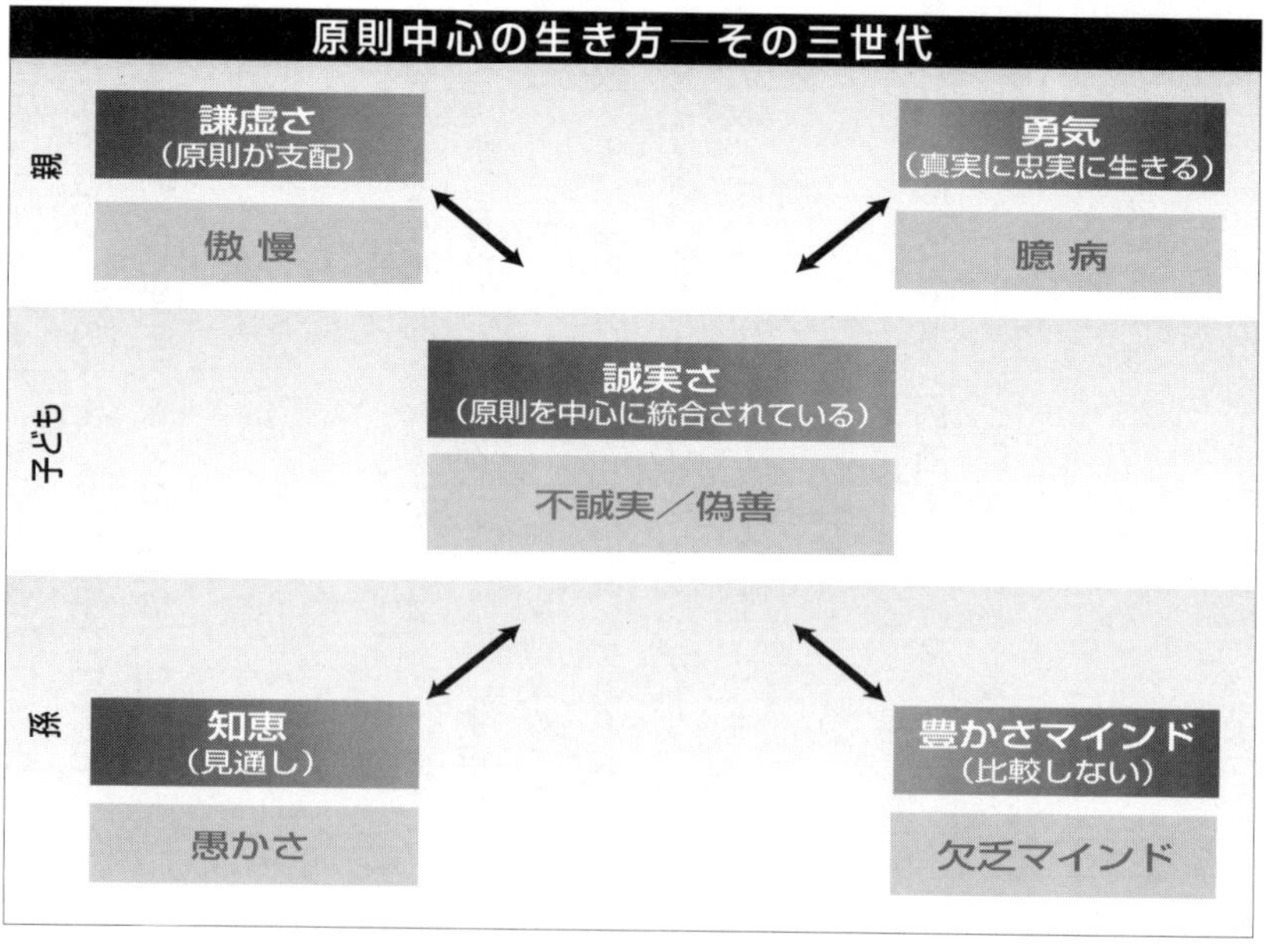

ロ・サムでは考えない。「第三案」――より高度な中庸――のことを考える。心はすべての人に対する感謝と崇拝と敬意で満たされている。人生は資源の宝庫だと見ている――とりわけ、チャンスと継続的な成長を可能にする人的資源の宝庫として。

道徳的な権威とサーバント・リーダーシップ

あなたは十分に成し遂げていない、いつだって十分成し遂げたことにはならない――まだ何か価値ある貢献をできる可能性があなたに残っている限りは。

――ダク・ハマーショールド[6]

知恵とは知識を有益に用いることである。知恵とはより高い目的や原則を植えつけられた情報であり、知識である。知恵は次のようにするよう私たちを教えさとす。すべての人を尊重し、人それぞれの違いをたたえ、一つの倫理観――**自己よりも奉仕が先**――に導かれるようにと。道徳的な権威こそ**第一の偉大さ**（人格的な強さ）である。形式的な権威は**第二の偉大さ**（地位、富、才能、評判、人気）である。

最近私はときどき自分の人生を振り返る。そんなとき、最も衝撃的なことは何かと言えば、かつては有意義に思えて心そそられたものが、今ではまったく空しくばかげて見えることである。たとえば、さまざまな見かけだけの成功。有名になり、賞賛されること。それに表層的な快楽――金銭を得たり、女性を誘惑したり、旅をしたり、悪魔のように世の中を右へ左へ、上へ下

へとうろつくこと、虚栄の市が勧めるありとあらゆるものを明らかにし、体験すること。振り返って見れば、こうした自己満足の経験はすべて、単なる幻想のような気がする。それは、パスカルが「土をなめるような」と呼んだ浅薄な生き方に等しい。

——マルコム・マガリッジ[7]

道徳的権威の興味深いところは、それがなんとも矛盾していることである。辞書では権威を表すのに命令、統制、権力、影響力、統治、優位性、主権、支配力、強さ、力といったことばを用いている。そしてその反意語は、丁重、隷属、弱さ、追随者などである。さて、道徳的な権威とは原則に従うことで影響力を得ることである。道徳的な支配はサーバント（従僕）的な役割、奉仕、そして貢献を通して達成できる。力と道徳的な優越性は謙虚さから生まれる。最も偉大な者がすべての人の従僕になるのである。道徳的な権威、つまり第一の偉大さは、犠牲を通して確立される。「サーバント・リーダーシップ」運動の現代の生みの親、ロバート・K・グリーンリーフは次のように述べている。

新しい道徳原理が生まれようとしている。それによれば、忠誠を尽くすに値する唯一つの権威は、導かれる者が導く者に自由かつ意図的に付与する権威である。その権威はリーダーがサーバントとしてどれほど目に見える卓越性を示すかに応じて与えられる。この新たな道徳原理に従う者は、既存の制度の権威を安易に受け入れたりはしない。むしろ、サーバントとしての資質が証明され、サーバントとして信頼されているからこそリーダーに選ばれたような個人に対してだけ、進んで対応するだろう。将来この道徳原理が支配的になる限り、主としてサーバントに導かれる制度・組織だけが発展することができるだろう。[8]

おおよそ私の経験によれば、真に偉大な組織のトップに立つ人々はサーバント・リーダーである。彼らは誰よりも謙虚で、まわりに敬意を払い、心を開いている。そして、誰よりも教えをよく聞き、礼儀正しく、気遣いがある。第十一章でも触れたが、大きな反響のあった著書『ビジョナリーカンパニー』の著者であり、最近では『ビジョナリーカンパニー2』（日経BP社刊）を著したジェームス・コリンズは、ある組織を単に「優良な」組織から「真に偉大な」組織へと急激に発展させる要素について五年がかりの研究プロジェクトを行った。コリンズの深遠な結論は、私たちのリーダーシップ観を変えるはずである。コリンズが言う「第五水準のリーダーシップ」[10]を見てみよう。

最も強力な変革を可能にする重役たちは個人としての謙虚さと専門家としての強い意志という矛盾した資質を持ち合わせている。彼らは小心だが猛然としていて、内気かつ怖いもの知らずである。彼らは類まれである――誰も止めることはできない……「優良」から「偉大」への変化は第五水準のリーダーが舵をとっていなければ起こらないのだ。絶対に。[9]

形式上の権威や地位にもとづく力（第二の偉大さ）を持つ人が、その権威や権力を最後の手段以外に使おうとしないとき、その人の道徳的権威は増す。なぜなら自分のエゴや特権的な力を抑え、論理的思考や説得、優しさ、共感といった方法をとろうとしていることが明らかだからである。ひとことで言うなら、信頼性によって物事を動かそうとしているのだ。著書『Leading Beyond the Walls（壁を越えるリーダーシップ）』の中でジェームズ・コリンズは、組織が置かれた環境というより大きな観点からこの原則について述べている。

まず第一に、重役たちは組織の内と外の範囲を、伝統的な境界ではなく、核となる価値や目的との関連から決めなければならない。第二に、重役たちは強制や統制のシステムに頼らずに、選択の自由に根ざした連帯とコミットメントのメカニズムを打ち立てなければならない。第三に、重役たちは真のリーダーシップの行使は権力の行使と反比例するという事実を認めなければならない。第四に、重役たちは伝統的な壁が崩壊しつつあるという現実と、このような傾向が加速していくという現実を受け入れなければならない。[11]

大きな混沌と混乱とサバイバルの時代には、形式上の権威という強権によって物事を本来の道筋に戻し、新たなレベルの秩序や安定をもたらし、新たなビジョンへと導く必要がある場合もある。しかしながら、形式上の権力を早い段階で振るいすぎると、たいていその人の道徳的な権威は下がる。ここでまた覚えておいてもらいたいのは、地位の力に頼ろうとすれば、あなたは三つの弱点を助長するということである。まず自分自身の弱さ。道徳的な権威を伸ばそうとしていないからである。次にほかの人々。あなたの形式上の権力

図15・4

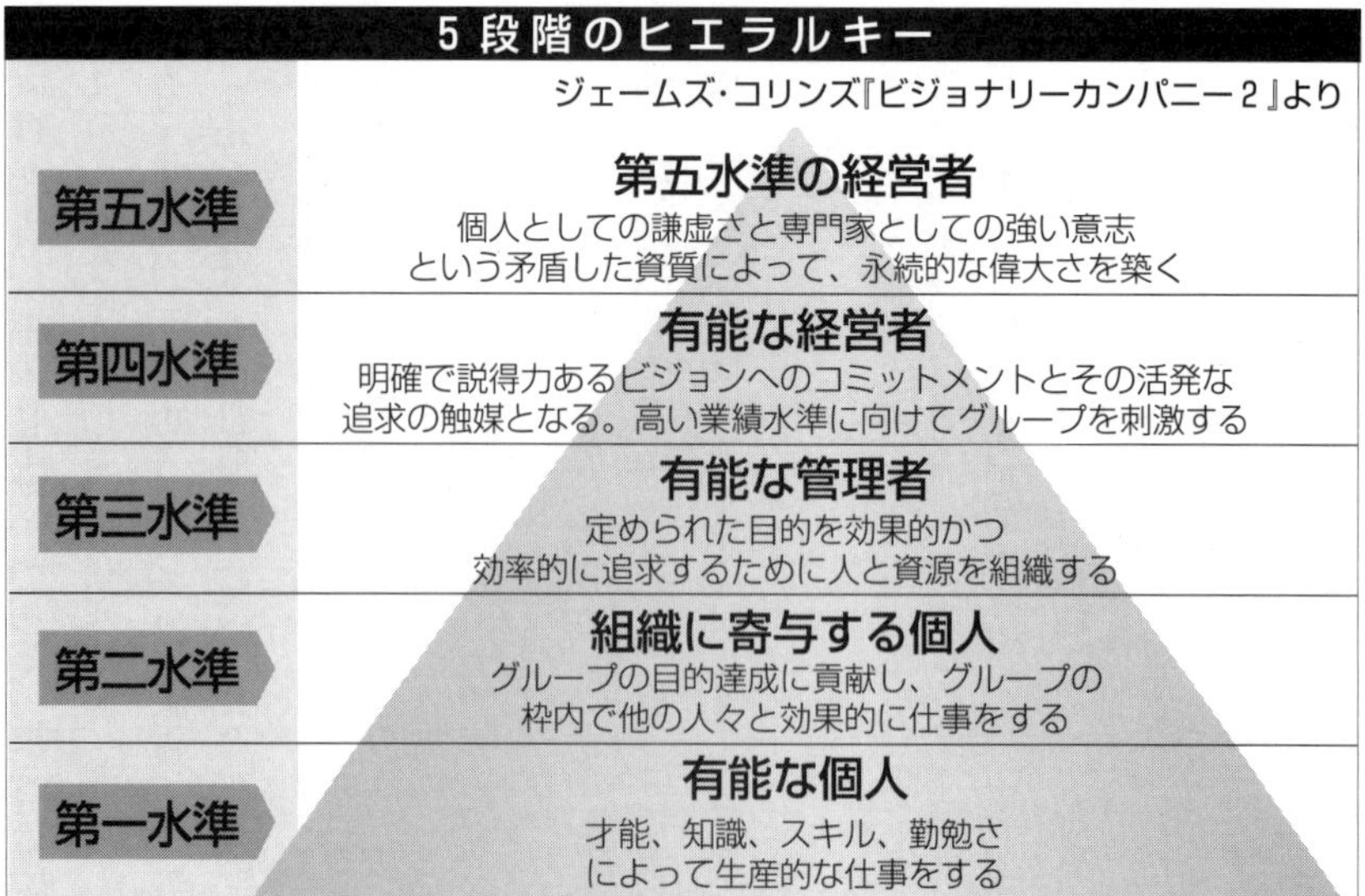

5段階のヒエラルキー
ジェームズ・コリンズ『ビジョナリーカンパニー2』より
第五水準
第五水準の経営者
個人としての謙虚さと専門家としての強い意志
という矛盾した資質によって、永続的な偉大さを築く
第四水準
有能な経営者
明確で説得力あるビジョンへのコミットメントとその活発な
追求の触媒となる。高い業績水準に向けてグループを刺激する
第三水準
有能な管理者
定められた目的を効果的かつ
効率的に追求するために人と資源を組織する
第二水準
組織に寄与する個人
グループの目的達成に貢献し、グループの
枠内で他の人々と効果的に仕事をする
第一水準
有能な個人
才能、知識、スキル、勤勉さ
によって生産的な仕事をする

の行使に彼らが共依存するからである。そして人間関係の質。真に心を開くことや信頼が育たないからである。

自己の人格を明かす最も確かな方法は、逆境を通してではなく、人々に力を与えることによってなされる。

――エイブラハム・リンカーン

概して、高い道徳的権威のある人物はのちに公的な権威が与えられるようになる。新しい南アフリカの父、ネルソン・マンデラのように。しかし、いつもそうとは限らない。新しいインドの父、ガンジーの場合のように。また、形式上の権威を持ち、それを原則中心に用いる人は、必ずといってよいほど影響力が幾何級数的に高まる。アメリカ合衆国の父、ジョージ・ワシントンのようにである。

道徳的な権威はなぜ、形式上の権威と権力の効果を幾何級数的に高めるのだろうか？　依存的な人々は、少しでも権力を振りかざすようなそぶりや、逆に忍耐、親切心、優しさ、共感、穏やかな説得などを用いようとする態度にきわめて敏感なのだ。後者のような人格的な強さはほかの人々の良心を動かし、人々はリーダー本人およびリーダーが掲げる大義や原則と情緒的な一体感を持つようになるのである。その上で（道徳的権威に加えて）形式上の権威や地位にもとづく力が用いられれば、人は恐怖心からではなく、純粋なコミットから、そして正当な理由によって、リーダーに従う。これは「第三案」のもう一つの形なのである。

こうしたことは親業――人生の中で最も崇高な責任を伴う「ボイス」――においても真の鍵になるに違いない。つまり崇高な基準、しっかりした価値観、そして一貫した規律を、無条件の愛、深い共感、そして大いなる楽しさと結びつけることである。だからこそ、親として最大の試練――そして健全な、子どもの育成に望ましい家庭文化を築くための鍵――は、私たち親に最も多くの試練を課す子どもたちという存在をどう扱うかである。

また、困難で苦労の多い経済状況のときには、誰でも当然ながら産業の時代の指揮統制モデルに戻ろうとしがちだ。人は自分の経済的安定に不安を抱いていて、産業の時代のやり方の方が安全な気がするからである。そのような状況では、人々はなおのこと依存的になり、指揮統制型のスタイルに従おうとする傾向がある。しかしこのような時代にこそ、知識労働者型のモデルが最大の効果と力を発揮するのだ――困難なときにこそ、私たちは「より少ない」資源で「より多く」を生み出さなければならないのだから。

「より少ない」資源で「より多く」を生み出す能力の基盤は、組織**全体**にわたって人間の潜在的可能性を解き放つことにある。トップの連中があらゆる重要な決定を下し、その他の人々はただ言われたとおりにひたすら「ねじ回しを回す」、という因習的な罠《わな》におちいってはならないのである。こうした古いアプローチは現代の厳しい時代ではどうやっても役に立たない。

要するに、経済状況が悪いときには、アメと鞭《むち》で人

図15・5

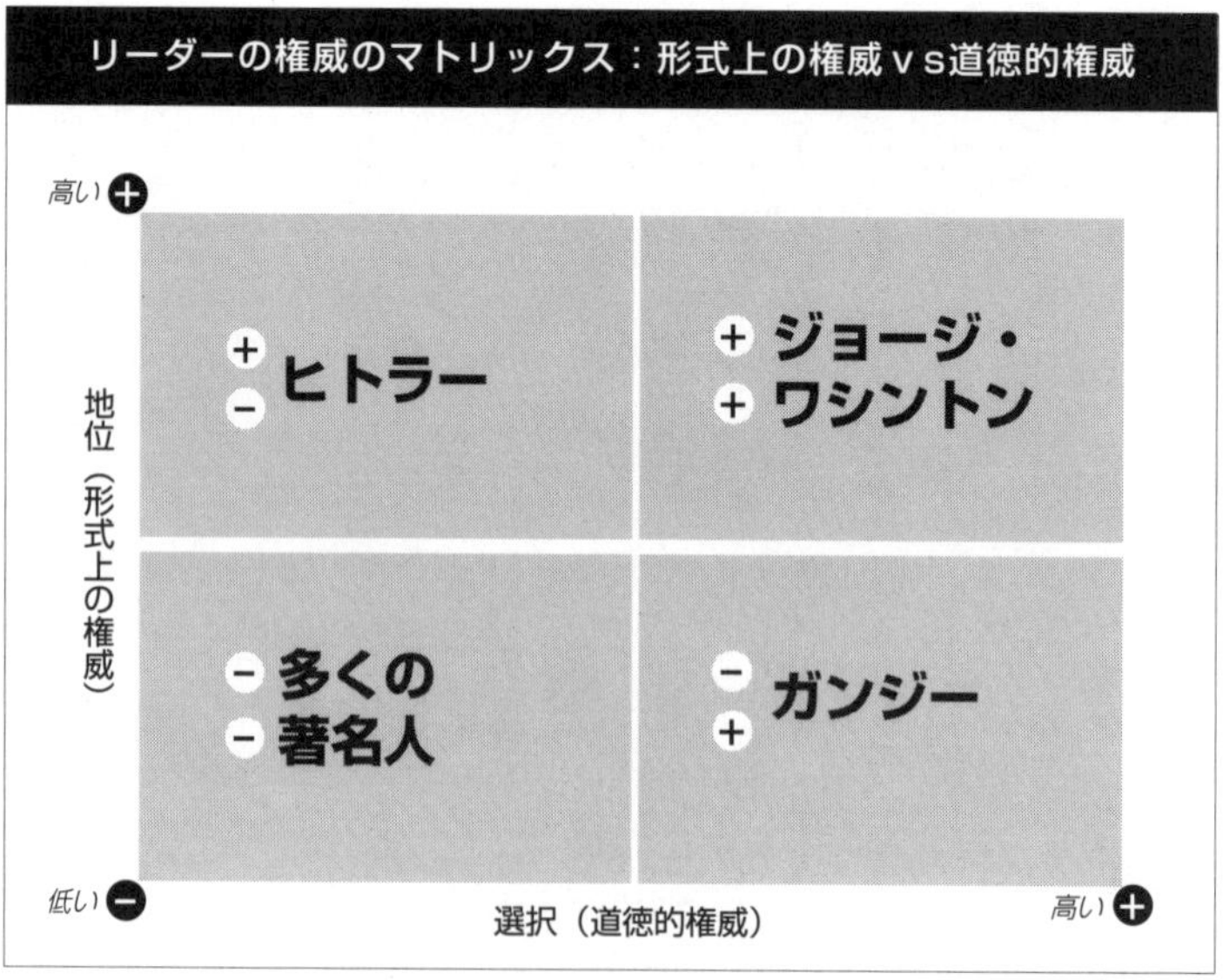

間をまぬけなロバのように駆り立ててモチベーションを引き出すやり方に戻ればうまくいくかもしれない。しかし、それで生き延びることはできたとしても、最大の結果を引き出すことはできない。

「地位としてのリーダーシップ（形式上の権威）」と「選択としてのリーダーシップ（道徳的な権威）」の違いに留意してほしい。

コミュニティや個人がどのようにしてみずからの賢明なる「ボイス」を活用して人間の要求に奉仕することができるか、いくつか実例を見てみよう。偉大な軍人のリーダーや各国のリーダー、元首などを例にとるが、形式上の権威を**持たない**場合、道徳的な権威しかない持たない場合、そして道徳的な権威と形式上の権威の**両方**を備えた場合がある。

コミュニティにおける警察活動

米国全土や世界各地で、多くのコミュニティが市民社会の力によって犯罪率を最大六十%も引き下げてき

表・10

……としてのリーダーシップ	
地位（形式上の権威）	**選択（道徳的な権威）**
力が正しさを生む	正しさが力を生む
誠実さより忠誠心	誠実さは忠誠心である
長い物には巻かれろ	断固として断る
ばれなければ「不正」はない	不正を働けばばれなくとも「不正」だ
トップの人間はエトス、パトス、ロゴスを信じない	エトス、パトス、ロゴス
トップの人間は模範となろうとしない	批評家ではなく、模範になる
イメージがすべてだ	「見かけよりも中身」
「聞いてないよ」	尋ねる　勧める
「指示どおりやったが、だめだった。次の指示は？」	「私はこうしようと思う」
これだけしかない	十分あるし、余裕もある

た。「第三案」の力である。第一の選択肢は、警察が法の遵守を強制することだ。第二の選択肢は、行動の基準を下げて、「社会の道徳心の衰え」に甘んじていくだけ。「第三案」は道徳的な権威を用いて市民（市民社会）を勇気づけ、エンパワーして、犯罪防止や犯罪者の摘発に積極的に加わるようにすることである。この第三の選択肢の場合、誰がリーダーシップをとればいいのか？　現場の警察官である。

市民をリードすべき警察官たちが「納得できるほど優れた人」（ロサンゼルスの郡保安官リー・バカ氏は彼らの高い人員採用基準をそう表現している）でなければ、どうして隣人や父母、教師、その他の一般市民が警察と手を組んで犯罪防止と犯罪者の摘発に努めたりするだろうか。信頼できる「おまわりさん」に人々が心情的な連帯感を持ってくれないとしたら、法律違反（信号無視でさえ）を絶対に許さない社会的規範や道徳観をスラム街や公営団地に広めることなどできるはずがない。偉大な社会学者エミール・デュルケイムの明察を思い起こしてみよう。「十分な道徳観があれば、法はいらない。道徳観が不十分なら、法は執行できない」

法の執行という分野でフルタイムの指導をしている私の同僚は、おもに正式にリーダーシップをとる立場にいる人々（保安官、警部、警部補）である受講者に向かってよくこう問いかける――「コミュニティにおける警察活動の真のリーダーは誰か?」。すると、現場の警察官たちこそ真のリーダーであることが明らかになる。彼らこそ、一般家庭を積極的に関与させ、信頼関係を築いて、犯罪防止のためにリーダーとならなければならないのである。ギャングや麻薬の密売人や買い手がひしめき暴力も頻発する地域にあって、警察官たちは多くの場合に大きなリスクを背負いながら、犯罪防止のために「笛を吹く」役割を担っているのだ。こうした状況では、形式上の権威は役に立たない。むしろ逆効果であり、文化の二極化を助長するだろう。道徳的な権威だけが犯罪防止や摘発を可能にする社会的規範を生むのである。新約聖書の羊飼いのたとえのように（ヨハネによる福音書第十章）、羊飼いは羊を知り、同様に羊からよく知られていなければならない（しっかりしたコミュニケーション）。羊飼いは羊をとても大切にし、羊のためなら命も惜しまない。だからこそ羊飼いは前を歩き、羊はそのあとから従うのである。雇われの羊飼いは羊を大切にしていると口では言うものの、「自分にとって得になるから」（賃金のために）やっているだけだ。「狼」が来ようものなら羊を見捨てる。だから雇われの羊飼いはアメと鞭を使ってうしろから羊を追い立てなくてはならないのだ。

一方、形式上のリーダーは実のところ管理者にすぎない。よく言えばサーバント・リーダーである。彼らは通信衛星のCOMSATやらコンピュータ・テクノロジーやらを使って潜在的な問題を突き止めるのに手を貸し、真のリーダー、つまり現場の警察官が悪の芽を摘み取れるようにするのが役割なのだ。

なんと驚くべき考え方だろうか。地位がリーダーシップを授けると思っている人々にとっては当然の報いとも言えるだろう。この新しいモデルでは、道徳的権威を持った警察官が真のリーダーであり、残る「上層部」の人々はよく整えられたシステムの管理者であり、底辺の警察官たちに仕えるサーバント・リーダーなのだ。これがパラダイム転換でなくてなんだろう。因習的で、権威主義的、階級的で指揮統制型の分野においては、とりわけそうである。

警察の基本的任務は犯罪や不法行為の防止である。一般公衆が警察であり、警察も一般公衆である。両者は地域社会の安全に対する同じ責任を分かち合っている。

——ロバート・ピール卿、現代警察の創設者[12]

考えてみれば、このコミュニティにおける警察活動の例はまさにパラダイム転換の好例である。人間のふるまいのあらゆる面で真実であり、有効な例である。「地に足の着いた」最前線にいる人々こそ、顧客にせよクライアントにせよ、相手に影響を与えなければならない。彼らこそ、信頼関係を築き、クリエイティブな問題解決者になることで、真にリーダーシップを発揮すべき人々なのである。

ジョシュア・ローレンス・チェンバレン

軍事史上、南北戦争の英雄ジョシュア・ローレンス・チェンバレンの逸話ほど、道徳的な権威を持った人物の感動的な物語はない。彼は連邦軍の志願兵で編成された第二十メーン歩兵連隊の指揮官である。ボードン大学の教授だったチェンバレンは休暇を認められ、連邦軍の深刻な人員不足を解決するためにエイブラハム・リンカーンが呼びかけた追加志願兵の募集に応えた。深みのある人格と道徳的な信念の持ち主であったチェンバレンは、メーン州知事に宛てた手紙が受理されて入隊を果たした。軍隊のことはあまり知らなかったが、あっという間に昇進していった。

チェンバレンについて最も有名なのは、ゲティスバーグの戦いのリトル・ラウンド・トップ攻防戦で示した勇気とリーダーシップだろう。チェンバレンは部隊に対し、連邦軍の最左翼線を死守し、南部連合軍の側面攻撃を防ぐよう命令を下した。チェンバレンは部隊とともに防衛線を死守したが、ついに銃弾が尽きた。しかしチェンバレンは退却することを拒み、「銃剣をつけよ」と兵たちに命じた。チェンバレン自身の言葉では次のように記されている。

この危機において、私は銃剣をと命じた。そのひとことで十分だった。命令は炎のように戦列を駆け抜け、兵から兵へと伝わり、大きな叫び声となった。声が上がると同時に兵らは、いまや三十ヤードと離れていない敵に躍りかかった。驚くほどの効果があった。敵の第一線の将兵の多くは武器を捨てて投降した。片手で剣を明け渡しながら、もう一方の手にあったピストルで私の頭めがけて発砲する将校もいた。わが部隊は右翼を固めて左翼が前進し、大きな「右旋回」をした。すると敵の第二線も崩壊し、後退し始めた。敵兵は木から木へと身を隠しながら戦ったが、多くは捕らえられた。ついにわれわれは谷を一掃し、ほぼ一旅団に当たる範囲にわたって前線を掃討した。[13]

このリトル・ラウンド・トップにおけるチェンバレンの荒々しい勇気の勝利こそ、ゲティスバーグの戦いと南北戦争の転機となったと主張する人は数多い。チェンバレンはアポマトックスで最初に降伏した南部連合軍の部隊から武器を受け取るという栄誉を与えられた。戦争末期には少将に昇進し、のちにはリトル・ラウンド・トップ攻防戦の功績により名誉賞を授かった。

何年もたってから、チェンバレンのあらゆる業績をたたえて、友人やかつての戦友たちがプレゼントを贈った。灰色に白いぶちの混じった立派な種馬である。チェンバレンは持ち前の謙虚さと控えめな態度で丁重に贈り物を受け、こう言い添えた。「私のどんな犠牲も奉仕も、義務を果たす者に与えられる良心の報いのほかには、いかなる報酬も求めはしません」[14]

金大中大統領

私は韓国の金大中元大統領と数名の顧問の方々にソウルの青瓦台大統領官邸で講義をする光栄に浴したことがある。終わりの方で金大統領は私にこう尋ねた。「コヴィー博士、あなたはご自分が教えておられることを本当に信じていらっしゃいますか?」この質問に私は意表を突かれ、はっと目が覚めるような思いがした。一瞬の間をおいて、私は「はい、信じております」と答えた。すると大統領はさらに聞いた、「どうして信じていると自分でわかるのですか?」私は答えた、「私はこれらの教えに従って生きようとしています。自分が力及ばず、たびたびつまずくこともわかっています。それでも必ずまたこれらの教えに戻っていきます。私はこれらの教えを信じ、励まされ、いつもそこへ戻っていくのです」

大統領はこう反応した――「私にとっては、それだけでは不十分です」「あなたのお話をお聞きした方がよさそうですね」と、私は言った。大統領は今度は「あなたはその教えのために死ぬ覚悟ができていますか?」と聞いた。そこで私は言った、「あなたは私に何かを伝えようとなさっているようですが」確かに大統領は何かを伝えようとしていた。大統領は自分のことを話してくれた。何年にもおよぶ追放、亡命、投獄、何度かの暗殺未遂について。底に石の入った袋に詰め込まれて海に投げ入れられ、CIAのヘリコプターに救出されたこともあったという。北の軍事政権に協力するよう圧力をかけられたことも話してくれた。大統領の地位の申し出まであったが、金大中氏は断った。独裁政権の操り人形として終わるだけなのがわかっていたからだ。応じなければ殺すという脅しにはこう言った――「では殺せばいい。殺されれば私は一度死ぬだけですむが、あなたがたに協力したら、死ぬまで毎日百回も死ぬような思いをすることになるだろうから」

今なら私にはわかる。男は誰でも自分の信じることに命を捧げると。女も誰でも自分の信じることに命を捧げると。しかしときとして、人はほとんど信じるものがないか、まるで何も信じないことさえある。そうした人々は、とるに足らないものや無に等しいものに命を捧げることになる。

――ジャンヌ・ダルク[15]

大統領はその長く苦しい試練の間の家族の誠意と支えのことや、キリスト教へ改心した者としての信仰について語ってくれた。そして、民衆と民主主義のすばらしい力に対する深い信念について話してくれた。あらゆる人の価値や潜在的可能性、そして自己表現の権利を信じていることが彼の話から伝わってきた。大統領はほとんど人目に触れたことのない本を私にくれた。獄中から愛する人々に宛てた書簡を集めたもので、その中には金大中氏の深い信条や信念、コミットメントが語られていた。

生態系としての道徳的権威

かつて私は、汚職や暴力、反乱、内戦に長い年月さらされてきた第三世界のある国の大統領と仕事をしたことがある。この新大統領は偉大なる勇気の人だった。法と憲法の支配が重要であることを高らかに訴え、勇敢にもテロリストやテロリスト組織との交渉を嫌う姿勢を示した。彼の信頼度はとみに増し、国民から大きな支持を得るようになっていた。自分の業績がいつまでも生き続けて制度化されるように、どのようなレガシー（遺産）を遺したいかと、私は彼に聞いてみた。二人で話すうちに、個人の道徳的な権威だけでは足りないことがますますはっきりしてきた。**ビジョンの**道徳的な権威と、**組織・システムされた**道徳的な権威の両方が重要だと彼も理解し始めていた。この二つの道徳的権威があればこそ、国民は法の支配による平和の実現と「第三案」型の相乗効果を生むコミュニケーションによる繁栄という彼のビジョンに共鳴できるし、また、根本的な原則を政府の構造やシステムに組み込むことができるはずだった。そうすれば独自の**文化の**道徳的権威を持った市民社会が育つだろう。そこでは社会の規範や道徳観が法の支配を支え、防犯的な思考やコミュニティの警察活動を促し、一般大衆の福祉と教育のニーズに応えることができる。「第8の習慣」とは「自分のボイスを発見し、それぞれのボイスを発見するよう人を奮起させる」ということだが、その根幹にあるモデルがどのようにこの四つの道徳的権威の形を説き明かしているか、新大統領も気づいたのだ。

文化の道徳的権威はいつでもごくゆっくりと発達する。これまでも米国を含む世界各国の例がこのことを示している。しかし、四種類の道徳的権威がいかに「生態系」をなし、自然界の生態系と同じように相互に関連し合い、依存し合っているかを見るのは有益である。知恵の本質は、すべてのことがいかにつながっているかを見抜くことなのだ。

天賦の才、私たちへの文化的な影響、知恵

「自分のボイスを発見し、それぞれが自分のボイスを発見するよう人を奮起させる」という過程の中に織り込まれた道筋をたどっていくと、私たちには天賦の才が与えられているにもかかわらず、徐々に徐々に文化的な影響を被るようになることがわかる。こうした文化的な影響力は、コンピュータ用語を比喩的に使って「ソフトウェア」と呼ぶこともできる。とてつもないパワーを誇るコンピュータも、搭載したソフトウェアの能力を超えて機能することはできない。それと同様に、個人も組織も社会も、文化的な道徳観や規範、信念を越えて機能することはできない――あなたがムハンマド・ユーヌス氏でもない限りは（第一章を参照）。ユーヌス氏の場合、彼の人間観や自制心、そして情熱は良心によって拡張され、駆り立てられ、ついには古いソフトウェアが新しいものに差し替えられるに至った。それもユーヌス氏個人の頭の中だけでなく、家族や組織・システム、社会の頭に巣食った偏屈な視野の狭い考え方の中でもである。ユーヌス氏は偏見や予断を乗り越えた人物のみごとな一例である。ユーヌス氏の謙虚さと勇気が誠実さの両親となり、知恵と豊かさマインドの祖父母となったことが実感でき

るだろう。

あなたにも同じことができる。「自分のボイスを発見し、それぞれのボイスを発見するよう人を奮起させる」ということを「知識」「やる気」「スキル」に深く埋め込まれた習慣にすることができるのである。自分の良心、知恵の源に耳を傾けてみよう。以下に述べるさまざまなレベルの人間の要求の中に潜む欠陥に満ちた文化的影響、つまりソフトウエアを見透かすことができることに気づくはずだ。そのどれもがジレンマとなって表れている。

まずは個人のレベルを見よう。**人は心の平安とよい人間関係を望んでいる**が、同時に**自分の習慣やライフスタイルを守りたがる**という指摘にはおそらく同意できるだろう。この場合、**知恵**の中に満ちあふれている良心は何と言うだろうか？　人はなんらかの方法で、より高く、より重要な目的のため、正しきもののために、自分が欲するものを犠牲にするという私的な勝利を収める必要があるのではないか？　この点にもおそらくあなたは同意するだろう。

次に、人間関係のレベルで起こるジレンマを例にとってみよう。人間関係は**信頼の上に築かれる**が、また**ほとんどの個人は「私」の視点から考えることが多い**――私が欲しいものや私に必要なもの、私の権利。この指摘にも同意できるだろう。この場合、**知恵**はどうすべきだと命じるだろうか？　信頼を築くための原則や、「私」を「私たち」のために犠牲にすることにフォーカスするよう、私たちを導くのではないだろうか？

組織のレベルで起こるジレンマの例を見てみよう。往々にして**経営者はより少ない資源でより多くを生むことを求める**ものではないだろうか？　つまりより少ないコストでより生産性を上げることを求める。しかし一方、**社員はより少ない時間と努力で、自分の得になるものをより多く求める**のではないだろうか？　この矛盾はどこにでも見られる現象だろう。この場合、**知恵**は私たちにどう命じるだろう？　ミッションの共有化を試みるのはどうか？　経営者は管理統制することを犠牲にし、権力を委譲して社員をエンパワーすることで「第三案」型のＷｉｎ－Ｗｉｎの実行協定を生み出すのだ。そうすれば経営側も社員たちも、人間の潜在的可能性を解き放ち、より少ない資源でより多くを生むという点に関して考えが一致するはずである。

もう一つ、ありがちな組織のジレンマを考えてみよう。慎重に考えてもらいたい。まず、**ビジネスは市場の経済法則に従って営まれる**のではないだろうか？　しかし次の点も考えてもらいたい。**組織は職場の文化的法則に従って運営される**のではないのか？　言い換えるなら、経済と文化という二つの異なるルールが働いているわけである。

では**知恵**はどうせよと言うだろうか？　市場の現実を職場の文化の中に持ち込み、どの人もチームも原則中心の基準を用いてあらゆる方面の情報にアクセスできるようにし、同時に（または）バランスのとれた「スコアボード」の情報に接することができるようにすればどうだろうか？　そしてこの情報を本来的な報酬と付帯的な報酬の**両方**と組み合わせればどうだろう？　そうすれば、市場に表れる人間のニーズに応え、かつ**すべての**利害関係者の要求に応えるための動機づけが自然と得られるはずである。

こうした**知恵**による思考は社会自体に適用することもできる。社会が抱える根本的なジレンマと取り組むのに活用できるのだ。要するに、**社会は独自の支配的な社会的価値観に従って動く**。ところが同時に、**社会は侵すことのできない自然の法則・原則がもたらす結果を受け入れていかなければならない**。だとしたら、全体の福祉のために個

表・11

個人的な難題	職業（組織）的な難題
1. 家計、お金	1. 仕事量、期限－目標が達成できない
2. 人生のバランス、時間が足りない	2. 時間と資源の不足
3. 健康	3. 資金繰り
4. 人間関係－配偶者、子ども／十代の子ども、友人	4. 低い信頼
5. 子育てとしつけ	5. 無力化
6. 自信喪失	6. 変化と不安定
7. 不安定、変化	7. テクノロジーについていくこと
8. スキルや教育の欠如	8. 混乱－共通のビジョン、価値観の欠如
9. 意義の欠如	9. 仕事の満足度－仕事を楽しめない
10. 平安の欠如	10. 上司や経営陣に誠実さがない

別の利害を犠牲にすることで、社会的な価値観や道徳観や法則を原則と一致させてはどうか？

人間のニーズに仕えるための**知恵**のより大きな観点によって、右のようなさまざまなジレンマが解決できるのがわかるだろう。なぜ犠牲がこれほどの至上命題となるのかも。犠牲は何かよいものをよりよいもののためにに犠牲にすることである。だからある特定のニーズに応えるという強いビジョンを持っているとき、第三者の目にはあなたが犠牲を払っているように見えたとしても、それは真の意味では犠牲ではない。こうした心からの犠牲は道徳的な権威の本質を成すものなのである。

原則中心のモデルを通じて問題を解決する

本書のはじめに述べたように、人間の本質に関する「全人格型のパラダイム」が正確であれば、組織の最も大きな諸問題を解明し、予測し、診断するための非凡

図15・6

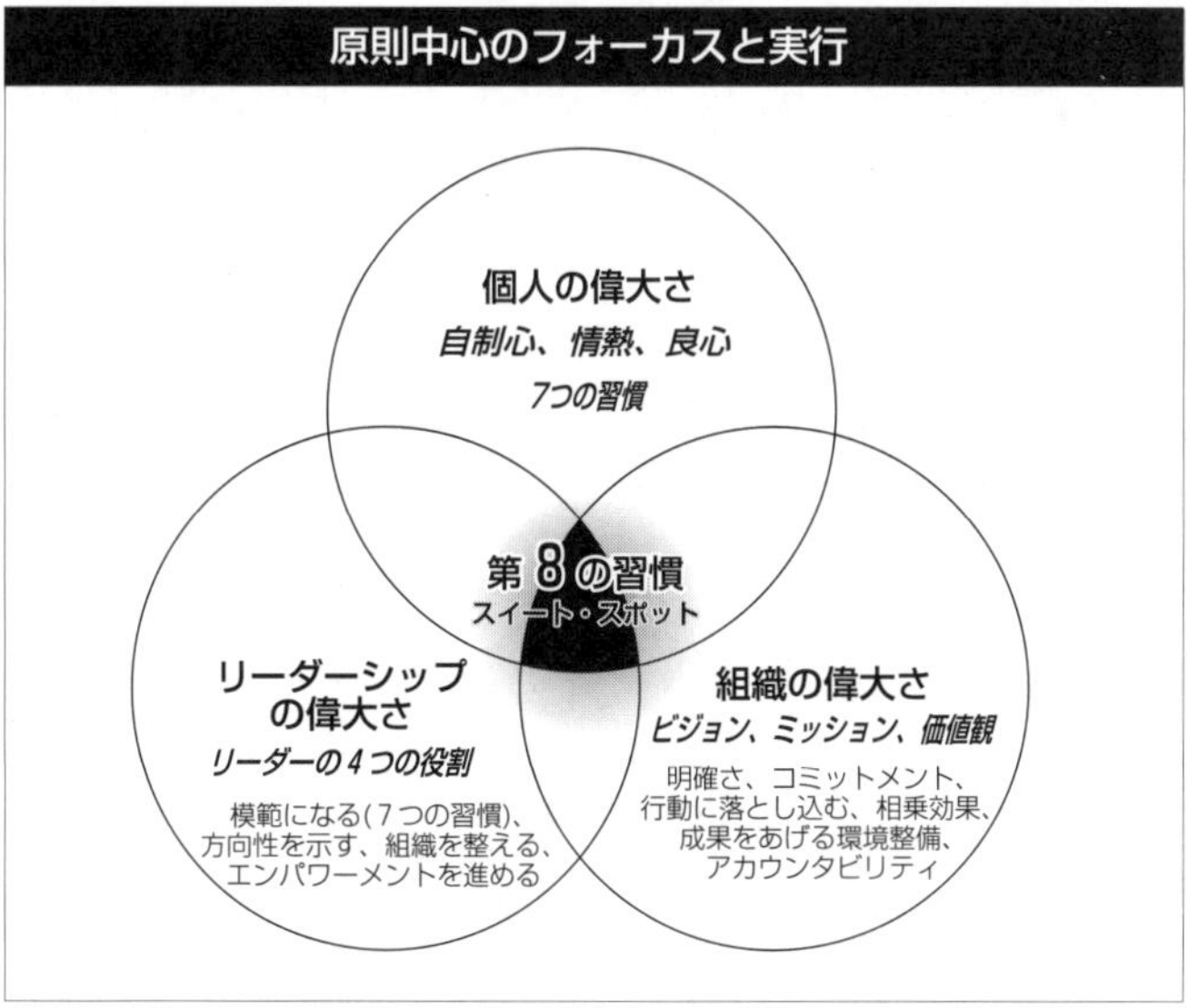

な能力が得られるはずだ。私は本気でそう指摘したのだ。ごく単純な全人格型モデルと、ごく単純な人間の発展的プロセスは、**まさに**複雑さを超えた単純明瞭さであると、私は心からそう信じている。

長年、私は世界各地の何千という人々に、夜も眠れなくなるようなあなたにとっての唯一最大の難題は何かと問いかけてきた。次に、職業上のまたは組織にとっての唯一最大の問題は何かと問うてきた。次に最も多く聞かれた答えを挙げてみよう（本書のはじめに指摘した苦痛や難題と似ていることに気づくだろう）。

これらの個人的、または組織的な難題のいずれも、本書で説明してきた偉大さの三つのモデルに含まれる諸原則の枠組みを当てはめることで、問題解決の糸口がつかめると私は確信している。あなたも今直面している難題を取り上げ、個人的な面では**ビジョン、自制心、情熱、良心**と**「7つの習慣」**を通じて何ができるかを考えてみるとよい。リーダーとしての問題なら、**模範になること、方向性を示すこと、組織を整えること、エンパワーメントを進めること**を通じて。また組織としての問題については、組織の**ミッション、ビジョン、価値観**という点での**明確さ、コミットメント、行動への落とし込み、相乗効果、環境整備、アカウンタビリティ**を通じていかに問題解決が可能かを改めて考えてみればよい。個人、ビジョン、組織、文化という道徳的権威の四つの領域間の生態学的なつながりのように、三つの偉大さのモデルと、それぞれが含む難題解決へのさまざまな要素の間にもまた、根本的な生態学的な関係と連続性があることがわかるだろう。原則中心のフォーカスと実行のモデルをもう一度見てほしい（図15・6）。

また、本書が説くリーダーシップの枠組みがいかに実用的かもう一度思い出しておくのもよいだろう。第二章で紹介した映像作品『マックス&マックス』に立ち返り、どのように考えたらトリム・タブとしての役割を果たせるかを考えてほしい。付録7「マックス&マックス再び」では、マックスとミスター・ハロルドがリーダーシップの四つの役割という問題解決のレンズをどのように用いれば自分たちの仕事の仕方を変え、彼らが直面するやっかいな難題を解決できるかを示している。

さらに、(肉体、知性、情緒、精神)という全人格型モデルの包括的な力を考えてみよう。人間の四つのインテリジェンス／潜在能力——IQ、EQ、PQ、SQが関わっている。また人生の基本的な四つのモチベーション／ニーズ——生きること、愛すること、学ぶこと、貢献することを表している。さらに、個人的なリーダーシップの四つの属性——ビジョン、自制心、情熱、そしてそれらを導く良心。最後に、組織(家族を含む)の四つの属性が、四つの役割——模範になること、方向性を示すこと、組織を整えること、エンパワーメントを進めることという形で表されている。(図15・7参照)。

「自分のボイスを発見する」というのは、全体は部分の総和以上に偉大だという相乗効果的な概念である。だから自分の本質の四つの部分を尊重し、伸ばし、統合し、バランスをとれば、自分の潜在的可能性をフルに実現し、永続的な充足感を得ることができる。

心を開こう。肉体、知性、情緒、精神という全人格型のアプローチをとろう。そして「心を開く」ことがどれほど力強く含蓄に富んだ表現であるかを確かめてほしい。**肉体的**には、適切な食事と運動を心がけて血液をきれいにし、心臓が強く健全であるようにすること。**情緒的**に心を開いて、人を問題解決に積極的に関与させ、共同して解決策を見つけ、よく耳を傾けて理解するようにすること。**知的**に心を開いて、常に学び、人を全人格的に見て、「その場しのぎ」思考から自由になり、リーダーシップがまさに**あなたの**選択になるようにすること。**精神的**に心を開いて、人生がより高い知恵、神聖なる良心に突き動かされるようにする。その倫理は、自分を捨てほかの人のために尽くすことで、逆に自分を見いだすこと。つまり、よきことを行うことでよく生きるのだ。

あなたの知性と決意のすべてを結集し、ウィンストン・チャーチルのような精神で仕事に向かってほしい。「誰もが人生の中である特別な瞬間を迎える。そのとき、比喩的な意味で肩をたたかれ、とても特別なことをする機会を与えられるのだ。その人にしかできない、その人の才能にふさわしいことを。その最上の時間となるべきときに、その職務を果たすなんの心構えも能力もないとすれば、なんという悲劇だろうか」

結論

本書ではおもに、一つの基本的なパラダイムを教えることに努めてきた。それは、人は肉体、知性、情緒、精神から成る全人格的な存在であるということだ。人は自分のボイスを発見するという「第8の習慣」の連続的なプロセスに取り組み、それぞれのボイスを発見するよう人を奮起させることで自分の影響力を広めるという選択をすることができる。そうすると、選択する自由と力も大きくなり、直面している大きな難題の数々を解決し、かつ人間のニーズに奉仕することができるようになる。そして**リーダーシップは地位ではなく、やがて一つの選択になり得る**ことを学ぶのである。実効性のある技術でもあるそうしたリーダーシップは、組織や社会のどの階層でも可能なものとなる。そしてリーダーはモノについては管理し、人は導くようになる。

全人格型パラダイムに関して私たちが学んだのは、どの人も生まれつきかけがえのない存在であり、とてつもなく大きな、ほとんど無限の可能性や潜在能力を備えているということである。そしてその潜在能力を広げる道は、持てる天性や才能を拡張することである点も学んだ。すると春に咲く花のように、さらなる天性や才能が与えられ、または開花する。そして四つの領域すべての「天賦の」潜在能力が発揮され、統合されバランスがとれた、力強い人生を送れるようになる。

図15・7

	4つのインテリジェンス	4つの属性	4つの役割	
精神（貢献する）	精神的インテリジェンス	良心	模範となる	フォーカス
知性（学ぶ）	知的インテリジェンス	ビジョン	方向性を示す	
肉体（生きる）	肉体的インテリジェンス	自制心	組織を整える	実行
情緒（愛する）	情緒的インテリジェンス	情熱	エンパワーメントを進める	

る。

この反対もあり得る。持って生まれた才能や力をないがしろにすれば、使われない筋肉のように衰え、無駄になる。

私たちは次の点も学んだ。私たちが生き、働いている文化は「ソフトウェア」として私たちの中に組み込まれ、私たちを凡庸にしている。言い換えるなら、私たちは潜在能力をほとんど発揮できずにいる。全人格的ではないものは、どれもみなモノである。モノは支配され、管理されなければならない。こうした産業の時代の指揮統制型のソフトウェアのおかげで、職場では最大の富の源泉は人ではなく資本と設備であると信じ込まされてきた。しかし同時に、私たちはこうしたソフトウェアを書き換える能力《ちから》を生まれながらにして持っていることも学んだし、この能力は人を**導く**よう私たちを励ますということも学んだ。人は選択する力を持ち、物を**管理**することができるが、モノはそうではない。

次に、人格の発展のプロセスに関するパラダイムは「いかに」と「いつ」という問いに対する答えを与えてくれる。このパラダイムは、まず**今**欲しいものよりも**あとで**手に入れたいものを優先することで自己を克服することを教えてくれる。このプロセスは進めるにつれてどんどん刺激的になる。なぜなら、ますます強力に私たちの選択や潜在能力を拡張してくれるようになっていくからだ。私たちは（羅針盤によって象徴されるように）いつも正しい方向を指している原則に従えば、次第に道徳的な権威を身につけることができる。私たちは人々から信頼されるようになり、人々を心から尊重し、人々の価値や潜在能力に目を向ければ、その人々を巻き込んで、共通のビジョンを持てるようになる。このような道徳的な権威（第一の偉大さ）を通じて、形式上の権威または地位（第二の偉大さ）も得ることができれば、私たちはこの二つの権威の力を合わせて原則をシステム化することができる。そうすれば、肉体と精神が絶えず育まれ、奉仕を拡大し深める上で信じられないような自由や力に結びついていく。要するに、自己よりも奉仕を優先するときにはじめて、人がついて行きたくなるようなリーダーシップが可能となるのである。

私的なものも公的なものも、組織は人のニーズに仕えない限り存続できないことを学ぶ。ここでも、自己よりも奉仕が優先だ。これこそまさに成功のＤＮＡである。「自分にとってどのような得があるか」ではなく、「自分がどのように貢献できるか」なのだ。

わが神を探し求めたが、見つからなかった。
わが魂を探し求めたが、つかみそこねた。
わが兄弟を探し求め、その求めに仕えようとしたら、
そこですべてが見つかった——わが神、わが魂、そして汝も。

——作者未詳

最後のことば

読者のあなたに断言する——あなたにはすばらしい価値と潜在的可能性がある。私は心から願っている——本書で説いてきた原則が明確に伝わり、あなたの目に自分自身の価値と潜在的可能性が見えるようになっただけでなく、「自分のボイスを発見し」、多くの人々や組織、コミュニティがそれぞれのボイスを発見するように奮起させ、あなたが偉大な人生を歩むことを。

たとえ悲惨な状況の中で生きているとしても、その状況にあってこそ、自分の反応を選ぶことを求める内面の呼び声にあなたは出会うのだ。そのとき、まわりにいる人々のニーズに気づいてそれに奉仕するようにと、「人生が私たちに呼びかける」。そしてこのときにこそ、私たちは人生の中で真の「ボイス」を発見するのである。ビク

ターとエリー・フランクル夫妻に関する洞察に満ちた伝記『When Life Calls Out to Us（人生が私たちに呼びかけるとき）』の中で、著者ハッドン・クリングバーグはこのフランクルの人生の中心テーマを次のように描いている（この著書はクリングバーグが生前たずさわっていた二つのプロジェクトのうちの一つだった）。

フランクルにとって、精神性は本質的に自己超越であるから、人間の自由をもたらすものでもある。しかしその自由は何々からの自由というよりも、むしろ何々を行う自由である。本能的な衝動であれ、遺伝的な遺産であれ、頭脳や肉体の機能や機能不全であれ、私たちはそうした生物学的な性質からは自由になれない。社会的、発育的、環境的な環境の影響の制約からも自由ではない。しかし私たちにはこれらに対応する自由がある。歯向かう自由さえある。私たちには配られたカードを意志に従って使う自由がある。運命的な出来事に対する自分の反応を選び、どのような大義や人に身を捧げるかを決める自由もある。

そして、この何々を行う自由は何々を行うべきだという義務を伴う。私たちは一人ひとり、何かに対して、誰かに対して責任を負っている。そして世の中で責任ある行動をするという自由を生かすことで、私たちは人生に意味を見いだしていく。意味を追い求める意志が満たされてはじめて、私たちは（フロイトの言うように）個人的な快楽や、（アドラーが言うように）経済的、社会的な成功を求めることでよしとするのである。

人が精神的な自由と責任を行使するとき、多くの効果が伴う。落ち着き、安心感、満足感。これらは自然に生まれるものであって、いわば副産物のようなものだ。ところがこれらを直接手に入れようとしても、手に入ることはありそうにないか、完全に不可能かのどちらかだと、フランクルは言う。心の平安を求めることほど、いらいらすることはない。安心感ばかりを求めれば、欺瞞か罪悪感、またはその両方に行き着く。健康を一番の目標にすると、憂鬱症のような症状を患うことになるかもしれない。フランクルにとって、これらはそれ自体を目的として追求されるべきものではなく、自分のためにさえ求めるべき目標ではない。そうではなくて、何か別のものやより偉大なことのために生きる人が自然に得るものなのだ。[16]

ここで南北戦争の英雄ジョシュア・ローレンス・チェンバレンのことばを借りよう。このことばで、私は最大の確信を持ってあなたの価値を認めたい。

人間の幅広く遠大な利益に関わる気高い大義に鼓舞されるとき、人はそれまで自分にできるとは夢にも思わなかったことができるようになる。それは、鼓舞されることがなければ自分だけではできなかったことでもある。個人を超えた何かに真に属しているという意識、私たちは計り知れない時空へと広がっている人格の一部であるという意識が、心を魂の理想の限界までふくらませ、至上の個性を築きあげるのである。[17]

私の祖父スティーブン・L・リチャーズは私が最も影響を受けた恩師である。私は祖父をこの上もなく愛し尊敬し、賛嘆の念を禁じえない。祖父は人生のすべてをほかの人々に奉仕することに捧げた。祖父を知る人々は、この世で出会った最も賢明な人間の一人だと感じていた。祖父が私に教えてくれた人生のモットーに感謝を捧げて、この章の締めくくりとしたい。

人生は使命であり、キャリアではない。私たちのあらゆる教育や知識の目的は、この世でよりよく神の代理となるためであり、神の名において、神の御心にかなうよう、人生という私たちの使命に奉仕できるようになるためにあるのだ。

Q&A

Q　なぜ犠牲はそれほどまでに道徳的な権威にとって重要なのか？

A　犠牲の真の意味は、よいものをよりよいもののためにあきらめることである。だからレベルアップすることと呼んでもよいほどだ。自分自身を超えるビジョンを抱き、そのビジョンが自分が情緒的に愛着を抱いている重要な大義やプロジェクトにフォーカスするものであるとき、現実的に最も楽な方法は、自己より奉仕を優先させることである。第三者の目には、目前のよいものをあきらめているのだから犠牲のように映るだろう。しかしこの場合、本人にとっては犠牲ではない。幸福とは本質的に、今欲するものを求めずに、あとで手に入れたいものを優先することから得られる副産物である。なんらかの大義や天の声、他者への奉仕などに対して精神的にも情緒的にも深い結びつきを感じている人にとって、犠牲は最も苦労の多い道ではなくて、最も楽な道になる。自己より奉仕を優先させるという倫理観は、時代を超えて生き続けるあらゆる偉大な宗教や哲学、心理学に共通のものである。アルベルト・シュヴァイツァーはこう言っている。「あなたの運命がどうなるか私は知らない。しかし一つだけ知っていることがある。それは、あなたがたの中で真に幸せになるのは、奉仕の方法を探して見つけた人だけであると」

Q　以前は総合的品質管理と品質についてさかんに語られ、次はエンパワーメントが注目された。今日の新しい流行語はイノベーションだ。明日のキーワードは何なのか？

A　知恵だと思う。心や魂の中心に、組織ならその人間関係や文化の中に、原則がなければ高度の信頼を築くことはできない。そして高度の信頼がなければエンパワーメントもできない。ルールが人間的な判断にとって替わるとき、イノベーションや創造性が生まれる環境は育たない。その代わりにおべっかばかりの文化が育ってしまう。高度の信頼と、豊かさマインドにもとづくパラダイムに従って構造やシステムが整えられていなければ、総合的品質管理も品質も手に入らない。私の考えでは、情報の時代の次には必然的に知恵の時代がやって来る。その知恵の時代では、リーダーシップの本質はサーバント・リーダーになることである。

Q　原則中心の組織という考え方はよいと思う。これをコミュニティに適応できるだろうか?

A　もちろんできる。教育やビジネス、行政、その他の専門職の自然なリーダーや形式上のリーダーたちで関心ある人々を集めることができさえすれば可能だ。地位など公式の権威はなくとも、道徳的な権威にあふれていて強い関心を持っている人々でもいい。そういう人々を集め、「7つの習慣」と四つの役割をコミュニティのすべての組織や家庭に教えるプロセスに参加させるとよい。どれほど望ましい結果が得られるか、きっと驚くに違いない。私自身、同僚たちとともに世界中の実に多くのコミュニティで実際にそうやってきたのだから。

よくある20の質問

Q1　自分の習慣を変えるのは不可能に近いと感じている。本書のアドバイスは現実に可能なことなのか？　それとも私だけが例外なのか？

A　あなただけではない。理由を説明しよう。

おそらくあなたもアポロ11号の月面探査のニュース映像を見たことがあるだろう。当時を覚えていなくても、最近ビデオか映画で見たことがあるのではないだろうか。当時はみんながあの映像に釘づけになった。人が月の上を歩いているなんて、信じられないくらいだった。

この宇宙への旅で、いちばん力とエネルギーが注ぎ込まれたのはどこだと思うだろうか？　月までの二十五万マイルの航行？　地球に戻ること？　月の軌道を回ること？　月探査船と指令船を切り離し、再びドッキングさせること？　月から離陸すること？

いや、そのどれでもない。全部を合わせたものですらない。答えは、地球から離陸することである。数日間かけて五十万マイルを往復する旅に使われた以上のエネルギーが、地上からの離陸にかかる最初の数分間――旅の最初の数マイル――に費やされた。

この最初の数マイルの引力は強力だった。地球の軌道上に出るためには、引力と大気の空気抵抗を上回る推進力が必要だったのだ。だが、いったん宇宙空間に飛び出すと、何をするにもほとんど力はいらなくなる。月面探査をするために月探査船を母船から切り離すのにどれほどの力が必要だったか？　宇宙飛行士の一人はこう答えた――「赤子の息の力ほどもかかりませんでした」

古い習慣を抜け出して新しい習慣を築くのにどれほどの力が必要か、この月探査は比喩として多くを教えてくれる。地球の引力は深く根づいた習慣、つまり遺伝や環境、両親、その他の影響力ある人物によってプログラムされた性向にたとえられる。地球の大気の抵抗は、私たちを包むより広い社会的、組織的な文化にたとえられる。この二つの力は強く、その力の影響から脱するにはその両方の力よりも強い内的な意志を持たなくてはならない。だがいったん重力圏を脱することができれば、驚くほど自由になれる。上昇中、宇宙飛行士たちにはほとんどなんの自由も力もない。彼らにできるのは、決められたプログラムをこなしていくことだけである。それでも地球の大気圏と引力を脱するが早いか、宇宙飛行士たちは信じられないような自由を味わえる。実にたくさんの選択肢や可能性がある。

あなたも「自分のボイスを発見し、それぞれのボイスを発見するよう人を奮起させていく」道へと踏み出し、そこから外れないようにすれば、この新しい習慣の力は増大していく。そうすれば、とてつもない難題と複雑さとチャンスに満ちている今日の世界で、成長し、変わっていくことができるだろう。

Q2　あなたが教えていることは、ある意味でとても刺激になり、興味をそそられる。だが別の面から言うと、自分が本当にできるかどうか疑問だ。

A　とても正直な感想だが、能力の問題に取り組む前にまず、別の二つの問題を自分に問いかけてみてはどうだろう。その第一は、「私はこれを**すべきか?**」という問い。これは価値に関する問題である。第二は、「私はこれを**したいか?**」という問い。これはモチベーションに関する問題で、あなた独自のボイスと情熱に関わる。この二つの問題にイエスと答えられるなら、次に「私にできるか?」という問題を考えてみればよい。これは能力に関する問題で、適切なトレーニングと教育を得ることに関係してくる。この三つの問題を混同してはいけない。価値に関する問いに、トレーニングに関する答えで応じようとしてもだめだ。モチベーションに関する問いに、価値に関わる答えで応じようとするのもまずい。能力に関する問いに、モチベーションに関する答えで対処しようとしてもうまくいかないのだ。この三つの問いについて明確に、そして慎重に考えよう。私にできるだろうか？　これをしたいだろうか？　これをすべきだろうか？　これらを分けて考えれば、どこから手をつければよいか、出発点を見つけられるだろう。

Q3　なぜリーダーシップは今日、それほどまでに話題になるのか？

A　今日の経済はおもに知識労働にもとづいている。つまり、富の源泉は金やモノから人に移ったのだ――知的資本の場合も、社会資本の場合もだ。実際、私たちは知識労働者に最大の金銭的投資をしている。知識労働が秘める潜在的可能性は算数のレベルからいわば飛躍的に拡大した。そしてこの種の知的、社会的資本はその他すべての投資の活用と最適化の鍵を握っている。さらに言えば、産業時代の管理・統制型のマネジメントスタイルや、人を「経費」として計上するシステムは、市場の新たな競争の中でますます時代遅れとなり、機能しなくなっている。また、人間的な次元、とりわけ信頼のレベルこそがあらゆる問題の根源にあるという意識も芽生えている。人的なソフト面が最も困難な問題となっているのだ。誰もがそのことに気づき始めている。だからこそ、リーダーシップは全ての技の最高位にあると言えるのだ。リーダーシップはすべて**人の力を引き出す技**なのである。

Q4　本書で説かれていることはどれも理想主義的で道徳主義的に思える。現実を考えると、実行可能かどうか自信がない。

A　あなたはもっと深い問いを自問すべきだろう。「刺激と反応の間に選択の余地（スペース）があるのか？」と。別の言葉で言えば、状況がどうあれ、私たちは本当に、真に選択する力を持っているのか？　この疑問にイエスと心から言えるなら、理想主義は実は同時に現実主義でもあることに気づくだろう。今日の電子技術がもたらす奇跡を電子の形で「見る」ことはできないのに、人はそれに頼り、それが現実のものだと知っている。電子が発見され、電子技術が発明される前は、それは「現実」ではなかった。ただ空想の産物でしかなかった。一方、本書の内容があまりにも道徳主義的だという指摘は、何が正しく、何が誤りかという問題に関わるものだ。あなたは心の底では正しいことと誤ったことの違いがわかっているし、正しいことを選べば、間違ったことを選ぶのとは現実的に別の結果になることも知っているはずだ。つまり、本書の考えは理想主義的であり、道徳主義的であり、実はそのどちらもとても現実的なのだ。

Q5　文化的な道徳的権威こそ道徳的権威の中で最も進歩したものだと言うが、それはどういう意味なのか？

A　アメリカ合衆国の独立宣言を例にとろう。この文章に込められた心情は、ビジョンとしての道徳的権威を表現している。一方、「すべての人間は平等に作られている」ことや、人は「創造主によって、譲渡され得ない権利を授けられていて、生命、自由、幸福の追求もその中に入る」という価値観を**組織化**しようとしたものが、合衆国憲法である。

憲法は独立宣言のビジョンや価値体系と整合性を持っている。しかし、独立宣言で「すべての」人と言いながら、女性は何十年も選挙権がなかった。多くの米国建国の父たちは奴隷を所有していて、奴隷解放宣言は八十年もの間議会を通過せず、今日でも根深い人種的偏見が残っている。**道徳的権威が文化として確立されるには、**道徳的権威のビジョンを描いたり組織化するよりも時間がかかるのが常である。だが結局のところ、道徳的権威を体現した文化こそ、調和のとれた社会を育むものである。問題の鍵となるのは、強制力や法を代表する政府でもなく、自由を代表する私的な個人や私企業でもない。それは、各自の心と知性に真に訴えるような共通の意味なり価値観を、個人やグループが採用することにある。ここまで自発性が成熟すれば、**市民社会**が生まれる。これは法と自由の間にある、より高度な第三の道である。アダム・スミスの考えや著作でもこのような説が根底にある。彼は『国富論』という古典を書くずっと前に、『道徳感情論』と題する本を書いた。この作品は『国富論』を含む後期の研究の基礎となったが、自由企業体制という経済システムと代表民主制という政治システムの両方の土台には意図された徳性と善意があるという考えに基づいている。個人的な徳性がすたれれば、自由市場も民主主義も結局のところ存立できなくなるということを、アダム・スミスは認めていたのである。

Q6　基本的な問題の一つは、知識労働者の時代に産業の時代のモデルを用いていることだと言うが、今、私たちが暮らしているのは産業国家ではないのか？　どこを見渡しても産業ばかりだから。

A　確かにそうだ。だが、さまざまな産業の中で、**付加価値**を生む仕事はますます知識労働者が行うようになってきている。したがって、産業をなくそうという話をしているのではない。産業の中で従来とは別のリーダーシップのパラダイムを用いようという話をしているのだ。実際、このパラダイムは農耕の時代にさかのぼることもできる。今でも都市の外では、農場が至る所にある。農家では産業の時代や情報時代の力を生かしてより高い価値を生み出している。ここで話しているのは物理的な環境ではなく精神的な枠組みのことである。

Q7　権威主義的な文化はどのようにして共依存を生むのか？

A　考えてほしい。支配力を振りかざす権威主義的なリーダーがいたら、部下はどうするだろう？　たいていは消極的に従うだけだ。命じられるまで待ち、言われたことだけをする。こうした部下の行動を見ると、権威主義的なリーダーは今までどおり命令し、支配し続けてもいいと確信する。そうするとまた部下は部下たちで、消極性を正当化できる。こうして堂々巡りに状況になる。すると人々の潜在的能力や知力は奪われてしまう。彼らの力は十分に活用されない。人は管理・統制されるべき「モノ」に成り下がる。共依存のサイクルは結果的に政治的駆け引きばかりのゴマすり文化を育ててしまう。そうなると従順や忠節が真の正しさにとって替わり、悪いことを行ってもばれなければよいということになってしまう。

共依存のサイクルの力学は、機能不全な合意を生む。本心はノーであるのに、人はイエスと言う。健全な葛藤は排除され、恨み、怒り、敵意を秘めた服従、信頼の低下、低品質の元となる。表には出ないこうした感情は決して消えることはない。埋もれたまま生き続け、あとになってもっと醜い形で表れる。

こういう場合、権威主義的なリーダーが結果の責任を負うことになり、効率――手段、プロセス、段取り――にフォーカスするようになり、ルールが人間の判断に優先されるようになる。これは地位としてのリーダーシップを強めるが、選択としてのリーダーシップは強化しない。権威主義的なリーダーシップが企業文化のDNAとして根づいてしまう。「権力は腐敗し、絶対的権力は絶対的に腐敗する」という英国の歴史家のアクトン卿の言葉がいかに真実か、こうして少しずつわかるようになる。すると誰もが利己主義になり、ボスを喜ばせることの方が、誠実であることよりも大切になる。

しかし、現代は新たな経済の時代である。その中では、このような制度化された共依存の文化が生き延びていくためには、市場に見て見ないふりをしてもらうか、人為的な補助金に頼るか、恐怖で支配するか、競争自体が共依存的であるために古い伝統に頼って生きることができるという場合だけである。

このサイクル全体を断つことができるのは、リーダーシップを一つの選択と見る人、トリム・タブとなってより大きな影響の輪を実現する人、競争的な市場の実利性をもとに、堂々めぐりの悪循環を絶ち切る人である。こうしたリーダーシップは道徳的な権威を代表し、原則に従って生きることを選択することから生まれる。そしてたいてい、なんらかの自己犠牲を伴う。だが自由市場経済では、こうした人たちがトップに躍り出るだろう。なぜなら彼らのやり方は実利的だからだ。うまくいくのだ。より少ないコストでより多くを生むからだ。

Q8　これらすべては経済状態が悪いときにはどう適用できるのか？　あるいは、全体の景気はよくても、衰退しつつある産業には？

A　いっそうよく当てはまる。景気が悪いとき、最大の資本は「第三の案」の解決法を思いつく人の創造力だからだ。ただし、自然な傾向として、人は命令と管理という産業の時代の古いモデルに戻ろうとする。長い目で見れば、これでは生き延びられない。短期の危機的状況では、生き残るという共通の目的が生まれ、権威的なアプローチでとりあえずその場をしのぐことができるかもしれない。アイゼンハワーはかつてこう言った――「塹壕《ざんごう》にもぐっている人間に民主主義の話をしても無駄だ」。だが、重要な変化を維持していくためには、やがて全員が深く関与することが必要となる。これには、信頼された道徳的権威を有するリーダーシップが欠かせない。

Q9　「7つの習慣」はリーダーの四つの役割とどのように結びつくのか？　「7つの習慣」を習得するのにすでにたいへんな時間と金を注ぎ込んできたのだが。

A　「7つの習慣」は原則にもとづいていることを忘れないでほしい。「7つの習慣」は人格に関わる原則であり、**あなたが誰であり、なんであるのか**を決めるものだ。リーダーの四つの役割とは、組織の中でリーダーとして影響を及ぼすために**すべきこと**である。「7つの習慣」をこの四つの役割に当てはめて言えば、それは「模範になる」ことだと言える。したがって「7つの習慣」はここでは戦略的なものとなる。模範になることは、ほかの三つの役割を果たしながら行われるからだ。「7つの習慣」の基礎にある原則は、総合的品質管理やチームを育成するエンパワーメント、イノベーションなどの血肉になるものである。たとえて言うなら、すべての地下水の源泉になるより深い地下水層である。

Q10　企業のスキャンダルがあると、会社全体が「共犯者」になる。そこで人格が問題になる。個人的、文化的なレベルで人格を育むにはどうすればいいのか？　企業スキャンダルのようなやっかいな問題を避けるにはどうすればいいのか？

A　私はスリーマイル島の原発事故や、警官によるロドニー・キングへの暴行に端を発した暴動、エクソン社のタンカー「ヴァルディーズ号」の原油流出事故などのあとに当事者たちと仕事をする機会があった。こうした災難はすべて、根深い文化的な現象が顕在化したものだった。間違ったことをした社員たちが口を閉ざし、証拠を隠滅し、悪いことを見て見ぬふりし、結局は捕まって、マスコミに報道される。先の事件はどれもこうしたことの氷山の一角にすぎなかった。

あらゆる組織にとってこれは貴重な教訓になるだろう。あなたにとっていちばん重要なもの——あなたのビジョンと価値体系を再検討してほしい。あなたのやり方、慣行、組織の構造、システムをすべて洗い直し、それらがあなたのビジョンと価値観を組織化しているかどうか見てほしい。フィードバックには顧問やサプライヤー、顧客、バリューチェーンのすべての当事者の正直な判断が反映されていなければならない。関わってしまった問題から逃げることはできない。最後にはわが身にはね返ってくるだろうから。忠誠が誠実さより高い価値を持ってはならない。むしろ、誠実であることこそ、本当の忠誠であるはずだ。たとえ聞きたくなくても、自分がかかっている医者には本当のことを言ってもらいたいだろう。あなたは医者が自分の職業に対して正直であることを望み、医者があなたに正直であるのがいちばんいいと思うはずだ。あなたの組織にも同じことが言える。自分自身を一人の専門家と見なしてほしい。その最高の忠誠心は道徳と職業上の原則に対するものであり、組織に対するものではない。これこそ実は、自分の組織に忠実であるための最もはっきりした方法なのである。

組織の中で人格を育むための、私が知っている最高の方法は、人がほかの人を判断するためのチェックリストに頼るのではなく、より高いレベルの人格の発達を要するように、バランスのとれたスコアボードで評価し、各人が責任を持つようにすることだ。このようにすれば、人の人格を判断するのではなく、人格の成長を促すような責任を持たせることになるのである。

Q11　人員削減したあとで、前向きな、高い信頼性のある組織・企業文化をどうのように維持するのか？

A　文化が人員削減のあとで衰える理由を知っているだろうか？　原則が守られていないために、人は蚊帳の外に置かれて何も知らされず、いつ次の一撃が下されるかもわからない。どんな判断が下されるのか、その基準を理解できない。その産業や経済、会社について経済的な知識がない場合もある。多くの組織が実にむずかしい時期に至り、つらい決断を求められながらも、驚くほど原則に従った方法で切り抜けるのを私は見てきた。オープンなコミュニケーション、誠意ある意義深い関与と参加を通じ、また、原則にもとづく一定の価値観にこだわり、社員のためにもう一段の努力をすることで、ネガティブな影響を受けている社員とその家族も、組織が彼らのために親身に努力してくれていることがわかったのだ。そして、その企業と社員や家族たちのコミュニティの中で、互いの心証はむしろよくなったのである。

Q12　リーダーシップを開発する勉強会、オフサイトのセッション、特別な研修会などが、しばしば開かれるし、外部の講師にきてもらったりする。これらはとても役に立ち、励みになり、鼓舞される。だが、数日もしないうちに、いつもどおりの仕事に戻ってしまう。こういうとき、どうすればよいのだろうか？

A　知っていてやらないのは、知らないのと同じである。新しい重要な知識やスキルに一時的に鼓舞され、勇気づけられたとしても、それを実践しない限り、本当に知ったことにはならない。組織の構造やシステムがそれらを適用する気にさせてくれなければ、あなたは適用しないだろうし、本当に知ることもないだろう。結果的にそういう経験は逆効果となり、組織・企業文化全体に冷笑的な雰囲気が芽生えてしまう。変化を求める努力や新しいマネジメントのキャッチフレーズはいずれも綿あめのようなものになってしまう。一瞬おいしくても、すぐに消えてしまうのだ。学習したことがあれば、それを教え、話し合い、組織化することが重要だ。そのためには、日々の仕事のやり方や報酬の仕組みなど、日常的な業務プロセスの中に学んだ基本原理をしっかり組み込むことである。

Q13　このアプローチがどうしてもうまくいかなかったらどうすればよいか？

A　みんなが実践しなければ、うまくいかない。特効薬などないのだ。組織のメンバーたちの強い決意と忍耐と粘りが必要だ。とりわけ一つの思考様式や一群のスキルを別の思考様式や一群のスキルに取り替えたり、移し替えたりする場合は努力を要する。また、変革に関連した一群のツールがあれば便利だが、結局のところ、やり遂げようという人々の強い決意と献身が必要なのだ。

Q14　自分自身はすでに内面的な変化を達成したとして、組織のレベルで変化を導くためのいちばんよい方法は何か？

A　ブレーキに足を添えて運転しているとしたら、前へ進むためのいちばん手っ取り早い方法は何か？　ブレーキを踏むことだろうか、それとも離すことだろうか？　明らかにブレーキを離すことである。組織の文化も似たようなもので、推進力と抑制力がある。推進力はたいていの場合、論理的で経済的な現実である。それはアクセルのようなものだ。抑制力はたいていの場合、文化的で情緒的なもので、ブレーキに相当する。「第三の案」と相乗効果を生むコミュニケーションを通じて、抑制力を推進力に変えることができる。周囲の人々の関与と献身的な決意が得られれば、大幅な進歩が可能になるだけでなく、文化的にそれを維持できるようになる。これは心理学者クルト・レヴィンの「場の理論」を具体化したものでもある。

Q15　本書の内容はどれもそんなに新しいものなのか？　こういう考えは私の若い頃にも聞いたことがある。歴史上でも随所に見られる。

A　確かにそうだ。あなたの指摘をさらに突き詰めると、アメリカ合衆国で人間の可能性が解き放たれているのを私たちが目にできるのも、原則中心の憲法と自由市場が守られてきたおかげである。世界人口の四・五%にすぎない米国国民が、世界のモノの約三分の一を生産しているのだ。こうしたパラダイムと原則の力の証しはまた、さらに劇的な結果を生む原動力となる。ここで言う原則は普遍かつ不変なのだ。重要な原則をいちばんよく学んできたのは農業従事者たちだろう（努力の賜物として**獲得してきた**と言うべきかもしれない）。それはひとえに、自然と、自然の法則や原理が彼らのごく身近にあるからである。学校のように社会的に組織化された制度では、知識を詰め込もうとばかりする。しかし農家ではそんなことはできない。農業以外にも、優秀なトップレベルのスポーツ選手たちもまた、すばらしい例となる。なぜなら彼らにも知識の詰め込みは通用しないからだ。競技者になるには自己の犠牲を覚悟してそれ相応の努力が必要なのである。

常識的なことが、必ずしも一般的な慣行になっているとは限らない。だからこそ、人格という倫理性や原則中心のリーダーシップが必要なのであり、決意と献身の気持ちを新たにすることや、不断の自己再生が必要なのだ。

Q16　本書の内容はリサーチに基づいたものなのか？

A　二重盲検法や実証研究のことなら、科学的な調査であるxQサーベイを除けば、ノーである。歴史的な分析、文献調査、広範囲な実地研究という点では、イエスである。

Q17　こういう考えのモデルとなるのは、どのような組織なのか？

A　努力を要する分野ならばどこでもモデルは見つかるだろう。潜水艦USSサンタフェのような組織はどこにでもある。モデルとなるかどうかを見極める基準は、どの程度エンパワーメントが進んでいるかである。どの程度、メンバーたちが組織の最優先事項にフォーカスし、それを実行しているか。ジェームズ・コリンズの著書『ビョナリーカンパニー2』（日経BP社刊）の中で研究されている企業は、謙虚で大いに決断力のあるリーダーがいて、高度にエンパワーメントが行われている組織ばかりだ。むろん、エンパワーメントがすべての答えではない。たとえば、トップの組織のほとんどがバランスのとれた成績表を採用したか、採用しつつある。戦略、市場に沿って組織の運営のアライニングを進めるにも大きな決断を要する。また、かつて大成功を収めた企業の多くが衰退に向かっている。偉大さへの道を歩み続けるためには、常に状況を把握し、最高の人材を集め、育てるのにも、リーダーシップの倫理が企業文化に深く根を下ろすようにする必要があるのであり、個人のレベルでも、ビジョンという点でも、組織のレベルでも、文化的な道徳的権威も大いに必要なのである。

Q18　本書の内容は基本的には宗教的なものなのか？

A　確かに原則には道徳的、精神的な基盤があるが、それらは何か特定の宗教に限られるものではない。私も個人的に、世界中のさまざまな宗教の国で教えてきたし、さまざまな国の聖典も引用してきた。原則とは、普遍的かつ不変である。国を問わず、組織のあらゆるレベルで、人々が独自の価値体系を築くために本当に関与すると、驚くべき結果が得られる。そんな事実にかつては驚いたが、今はもう驚かない。真にオープンな精神があり、相乗効果の精神があるとき、そして人が真に情報を得ているとき、彼らが選ぶ価値観はすべて本質的に同じものになる。表現や、価値観を反映する具体的な行動は違っていても、根本にある感覚はいつも、本書の中で一貫して語られてきた四つの次元——肉体的と経済的、人間関係と社会的、知的と才能の開発、そして精神的なもの——に関わっている。そして同時に、意義と誠実さに関わってくる。関心があれば、二、三の組織のミッション・ステートメントを調べてみればいい。それらが組織がメンバーの深い関与と共感を通じて時間をかけて築かれてきたものであれば、言葉こそ違え、言っていることは基本的に同じだとわかるだろう。たとえ、そのとおりに実践されていないとしても。

Q19　失望ともどかしさの両方を味わっている。今から自分を変えようとしても遅すぎるのではないか？

A　すばらしい質問である。実際、本書で示してきた考えの妥当性を疑う人は、実は本書の考え方そのものを疑っているのではないことが多い。ほとんど誰にでも、本書が説く考え方は明確に理解できる。問題は、疑いを抱く人々が自分自身を疑っているということだ。私に言えるのはただ、ゆっくりと始めて、小さなことから自分自身に誓いを立て、それを守ってみてはどうかということだけだ。どんな誓いを立てるかは、あなたの良心の導きに任せよう。いったん誓いを立てたら、どんなに小さなことでも、それを守る。少しずつあなたの誇りが、そのときどきの気分よりも強くなっていくだろう。自制心や克己心、安心感や自信がふくらむにつれて、さらに大きな誓いを立てて守れるようになるだけでなく、新たな分野に乗り出し、安心領域を離れてますます率先力を発揮できるようになる。ここで思い出してほしいのは、中国の竹の物語である。ある種の中国産の竹は、植えても四年間は何も目に見えるものが育ってこない。ほんの少し地面から先が出ているだけである。草を刈り、水をやり、耕し、肥料をやり、立派に育つようにと、できる限りのことをしても、何も見えてこない。五年目に、この特殊な竹は二五メートルもの高さまで成長する。それまでは地下で根が成長するだけなのだ。そして一度しっかりと根を張ったら、今度はすべてが地上で起こるようになる。何も起こらないじゃないかと冷笑する連中に対して、実はずっと地下で根が成長していた証しとなるのだ。これと同様に、人格の発達でもまず個人レベルが先で、人と人との相互関係の中で信頼を築くことよりも優先される。そして人と人との間で信頼関係を築くことは、組織の中で、文化を築いていくことに先立って行われる。そうしてはじめて、組織は実際に最優先事項を実行することができる。あなただって、遅すぎるということは決してない。人生は単なるキャリアではなく、ミッションなのだ。

Q20 本書の内容がうまくいくと、どうしてわかるのか？

A やってみない限り、本当のところはわからない。知っていてやらないのは、本当に知っていることにはならないのだ。もう一つ、確かな証拠となるのは、奉仕される側の人々、たとえばクライアントやオーナー、社員、市民、顧客から得られる実用的な結果を見るとともに、供給チーム全体と自分たちの組織・企業文化についての十分な情報も得ることだ。しかし結局のところ、私は、良心に導かれた**認識**に**観察**と**測定**を組み合わせる方が、そういう認識のない観察や測定よりも信頼できると思っている。私の経験からすれば、ほとんどの人は自分がすべきこと、すべきでないことを自分で深く知っている（この「深く」ということばintimacyとは、in-to-me-see《イン・トゥ・ミー・シー》、つまり内面の自己を見つめることでもあるのだ）。こうした知識にもとづいてともかく実践すれば、ほかの疑問はただの知的な関心によるものにすぎなくなる。やがてはそうした疑問の答えも、ただ学習されるだけでなく、努力の報いとして自然に**獲得**されるだろう。

付録

付録1
四つのインテリジェンス・潜在能力を開発する
——実践的な行動指針

肉体的インテリジェンス——PQの開発

まずは肉体——「肉体的インテリジェンス（PQ）」——から始めよう。なぜなら、肉体は知性と情緒と精神の道具となるものだからである。肉体を精神に従わせることができれば、つまり欲求と情熱を良心に従わせられるなら、私たちは自分自身の主人となることができる。良心よりも欲求と情熱に従って生きている人々は、自分自身を献身的に捧げることができない。そうした人は刺激と反応の間にあるスペース（選択の余地）が狭くなり、本人は個人として自由に生きていると思い込んでいるが、実は自由を失っている。肉体はよき従僕だが、悪しき主人なのだ。

克己心に関するギリシャの処世訓「汝自身を知り、律し、捧げよ」という教えはみごとに順序立てて知恵を説いている。肉体的インテリジェンスを開発するには、三つの基本的な方法があるといえる。第一に**賢明な栄養摂取**、第二に**日頃からバランスのとれた運動をすること**、そして第三に**適切な休養、リラクゼーション、ストレス管理、予防的な考え方**である。

> いまやさまざまな調査研究によって明らかだが、自己管理能力に欠けると早期老化や思考力の減退をもたらし、知的な障害にさえつながることがある。その逆もまた真である。内面が統合・調和されていれば、生理学的なシステム全般がよりよく機能するようになり、創造性、適応性、柔軟性が高まる
>
> ――ダッグ・チルダー&ブルース・クライアー[1]

これら三つの方法は文明世界の大半の人々によって広く理解され、受け入れられている。ほとんど常識だ。しかし常識的な知識は必ずしも常識的な行動になってはいないものだ。これら三つのことを実際に行っている人はごくわずかなのだ。

ジム・レーヤーとトニー・シュワルツは共著『成功と幸せのための4つのエネルギー管理術――メンタル・タフネス』（阪急コミュニケーションズ）で次の点を強調している――時間ではなくエネルギーの管理こそ、優れたパフォーマンスと自己再生のポイントなのだと。時間の管理もたしかに重要だとしているが、時間管理をする中で最も重要な基準となるのは、どのように自分のエネルギーを管理するかだという。著者たちは自然を研究し、万人を支配する自然の原則を研究した結果、活動・パフォーマンスと休

図A1・1

PQ	肉体的インテリジェンス(PQ)の3つの主要な要素を開発する
	賢明な栄養摂取
	日頃からバランスのとれた運動をする
	適切な休養、リラクゼーション、ストレス管理と予防

養・再生の間を行き来するサイクルの重要性を強調している。ここでも全人格的なアプローチ（肉体、知性、情緒、精神）が用いられている。著者たちはエネルギーと遂行能力を高めるために、習慣（彼らは「儀式」と呼ぶ）の大切さに着目して論じている。

賢い栄養摂取

何を食べるべきで、何を食べるべきでないか、私たちはたいてい知っている。重要なのはバランスである。私は栄養学の専門家などではないが、多くの人々と同じで、教育を受けて知っていることがある。たとえば、私たちの身体や免疫系を含むシステムは、全粒粉や野菜、果物、低脂肪のたんぱく質を多く食べるといっそう強化される。肉を食べるときは、脂肪分の少ないものにすること（それも控えめに）。また、さまざまな調査研究によっていっそう明らかになってきたのが、ふだんから魚を食べると身体によいということである。飽和脂肪や糖分の多い食べ物（ファストフードや加工食品、菓子を含む）はなるべく少量にするか、避けた方がいい。しかしここでも覚えておいてほしいのは、バランスと節度がポイントだということだ。自分を甘やかして大食いしないようにする。言い換えれば、食べるのをやめる頃合いを知り、満足してはいるが気分が悪くなるほど満腹ではない状態にとどめる。最後に、水をたくさん飲む（一日にコップ六～十杯）。水を飲むと身体の機能が最適化される。だからダイエットや規則的な運動で肉体的な健康と適度な体重を維持しようとする際に、**大いに**報われるのだ。

また、たまに絶食することも効果的で賢明な方法だと私は考えている。消化器系全体を休ませ、浄化するために、一食か二食抜くのである。しかし私の経験から言えば、絶食の主たる効果は肉体的な面ではなく、むしろ知的、精神的な面にある。断食は世界のほとんどすべての主要な宗教が教えるものだ。断食はより高度な克己心と自制心を養う手段である。さらに、人間が本当はどれほど互いに依存し合っている存在であるか、より深い自覚にも導いてくれる。

食欲を適度に抑えることができれば、熱情を制御し欲求を浄化する能力が増す。そう私は強く信じている。真に謙虚な気持ちになり、人生の中で本当に大切なものは何なのか、より大きな視野を持てるようになるからだ。また私は、過食や過激なダイエット、ジャンクフードの暴食などがもたらす望ましくない結果も味わったことがある。

私が最も大きな誘惑に駆られるのは、旅の途上にあって、疲れ切った一日の終わりにホテルでルームサービスを注文するときである。愚かにも食欲に負けてしまうと、知性や精神のみならず、眠りにまで悪影響が及ぶ。アメリカンフットボールの伝説的なヘッドコーチ、ビンス・ロンバルディはよく言っていた——「疲労は人を臆病者にする」私の場合、まったくそのとおりである。心底疲れていると、自分を甘やかすパターンにおちいりがちだ。すると一日か二日、私の知性も精神も影響を受ける。身体を知性と精神に従属させることができれば、そうした自制心や克己心から大きな安らぎと自信が生まれる。本当の空腹とは関係なく、甘党の禁断症状から来るいやな空腹感に襲われたとき、私は自分にこう言い聞かせる——「やせていると感じることほどいいものはない」また、体内に蓄積された脂肪をいわゆる「空腹痛」が食い尽くしていく様子を思い描くことにしている。味覚よりも栄養をまず考えるようにすれば、舌にある味を感じる細胞が再教育されて、きちんとした栄養がほしいと訴える無数の細胞の声を反映するようになるのだ。

しかし結局は、個人一人ひとりの問題である。自分にとっての賢明な栄養摂取とはどういうことか、各自が自分で判断しなくてはならない。それでも、身体の欲求に打ち勝つという私的成功を収めたときには計り知れない効果が得られる。それは誰でも体験できることだと、私は信じている。このような私的成功は、人間関係で公的成功を勝ち取るための能力に大きな影響を与える。そして同時に、奉仕と貢献の人生へ向けて生き方を軌道修正するのにも大いに役立つのである。

日頃からバランスの取れた運動をする

規則正しく運動すること——循環器系、体力、柔軟性のための運動——は生活の質を向上させ、寿命も大幅に伸ばす。またしてもポイントはバランスである。私たちの社会は、座ってばかりの不活発なライフスタイルへとますます移行しつつある。それでも定期的に運動をする方法はあり余るほどある。少しずつ、続けられる程度から始めればよい。何か決まったことを毎日すること。せめて一週間に三、四回。楽しめて、自分の必要性や条件に合う運動を選ぶ。主治医と相談するのもよいだろう。何種類かの運動をするようにすれば、身体の違う部分を強化できるし、熱中しすぎて燃え尽きたり飽きたりしてしまうこともない。散歩が好きな人も多いだろう、それも、できれば速いペースで。ランニングや水泳、ガーデニング、自転車好きもいる。ジムでトレーニングマシンを使って有酸素運動や循環器系のためのエクササイズをしている人も多いはずだ。例えばトレッドミル（走行マシン）や自転車こぎ、ステアクライマー、エリプティカル・ステップマシン、ローイングマシンなど、いろいろなマシンが利用できる。

ウェイトトレーニングなどの筋力強化トレーニングは、あらゆる年齢の人にとって多くの利点がある。体力や活力がつくし、姿勢をよくしたり、骨の老化防止にも役立つし、身体がカロリーを燃焼する機能を高めることもできる。

バランスのとれた運動を続けると必然的によい結果が出てくるものだ。それについてはいくら話しても話し尽くせない。私自身にとっては、やはり最大の利点は肉体的な面よりも知的、精神的な面にある。ただ、定期的な運動がもたらす肉体的な効果についてはすでに膨大な研究成果があって、大いに感心させられる。私の場合、基本は有酸素運動だ。特に脚の大きな筋肉を使う運動によって心臓と循環器系を強化し、効果的に酸素を摂取できるようにすることをめざしている。

有酸素運動ならば、私は走るのがいちばん好きだ。しかしさまざまなスポーツをやっているうちに膝を痛めてしまったので、今はサイクリングマシンで我慢している。もっとも、この機械にはよいところもある。運動しながらいろいろと別のことができるのだ。電話で人と話したり、仕事の指示を与えたりもできる（声は息の上がったダースベーダーのごとしだが）。テレビで教育番組や娯楽番組を見ることもできる。隣でいっしょにやっている妻や子どもや友人たちとじっくり会話もできる。互いに励まし合ったり、相談に乗ったりもできる。

私はまた、筋肉を整える運動や柔軟運動も重要だと思っている。あるとき、ベンチプレスをしていたらトレーナーに目をつけられた。そのトレーナーは、やれるだけやったらさらにもう一回だけやるように、というようなことを私に言った。どうしてかと尋ねると、運動の効果の大半は最後に筋肉繊維が消耗して壊れる（痛む）ときに得られるとのことだった。筋繊維は約四十八時間かけて再生され、強くなるのだという。目からうろこが落ちるような体験だった。というのも、私は疲れて筋肉が痛くなるとやめたくなっていたからだ。そのトレーナーは私を見下ろしながらこう言った——「あなたが限界まできたら私がちゃんとバーを支えてあげますから」。これは人生のほかの三つの局面（知性、情緒、精神）にとってもすばらしい隠喩《いんゆ》となる。私たちは力尽きる寸前までできたときに、いちばん力を出せるのだ。思想家のエマーソンは次のように述べている——「粘り強くやり続けると、しだいにやりやすくなる。事の性質が変わるからではなく、私たちの能力が増すからである」

私の場合、有酸素運動を週に五、六日、筋肉を調整するトレーニングを三日、柔軟性のためのストレッチかヨガ（または両方）を六日やるように心がけている。身体の「芯《しん》」の筋力を強化するピラティス・メソッドも役に立っている（ドイツ人ヨーゼフ・ピラティスが開発したトレーニング方法）。誰もが自分の状態を把握し、自分に最もよく合った運動を選ぶべきだ。いずれにしても、運動は自制心と克己心を高めてくれると私は確信している。自制心と克己心は私たちの人生全体をひと回り大きくし、刺激と反応の間のスペースを実際に広げるてくれるのだ。

大学で教えていた頃、学期中に達成したい目標を各自が設定するように学生たちに指示した。圧倒的多数の学生が適切な食事と規則正しい運動を目標の一つに選んだ。まさに学生との間の「Ｗｉｎ－Ｗｉｎの実行協定」だった。いったん認めたからには、学生たちは目標達成に責任を持ち、説明責任を負う。学期末には、この体験から得た洞察や学習成果を分かち合い、選んだ目標に対する自己評価を行うことになった。この評価が私の講座の成績の大きな部分を占めたので、学生たちには内的にも外的にもモチベーションになった。肉体的なことを目標にしたくはないという学生もいた。それはそれでかまわなかった。自分が達成すべきだと思うほかの目標を立て、説明責任を果たせばよかった。

甘いもの中毒やジャンクフード中毒を克服し、最低三十分の運動を週三日やるという課題を実践した学生たちは、信じがたいほどの成果を得た。新しい習慣を養い、古い習慣を絶つという行為は測り知れない影響力を持ち、人間関係のあらゆる側面に作用した。活力、知的な鋭敏さ、学習、そして克己心にも影響を与えたのである。肉体的な目標を選ばなかった学生たちも、身体を鍛える目標を達成した学生たちの証言を聞き、自分もそうすればよかったと学期末に後悔したものだ。

ここでちょっと考えてもらいたい。一週間には一六八時間ある。そのうち、たとえばわずか二、三時間を費やして規則正しくバランスのとれた運動をし、肉体的に「刃を研ぐ」ようにする。それだけであとの一六六時間の間じゅう、この二、三時間が与えるプラスの影響を味わうことができる。深く心地よい眠りもその恩恵の一つだ。すると、こうした克己心が人生にどれほど大きな効果や力をもたらすかがわかるようになるだろう。

こう考えれば、知性で運動の苦痛も克服できるのではないだろうか。

適切な休養、リラクゼーション、ストレス管理と予防

ストレスの分野の偉大な先駆者かつ指導者であるハンス・セリエ博士の研究によれば、ストレスには二種類あるという。不快ストレス（distress）と快ストレス（eustress）である。仕事がいやだったり、つのるばかりの人生のさまざまなプレッシャーを恨んだり、自分は犠牲者だと感じたりするとき、**不快ストレス**を感じる。一方、自分がいる現在の位置とめざすべき目標――真に私たちを刺激して才能や情熱を引き出す意義深い目標やプロジェクトや大義、ひと言で言えば私たちのボイス（内面の声）――との間のギャップから、**快ストレス**が生まれる。優れた実証的研究を通して、セリエ博士は快ストレスが免疫系を支え、寿命を伸ばし、人生の喜びを増してくれることを示した。要するに望ましい種類のストレス――快ストレス――ならば、避けるべきではないということだ。私たちを強くし、能力を広げてくれるからだ。むろん、適切な休養やリラクゼーションが必要だ。いわゆる「ストレス管理」と呼ばれるもの、もっと正確には「快ストレス管理」というべきものだ。セリエ博士によれば、女性の寿命が男性よりも約七年長いのは、心理的・精神的理由によるものであって、生理学的なものではないという。古きことわざに言うとおり「女性の仕事は決して終わらない」からなのかもしれない。

専門家の間では、あらゆる病気の少なくとも三分の二はライフスタイルが原因だと広く認められている。不適切な栄養、喫煙、不十分な休養とリラクゼーション、何事にも無理をするなど、身体を痛めつけるようなライフスタイルを選んでいることが原因になるのだ。遺伝的要因を指摘する人も大勢いるが、前にも述べたように、いつでも刺激と反応の間にはスペース（選択の余地）がある。このスペースを認識し、原則にもとづく適切な選択をする能力があることを自覚すれば、遺伝的要素がある病気でも発症を防止できる場合がある。癌でさえ、悪化

する前の第一期や第二期で発見できれば治る場合が多いのだ。

現代の西洋医学はおもに予防よりも治療が中心であり、その治療はたいてい薬か手術のどちらかということになる。医療のパラダイムがもっと幅広く、懐が深いものになり、実証された代替療法とも相補うようなものになってほしい。

できるだけ頻繁に検診を受けるのはとても大事なことだと思う。せめて年一回は必要だろう。病気になりやすい傾向や徴候を見つけ、賢明に選択するようにしなければならない。私の場合、治療医と予防医がいて、私はどちらも大いに尊敬している。最も基本的な原則は、自分の健康には自分で責任を持つことだ。私は二人からこのことを学んだ。疑問があったら尋ね、深く関わり、研究し、セカンド・オピニオンも求めるようにしなくてはならない。自分の心身の健康に対する責任を他人や専門家に押しつけるのではなく、どのような療法があるか、自分で選択肢を探すことが重要なのだ。

身体の発達と健康をおろそかにする

身体をおろそかにすると、情緒・知性・精神というほかの三つの領域はどうなるか、考えてもらいたい。健康を害するだけでなく、集中力や創造性、耐久力、タフさ、勇気、学習能力、記憶力といった**知的なもの**まで失いかねない。反対に、運動したり適度な休養と食事をとったりすれば、知的な集中力とタフさだけでなく、学習意欲も維持できる。

身体をおろそかにして欲望と熱情に身を任せてしまうと、**情緒的**インテリジェンス、つまり心はどうなるだろうか？　根気、愛、人に対する理解、共感、人の話を聞く力、慈悲などが従属的になってしまう。こうしたものは人間味に欠けた、ただのうわべのことばだけのものになってしまう。

私自身、体験から学んだのだが、ダイエットや運動（そのほか何であれ）をやろうと自分に誓っておいて守らないと、ほかの人々の要求や感情にも確実に鈍感になる。憤慨して自分自身に腹を立て、誠実さが薄れていくのが実感される。初心に返り、改めて誓い、決意し、約束を守ってはじめて、言わば自分自身のことは忘れて心から人に共感できるようになる。

五分もしないうちに誘惑に負ける人が、一時間後どうなるのかを知ることはない。だから、ある意味で悪い人間は悪いことのなんたるかをほとんど知らないのだ。彼らは常に自分に負けることで、自分を甘やかして生きてきたのである。

――C・S・ルイス[2]

三番目に、私たちの**精神**、心の安らぎはどうなるだろう？　身体をおろそかにすると、奉仕し貢献しようという意欲、進んで犠牲を払おうとする気持ち、より大きな善を自分よりも優先する気持ちにも影響する。良心は鈍り、どんな誘惑にでも負けてしまう。私も個人としての誠実さを欠くようなときは、より自己中心的で、より身勝手になってしまう。しかし、原則や良心に沿って生きようと改めて決心するとき、有意義な奉仕を行い、貢献しようとする決意が戻ってくるのがわかる。

肉体的な克己心と発達は基本中の基本だ。とても具体的でもあり、すぐになんとかできるものでもある。直接自分で手を下し、制御することもできるのだ。身体の欲求をコントロールすることを覚え、肉体的インテリジェンスを強化していくにつれ、私たちは刺激と反応の間のスペースが拡大していくことに気づく。そしてそれに伴って、知的にも情緒的にも精神的にもプラスの副産物が生まれてくる。

多くの人が、ついフラフラと決意が揺らいでしまうという経験をしている。だが、自分の身体と頭と心と精神からのフィードバックにまじめに耳を傾けて、必要な修正を行えば、もとの道に戻ることができる。飛行機のフライトと同じようなものだ。ほとんどの飛行機は四六時中ルートを外れているが、さまざまな機器から絶えずフィードバックを受け取りながら、パイロットは進路を修正する。だからほぼ全便がフライトプランどおりに目的地に到着するのだ。

耳を傾けさえすれば、良心は肉体・知性・情緒のすべての領域で導きとなってくれる。従えば従うほど良心は強くなり、人はもっともっと自分を捧げることができるようになる。賢明な食事と運動、休養とリラクゼーションによって、私たちは自分の潜在能力を深め、身体の免疫力と回復力を強化することができる。そして何よりも重要なのは、頭と心と精神の中に秘められた三つのインテリジェンスを解き放つことができるということである。

知的インテリジェンス――IQの開発

ＩＱ、または知的な潜在能力を伸ばす三つの方法を勧めたい。まず、**系統的で規律ある研究と教育**。これには自分の専門外の研究も含まれる。

図Ａ１・２

IQ	知的インテリジェンス(IQ)の３つの主要な要素を開発する
	継続的、系統的で規律ある研究と教育
	自分を見つめる力を養う（無意識の前提を明瞭な形にする）
	教え、行動することを通じて学ぶ

二番目に、**自分を見つめる力を養うこと**。そうすれば頭の中の無意識の前提を明瞭な形にすることができるし、自分の頭という「枠」の外に出て、なじみの安心領域の外に立って冷静に考えることができる。三番目が、**教え、行動することを通じて学ぶこと**。

継続的、系統的で規律ある研究と教育

継続的な学習を心がけ、向上と成長を求めて決意している人は、人生の変わりゆく現実に合わせてみずからも変わり、適応し、柔軟に生きることができる人である。そのような人はまた、人生のどのような領域でも成果を出す能力を持っている。私たちが経済的安定を得る唯一の手段は、人のニーズに応える力にある。だからニーズに応えることがむずかしい状況になるほど、私たちはますます人が何を要求しているのか、はっきり認識させられる。私たちは組織や仕事から安定を得るのではない。会社や職業などというものは、破壊的テクノロジーの出現であっという間に無意味になってしまうかもしれない。しかしそんな場合でも、たくましく、行動的で、機敏で、常に学習し成長しようとする頭脳があれば、私たちは自分の力で無事に切り抜けることができるだろう。IQは持って生まれた固定的な道具のようなものだという考えはとうに否定されている。頭は使えば使うほど強くなる。また、良心に従えば、それだけ賢明になっていく。

日々の生活でテレビを見る時間をぐっと少なくして、読書に戻るべきだと私は強く信じている。幅広く、深く読み、なじみの分野や専門分野に属さないものも読む。たとえば、数ある雑誌の中でも私は「サイエンティフィック・アメリカン」、「エコノミスト」、「サイコロジー・トゥデイ」、「ハーバード・ビジネス・レビュー」、「フォーチュン」、「ビジネス・ウィーク」を読むのが好きだ。もっと小説や伝記、自伝を読めといつも妻に勧められる。

妻はもっぱらそういう本に興味があるのだが、彼女の助言は賢明だと思う。私のもとには宣伝目的でたくさんの本も送られてくる。私はそれらをいわば概念的に読む方法を身につけた。つまり、目次を調べ、著者の論述の手法を把握して、主要な考えが本のどの部分に記されていたり要約されたりするかを見つけるのである。この方法を使えば多くの本のエッセンスを一日かそこらでつかむことができる。

もう一つ、とてもおもしろくてためになる学習方法は、プレゼンテーションを聞いたり、本を読んだりするときに、その内容を四つの部分に分けて考えることである。第一に**目的**。第二に**要点**、第三に**妥当性**（つまり証拠）、第四に**応用例**（実例や実話）。私の経験では、聞いたり読んだりしながらこのように考える訓練をすれば、驚くほど的確に内容をとらえ、理解することができるようになる。何倍もの時間をかけて理解したかのごとく、今聞いたプレゼンテーションを自分でもできそうな気がするほどだ。

基本的には、どのようにして継続的な学習を行っていくかはそれぞれが自分で決めなくてはならない。知識労働者の時代の世界では、それが不可欠である。自分が現在どのようなことに時間を浪費しているかを慎重に見極め、知的な意味で大いに自制心を発揮しなければならない。本を読めば大きな見返りがあるはずだ。忙しすぎて読書の時間どころか、子どもと接する時間さえないと、人はよく言う。しかし実は、緊急ではあっても重要ではないことばかりに時間を費やしているのだ。その証拠には事欠かない。きわめて重要なことに**フォーカスする**ような自分を律していけば、心の中でそれを肯定する「イエス」という燃え上がるような強い気持ちがわいてくるものだ。そうすれば、いやでも目に入ってくるあれやこれやの誘惑に対し、笑顔で明るく朗らかに、あっさり「ノー」と言うことができるのである。

自分を見つめる力を養う（無意識の前提を明瞭な形にする）

自分を見つめる力は四つのインテリジェンスすべてに関わるもので、人間だけが持つ天賦の才である。自分を見つめる力とは、要するに刺激と反応の間にあるスペースのことだ――いったん立ち止まってよく考え、選択または判断をする内的なスペース（余地）のことである。

私たちは行動する前に、無意識のうちになんらかの前提や理論やパラダイムを設けている。それらは自分にとっても実に**不明瞭**なものだ（だから自分でも意識していない）。それらを理解し、**明瞭**な形にしようと努力すれば、自分を見つめる力を養うことができる。つまり自分の頭という「枠」の外で考えることができるようになり、大きな飛躍が可能になる。この営みは、間違いなく私たちの行為の中でも最高度の影響力を持つ行為である。

図を使って実際に体験してもらおう。「九つの点の問題」と呼ばれるものだ。以前やったことがある人でも改めてやってみるとよい。無意識の前提を明瞭な形にすること、自分の頭という「枠」の外に出て考えることの重要性を再認識できるはずだ。

問題――一筆書きで（ペンや鉛筆をページから離さず

図A１・３

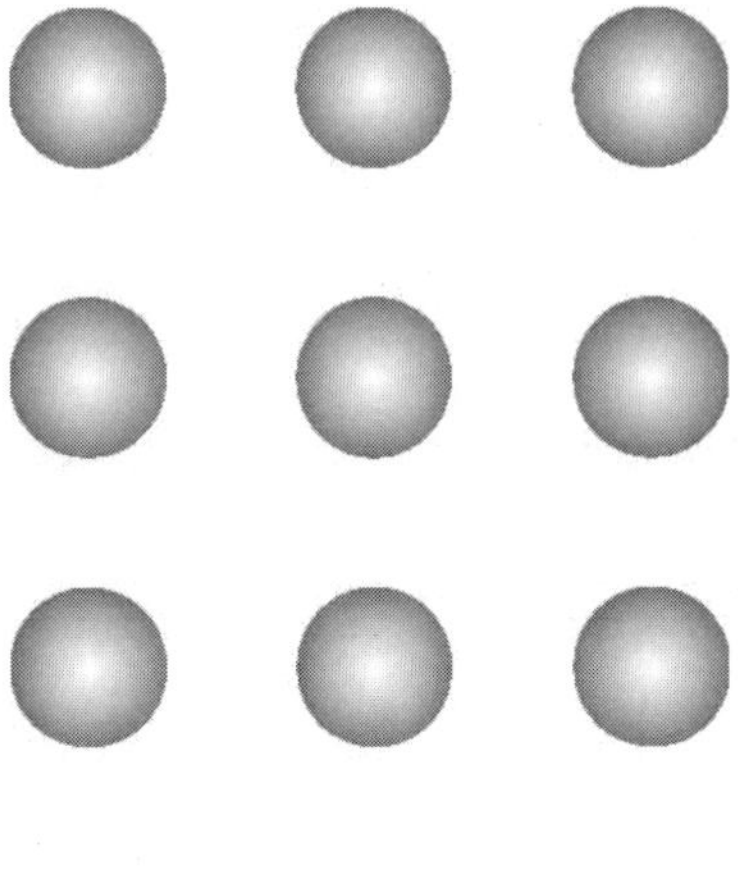

に)、九つの点すべてを通るように四本の直線を引きなさい(図A1・3参照)。

むずかしいだろうか? もう一度挑戦してほしい。だが今回は自分の頭という「枠」の外に出て考えるようにすること。おそらくあなたは、直線は九つの点という枠の中に収まらなければならないと想定しているのではないだろうか(「枠の外で考える」という表現はここから来ている)。気づいただろうか? 今、あなたは自分自身の考えについて考えている。これは動物にはできないことだ。だから動物は自分を作り直せない。あなたと私にはできる。なぜか? 自分の頭の中の前提をみずから検討することができるからだ。さて、もう一度やってみてほしい。

無意識の前提の枠の外で考えるとどうなるか見てみよう。まず、九つの点が作る四角い枠の外に出るように、最初の直線を引く(図A1・4)。

次に、二、三、四本目の直線を引く(図A1・5)。

図A1・4

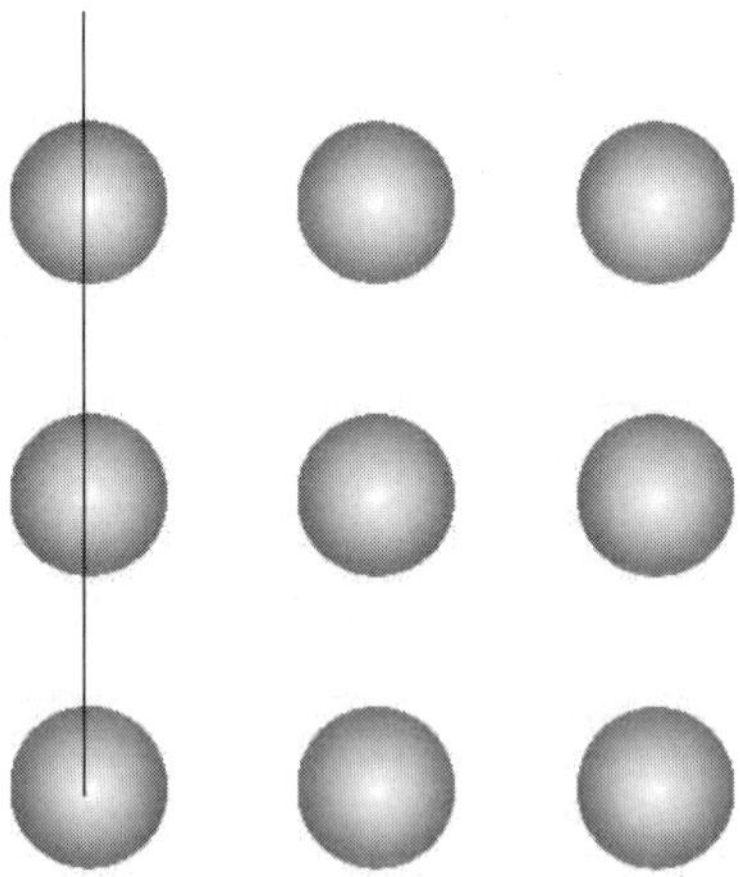

よろしい。もう一つ問題を出そう。九つの点のすべてを通るような直線を一本引きなさい。さあ自分の頭の中を調べてみよう。どんなことを想定しているだろうか。九つの点すべてを通る一本の直線。点を並べ替えることはできない。前と同じ九つの点を通らなくてはならない。今あなたは、どのような想定のもとに思考を組み立てているだろうか?

あなたの頭の中の無意識の前提、それは線の幅だ（図A1・6参照）。

自分を見つめる力は四つのインテリジェンスすべてに関わるもので、人間だけが持つ天賦の才である。要するに刺激と反応の間にあるスペースのことだ――いったん立ち止まってよく考え、選択または判断をする内的なスペース（余地）のことなのである。

自分を見つめる力を養う方法をいくつか紹介しよう。私の娘コリーンは七十冊もの日記をつけている。自分だけのための日記で、それぞれには彼女の日々の考えがびっしり書き込まれている。彼女は日記をつけることで、生活の中であれこれのことに関わっている自分を観察することができるようになった。その観察にも

図A1・5

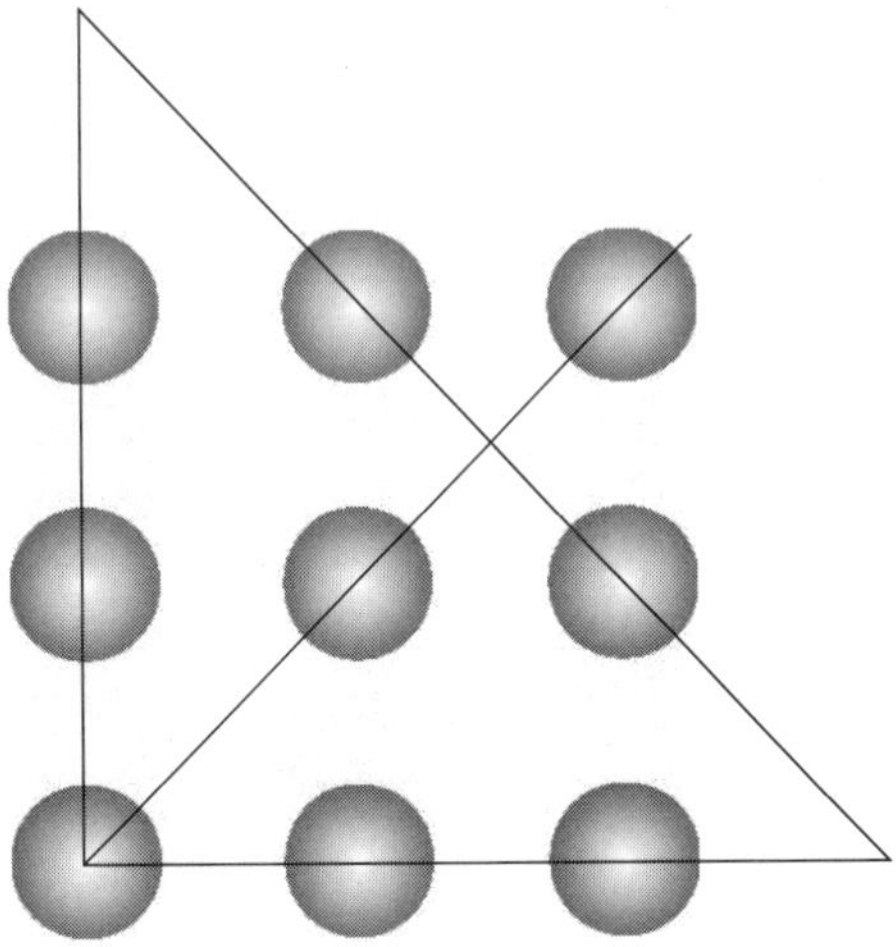

とづいて選択もできるようになった。自分を見つめる力が強く、深くなったというそれだけのことで、今では彼女は一瞬のうちに自分の考えを一新できるようになった。ＩＱやＥＱを抑えて良心（精神的インテリジェンス――ＳＱ）に従って重要な判断をし、それでもやがてＳＱ、ＩＱ、ＥＱのすべての調和を実現する――彼女がそんなことを実際にやり遂げる場面を私は何度も目にしている。

　考えを文章にするのは骨の折れる作業だが、強い力となり、考えを明瞭にするのに役立つ。他人の失敗から学んで成功に結びつけることもできるようになる。だから自分で実際に失敗を経験しなくともよい。学習体験をうまく人生に生かせばよいのだ。

　もう一つの方法は、ほかの人々からフィードバックを得ることである。私たちにはみな、盲点というものがある。その盲点が致命的な結果につながる場合もある。しかし、職場や家庭にいる大切な人々から（公式な形にせよ、非公式な形にせよ）フィードバックを得る習慣を養えば、自分の成長や発達を促進できる。これは、地元や地域の競争相手ではなく世界クラスのラ

図Ａ１・６

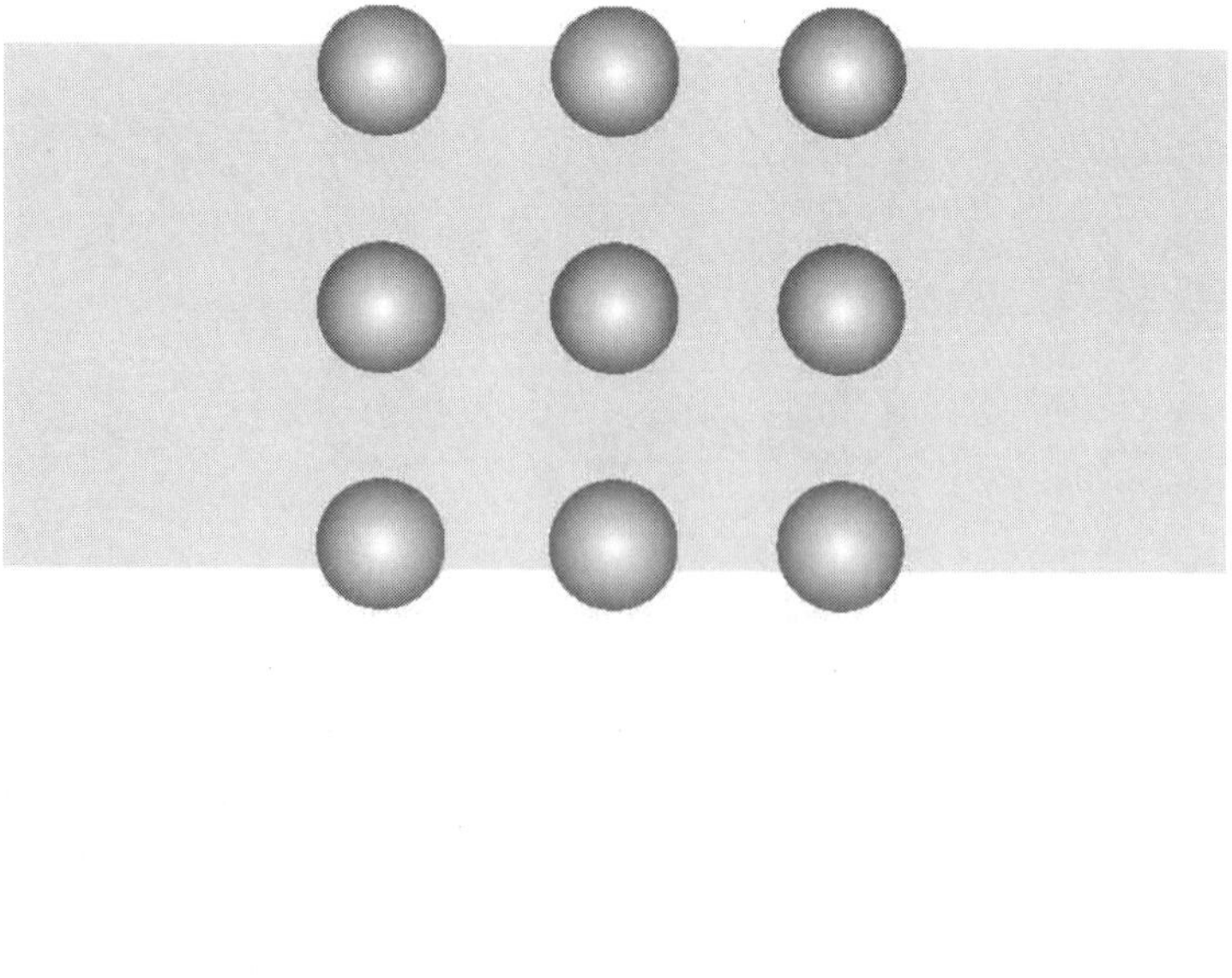

イバルと比較して市場調査を行い、評価するのに似ている。こうすれば自分だけでなく他の人々も見落としている盲点に気づくことも多い。

三番目の方法は祈ることだ。私を含めて多くの人々にとって、心からの祈りや思索的な祈り、耳を傾ける祈りは良心の導きをつかむ方法の一つとなっている。そして、人生を一つの使命として、奉仕と貢献の機会として見るためでもある。一歩下がって、他者に対して自分の誤りを認め、謝罪し、コミットし直し、ことの本筋に戻る――祈りは、そのための力と勇気も与えてくれるのである。

教え、行動することを通じて学ぶ

第三章を見直してほしい。他人に教えることによって、人はよりよく学ぶことができる。そして学んだことを実践するとき、学習成果は内面化され、自分のものになる。これはほとんど誰でも認めることだ。知っていてやらないのは、本当に知っていることにはならない。学んでおいてやらないのは、学んだことにならない。言い換えるなら、何かを理解しても、それを実生活に適用しなければ、本当に理解したことにはならないのである。実行し、適用してはじめて、知識と理解は自分のものになるのだ。

知性の発達を無視するとどうなるか？

私たちが住む世界はますます複合的な複雑さを加え、デジタル時代のスピードは増す一方である。市場やテクノロジーはグローバル化しつつある。世界的に壊滅的な結果を招く恐れのある新手のテロリズムが横行し、あらゆる人々の心に恐怖を植えつけている。めまいを覚えるような価値観の混乱が各地で地域社会を襲っている。家族もかつてないストレスにうめいている。こうした中、現代のさまざまな難題に立ち向かうための原動力は知性（考える力）である。知性を無視すれば、**身体**も苦しむことになる。ある人が言ったように、「教育は金がかかって困ると思うなら、一度無知になってみるといい」。人間として成長することは、いまや道徳的要請である。成長するか、死ぬかである。多くの職業において、絶頂期は数年しか続かない。自分の知的成長の責任を雇い主である企業に押しつけるなら、ますます企業との共依存関係が深まって、職業人として時代に置いていかれてしまうかもしれない。稼ぐ力が落ち、失職の憂き目にあうかもしれない。一方、身体はそれよりも早く衰え、死期も早まるだろう。

　知性をないがしろにし、知性の絶え間ない開発をおろそかにするとき、人の**心**や人間関係はどのような影響を受けるだろうか？　無知、偏見、固定観念、人を

図A１・７

EQ	情緒的インテリジェンス(EQ)のおもな５つの要素
	自分を見つめる力
	個人的なモチベーション
	自己制御
	共感する力
	社会的なコミュニケーション・スキル

類型化して見るという悪弊にますます支配されるようになるのだ。ひどく偏狭な考え方と、ナルシシズムや偏執症にさえおちいることもある。人生観そのものが近視眼的に狭くなり、自分中心になる。

最後に、学ぶことをやめてしまうと**精神**にはどのような影響があるのか？　まず、良心が麻痺し、鈍り、最後には良心の声は沈黙する。というのも、良心は私たちに学び、成長するよう常に求めているからだ。私たちは人生のビジョンを見失い、自分のボイス（内面の声）を発見しようとする努力もしなくなる。ビジョンとボイスは、どちらも人生の情熱の源であるのに。知恵に満ちた書物を読んでも退屈で、感動するどころか自分には関係ないとさえ思ってしまう。

情緒的インテリジェンス——（EQ）の開発

興味深いことに、情緒的インテリジェンスに関する文献を注意深く見ていくと、次の二点が説かれている

図A1・8

「7つの習慣」で表される原則	
習慣	*原則*
❶ 主体性を発揮する	責任／率先力
❷ 目的を持って始める	ビジョン／価値
❸ 重要事項を優先する	誠実さ／実行
❹ Win-Winを考える	相互尊重／恩恵
❺ 理解してから理解される	相互理解
❻ 相乗効果を発揮する	創造的な協力関係
❼ 刃を研ぐ	再生

ことがわかる。まず、長期的効果という点でEQの重要性が圧倒的に高いこと。次に、EQは**開発することができること**。しかしこれまた興味深いことに、EQを開発する**方法**について書いているものは少ない。

情緒的インテリジェンスの構成要素としては、一般に次の五つが認められているといえる。第一に、**自分を見つめる力**。自分の生き方を振り返り、自己認識を深め、それによって自分を向上させ、自分の弱点を乗り越えたり補ったりする能力である。第二が、**個人的なモチベーション**。真に人を鼓舞するもの――各自にとっての優先事項の基礎になるビジョン、価値、目標、希望、欲求や情熱である。第三が、**自己制御**。自分のビジョンや価値の達成に向けて自己を管理する能力だ。第四が、**共感する力**。ほかの人々が物事をどう見ているか、どう感じているかを見極める能力である。第五は、**社会的スキル／コミュニケーション・スキル**。意見の相違に対処し、問題を解決し、創造的な解決法を生み出し、共同の目的に向けて進むために最善の方法でつき合う、そうしたことを可能にするスキルである。

図A1・9

EQ	「7つの習慣」を通して情緒的インテリジェンス(EQ)のおもな5つの要素を開発する
自分を見つめる力	❶ 主体性を発揮する
個人的なモチベーション	❷ 目的を持って始める
自己制御	❸ 重要事項を優先する ❼ 刃を研ぐ
共感する力	❺ 理解してから理解される
社会的なコミュニケーションスキル	❹ Win-Winを考える ❺ 理解してから理解される ❻ 相乗効果を発揮する

これらEQの五つの要素を伸ばしていくには、「7つの習慣」を身につけるのが最良かつ最も系統的な方法だと私は深く信じている。第八章でも述べたように、本書では十分に述べることはできないので、私の著書『7つの習慣　成功には原則があった』（キングベアー出版刊）を読んでもらうのがいちばん良い。だが、ここで「7つの習慣」それぞれの要点、エッセンスを掲げておこう。第八章の要約を再読してみるのもよいだろう。

「7つの習慣」を通してEQの五つの要素を開発する

情緒的インテリジェンスの五つの要素が「7つの習慣」とどう関係しているか考えてみよう。

自分を見つめる力

自分を見つめる力、つまり選択をする自由と能力《ちから》は、「主体性を発揮する」習慣（第一の習慣）の核心である。言い換えるなら、刺激と反応の間のスペースを認識し、自分が遺伝的・生物学的に受け継いでいるものや、自分のこれまでの養育、自分が置かれている環境などを認識する力である。動物と違って、あなたはこれらに関して賢明な選択をすることができる。あなた自身があなたの人生の創造的な推進力なのであり、また推進力になることができる。そう実感することができる。これはあなたの最も**根本的な**決断になる。

個人的なモチベーション

個人的なモチベーションは選択の基礎となる。つまり、自分の最優先事項や目標、価値はなんなのかを自分で決めること。これは本質的には「目的を持って始める」（第二の習慣）ということである。自分の人生の方向を決めるのは、**一番目**の決断である。

自己制御

自己制御は、「重要事項を優先する」（第三の習慣）と「刃を研ぐ」（第七の習慣）を別の言葉で表したものである。自分の優先事項を決めたなら、**それに沿って生きる**ということだ。これは誠実さと克己心を持つという習慣、やろうと思ったことをやる習慣であり、要するに自分の価値に沿って生き、絶えず自分を再生する習慣である。こうした実行のための戦略と戦術的な意思決定は、あなたの**二番目**の決断となる。

共感する力

共感する力は、「理解してから理解される」（第五の習慣）の前半部分に当たる。自分のこれまでの人生の枠を超え、ほかの人々の頭と心の中に入っていくことを学ぶのである。人に理解され、影響を与え、決断または判断を下す前に、まず社会的な感受性を研ぎ澄まし、状況を認識する力をつける必要がある。

社会的なコミュニケーション・スキル

社会的なコミュニケーション・スキルは「第四、五、六の習慣」を組み合わせたものである。相互の利益と相互尊重（第四の習慣――「Ｗｉｎ-Ｗｉｎを考える」）の観点から考え、相互理解（第五の習慣――「理解してから理解される」）に向けて努力し、創造的な協力関係（第六の習慣――「相乗効果を発揮する」）をめざすことだ。

もう一度繰り返すが、ここでは「7つの習慣」とＥＱの五つの要素の発達の関係については概略を述べることしかできない。ＥＱを高めたいと真剣に望んでいる読者は、私の著書『7つの習慣　成功には原則があった』を読んで、同書が説く原則を実生活に適用するためにまじめに勉強し努力してほしい。自分の著書を宣伝したいのではない。同書には不変かつ普遍的で、自明な原則が説かれていて、それらの力が絶大なるものだと確信しているから勧めるのだ。同書に説かれた原則は私が考えたものではない。全人類の共有財産であり、持続し繁栄してきたあらゆる国家、社会、宗教やコミュニティの中に見いだされるものなのだ。

情緒的インテリジェンスをおろそかにするとどうなるか？

心のインテリジェンスの声を無視すると**身体**にどのような影響があるか、ドック・チルダーとブルース・クライヤーは次のように述べている。「フラストレーションや不安、内面的な動揺があると知的能力は減退する。情緒的にこのような状態にあると、心臓の拍動が乱れ、神経系の働きも鈍る。賢い人でも時としてバカなことをしてしまうのは、一つにはこうした理由による。内面的な一貫性を保つよう注意して日々を生きれば、時間とエネルギーが節約できる」また二人はこのように説明している。「心の奥深くで抱いている価値観や良心に反する行動をとると、われわれの免疫系は衰弱する。反対に、心からの愛情や思いやりを感じたり、表現したりすると免疫系は強化される。ハート・マス財団（チルダー氏が主催する公益財団）はこうした関連性を個人的なレベルだけでなく、組織的なレベルでも科学的に実証した。個人的なレベルでは、大きな口論のあとや、何か月も取り組んできた大きな企画が取りやめになったと聞いたときに病気になるような場合が挙げられる。組織的なレベルでは、組織の精神や活力、士気を損なう情緒的なウイルスという概念で説明している[3]」

　私的な成功を勝ち取るための自制を怠り（私的な成功こそ公的な成功に導くものなのだが）、情緒的インテリジェンスの開発をおろそかにすると、心的外傷やストレス、怒り、羨望、強欲、嫉妬、理不尽な罪悪感といった否定的、破壊的な情緒を抱くことになるだろう。そうして重要な人間関係にストレスがかかったり、その関係が壊れたり侵害されたりすると、身体的にも影響を受け、免疫系が衰弱する。誰でも頭痛を感じたり、さまざまな心身症の症状に襲われる。**頭**がボーッとして、集中力を欠いたり、気が散ったりすることも多い。抽象的な思考、綿密な思考、分析的な思考、創造的な思考ができなくなる。**精神的**にも鬱屈《うっくつ》し、やる

図A1・10

SQ　精神的インテリジェンスの主な3つの要素を開発する

誠実であること
（自分の最高の価値観や良心に忠実であること）

意義を感じること
（人や大義に貢献するという意識を持つこと）

ボイスを生かすこと
（自分の天命や才能と仕事を結びつけること）

気をなくす。救いや希望がないと感じ、被害者意識が生まれ、絶望的になりすぎて自殺を考えることすらある。だからこそ、常に人や自分自身との情緒的なつながりを育むことがとりわけ大切なのである。

精神的インテリジェンス――（SQ）の開発

> **教育の目的は、能力と良心の両方において人を一人前にすることである。能力だけを育て、その能力を生かすための指針を育てないのは、悪しき教育である。さらに、そんな場合に能力は、良心と切り離されてばらばらになってしまう。**
>
> ――ジョン・スローン・ディッキー

精神的インテリジェンスを開発するために、三つの方法を勧めたい。第一に、**誠実であること**――自分の最高の価値観や信念、良心に忠実であり、「無限なるもの」とつながっていること。第二に、**意義を感じること**――人や大義に貢献するという意識を持つこと。第三に、**ボイスを生かすこと**――自分独自の素質や才能、天命を知る感覚などを仕事と結びつけること。

誠実であること――約束して、守ること

誠実さを開発する最良の方法は、まず小さいことから始めることだ。約束をして、守ることである。ほかの人

にとってはささいでつまらないものに見えようと、あなたにとっては心からの努力を意味するような約束をする。たとえば、毎日十分間の運動をする。デザートを食べるのをやめる。テレビを見る時間を一時間削り、その時間で本の一章でも読むようにする。手紙には感謝のことばを書くのを忘れない。直接お礼を述べるようにする。日々の祈りを捧げる。許しを請う。毎日十分間でもよいから宗教的な書物を読む、など。

肝心な点は、小さなことでも約束をして守るようにすれば、より大きな約束を守る能力が高まることである。続けていくとやがて、その場の気分よりも恥を知る心の方が強くなるはずだ。個人的な誠実さが増し（つまり人間として、統合された存在になる）、あなたは大きな力の源を得るだろう。小さな**火を灯す**と、それが内なる大きな炎となるのである。

誠実であること――自分の良心を育み、それに従うこと

精神的インテリジェンスを開発するための最も説得力のある方法は、自分の良心を育み、それに従うことではないだろうか。フランスの小説家スタール夫人は次のように言っている――「『良心』の声はとても繊細で、簡単にもみ消すことができる。しかしそれはまた、とても明瞭で、聞き間違えることはあり得ない」。あなたの属する文化に伝えられてきた知恵に満ちた古典を読んだり、あなたの人生に貴重な洞察と勇気を与えてくれた人物の人生を研究したりするとき、あなたはいつしか良心の声に導かれていることを感じるようになるだろう。それははじめは静かな、小さな声である。しかしやがて、C・S・ルイスが言うとおりのことが起きる――「自分の良心に従えば従うほど、良心があなたに要求するものは大きくなる」。良心はあなたに要求するだけでなく、あなたの潜在能力やインテリジェンス、貢献も大きくしてくれる。あなたに与えられた才能を賢明に使うとき、その才能

の力は倍増するのである。

意義と自分のボイスを発見する

むろん、このテーマが本書の核心であり、本書に書かれたすべてのことと重なり合う。ただ、自分のボイスを発見するための簡潔な方法を一つ挙げるとすれば、前にも述べたとおり、こう自分に問いかけることである――「人生の目下の状況は、私に何をせよと命じているか？　現在の責任、義務、職務の中で私がなすべきことは何か？　私がとるべき賢明な行動とは何か？」。自分の良心が与えてくれる答えに忠実に生きるとき、選択の余地（スペース）はさらに大きくなり、良心の声も大きくなるだろう。

私の暮らしの目的は、
気晴らしと仕事の一致である
私がこの二つの目を使い、ものを一つに見るように。
愛と必要が一つになるとき
そして仕事が口にのりする遊びになるとき
そのときにだけわが行いは
真に神と未来のためになる。

――ロバート・フロスト[4]

もう一つ、自分のボイスや天命を実感としてつかむためのきわめて重要な方法は、わが身を捧げるべきキャリアや仕事、大義などを選ぶことである。四つのインテリジェンス（肉体的、知的、情緒的、精神的）について、基本的な問いかけを忘れないように――「得意なことで、自分が本当に好きなことは何なのか？　それで生計を立てられるのか？　もっと上達できるのか？　学ぶ代価を払うつもりがあるか？」ジェームズ・コリンズは説得力に満ちた著書『ビジョナリーカンパニー２』（日経ＢＰ社刊）の中で、人でも組織でもこう自問するように勧めている――「自分が世界一になれることは何か？」私は子どもの親なら誰にでも当てはまる答えを一つ知っている。そうと心に決めたら、わが子を育てるという点では世界一になれる。親ほど強くわが子を思う人間はいないのだから。

今から百年後には、私がどんな車を運転していたか、どんな家に住んでいたか、銀行にどれだけ貯金があったか、私の服がどんなだったかは、まったく意味がなくなるだろう。それでも、私が子どもの人生において重要な存在であったことで、世界は少しだけよくなるかもしれない。

――作者不詳

精神的インテリジェンスをおろそかにし、無視し、侵すとどうなるか？

私たちの良心や誠実さが侵されるとき、**身体**はどうなるだろう？　たいてい、人の表情や目に見て取ることができる。そういう人は自分の身体もおろそかにしているものなのだ。すっかり消耗したり、燃え尽きたりしている。**頭**の中は屁理屈でいっぱいになっている。理屈をこねて自分に嘘をついているのだ。彼らは罪悪感を感じる。

自分でごまかさずに、明らかにみずから誠実さや良心を侵しているときなら、罪悪感を感じるのはとても健全な感情であり得るのだが。彼らに心の安らぎはない。判断力にも欠けている。カリフォルニア大学バークレー校の研究者たちは学内報の記事で、調査研究の結果を次のような表現で要約した——「よきことをすることで、（心身ともに）よく生きることができる」

心はどうなるのか？　右記の人々のように、自分の感情をコントロールできなくなり、人を理解する能力も、人に共感する能力も失う。人に対して慈悲や愛を感じる能力も著しく減退するのである。

> 人がよくなっていくとき、その人は自分の中にまだ残っている邪悪さをいっそうはっきりと理解するようになる。人が悪くなっていくとき、自分の悪さをますます理解しなくなる。ほどほどに悪い人は、自分があまりよくないということを知っている。徹底的に悪い人は、自分は悪くはないと思っている。これは言ってみれば常識的なことだ。目覚めているときにこそ眠りというものを理解するのであって、眠っているときではない。頭が正しく働いているときには、計算ミスに気づく。ミスをしている最中は、それがわからない。よき人は善についても悪についてもよく知っている。悪しき人はそのどちらも知らない
>
> ——C・S・ルイス[5]

付録2 リーダーシップ理論の文献概要

リーダーシップ理論において五つの広義のアプローチが生まれたのは二十世紀である。このアプローチには、特質や行動、力の影響、状況、包括的なものが含まれる。偉大な人物にフォーカスしたリーダーシップの理論が、一九九〇年までのリーダーシップに関するあらゆる議論の中心となっていたが、それ以後、リーダーシップの特質理論が台頭するに至った。これに対して理論家たちは、状況的、環境的な要素を強調するようになった。そして最終的には統合の理論が人間や状況、精神分析、役割獲得、変化、目標、コンティンジェンシーなどをめぐって発達した。一九七〇年以降のリーダーシップ理論はこれらの基本的理論の中、各々が発展を遂げたものである。

リーダーシップ理論：文献概要1

理論	代表的著者／年	要旨
偉大な人物理論（Great-Man Theories）	ダウド　Dowd（1936）	偉大な男女（例：モーゼ、マホメット、ジャンヌ・ダルク、ワシントン、ガンジー、チャーチルなど）のリーダーシップによって、歴史や社会制度は形成された。ダウド（1936）の主張は、「大衆によるリーダーシップなどというものはない。どの社会においても、個人の持つ知性やエネルギー、道徳的な力のレベルはさまざまである。そして大衆はいかなる方向へも影響を受けて向かってしまう。彼らは常に優れた少数によって導かれる」
特質理論（Trait Theories）	L.L.バーナード（1926）、ビンガム（1927）、キルボーン（1935）、カークパトリック&ロック(1991)、コーズ&アイル（1920）、ページ（1935）、ティード（1929）	リーダーには優れた特質や性格が備わり、信奉者たちとは区別される。特質理論の研究では、次の二つの疑問が提示された。いかなる特質がリーダーとその他を分けるのか、その差の範囲はどれくらいか。
状況的理論（Situational Theories）	ボガルダス（1918）、ハーシー&ブランチャード（1972）、ホッキング（1924）、パーソン（1928）、H.スペンサー	リーダーシップは状況的な要求の所産である。誰がリーダーとなるかは、その人物の継承するものより、状況的な要因によって決まる。偉大なリーダーの出現は、時と場所と事情の結果である。
個人的・状況的理論（Personal-Situational Theories）	バーナード（1938）、バス（1960）、J・F・ブラウン（1936）、ケース（1933）、C・A・ギブ（1947,　1954）、ジェンキンズ（1938）、ラピエール（1938）、マーフィ（1941）、ウェストバーグ（1931）	個人的・状況的理論は、偉大な人物、特質、状況によるリーダーシップを組み合わせたものである。調査によれば、リーダーシップ研究は、影響的、知的な特質、また行為の特質に、個々がリーダーシップを発揮する特別な条件も含めなくてはならない。条件は①個人的な特質、②グループやメンバーの性質、③そのグループが遭遇する出来事などである。
精神分析的理論（Psychoanalysis Theories）	エリクソン（1964）、フランク（1939）、フロイト（1913,1922）、フロム（1941）、H.レヴィソン（1970）、ウォルマン（1971）	リーダーは父親的存在、愛や恐れの源、超自我の表れ、信奉者のフラストレーションや破壊的攻撃のはけ口として機能する。

リーダーシップ理論：文献概要２

理論	代表的著者／年	要旨
人間的理論 (Humanistic Theories)	アルギリス（1957,1962,1964）、ブレイク＆モートン（1964,1965）、ハーシー＆ブランチャード（1969,1972）、リッカート（1961,1967）、マズロー（1965）、マグレガー（1960,1966）	人間的理論は効果的で結束した組織内の個人の発達を論じる。この理論的見解を支持する人々の考えでは、人間は元来やる気のある生き物であり、組織は元来構造化され、コントロールされている。彼らによれば、リーダーシップは組織的な拘束力を修正して個人の自由を与えることにより、それぞれの可能性を遺憾なく発揮させ、組織に貢献させるものである。
リーダー・役割理論 (Leader-Role Theory)	ホーマンズ（1950）、カーン＆クイン（1970）、カー＆ジャーミエ（1978）、ミンツバーグ（1973）、オズボーン＆ハント（1975）	個人の特徴と事態の要求が相互作用した結果、一人または少数がリーダーとして出現する。グループの構造はそのメンバーの相互作用をベースに成立し、異なる役割や地位に応じて組織化される。リーダーシップもその異なる役割の一つであり、この地位にある人物はグループ内の他の人々とは異なる態度を取るように期待される。リーダーが自分の役割をどのようにとらえるか、他の人々がリーダーに何を期待するかに応じて、リーダーの行動が決まる。ミンツバーグはリーダーシップの役割を次のように明記した。表看板、指導者、連絡役、モニター役、宣伝役、スポークスマン、興行主、火消し役、資源の分配役、交渉役。
道・目標理論 (Path-Goal Theory)	M.G.エヴァンス（1970）、ゲオルゴプロス、マホーニー＆ジョーンズ（1957）、ハウス（1971）、ハウス＆デスラー（1974）	リーダーはそれを通して報酬が得られるかもしれない態度（道）を信奉者に示すことによって、信奉者に変化を促す。リーダーはまた、信奉者の目標を明確にし、優れた成果を上げるように励ます。リーダー道・目標を達成するがこうした方法は状況的な要因によって決まる。
コンティンジェンシー理論 (Contingency Theory)	フィードラー（1967）、フィードラー、シェマーズ＆マハール（1976）	仕事の効率、または関係志向のリーダーは状況に適応する。この理論にもとづくリーダーシップのトレーニング・プログラムは、リーダーが自分の方向性を明確にし、好ましい状況、または好ましくない状況によりよく順応するのに役立つ。

リーダーシップ理論：文献概要3

理論	代表的著者／年	要旨
認知リーダーシップ：20世紀の偉大な人物 (Cognitive Leadership: Twentieth-Century Great-Man)	H.ガードナー(1995)、J.コリンズ(2001)	リーダーは、「言葉と個人的な模範、あるいはそのどちらかによって、多くの仲間の態度や思考や感情、あるいはそのどれかに著しい影響を与える」。リーダーとその信奉者の両方の人間的性質を理解すれば、リーダーシップの本質を深く見抜くことができる。コリンズの調査はこう結論づけている。持続可能な優れた成果をあげる組織とそうではない組織の違いは何かと言えば、優秀な組織のほうは、レベル5のリーダーと彼が呼ぶような、謙譲さと強烈さという逆説的な意志を併せ持っているリーダーによって導かれる。
相互作用プロセス理論とモデル：並列結合モデル、並列スクリーン・モデル、垂直ダイアド結合、交換理論、行動理論、コミュニケーション理論 (Theories and Models of Interactive processes: Multiple-Linkage Model, Multiple-Screen Model, Vertical-Dyad Linkage, Exchange Theories, Behavior Theories, and Communication Theories)	デービス&ルーサンス(1979)、フィールダー&リースター(1977)、ファルク&ウェンドラー(1982)、グレーン(1976)、グリーン(1975)、ユキ(1971)	リーダーシップは相互作用のプロセスである。この例として、リーダーのイニシエーション構造、リーダーの知性とそのグループの業績の関係、リーダーとグループではなく各個人との関係、交換あるいは行動的コンティンジェンシーの一形態としての社会的相互作用などがある。

リーダーシップ理論：文献概説４

理論	代表的著者／年	要旨
権力・影響力：参加型リーダーシップ、理論的根拠・演繹（Power-Influence: Participative Leadership,Rationale-Deductive）	コック＆フレンチ（1948）、J・ガードナー（1990）、レヴィン、リピット＆ホワイト（1939）、ヴルーム＆イェットン（1974）	リーダーシップ理論の権力・影響力アプローチには、参加型リーダーシップが含まれる。権力・影響力研究は、リーダーがどれほど権力を持ち、それを行使するのかを考察。このアプローチはまた、一定方向の因果関係を想定している。参加型リーダーシップは権力の分担と信奉者のエンパワーメントを進める。ヴルーム＆イェットンが提唱するリーダーシップの規範理論では、リーダーは指導的で、部下たちは受動的信奉者である。だが、部下の知識が増えれば、彼らの役割はそれだけ参加的になるはずだ。ガードナーはこう考える。「リーダーシップは説得、または模範のプロセスであり、それによって個人（またはリーダーシップ・チーム）は、リーダーが保持するか、リーダーとその信奉者が分かち持つ目標を達成するようにグループを促す」。彼の指摘では、リーダーシップはなければならない役割の一つであり、従って、リーダーは率いるシステムにおいて、重要な役割を果たす。
属性、情報処理と開放システム（Attribution, Information Processing, and Open Systems）	ブライオン＆ケリー（1978）、コッツ＆カーン（1966）、ロード（1976,1985）、ロード、ビニング、ラッシュ＆トーマス（1978）、ミッチェル、ラーセン＆グリーン（1977）、ニューウェル＆サイモン（1972）、H・M・ウェイス（1977）	リーダーシップは社会的に築かれた現実である。ミッチェルらによれば、「観察者やグループのメンバーによるリーダーシップの属性は、彼らの社会的現実によって偏りがある」。さらに、個人的、プロセス的、構造的、環境的変数はリーダーシップ研究において、相互に因果関係のある現象である。つまり、このような変数間の原因と影響を浮き彫りにするのは困難であるということだ。
カリスマ的リーダーシップ（Charismatic Leadership）	コグナー＆カナング（1987）、ハウス（1977）、ケッツ・ス・ヴリース（1988）、J・マックスウェル（1999）、メリンドル（1990）、シャミール、ハウス＆アーサー（1993）、ウィーバー（1947）	一方で、カリスマ的なリーダーシップは部下たちが感じるような非凡な資質をリーダーが備えていると考えられる。リーダーの影響力は権威や伝統によらず、信奉者がどう見るかによる。カリスマ的リーダーシップは、属性や客観的観察、自己概念理論、精神分析学、社会的影響力によっても説明される。

リーダーシップ理論：文献概説5

理論	代表的著者／年	要旨
能力にもとづくリーダーシップ（Competency-Based Leadership）	ベニス（1993）、ボイアティジス、キャメロン、クイン	際立った達成者（リーダー）と平均的な達成者との違いを予想に役立つ批判的能力を学び、伸ばすことは可能である。
野心的、観念的なリーダーシップ（Aspirational and Visionary Leadership）	バーンズ、コーゼズ＆ポスナー（1995）、ピーターズ、ウォーターマン（1990）、リチャーズ＆エンゲル（1986）	コーゼズとポスナーによれば、リーダーは部下の情熱に「火をつけ」、信奉者を導く羅針盤となる。二人はリーダーシップをこう定義する。「他の人々を動員し、共通願望のために奮闘を望むようにし向ける技術のことである」。ここでは信奉者の貢献意欲と、他の人々を行動に駆り立てるリーダーの能力が強調されている。リーダーは顧客に応え、ビジョンを生み出し、雇用者を元気づけ、速いペースの「混沌とした」環境で本領を発揮する。リーダーシップとは、ビジョンを明確にし、価値を具体化し、物事が達成され得る環境をつくることである。
管理的、戦略的リーダーシップ（Managerial and Strategic Leadership）	ドラッカー（1999）、ジェイコブス＆ジャック（1990）、ジャック＆クレメント、コッター（1998,1999）、バッキンガム＆コフマン（1999）、バッキンガム＆クリフトン（2001）	リーダーシップは内外のパートナーシップ間の統合を表す。ドラッカーはその統合の3要素を強調する。すなわち、経済的、業績的、個人的なものである。彼の考えでは、リーダーは組織の業績に責任を持ち、コミュニティ全体にも責任を持っている。リーダーは役割を果たし、特別なカリスマ的要素を備えている。コッターによれば、リーダーはビジョンや方向を伝達し、人々をまとめ、信奉者のやる気を起こさせ、彼らを啓発し、元気づける。さらに、リーダーは部下たちの変化媒体であり、能力を授ける人であもる。リーダーシップは集団の努力に目的（意味のある方向づけ）を与えるプロセスであり、目的達成に向けた自発的な努力を引き出す。さらに、有効な管理的リーダーシップは、有効な管理的仕事を生み出す。これらの著者は必要に迫られたリーダーシップを好む。これは、時間と場所、個人と状況次第のリーダーシップのことである。

リーダーシップ理論：文献概要６

理論	代表的著者／年	要旨
結果にもとづくリーダーシップ (Results-Based Leadership)	アルリック、ゼンガー＆スモールウッド (1999)、ノーリア、ジョイス＆ロバートソン (2003)	アルリックらの提起するリーダーシップ・ブランドは、「リーダーがもたらす明らかな結果を表し」、結果と個性を結びつける。リーダーは技術的な知識や戦略的な思考に加え、道徳的な性質や誠実さ、エネルギーも備えている。さらに、リーダーは有効な行動を示して組織の成功を促す。しかも、リーダーシップの結果は計測可能であるから、人に教え、学ばせることもできる。エバーグリーン・プロジェクトと呼ばれる調査で、ノーリアらは200以上もの管理的慣行を10年間にわたって調べ、真に優れた結果を生むものを判定した。四つの第一義的慣行は、戦略、実施、文化、構造である。優れた結果を出している会社は、次の四つの二次的慣行、すなわち、才能、刷新、リーダーシップ、合併吸収のうちの二つを取り入れている。
教師としてのリーダー (Leader as Teacher)	デプリー (1992)、ティッチー (1998)	リーダーは教師である。リーダーは「教えることのできる観点」を打ち立てる。リーダーシップは物語を教えることで他の人々のやる気を起こす。ティッチーの主張によれば、有効なリーダーシップは有効な授業に匹敵する。
舞台芸術としてのリーダーシップ (Leaders as a Performing Art)	デプリー (1992)、ミンツバーグ (1998)、ヴェイル (1989)	リーダーシップとは、リーダーは外部でリーダーシップをとることはなく(モチベーションを与えたり、コーチングなど)、リーダーやマネージャーが行う仕事をすべてひっくるめた地味な活動を行うので、その意味で、リーダーシップは密やかなものである。舞台芸術としてのリーダーシップは、オーケストラやジャズ・アンサンブルの指揮者によくたとえられる。

リーダーシップ理論：文献概要7

理論	代表的著者／年	要旨
文化的、全体論的リーダーシップ（Cultural and Holistic Leadership）	フェアホルム（1994）、センジ（1990）、シーン（1992）、ウィートリー（1992）	リーダーシップとは、文化の外に踏み出してより適応力のある進化的な変化のプロセスをとり始める能力である。大事な利害関係者を巻き込み、つき従うことを喚起し、他の人々を力づける能力でもある。ウィートリーの全体論的なアプローチによれば、リーダーシップは文脈的で、体系的である。リーダーは個人、組織、環境が互いに相乗効果を生むような関係を築く。リーダーは5規律の厳守を通して学ぶ組織を奨励する。センジによれば、リーダーは三つの役割を果たす。すなわち、デザイナー、執事、教師としての役割である。
サーバントリーダーシップ（Servant Leadership）	グリーンリーフ（1996）、スピアーズ＆フリック（1992）	サーバントリーダーシップとは、リーダーが他の人々――従業員や顧客、コミュニティに奉仕することを中心として引っ張っていくという意味である。サーバントリーダーの特徴として、人の話をよく聞くこと、共感、癒し、覚醒、説得、概念化、先見、執事的な役割、他の人々の成長に深く関わること、コミュニティの建設などが挙げられる。
精神的なリーダーシップ（Spiritual Leadership）	デプリー（1989）、エツィオーニ（1993）、フェアホルム（1997）、グリーンリーフ（1993）、キーファー（1992）、J・マックスウェル、ヴェイル（1989）	リーダーシップは人々の行為を規制するのではなく、その魂に影響を与えることである。フェアホルムの考えでは、リーダーシップは他の人々とつながることでもある。さらに、「リーダーがその人全体を思いやろうと心に決めるとき、その行為には精神的な思いやりも含めなくてはならない……新世紀のリーダーはまず自分自身の役に立ち、次に信奉者がこのようなつながりを持つように、熟慮して積極的に関わらなくてはならない」。リーダーの影響力は組織的な文化、風習、価値観、伝統の知識から発する。

参考文献

Bass, B.M. *Bass and Stogdill's Handbook of Leadership: Theory, Research, and Managerial Applications*, 3d ed. London: Collier Macmillan, 1990

Bennis, W.G. *An Invented Life: Reflections on Leadership and Change.* Reading, Mass.: Addison-Wesley, 1993.

Buckingham, M., and D.O. Clifton. *Discover Your Strengths.* New York: Free Press, 2001.
マーカス・バッキンガム、ドナルド・O・クリフトン著
『さあ、才能に目覚めよう：あなたの5つの強みを見出し、活かす』田口俊樹訳 日本経済新聞社 2001.11

Buckingham, M., and C. Coffman. *First, Break All The Rules: What the World's Greatest Managers Do Differently.* New York: Simon & Schuster, 1999. マーカス・バッキンガム、カート・コフマン著『まず、ルールを破れ：すぐれたマネジャーはここが違う』 宮本喜一訳 日本経済新聞社 2000.10

Collins, J. C. *Good to Great: Why Some Companies Make the Leap……and Others Don't.* New York: HarperCollins Publishers, 2001
ジェームズ・C・コリンズ著 『ビジョナリーカンパニー. 2』山岡洋一訳 日経BP社 2001.12

Fairholm, G.W. *Capturing the Heart of Leadership: Spirituality and Community in the New American Workplace.* Westport, Conn.: Praeger, 1997.

Fairholm, G.W. *Perspectives on Leadership: From the Science of Management to Its Spiritual Heart.* Westport, Conn.: Quorum Books, 1998.

Gardner, H. *Leading Minds: An Anatomy of Leadership.* New York: Basic Books, 1995.
ハワード・ガードナー著『「リーダー」の肖像：20世紀の光と影：混迷の時代、彼らはなぜ人と国を動かせたのか』山崎康臣、山田仁子訳 青春出版社 2000.3

Gardner, J.W *On Leadership.* New York: Collier Macmillan, 1990.

Jaques, E., and S.D. Clement. *Executive Leadership: A Practical Guide to Managing Complexity.* Arlington, Va.: Cason Hall, 1991.

Kouzes, J.M., and B.Z. Posner. *The Leadership Challenge: How to Keep Getting Extraordinary Things Done in Organizations.* San Francisco: Jossey-Bass, 1995.

Renesch, J., ed. *Leadership in a New Era: Visionary Approaches to the Biggest Crisis of Our Time.* San Francisco: New Leaders Press, 1994.

Senge, P.M. *The Fifth Discipline: The Art and Practice of the Learning Organization.* New York: Currency Doubleday, 1990.
ピーター・M・センゲ著『最強組織の法則：新時代のチームワークとは何か』 守部信之ほか訳 徳間書店 1995.12

Ulrich, D., J. Zenger, and N. Smallwood. *Results-Based Leadership: How Leaders Build the Business and Improve the Bottom Line.* Boston: Harvard Business School Press, 1999.
デイブ・ウルリッチ、ジャック・ゼンガー、ノーム・スモールウッド著『脱コンピテンシーのリーダーシップ：成果志向で組織を動かす』 Diamondハーバード・ビジネス・レビュー編集部訳 ダイヤモンド社 2003.10

Vail, P.B. *Managing as a Performing Art: New Ideas for a World of Chaotic Change.* San Francisco: Jossey-Bass, 1989.

Wheatly, M.J. *Leadership and the New Science: Learning about Organization from an Orderly Universe.* San Francisco: Berrett-Koehler, 1992.

Wren, J.T. *Leader's Companion: Insights on Leadership through the Ages.* New York: The Free Press, 1995.

Yuki, G. *Leadership in Organizations*, 4th ed. Upper Saddle River, N.J.: Prentice-Hall, 1998.

付録3 リーダーシップとマネジメントについての代表的見解

リーダーシップとマネジメントについての代表的見解１

著者と出典	見解：マネージメント vs.リーダーシップ
ウォーレン・ベニス W・G・ベニス『Leading Change:The Leader as the Chief Transformation Officer（変化を導く：最高変革責任者としてのリーダー）』、J.レネシュ（編）『Leader ship in a New Era: Visionary Approaches to the Biggest Crisis of Our Time（新時代のリーダーシップ：我々の時代における最大危機に対する先見的アプローチ）』（1994）（「102～110ページ）San Fran-cico: New Leaders Press.	「マネジメントはなすべきことをやらせる。リーダーシップはなすべきことをやりたい気持ちにさせる。マネージャーは押す。リーダーは引く。マネージャーは命じる。リーダーは伝える」
W・G・ベニス『An Invented Life: Reflections on Leadership and Chan-ge（発明された人生：リーダーシップと変化についての考察）』（1993）Reading, MA:Addison-Wesley.	「リーダーは正しいことを行う人々。マネージャーは事を正しく行う人々である」

リーダーシップとマネジメントについての代表的見解2

著者と出典	見解：マネジメント vs.リーダーシップ
C・カーター・スコット『The Differences Between Management and Leadership マネージメントとリーダーシップの違い』(1994) Manage,10+.	「リーダーは前後関係を乗り越える。移り気で不穏であいまいなまわりのことどもは、ときどきよってたかって私たちに刃向かうかのようだ。そのままにしていれば、きっと息の根を止められる。マネージャーなら降参というところだろう。マネージャーは運営する。リーダーは刷新する。マネージャーは一つのコピーである。リーダーはオリジナルである。マネージャーは維持する。リーダーは発展させる。マネージャーはシステムや構造に焦点を合わせる。リーダーは人に焦点を合わせる。マネージャーは規制に頼る。リーダーは信頼を促す。マネージャーは短期的な見方をする。リーダーは長期的な展望を持つ。マネージャーはいつどうやってと尋ねる。リーダーは何をなぜと尋ねる。マネージャーは純益に目を向ける。リーダーは総益に目を向ける。マネージャーはまねる。リーダーは新しいことを始める。マネージャーは現状を受け入れる。リーダーは現状を変える。マネージャーは古典的なよい兵士である。リーダーは独立独歩である。マネージャーは事を正しく行う。リーダーは正しいことを行う」
ジョン・W・ガードナー J・F・ガードナー 「リーダーシップの本質：ガードナーのリーダーの条件」(ダイヤモンド社刊)	「リーダーたちとリーダー／管理者は少なくとも6つの点で、総務的な管理者とは異なる： 1. 長期的に考える。 2. 自分が率いる集団について考えるとき、より大きな現実との関連を把握する。 3. 管轄外、領域外の構成員にも手を伸ばし、影響を与える。 4. ビジョンや価値観、モチベーションなどの目に見えないものにも重きを置き、リーダーと構成員の相互作用の中にある非合理で無意識のものも直感的に理解する。 5. 多重構成員のぶつかり合う要求を取り扱う政治的能力を持っている。 6. 再新という観点から考える。 「管理者はリーダーよりも強く組織に結びついている。実際、リーダーは組織をいっさい持たないこともあり得る」
ジェームズ・コーゼズとバリー・ポスナー J・M・コージズ&B・Z・ポスナー『How to Keep Getting Extraordinary Things Done In Organizations (リーダーシップの挑戦：組織内で非凡をなし続けるにはどうしたらいいか)』(1995) SanFrancico: Jossey-Bass.	「……リードという言葉の大もとは『行く、旅行する、案内する』という意味である。リーダーシップには体感的な感じ、動くという感覚がある……(リーダーは)新しい秩序を探求する始める。未開の領域にあえて分け入り、新しくなじみのない目的地に私たちを案内する。これに対し、マネージ(管理)という言葉は『手』を意味する言葉である。本質的に、マネージする(管理する)は物事を『扱う』ことであり、秩序を維持し、組織化と規制を行う。マネジメントとリーダーシップの重要な違いは、この二つの言葉の原義に反映されている。物事を扱うという意味と、ある場所に行くという意味の違いなのである」

リーダーシップとマネジメントについての代表的見解３

著者と出典	見解：マネジメント vs.リーダーシップ
C・カーター＝スコット『The Differences between Management and Leadership（マネージメントとリーダーシップの違い）』（1994）Manage,10+.より	コーゼズ「マネジメントとリーダーシップの大きな違いは、二つの言葉の原義に反映されている。物事を扱うという意味と、場所に行くという意味の違いなのである」
エイブラハム・ザレズニック A・ザレズニック『Managers and Leaders:Are They Different?（マネージャーとリーダー：両者は別物か？）』Harvard Business Review,（1977）55（5）,67～78	マネージャーは物事がどう行われるかに関心があり、リーダーは物事が人々にとってどんな意味があるかに関心がある。「リーダーとマネージャーは考え方が異なっている。マネージャーは、戦略を練り、決断を行うために相互作用し合う人とアイデアを使って物事を可能にするプロセスとして仕事を考えがちである」「……マネージャーは選択の幅を狭める一方、リーダーはそれと反対方向に向かって働く。新鮮なアプローチを開発して長期の問題に取り組み、新たな選択肢のための問題提起をする……リーダーは仕事に刺激を生み出す」
ジョン・コッター J・コッター『リーダーシップ論：いま何をすべきか（ダイヤモンド社刊）』	「マネジメントは複雑なものに取り組むことである。その慣行や手順はおもに20世紀の最も重大な発展の一つ、すなわち大組織の出現に対応するためにある。よい管理がなされていないと、複雑な企業は混乱をきたし、その存在そのものも危うくなる。よいマネジメントはある程度の秩序と一貫性を、たとえば製品の品質や利益性のような主要な領域にもたらす」「それに対し、リーダーシップは変化に取り組むことである。近年、リーダーシップがとみに重要となった理由の一つは、ビジネス界がいっそう競争的になり、一触即発になり始めたからである。目まぐるしいテクノロジーの変化、激しさを増す国際競争、市場の規制緩和、資本集約型産業の過剰生産、不安定な石油コントロール、ジャンクボンドを用いた企業乗っ取り、労働力人口の変化も、このような移り変わりに寄与する多くの要因の一つとなっている。結局のところ、昨日やっていたことをやったり、5％上手にやっても、もはや成功の処方箋とはならないのである。この新しい環境で生き残り、競争にうまく勝っていくために、大規模な変化がますます必要とされている。変化が激しいほど、リーダーシップの需要も高まるのが常である」

リーダーシップとマネジメントについての代表的見解4

著者と出典	見解：マネジメント vs.リーダーシップ
ジェームズ・M・バーンズ J・M・バーンズ『Leadership（リーダーシップ）』（1978）New York: Haper and Row.	業務的（マネジメント）vs.変容的（リーダーシップ） 業務的リーダーシップ：このようなリーダーシップは、価値あるものを交換する目的で率先して他の人々と接触しようするときに起こる。 変容的リーダーシップ：このようなリーダーシップは、一人かそれ以上の人間が他の人々と交わり、リーダーと信奉者が互いのモチベーションと道徳性を高め合うようなやり方をとるときに起こる。彼らの目的は、はじめは別個のものだったかもしれないが、やがて関連し合うようになる。変容的リーダーシップもそれと同じように融合する。
ピーター・ドラッカー P・A・ギャラガン、ピーター・ドラッガー『Training & Development（訓練と開発）』52, 22～27より	「リーダーにとっての試練は、その人が何を達成するかではない。場を去ったときに何が起こるか、である。そのあとも続くかどうかが試練なのだ。カリスマ的なすばらしいリーダーが去った瞬間、企業がつぶれるなら、リーダーシップにはならない。それは――あからさまに言うなら――まやかしである」「……リーダーシップは責任だと、私は常々強調してきた。リーダーシップは説明義務である。リーダーシップはなすことである……」「……マネジメントとリーダーシップを切り離すのはナンセンスというものだ。マネジメントと企業家を切り離すのと同じくらいナンセンスである。この二つは同じ仕事の本質的な部分をなす。たしかに違いはある。だが、それは右手と左手の違い、鼻と口の違いのようなものでしかない。二つとも同じ体についている」
リチャード・パスカル M・ジョンソン（1996）『Taking the Lid Off Leadership（リーダーシップの蓋を開ける）』Management Review, 59～61より	「マネジメントは権威と影響力を行使して、先に示されたレベルに合うような成果レベルに達するためにある……リーダーシップは決して起こりそうにないことを起こすことである……（それには）必ず、受け入れられるぎりぎりの線まで仕事をすることを伴う」

リーダーシップとマネジメントについての代表的見解5

著者と出典	見解：マネージメント vs.リーダーシップ
ジョージ・ウェザスビー G・B・ウェザスビーLeadership versus Management（リーダーシップ対『マネジメント）』Management Review,(1999) 247、70+.	「マネジメントは組織の目標、優先順位の設定、仕事の計画や業績の達成に反して希少な資源を分配することである。最も重要なのは、それが物事を規制しているということだ。他方、リーダーシップは、共通のビジョンを創造することに焦点を合わせる。それは、人々をビジョンへの貢献へ向かわせ、自己の利益と組織の利益に合わせるようにさせる。説得であり、命令ではない。
ジョン・マリオッティ J・マリオッティ『Leadership Matters（リーダシップが重要だ）』Industry Week,（1998）242,70+.	「『管理される』人々は成功にとって必要な類の努力を惜しみがちだが、よいリーダーがいれば別である。偉大なリーダーはふつうの人々から非凡な結果を引き出す。偉大な管理者はよく計画され、ときによく実行された結果を手に入れるものの、真のリーダーシップによって鼓舞される情熱や熱意からわき上がる巨大な成功はめったに得られない。リーダーが建築家なら、管理者は建築業者である。両者とも必要だが、建築家がいなければ、特別な建築にはならない」
ロザベス・モス・カンター R・M・カンター『The New Managerial Work（新しい管理職）』Harvard Business Review,（1989）85+,	「マネジメント的権威の古い基盤は腐食し、リーダーシップの新しいツールの出番が訪れようとしている。階級から得た権力を持つマネージャー、個人支配の限られた分野になれているマネージャーも、見方を変え、視野を広める術を学んでいる。新しい管理職は、決まった責任範囲の外に目を向け、好機を感じ取り、それに取り組むために関連分野から引っ張ってきたプロジェクト・チームを立ち上げることで成り立っている。これには職務や部署を超えたコミュニケーションやコラボレーションが必要になる。活動や資財が共通する会社間でもしかりだ。そこで、身分や肩書き、公的な特権などは、この新しい管理職では成功の重要な要素ではなくなる。それよりも、人を動員し、やる気にさせて最善を尽くさせるための知識、手腕、感性が大事になってくる」
トム・ピーターズ T・ピーターズ『経営革命　上・下巻』（TBSブリタニカ刊）Alfred.A.Knopf.	ピーターズは、上記にまとめたベニスやコージズ、ポスナーのリーダーシップとマネジメントの概念を参考にしている。ピーターズの考えでは、「ビジョンを育て、それ以上に重要なこととして、ビジョンを精力的に生きることがリーダーシップの本質的な要素である……これは現場監督や中級管理者の世界でも等しく重んじられている」

付録4

低い信頼は高くつく

著述家であり、同僚であり、コンサルタントでもあるマハン・カルサーは、企業の重役たちをきわめて謙虚な気持ちにさせ、変化を望むようにさせる方法を編み出した。組織全体を謙虚にし、組織の成員たち自身が変化を先導し、持続できるようにするためには、現実的な状況が持つ力に直面させることだ。状況の力を引き出し、変化に備えて頭を切り替えさせるために、カルサーは一連の質問事項を投げかけることを提案している。

このプロセスでは、問題の核心に迫るために二種類の質問をする。①**証拠を集めるための質問**（具体的に……どのように、何が、どこで、何を、誰が、いつ）――これらの質問によって、瑣末《さまつ》なことだろうと何だろうと、現状について必要な事実を確認することができる。②**インパクトを探る質問**――これらは物事の核心に迫る質問である。中でも強力な質問の一つは「するとどうなるのか?」という問いだ。

「低い信頼は高くつく」という事実をあぶり出すのに、カルサーが開発した手法をどのように活用できるか、一例を挙げよう。次に挙げるのはあなたと、同僚の専門職、マネージャー、あるいは重役との仮想の会話である（必要な情報にアクセスできる立場の人であれば、相手は組織のどの階層の人でもよい）。

同僚「うちの人間はとにかくお互いを信頼していないのだ」

この時点であなたは証拠を集めるためにいくつか質問をしてもよい（具体的に誰と誰がお互いを信頼していないのか？　お互いを信頼していないという事実は具体的にどのような場面で現れているか？　どうしてお互いに信頼していないということがわかるか？）。やがて、組織のメンバー間に信頼が欠如していることでどのような影響があるかを見極めるために、インパクトを探る質問に移っていく。

あなた「では、人々がお互いを信頼していないと、どうなるのか？」

同僚「情報を共有しないのだ」

ここでも、あなたはさらに証拠を集めるために質問してもよい（具体的に誰と誰が情報を共有しない、またはしようとしないのか？　どのような情報を共有していないのか？　情報を共有していないのがどうしてわかる？　など）。だがこの場合も、実際のインパクトそのものに迫るために、やがて次のように質問をすることになる。

あなた「それで、情報を共有しないと、どうなるのか？」

同僚「彼らのプロジェクトや活動が会社のビジネス目標に合わなくなる」

またさらに証拠集めのために質問をしてもいい（具体的にどの目標と合致していないのか？　具体的にどのプロジェクトや活動が問題なのか？　どうして合致していないとわかるのか？　など）。そして、さらに続けてインパクトを探るための質問をする。

あなた「それで、彼らの活動が会社のビジネス目標とずれていると、どうなるのか?」

同僚「新製品の開発コストがかさむ」

ここまで来てようやく、社員間の信頼の低さがもたらす負のインパクトが実際に測定可能な形になった——新製品の開発費の上昇である。このように測定可能な事柄が出てきたら、五つの「黄金の質問」をする。

1、どうやって測るのか?
2、現状はどうなのか?
3、どうあってほしいのか?
4、その差を価値に換算するとどの程度か?
5、長期的な見通しは(適切な管理日程は?)

さて、同僚が「新製品の開発費がかさむ」と言ったら、次のようにこの五つの質問をすればよい。

あなた「新製品の開発費をどうやって割り出すのか?」

同僚「これまでに発売された新製品の企画開発費から計算する」

あなた「現在のところその額は?」

同僚「五十万ドル」

同僚「二十件だ」

あなた「つまり十五万ドルの差だ。年間にいくつ新製品を出している？」

同僚「三十五万ドルに近い額まで下げるべきだと思う」

あなた「それをどのくらいに切り詰めたいのか？」

ここであなたは同僚やチームと計算をする。

あなた「新製品一つにつき十五万ドルで、それに二十件の新製品をかけると、年間で約三百万ドルほどの削減になる。このくらいでちょうどいいか？」

同僚「強いていえば、少なすぎる」

あなた「開発費が変わらないと仮定して、向こう三年間では九百万ドル規模の問題になるわけだ」

同僚「そのようだな」

右の例では、インパクトを探る質問をすることで、社員相互の「信頼の低さ」がもたらすマイナス効果の一部がわかってきた。「信頼の低さ」のほんの一面を取り上げてみただけでも、会社にとっては向こう三年間で九百万ドルの出費になるかもしれないのだ。もう少し手をかけてこの数字を確認する必要はあるが、少なくともあなたは目に見える尺度を手に入れることができた。それを見ていけば、具体的なことに的を絞ることもできる。何万ドルのコストという形で問題を見るとき、あなたの同僚たちも変化の必要性に気づくだろう。

次の点に留意してほしい。まずあなたは、「証拠を集めるための質問」と「インパクトを探るための質問」を織り交ぜて発していく。するとやがて、あなたと相手は問題の核心へと迫ることができる。その後は、「インパクトを探る質問」に絞って尋ねていくのだ。また、このプロセスでは常にあなたの相手またはそのチームが知的作業の中心になる。あなたは案内役、助言者に徹するのだ。こうすることで彼または彼らは、脅威を感じることなく指導者のもとで学習経験を得ることができ、この間も常に中心的な推進力であり続けることができる。右に例示した質問群は、問題の核心に迫ることを可能にする強力な手段である。組織が直面する課題はあなたにとって重大な関心事のはずだ。それに関わるコストを個人・組織の両方のレベルで客観的に割り出すのに、右の質問群は役立つはずである。

何よりも大切なのは、このプロセスがあなたのチームや組織に「垣根のない開かれた文化」を根づかせるだけでなく、あなた方の間に強い信頼の絆《きずな》をもたらしてくれることである。

低い信頼は高くつく

付録5
セミナー「ゴール・アライメント」について

「ゴール・アライメント」セミナーは、組織のリーダーを対象とした一日のワークセッションである。組織の幹部や経営陣、マネージャーを含めたセッションとした方が、より高い効果を得ることができる。参加者は、このセミナーの中で、次の4つのプロセス（ステップ）を学んでいく。まず、自分たちが取り組まなければならない様々な課題や目標の中から、「経済的貢献度」「全社的なビジョン・戦略との関連性」「利害関係者の満足度」の3つの視点を通じて、最重要目標を明確にする（406ページ参照）。次に、その設定された最重要目標に対して、取り組みへの意欲を高め、達成基準を明確にしたスコアボードを作成する（409ページ参照）。そして、最重要目標を達成するために必要な新しい・より良い行動を計画に落とし込む（412ページ参照）。最後に、最重要目標の達成のために、チーム全員が互いに責任を引き受け、リーダーはコース整備をするといったミーティングを実行する（413ページ参照）。

このセミナーでは、最重要目標を組織全体に迅速に浸透させ、組織が戦略を確実に実行に移すことができるよう、私たちがお手伝いさせていただく。これによって、組織とメンバーが自らの主要な目標や戦略をより良く理解し、深くコミットできるようにする。私たちは「フォーチュン」誌の主要100社（「フォーチュン一〇〇」）に属する企業を含め、国内外のあらゆる業態や規模の組織が「実行プロセス」を実践できるようサポートしている。

日本においても、組織の経営陣やマネジメント層に対する組織全体へのアプローチ、チーム・部門単位における戦略実行のサポートなど、様々な組織単位でのワークセッションを行なっており、組織における「実行」をキーワードに、組織の主要な目標へのフォーカス、実行へのコミットメントを確実にサポートしている。また、「xQサーベイ」との組み合わせによるコンサルティング・サービスや「リーダーの4つの役割」を取り入れたカスタマイズ・プログラムなど、幅広い商品を提供している。

このセミナーの詳細はフランクリン・コヴィー・ジャパンまでお問い合わせください。
電話：03-3264-7401
ウェブサイト：http://www.franklincovey.co.jp/

付録6 xQサーベイの結果

xQサーベイは、組織が主要目標を実行する能力を測るものである。IQテストが知力のギャップを明らかにするように、xQの評価は「遂行ギャップ」を測る。これは目標の設定と実際の遂行との間にあるギャップを意味する。「xQ」という言葉は「実行指数(Execution Quotient)」の略である。

マネージャーの効果性について二百五十万人ほどを調査したのち、ハリス・インタラクティブ社と共同で、フランクリン・コヴィーは実行能力の測定方法を開発した。

xQサーベイの結果は驚くべきものであり、また、困ったことでもある。実際、以下のパーセンテージが明かすように、深刻な遂行ギャップがあることがわかる。

xQサーベイの結果1

実行課題	同意者のパーセンテージ
組織の方向: 自分の仕事と組織の最優先事項との間に明確な見通しが開けているか? チームメンバーは組織の最重要目標にフォーカスしているか?	22%
チーム目標の質: 仕事のチームは明確で、測定可能な目標を持っているか?	9%
チームのプランニング: 仕事のチームは目標達成の方法を協力して計画しているか?	16%
チームのコミュニケーション: 仕事のチームに相互理解と創造的な会話があるか?	17%
チームの信頼: 仕事のチームは安心な「Win-Win」の仕事環境で活動しているか?	15%
チームのエンパワーメント: 仕事をするのにふさわしい資源と裁量がチームにあるか?	15%

xQサーベイの結果2

実行課題	同意者のパーセンテージ
チームのアカウンタビリティ(説明責任)： チームのメンバーは自分たちがコミットしているものへの責任を互いに引き受けているか？	10%
チームの達成基準一質： 成功の達成基準は正確かつオープンに測られているか？	10%
個人の業務目標： はっきりとした、測定可能な、期限が定められた業務目標が人々にあるか？	10%
個人の取り組み： メンバーのやる気を引き出しているか？　自分が高く評価されていると感じているか？	22%
個人のプランニング： メンバーは系統的に優先事項の予定を立てているか？	8%
個人のイニシアチブ： メンバーはイニシアチブをとり、結果に対して責任を負っているか？	13%
組織の方向性： 組織の戦略と目標は社員に正確に理解されているか？	23%
組織の協力： チームはグループを超えてチームワークを発揮しているか？	13%
組織の信頼性： 組織は独自の価値観やコミットメントを尊重しているか？	20%
組織の業務結果の改善： 一貫した、体系的なアプローチがあるか？	13%
個人のコミットメント（決意）： 人々は組織の方向にコミットしているか？	39%が「非常に高い決意」か「高い決意」と答えている。
組織のサポート： 上層部はチームの目標を積極的にサポートしているか？	45%が「高いサポート」か「非常に高いサポート」と答えている
チームのフォーカス： 私のチームはその最重要目標に常に完全集中しようと努めているか？	14%
個人の時間配分： 実際、重要目標にどれだけの業務時間を費やしているか？	60%

（アメリカxQサーベイによる）

xQサーベイのポイント1

おもな発見	算定方法
自分の会社が達成しようとしているものをはっきり理解していると答えた人は、わずか3分の1程度である。	「私は戦略を持って示めされた方向性の根拠を明確に理解している」を選んだのは37%。
最重要目標に絶えず集中し続けている人は6人中1人程度である。	「私たちは最重要目標に絶えず集中し続けている」を選んだのは14%。
リーダーは最重要目標を伝達しているのか？	「自分たちの組織が最重要目標を明確に伝えている」と答えたのは44%。
メンバーは自分のタスクと会社の目標との間のはっきりとした「見通し」を持っているのか？	「自分の目標と組織の目標との間のはっきりとした『見通し』を持っている」と回答したのは22%。
メンバーはやる気を起こし、会社の目標にコミットしているのか？ 10人に1人がそうだと答えている。	「非常に、やる気があり、決意している」を選んだのは9%。
業務目標を明確に定義しているのはわずか3人に1人である。	「業務目標は文書化されている」と回答したのは33%。
メンバーは4時間のうち1時間を、緊急だが重要ではない仕事に費やしている。	回答者の見積もりでは、自分たちの時間の23%が、主要目標とはほとんど関係ないが急を要する活動に費やされている。
メンバーは5時間のうち1時間を無駄にして、政治的、お役所的なことをしている。	回答者の見積もりでは、自分たちの時間の17%が社内の官僚的な手続きや部門間の摩擦などに関わる非生産的な活動に費やされている。
仕事に自分の力を全部発揮できると感じているメンバーはわずか半分しかいない。	次の主張に48%が同意している。「私の組織内の大多数は、現在の仕事が要求あるいは許容するよりもはるかに大きな才能と知的能力、創造力を持っている」
職場で自分の意見をオープンに話せると感じている人はわずか半分しかいない。	次の主張に52%が同意している。「私は自分の意見をオープンに話すことに不安を感じない」
「Win-Win」の環境で働いていると答えた人は5人中2人しかいない。	「人の成功を自分の成功として喜ぶことをお互いの指針としている」に合意したのは43%。
少なくとも月に一度、上司と会って目標の達成状況を見直している人は4人に1人である。	26%がそう答えている。
自分の予算を見る責任を引き受けていると答えた人はわずか3分の1以下である。	次の主張に31%が合意または強く同意している。「私たちは予算内にとどめるための説明責任がある」

xQサーベイのポイント2

おもな発見	算定方法
過度な仕事量、資源不足、仕事の不明確な優先順位が、実行を阻む三大障害である。	実行を阻む三大障害は何かと聞かれて、31%が「圧倒的な仕事量」を、30%が「資源不足」を、27%が「不明確、またはよく変わる仕事の優先順位」を選んでいる。
組織がメンバーへの約束を守ると信じている人は3人に1人である。	組織が「メンバーとの取り決めを尊重し常に守る」と答えたのは33%。
チームはサイロの中で働いているようなものである。グループを超えた活発な協力はほとんどない。	組織内の他のグループについて尋ねられて、28%が次の主張に同意している。「それぞれの目標を達成するために、私たちは積極的に助け合う」
目標達成の明確な達成基準があると答えた人は3分の1程度しかいない。	次の主張に35%が同意している。「達成基準は明確である」

（アメリカxQサーベイによる）

あなた自身、チーム、組織が最優先事項に集中し、それらを実行する能力を個人的に評価するためにxQサーベイを受けたい方はwww.franklin.co.jpからフランクリン・コヴィー・ジャパン（株）にお問い合わせ下さい。

付録7
『マックス&マックス』再び

本書で説明されているリーダーシップ論がいかに実用的か、ここで改めて説明しておきたい。そのために再び映像作品『マックス&マックス』を取りあげて、トリム・タブとして機能するリーダーがどのように考えるか、振り返ってみよう。「リーダーの四つの役割」という視点から、ここでもう一度付録のＤＶＤに収録された『マックス&マックス』を観ることをお勧めする。

主人公マックスは現実に何ができるだろうか？　彼の上司ミスター・ハロルドは大の支配好きである。欠乏マインドの持ち主で、自分の上役を恐れ、産業時代のボス中心型の支配モデル――管理、規則、そしてアメと鞭《むち》でモチベーションを引き出す――を通じて物事を変える以外、ほかに方法を知らない。

マックスは落ち込んでいる――挫折と無力感に襲われている。そこで、今までどおり共依存の状態におちいったままでいることもできる――これが第一案だ。戦うこともできるし、反対勢力を集めることも可能だ。逃げ出す（辞める）こともできる――これが第二の案。でなければ、自分の「影響の輪」の中で賢明に率先力を発揮することもできる――これが第三の案だ。

この「第三の案」を実行する一つの手は、「**エトス、パトス、ロゴス**」を用いてハロルド氏の心を動かすというトリム・タブ的な方法だ（提言を行う――下から三番目の率先力のレベル）。作品『マックス&マックス』の中で、マックスはロゴス（論理）だけを用いて提言を行った。しかもこれ以上はないほど間の悪いときに――ハロルド氏が上役にこっぴどく叱られたあとで。ひと言で言えば、マックスは自分の影響の輪から大きく外れていたのだ。だから彼はせっかく創造性と積極性を発揮して顧客を「救った」のに、ハロルド氏に激しく叱られるはめになった。これでマックスはすっかり落ち込み、共依存のサイクルが加速してしまったのだ。

マックスの影響の輪は狭まってしまったのである（図A7・1参照）。

では、どうすればマックスはエトス、パトス、ロゴスのすべてを生かすことができただろうか？　エトスを発揮する行為とは、積極的に、楽しく、そしてみご

図A7・1

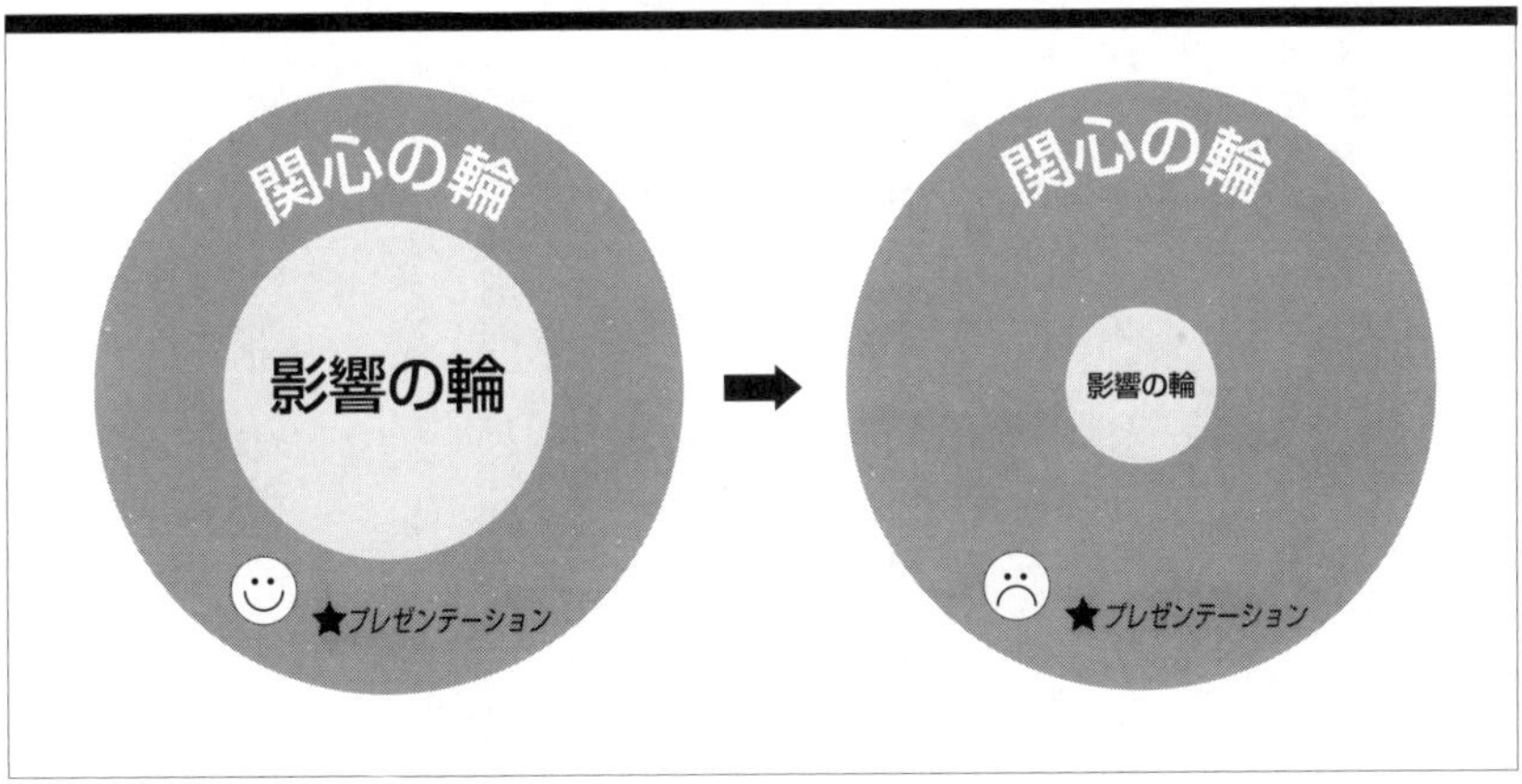

とに自分の仕事をこなし、できる限りの方法でほかの人を助けることなどだ。たしかに彼は不親切な顧客対応のガイドラインに縛られているが、できるだけ前向きかつ創造的にビジネスチャンスを生み出していくことはできる。ハロルド氏の悪口は言わないこと。与えられた条件の中で最善を尽くし、いつも他の人々を助ける人物だと思ってもらえるようにするのだ――自分の影響の輪の**内側**で、しかし業務の範囲の**外側**で。そして人を批判せず、ほめるようにする。

そうした上で、マックスは再びハロルド氏のところに行けばよい。今度はよく話を聞く。真剣に聞く。そして理解できた内容から影響を受けるようにする。たとえばハロルド氏は、独創的だが経験の浅い大口たたきの人物に痛い目にあわされたことがあるのかもしれない。その人物は過大な約束をして過小な成果しか出せずに、会社は業務不履行で訴えられ、そのためハロルド氏が非難を浴びていたのかもしれない。そこで、大ほら吹きな人間がこれ以上まぬけなことをするのを防ぐために、ハロルド氏は融通のきかない新しい規則を作り、部下全員を微《マ》細管理《イクロマネジメント》して、結果的に組織の文化自体を無力なものにしてしまったのかもしれない。

自分が理解されていると感じたとたん、ハロルド氏の自己防衛的なマイナスのエネルギーは消えるだろう。心から理解してくれようとしている人と争うことはできないからだ。これが**パトス**（情緒的なアライメント・合致）の成果である。ハロルド氏の反論や懸念を正確に言い当てたあとで、マックスは次にロゴスを用いて提言をすればよい。誰かに（つまりマックスに）三ヶ月間の実験的なパイロット・プログラムを立ち上げさせる。そして顧客の新規獲得と既存の顧客の購買増をめざして、新しい、創造的な活動を行う機会を与えてはどうかと。ハロルド氏は自分が理解されていると感じ、マックスの協力的な態度や勤勉さ（**エトス**）と、自分に対して示してくれる共感（**パトス**）のおかげで、マックスを以前よりも信頼しているはずだ。だからマイナスよりプラスになる可能性の方がはるかに高いパイロット・プログラムの提案（**ロゴス**）に快く応じるのである。

さて、マックスが三ヶ月間で売上を二十五%伸ばしたとしよう。マックスはハロルド氏のところへ報告に行き、このパイロット・プログラムを続けることと、マックスが深く信頼している販売員をあと三人参加させることを提案する。ハロルド氏は合意する。彼らも二十五％増の成果を出す。今度は四人でハロルド氏に報告して、新たな提案をする――販売員全員にこのパイロット・プログラムに沿った研修を受けさせ、浅はかな口先だけの人物をふるい落とすために厳しい認定基準を設けること。ハロルド氏はそれまでのめざましい売上の伸びに胸を躍らせ、マックスたちの提案を認める。ハロルド氏は上役にもほめられる――「ハロルド君、あれは実にうまくいったじゃないか」。ハロルド氏は堂々と答える――「お教えしましょう、何がよかったかと言うと……」

要するに、エトス、パトス、ロゴスを生かしたプロセス（提言を行う――率先力の第三のレベル）を通じて、マックスは上司に対してリーダーシップを発揮し、会社全体に大きな影響を与えることになったのである。

たしかにこのシナリオは架空のものであって、実際はハロルド氏の問題はまったく別のところにあるかもしれない。しかしそれでもマックスは、状況に応じた対応をして、別の方法で自分の業績と影響力を向上させたに違いない。

重要なのは、マックスが良心に導かれたビジョンと自制心と情熱を通して自分の仕事上のボイス（内面の声）を発見したということである。

また私が経験から学んだところでは、「悪いボス」は共依存文化の一部となっているのが常で、ボスも部下も互いに互いを悪い模範としてまねし合っているものだ。この悪循環を断ち切ることができるのは、自分自身が自分の人生の創造的推進力となっているような人物である。

さて、一方ハロルド氏――賢明なハロルド氏を仮定する――の方は失意のマックスを相手に何ができただろうか？　第一の選択肢は「現状維持」――ただ尻をたたき、おだて、脅し、パーティで景気づけをして、マックスがちゃんとやっているのを見てはほめるだけ――ひと言で言うならアメと鞭（産業時代のモデル）である。

第二の案は「折れること」。つまり信念を曲げて、マックスのやりたいようにさせて放任すること。しかしこれは思わぬ結果を招くことがある。介入もせず、弱腰な放任主義のリーダーだとしてハロルド氏は叱責されたり解雇されたりするかもしれない。さらに、このやり方ではますます大ほら吹きな連中が図に乗って、自分たちの営業成績を上げたいばかりに勝手に非現実的な約束を顧客にしてしまうかもしれない。

第三の案は、マックスに心から謝ることである。顧客との関係を創造的なやり方で救ったマックスを罰してしまったことについて、度を超した過ちだったと完全に認めるのだ。マックスは——まだ共依存的である——この「ソフトな」アプローチを信用せず、相変わらずこびへつらうばかりかもしれない。だからハロルド氏は自分の事情を率直に、誠実かつ具体的に話す必要がある。「なあ、マックス、私は君に八つ当たりしてしまったよ。君はあの客に懇切丁寧に対応して立派な仕事をしてくれた。ところが私は『より少ないコストで、より大きな業績を上げよ』というプレッシャーを感じすぎていた。それに、バカなことをするはねっ返り者がまた出てきたらかなわんと不安なあまり、規則で締めつける以外にどうしていいかわからなかった。マックス、君に関しては私が間違っていたよ。あの時は私がどうかしていた。あれからじっくり時間を考えてみたんだ。君の提案を本当に試してみたいんだ。またパンドラの箱を開けてしまわないことだけは願っているがね。私が君の意見をもっとよく理解できるように、協力してくれないか?」

ハロルド氏の誠実さと率直さに促され、マックス自身ももっと純粋な気持ちになるかもしれない。同じ問題で苦労している二人の人間の真のコミュニケーション——垂直な関係ではなく水平の——は、相乗効果的な「第三の案」につながるかもしれない。マックスが現実にできることは何かという問題を検討したときに見たように。いずれにせよ、連続的なプロセス、インサイド・アウトのアプローチ、そして全人格的な視点という基盤に気づいてもらいたい。**個人**から率直で信頼できる**人間関係**へ、最後には**組織的な**取り組みへと移り変わっていることにも(マックスのパイロット・プログラムは信頼と信頼感が高まるにつれて拡大していったのだ)。

これこそまさに、誰もがはじめは想像もしなかった「第三の案」の解決法である。創造的なコミュニケーションから生まれたこの方法は、人間関係に絆《きずな》をもたらすだろう。また、将来さらに困難な予期しなかった問題が持ち上がっても対処できるような「免疫系」も形成されるはずだ。

繰り返すが、これらのシナリオは私が作ったものであり、実際はまったく違う展開になるかもしれない。それは私も十分よくわかっている。だが、私が伝えようとしているのは慣行《プラクティス》――何をするか――ではなく原則である。さまざまなプラクティスの基礎となる、普遍的に適用できる諸原則である。映像作品『マックス＆マックス』は、原則にもとづいた有効なプラクティスの一例にすぎない。

さて、一歩下がって理論的に再確認してみよう。まず、マックスを見てほしい。ハロルド氏に対してリーダーシップを発揮するプロセスで、マックスが四つの役割を果たしたことに注目したい。この四つの役割は、有効なシナリオには必ず見いだせるものだ。まず**模範になること**。マックスはエトスを発揮して、主体的な率先力の模範となった。パトスを発揮することで、共感の模範となった。ロゴスを発揮することで、勇気の模範ともなった。そして二人の関係を結ぶ中で、「第三の案」を生み出す相乗効果的なコミュニケーションも行われた。その「第三の案」は、ハロルド氏のかつての「Ｗｉｎ－Ｌｏｓｅ」的な管理統制型のやり方よりもずっと望ましいし、マックスにとっても、やる気を失ってこびへつらってばかりいるよりもはるかに望ましいものだった。

何度も繰り返して言うが、個人であれチームであれ、模範を示すことのエッセンスは「7つの習慣」の中にある。

第二の役割は**方向性を示す**ことだった。それはマックスが提案した「Ｗｉｎ－Ｗｉｎ」型のパイロット・プログラムに表れている。マックスとハロルド氏は一丸となり、正直な価値観や良識ある判断という指針のもとで、創造的な、より親身な顧客サービスを通じてビジネスを伸ばすことをめざした。信頼感と率直なコミュニケーションの模範になることで、方向性を示すのに必要な信頼をマックスは勝ち取ったのだ。こうしてこのパイロット・プログラムにおいて、マックスのボイス（内面の声）は組織のボイスと重なったのである。

第三の役割、目的に向けて組織を整える**アライニング**は、ハロルド氏がパイロット・プログラムの実施を認めたことで実現した。組織が向かうべき方向性を示したこのパイロット・プログラムを、ハロルド氏はまずマックスに認め、次にほかの三人、そして最後には全販売員に正式に認めた。アライニングとは目標を達成するのに必要な構造やシステム、プロセスを整えることを意味する。合意された指針の枠内で、示された方向性に向けて組織を調整していくのだ。こうして個人と組織のボイスが重なり合いながら育まれ、力を発揮できるようになる。

模範になること、方向性を示すこと、そしてアライニングは、**エンパワーメント**を進めることを可能にする。最初はマックス、やがてはほかの人々も、それぞれの経験にもとづく判断能力や創造性を活用し、合意された指針に沿って顧客を獲得し維持するのに必要なことを何でもできるようになった。こうして、規則が判断を抑えこんでしまうことがなくなった。部下にやり方まで命じて、強引に規則を押しつけたのでは、彼らに結果の責任を負わせることはできない。エンパワーメントを進めると、**方向性を示された上での自律**が可能になり、各人はボイスを尊重され、表現できるようになる。

今度はハロルド氏の姿に、賢明なる知識労働者の典型的な対応を見てみよう。マックス同様、ハロルド氏もリーダーの四つの役割を果たした。現状のまま続けるか、折れて放任するかのどちらでもなく、第三の道を進んだのである。

ハロルド氏はまず、**模範になる**というインサイド・アウトのプロセスから始めた。ハロルド氏は率直に自分の過ちを認め、相乗効果を生むコミュニケーションを始めた。そうして信頼が築かれ、「より本物の」信頼が生まれたとき、**方向性を示す**解決策（限定されたパイロット・プログラム）が生まれた。ハロルド氏の地位という形式的な権威が、新たに育ってきた道徳的権威と合わさり、ハロルド氏はマックス一人だけのパイロット・プログラムを公認し、実行可能なようにシステム化した。**組織を整えること**により、マックスのプログラムは企業文化の中で合法なものとなり、マックスは自律的に自分の創造性や柔軟性を発揮して新たなビジネスをを生み出せた。

つまり、ハロルド氏は**エンパワーメントを進める**役割を果たしたのである。

物事がうまく進歩するにつれ（マックスと仲間たちは**相互補完的なチーム**のあり方の模範を示した）、ほかの人々も新たな道に導かれ（方向性が示された）、構造やシステムやプロセスを整える**アライニング**によって助けられ、ついには基準をクリアしたすべての人々が**エンパワーメント**の対象となったのである。

付録8 フランクリン・コヴィーのアプローチ

持続性のある、優れた業績……

ビジネスやほとんどの組織にとって、これがいちばんむずかしい部分である。たしかに四半期かそのくらいは大半の人が結果を出すことができる。しかし、本当に困難なのは、毎年毎年、一貫した結果を出せる組織文化を築くことなのだ。

驚くべきことに、それができる組織はほとんどない。主要なビジネス文献から得られた次の統計を考えてもらいたい：

・『本業再強化の戦略』（日経BP社刊）十年間に一定の収益率を上げることができたのは、一八五四社中、わずか一一一社（一三％）。

・『ビジョナリーカンパニー2』（日刊BP社刊）十年間かそれ以上、株式市場平均を上回ったのは一四三五社中わずか一二六社（九％）。さらに、持続的な優れた業績の研究基準に合致したのは一四三五社中、わずか一一社（一％以下）。

・『創造的破壊―断絶の時代を乗り越える』（翔泳社）三十年間にわたり調査を受けてきた一〇〇八社中、現存するのはわずか一六〇社（一六％）である。

・『Stall Points（失速点）』フォーチュン誌の五〇社でうまく成長を維持しているのはわずか五％。

優れた業績を上げるだけでなく、何度でもそれを行う能力を身につけることが、偉大な組織の定義である。ところが、ほとんどの組織やリーダーがこれを達成し損なっている。失敗の根っこにはアプローチの問題がある。

ある日、貧しい農夫が、飼っていたガチョウの巣に、光り輝く黄金の卵を見つけた。これは手品か何かに違いないと、農夫は最初に思った。けれども考え直して、その卵を持ってきて調べることにした。

農夫には自分の幸運が信じられなかった。卵は純金なのだ！　次の日、ガチョウがもう一個、金の卵を産んだとき、彼はますます興奮した。来る日も来る日も、農夫は目が覚めると巣に飛んでいき、さらにもう一個の金の卵を見つけた。間もなく彼はびっくりするようなお金持ちになった。

しかし、富とともに欲と短気も生まれた。毎日、金の卵を待つのがもどかしく、農夫はガチョウを殺して、一度に全部手に入れようと決めた。ところがガチョウを切り開くと、中は空っぽだった。金の卵など一つもない。もう二度とそれを手に入れる方法はないのだ。農夫は金の卵を産むもの自体をだめにしてしまった。

この寓話の中に、組織の業績の原則がある。持続的な優れた業績は二つの要素から成っている。生み出されるもの（黄金の卵）と、それを生み出す能力（ガチョウ）である。

もし組織が黄金の卵を生む（今日の結果を出す）ことにのみ集中し、ガチョウ（明日の能力を築くもの）をおろそかにすれば、黄金の卵をもたらす資産はすぐになくなるだろう。一方、組織が黄金の卵を産むという目的もなく、ガチョウの世話だけしていれば、ガチョウに餌《えさ》をやる手だてはすぐになくなるだろう。鍵はバランスにある。

あなたの組織は、おそらくこんな感じではないか。

> 結果を出すことがプレッシャーとなって立ちはだかるとき、私たちは総力を挙げて頑張ろうとする。戦隊を集め、緊急の目標を達成するためにみんなのお尻をたたく。売上高が目標となることもあるだろう。次の危機は、コスト削減が目標となる。その次は何か別のものになる。私たちは絶えず反応的になり、一つの「危機的目標」や「緊急イニシアチブ」から次のそれへと揺れ動く。問題は、真のビジネス改善に必要な人やプロセスや機材への投資不足がいつもついて回るような気がすることである。その結果、一貫した業績のリズムに乗れないのだ。

あるいはこんな感じだろうか。

> 私たちは長年、人と文化にたっぷり投資してきた。最高のシステムと技術、それに偉大な、才能ある人々がいれば、持続的な優れた業績がひとりでに生まれるというのが、私たちの持論である。それはすばらしい職場だったが、やがて試練のときが襲った。熾烈《しれつ》な競争や好ましか

らざる経済環境と戦えるような筋肉質の実行力が現実にはないことがわかったのだ。黄金の時代には当たり前のようだった投資をすべて削減せざるを得なくなった。人々は幻滅し、士気は下がり、最高の人材の多くが去っていった。

フランクリン・コヴィー社も痛い思いをしてこの教訓を学んだ。なぜなら、私たちもこの業績と業績能力の振り子に揺さぶられてきたからである。そういうわけでこれは「稼いだ」知識となり、理論的な信念以上のものが、私たちのアプローチの奥にはある。

フランクリン・コヴィーでは、持続的な優れた業績目標に対し、方程式の両側からアプローチする。私たちが一助となり、組織は集中して具体的な結果を出せるようになる。組織の能力が高まり、リーダーと個々の貢献者は新しいレベルの業績能力を持てるようになる。

次の二つの領域（結果を出すことと能力を高めること）において、フランクリン・コヴィー社はクライア

結果の達成

仕事①　最重要事項の実行。具体的な結果――たとえば、売上の増加、具体的なイニシアチブの実施や品質の改善を遂げるために、**最重要事項**がいっそうコミットされ、明確化されるようにし、**重要事項**のまわりに実行プロセスが築かれるように私たちはお手伝いする。

能力の向上

仕事②　リーダーシップとマネジメントの開発。長続きするリーダーシップ能力が、個性やチームづくり、優れた結果を出す能力にもとづいて築かれるように私たちはお手伝いする。

仕事③　個々の効果性。組織が知識やスキルだけでなく、労働者の個々の業績を伸ばし、個人やチームとしてより大きな結果を遂げるように私たちはお手伝いする。このようにして個人的な偉大さは築かれる。

ントとともに三つの明確な「なされるべき仕事」に取り組む。これらは「第8の習慣　**組織的な偉大さ、リーダーシップの偉大さ、個人的な偉大さ**」の中で呈示された偉大さの三本柱を表している。

少しの間考えてもらいたい。あなたなら、優勝できるスポーツチームをどのようにつくるだろうか。選手の質やコンディションづくりに投資することで、あなたのチームは改善する。すなわち、選手がよければ、いいチームになる。それと同時に、どれだけ個々の選手がよくても、チームが勝てるのは、選手たちが具体的な目的に向かって一致団結し、何度も何度も優れた「プレーを実行する」ときに限られる。

あなたが求めるのは、偉大な選手と偉大な実行である。来るシーズン来るシーズン、常に実力を発揮できるチーム——勝ち続ける組織。これが、フランクリン・コヴィー社のアプローチの真髄である。すなわち、組織的な能力を何度も何度も具体的な結果に移し替え、勝つ組織にすることが。

図A8・1

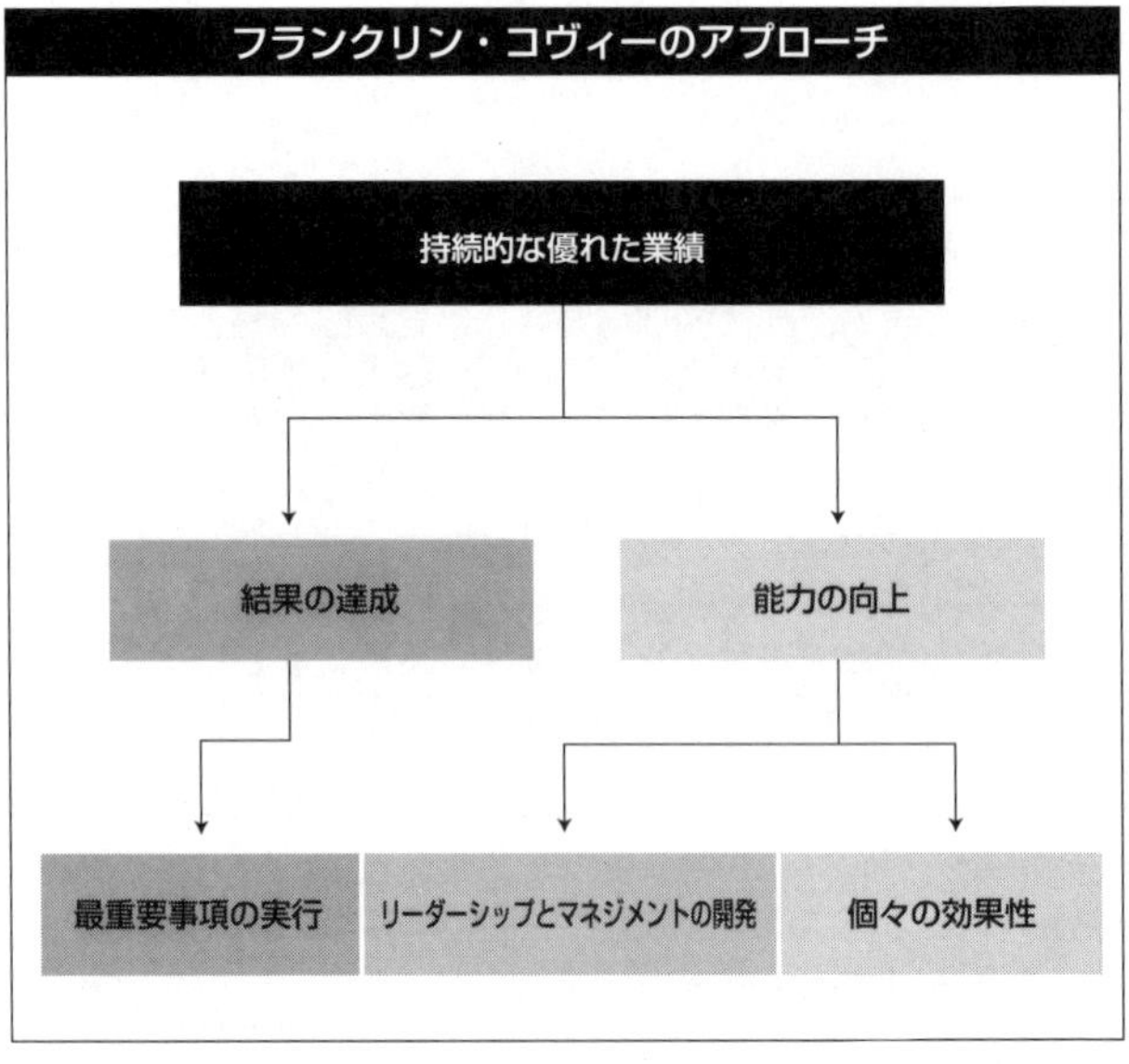

自分のボイスを発見し、
それぞれのボイスを発見するよう人を奮起させる

❶読む	❷2人に教える	❸原則を実践する	❹結果を報告する
□	□ □	□ 30日間	□
□	□ □	□ 30日間	□
□	□ □	□ 30日間	□
□	□ □	□ 30日間	□
□	□ □	□ 30日間	□
□	□ □	□ 30日間	□
□	□ □	□ 30日間	□
□	□ □	□ 30日間	□
□	□ □	□ 30日間	□
□	□ □	□ 30日間	□
□	□ □	□ 30日間	□
□	□ □	□ 30日間	□
□	□ □	□ 30日間	□
□	□ □	□ 30日間	□
□	□ □	□ 30日間	□
□	□ □	□ 30日間	□

「第８の習慣」チャレンジ

１：その章を読む。
２：仕事の同僚や、家族、友人など、少なくとも２人にその章の内容を教える。
３：一ヶ月間、その章で説かれる原則を実践するために、真摯で一途な努力をする。
４：その章で説かれる考えを実践しようとした結果や、そこから学んだことを、信頼できる同僚や家族、友人に報告する。

1.	苦痛
2.	問題
3.	解決策
4.	自分のボイスを発見する——秘められた天性を解き放つ
5.	自分のボイスを表現する——ビジョン、自制心、情熱、良心
6.	それぞれのボイスを発見するよう人を奮起させる ——リーダーシップのチャレンジ
7.	影響力を発揮するボイス——「トリム・タブ」になる
8.	信頼性を発揮するボイス——人格と能力の模範になる
9.	信頼を築くボイスと信頼がもたらすスピード
10.	ボイスをの融合——第三の案を探す
11.	一つのボイス——方向性を示し、共通のビジョン、価値観、戦略を確立する
12.	実行のためのボイスとステップ——結果を出すために組織の目標とシステムを整える
13.	エンパワーメントするボイス——情熱と才能を解き放つ
14.	第８の習慣とスイート・スポット
15.	自分のボイスを賢明に生かし、人々に奉仕する
付録１	４つのインテリジェンス／能力の開発——実践的な行動指針

脚注（本文中で引用されている文献）

※邦訳があるものについては題名等を記したが本文中では原文からと、新たに訳出したタイトルを載せているものがある。（邦訳書を参考にさせていただいたものもあり、謝意を表する）

第1章

1 Rogers, C. R., *On Becoming a Person* (Boston: Houghton Mifflin, 1961), p. 26.

2 Rick Levine, Christopher Locke, Doc Searls and David Weinberger, *The Cluetrain Manifesto* (Cambridge, MA: Perseus Books Publishing, 2000), pp. 36, 39.　リック・レバインほか著『これまでのビジネスのやり方は終わりだ――あなたの会社を絶滅恐竜にしない95の法則』（倉骨彰訳。日本経済新聞社）

3 Antony Jay, *The Oxford Dictionary of Political Quotations* (Oxford: Oxford University Press, 1966), p. 68.

第2章

1 アジアで開催されたカンファレンスにおけるスタンレー・M・デイビスの発言より

2 Peter F. Drucker, "Managing Knowledge Means Managing Oneself," *Leader to Leader*, 16 (Spring 2000), pp. 8-10.

3 Peter F. Drucker, *Management Challenges for the 21st Century* (New York: Harper Business, 1999), p. 135.　P・F・ドラッカー著『明日を支配するもの――21世紀のマネジメント革命』（上田惇生訳。ダイヤモンド社）

第3章

1 Henry David Thoreau, *Walden* (Boston: Beacon Press, 1997), p. 70.　ヘンリー・D・ソロー著『森の生活　ウォールデン』（飯田実訳。岩波文庫）、『ウォールデン　森で生きる』（酒本雅之訳。ちくま学芸文庫）など。

2 Robert Frost, Elizabeth Knowles, ed., *The Oxford Dictionary of Quotations*, 5th ed. "The Road Not Taken," (1916) (Oxford: Oxford University Press, 1999).

第4章

1 Daniel Ladinsky, *The Gift*: Poems by Hafiz the Great Sufi Master（New York: Penguin Compass, 1999）, pp. 67-68.

2 Marianne Williamson, *A Return to Love: Reflections on the Principles of a Course in Miracles*（New York: HarperCollins, 1992）, pp. 190-191.　マリアン・ウイリアムソン著『愛への帰還――光への道「奇跡の学習コース」』（大内博訳。太陽出版）

3 Michael C. Thomsett, speech, Oct. 9, 1956, in *War and Conflict Quotations*（North Carolina: McFarland & Company, 1997）, p. 50.

4 *Munsey's Magazine*（February 1897）, 554. エラ・ウィーラー・ウィルコックス協会のウェブサイトより（2004年5月15日閲覧）。http://www.ellawheelerwilcox.org.

5 C. S. Lewis, *Mere Christianity*（New York: Simon & Schuster, 1980）, pp. 19-21.　C・S・ルイス著　『キリスト教の世界』（鈴木秀夫訳。大明堂）

6 Doc Childre and Bruce Cryer, *From Chaos to Coherence*（Boston: Butterworth-Heinemann, 1999）, p. 23.

7 同書 p. 29.

8 Daniel Goleman, *Working with Emotional Intelligence*（New York: Bantam Books, 1998）, p. 31.　ダニエル・ゴールマン著『ビジネスEQ――感情コンピテンスを仕事に生かす』（梅津祐良訳。東洋経済新報社）

9 Richard Wolman, *Thinking with Your Soul*（New York: Harmony Books, 2001）, p. 26.

10 *The Holy Bible*, King James Version.『聖書』（日本聖書協会）

11 Danah Zohar and Ian Marshall, *SQ: Connecting with Our Spiritual Intelligence*（New York and London: Bloomsbury, 2000）.　ダナー・ゾーハー、イアン・マーシャル著『SQ――魂の知能指数』（古賀弥生訳。徳間書店）

12 William Bloom, *The Endorphin Effect*（United Kingdom: Judy Piatkus Publishers Ltd., 2001）, p. 12.

13 Anwar el-Sadat, *In Search of Identity: An Autobiography*（New York: Harper and Row Publishers, 1978）.　アンワル・エル・サダト著『サダト自伝――エジプトの夜明けを』（朝日新聞東京本社外報部訳。朝日イブニングニュース社）

14 "The Speaker's Electronic Reference Collection," AApex Software, 1994.

15 YMCA of the USA, Dartmouth Medical School, The Institute for American Values, *Hardwired to Connect: The New Scientific Case for Authoritative Communities*, A Report to the Nation from the Commission on Children at Risk（2003）, p. 6.

16 Dee Hock, "The Art of Chaordic Leadership," *Leader to Leader*, 15（Winter 2000）, pp. 20-26.

17 Warren G. Bennis and Robert J. Thomas, *Geeks and Geezers: How Era, Values, and Defining Moments Shape Leaders*（Boston: Harvard Business School Publishing, 2002）.　ウォレン・ベニス、ロバート・トーマス著『こうしてリーダーはつくられる』（斎藤彰悟監訳、平野和子訳。ダイヤモンド社）

脚注（本文中で引用されている文献）

18 Jim Loehr and Tony Schwartz, *The Power of Full Engagement* (New York: Simon & Schuster, 2003). ジム・レーヤー、トニー・シュワルツ 著『成功と幸せのための4つのエネルギー管理術——メンタル・タフネス』(青島淑子訳。阪急コミュニケーションズ)

第5章

1 Phillip Massinger, Timoleon, in *The Bondman*, act 1, sc. 3 (1624), *Poems of Phillip Massinger*, P. Edwards and C. Gibson, eds. (1976)

2 Susana Wesley 1725年6月8日付の息子への手紙。ウェスレイアン教会のウェブサイトより（2004年5月14日閲覧）。http://www.wesleyan.org

3 Polly LaBarre, "Do You Have the Will to Lead?," *Fast Company Magazine* 32 (March 2000), p. 222. 下記のウェブサイトより（2004年5月27日閲覧）。http://www.fast-company.com/online/32/koestenbaum.html.

4 Lucinda Vardey, *A Simple Path*, introduction to Mother Teresa, Lucinda Vardey, ed. (New York: Ballantine, 1995), p.xxxviii. ルシンダ・ヴァーディ編『マザー・テレサ語る』(猪熊弘子訳。早川書房)

5 Josef Hell, *Aufzeichnung*, (Institut für Zeitgeschichte, 1922) ZS 640, p. 5.

6 Dag Hammarskjöld, *Markings*, (New York: Alfred A Knopf, 2001), p. 124. ダグ・ハマーショルド著『道しるべ』(鵜飼信成訳。みすず書房)

7 Albert E. N, Gray Essay "*The Common denominator of success*" (Philadelphia: NALU annual convention, 1940).

8 Harold B. Lee, *Teachings of Harold B. Lee*, Clyde J. Williams, ed. (Salt Lake City: Bookcraft, 1996), p. 606.

9 Charles Moore, introduction to *Washington's School Exercises: Rules of Civility and Decent Behavior in Company and Conversation*, Charles Moore, ed. (Boston: Houghton Mifflin Company, 1926) ,pp. xi-xv.

10 Elizabeth Knowles, ed., *The Oxford Dictionary of Quotations*, 5th ed. (Oxford: Oxford University Press, 1999), P. 396.

11 JoAnn C. Jones, "Brockville," *Ontario-Guide Post*, January, 1996.

12 David O. McKay, *Conference Report*, The Church of Latter-day Saints, April 1964, p. 5.

13 John G. Whittier, *Maud Muller* (Boston: Riverside Press, 1866), p. 12.

第6章

1 Peter F. Drucker, *Management Challenges for the 21st Century* (New York: HarperCollins, 1999), p. 8. P・F・ドラッカー著『明日を支配するもの：21世紀のマネジメント革命』(上田惇生訳。ダイヤモンド社)

2 Phillip Evans and Thomas S. Wurster, *Blown to Bits* (Boston: Harvard Business School Press), p.13. フィリップ・エバンス、トーマス・S・ウースター著 『ネット資本主義の企業戦略――ついに始まったビジネス・デコンストラクション』(ボストン・コンサルティング・グループ訳。ダイヤモンド社)

3 Dave Ulrich, Jack Zenger and Norm Smallwood, *Results Based Leadership* (Boston: Harvard Business School Press, 1999), p. 7. デイブ・ウルリッチ、ジャック・ゼンガー、ノーム・スモールウッド著 『脱コンピテンシーのリーダーシップ：成果志向で組織を動かす』(Diamondハーバード・ビジネス・レビュー編集部訳。ダイヤモンド社)

第7章

1 Del Jones, "What would Attila the Hun do?" *USA Today* (April 6, 2003). USA Todayのウェブサイトより (2004年5月27日閲覧)。http://www.usatoday.com/money/companies/management/2003-04-06-warleaders_x.htm.

2 Tom Peters, *The Project 50* (New York: Alfred A. Knopf, 1999), pp. 48-49. トム・ピーターズ著『セクシープロジェクトで差をつけろ！――トム・ピーターズのサラリーマン大逆襲作戦②』(仁平和夫訳。TBSブリタニカ)

第8章

1 American Museum of Natural History, 下記のウェブサイトより (2004年5月14日閲覧)。http://www.amnh.org/common/faq/quotes.html.

2 Eknath Easwaran, *Gandhi, the Man*, 2nd ed. (Nilgin Press, 1978), p. 145.

3 Lieutenant General Dave R. Palmer '56 (retired) " Competence and Character: Schwarzkopf's Message to the Corps."

脚注（本文中で引用されている文献）

Assembly Magazine, May 1992.

第9章

1 Gordon B. Hinckley, "The True Strength of the Church," *Ensign Magazine*, July 1973, p. 48.
2 Rick Pitino, *Lead to Succeed*（New York: Broadway Books, 2000）, p. 64.
3 Elizabeth Knowles, ed., *The Oxford Dictionary of Quotations*, 5th ed.（Oxford: Oxford University Press, 1999）, p. 503.
4 Dag Hammarskjöd, *Markings*（New York: Alfred A Knopf, 2001）, p. 197.　ダグ・ハマーショルド著『道しるべ』（鵜飼信成訳。みすず書房）
5 C. S. Lewis, *Mere Christianity*（New York: Simon & Schuster, 1980）, pp. 165-166.　C・S・ルイス著『キリスト教の世界』（鈴木秀夫訳。大明堂）

第10章

1 Warren Bennis, *Why Leaders Can't Lead*（San Francisco, Jossey-Bass Publishers, 1989）, p. 158. ウォレン・ベニス著『リーダーはなぜリードできないのか』（千尾将訳。産業能率短期大学出版部）
2 Arun Gandhi, "Reflections of Peace," *BYU Magazine*, vol. 54, no. 1（Spring 2000）pp. 1-6.　下記のウェブサイトより（2004年5月14日閲覧）。http://magazine.byu.edu/bym/2000sp/pages/peace1.shtml#.
3 Ralph Roughton, M. D., used with permission.

第11章

1 J. A. Belasco, *Teaching the Elephant to Dance: The Manager's Guide to Empowering Change* (New York: Plume, 1991), p. 11.

2 Clayton M. Christensen, *The Innovators Dilemma* (Boston: Harvard Business School Press, 1997), pp. xviii-xix. クレイトン・クリステンセン著『イノベーションのジレンマ：技術革新が巨大企業を滅ぼすとき』(伊豆原弓訳。翔泳社)

3 Jim Collins, *Good to Great* (New York: Harper Collins, 2001), p. 96. 『ビジョナリー・カンパニー２』(山岡洋一訳。日経BP)

第12章

1 Martin H. Manser, *The Westminister Collections of Christian Quotations* (Louisville: Westminister John Knox Press, 2001), p. 76.

2 Randall Rothenberg and Noel M. Tichy: "The Thought Leader Interview," *Strategy + Business Magazine* (Spring 2002), pp. 91-92.

第13章

1 Marcus Buckingham and Donald O. Clifton, *Now Discover Your Strengths* (New York: Simon & Schuster, 2001), p. 5. マーカス・バッキンガム、ドナルド・O・クリフトン著 『さあ、才能《じぶん》に目覚めよう: あなたの5つの強みを見出し、活かす』(田口俊樹訳。日本経済新聞社)

2 同上

3 Thomas Stewart, *Intellectual Capital: The New Wealth of Organizations* (New York: Doubleday Books, 1997).

4 Stuart Crainer, *The Management Century* (San Francisco: Jossey-Bass Publishers, 2000), p. 207. スチュアート・クレイナー著『マネジメントの世紀1901-2000』(嶋口充輝監訳、岸本義之、黒岩健一郎訳。東洋経済新報社)

5 Peter F. Drucker, *Managing for the future: The 1990's and Beyond* (New York:Truman Tally Books, Dutton, 1992), p. 334. P・F・ドラッカー著 『未来企業：生き残る組織の条件』(上田惇生ほか訳。ダイヤモンド社)

脚注（本文中で引用されている文献）

6 Max De Pree, *Leadership Is an Art*（New York: Dell Publishing, 1989）, pp.28, 38. マックス・デプリー著　『リーダーシップの真髄：リーダーにとって最も大切なこと』（福原義春監訳。経済界）

第14章

1 Larry Bossidy and Ram Charan, *Execution: The Discipline of Getting Things Done*（New York: Crown Business, 2002）, pp. 19, 34.　ラリー・ボシディ、ラム・チャラン、チャールズ・バーク著　『経営は「実行」：明日から結果を出すための鉄則』（高遠裕子訳。日本経済新聞社）

2 Lous V. Gerstner, *Who Says Elephants Can't Dance?*（New York: HarperCollins Publishers, 2002）, p. 230.　ルイス・V・ガースナー・Jr.著　『巨象も踊る』（山岡洋一、高遠裕子訳。日本経済新聞社）

3 Charles Hummel, *Tyranny of the Urgent*（Downers Grove, IL: Inter Varsity Christian Fellowship of the United States of America, 1967), pp. 9-10.

第15章

1 Gordon B. Hinckley, "Testimony," *Ensign Magazine*（May 1998), p. 69.

2 Engraved in a monument at Rockefeller Center, New York City, New York.

3 Nelson Mandela, *Long Walk to Freedom*（Boston: Little, Brown and Company, 1994）, pp. 543-544.　ネルソン・マンデラ著 『自由への長い道：ネルソン・マンデラ自伝　上・下』（東江一紀訳。日本放送出版協会）

4. Engraved in a monument at the entrance of the Nathan Eldon Tanner Building, Marriott School of Management, Brigham Young University, Provo, Utah.

5 Alfred North Whitehead, "The Rhythmic Claims of Freedom and Discipline," *The Aims of Education and Other Essays*（New

York: New American Library, 1929), p. 46. ホワイトヘッド著 『ホワイトヘッド著作集 第9巻 教育の目的』（森口兼二、橋口正夫訳。松籟社）

6 Dag Hammarskjöld *Markings*（New York: Alfred A Knopf, 2001）, p. 158. ダグ・ハマーショルド著『道しるべ』（鵜飼信成訳。みすず書房）

7 Muggeridge, Malcom, "A Twentieth Century Testimony," *Malcolm Muggeridge*, Thomas Howard, ed.（London: Collins, 1979）.

8 Robert K. Greenleaf, "The Servant as Leader," *Servant Leadership: A Journey into the Nature of Legitimate Power and Greatness*, 25th anniversary ed.（Mahwah, New Jersey: Paulist Press, 2002), pp. 23-24.

9 Jim Collins, "Level Five Leadership: The Triumph of Humility and Fierce Resolve," *Harvard Business Review*, vol. 79, no. 1 (January 2001), p. 67.

10 Jim Collins, *Good to Great*（New York: HarperCollins Publishers, 2001), p. 20.

11 Jim Collins, "And the Walls Came Tumbling Down," *Leading Beyond the Walls*, The Peter F. Drucker Foundation for Nonprofit Management; Frances Hesselbein, Marshall Goldsmiths and Iain Somerville, ed.（Jossey-Bass Publishers, 1999）.

12 *Peel's Principles of Modern Policing*, 1829.

13 Report of Col. Joshua L. Chamberlain, Twentieth Maine Infantry Field Near Emmitsburg – July 6, 1863.

14 Alice Rains Trulock, *In the Hands of Providence: Joshua L. Chamberlain and the American Civil War*（Chapel Hill: The University of North Carolina Press, 1992), p. 5.

15 Maxwell Anderson, *Joan of Lorraine*,（Washington, D.C.: Anderson House, 1947).

16 Haddon Klingberg Jr., *When Life Calls Out to Us*（New York: Doubleday, 2001), p. 8.

17 Trulock, p. 154. Excerpt from the dedication of the Maine Monuments at Gettysburg on the evening of October 3, 1889.

付録1

1 Doc Childre and Bruce Cryer, *From Chaos to Coherence*（Boston: ButterworthHeinemann, 1999), p. 23.

2 C. S. Lewis, *Mere Christianity*（New York: Simon & Schuster, 1980), pp. 124-125. C・S・ルイス著 『キリスト教の世界』（鈴木秀夫訳。大明堂）

3 Childre and Cryer, p. 69.

4 Robert Frost, "Two Tramps in Mud Time," *The Poetry of Robert Frost*, Edward Connery Lathem, ed.（New York: Henry Holt and Co., 1969）.

5 Lewis, p. 88.

著者について

スティーブン・R・コヴィーはリーダーシップの権威として国際的な尊敬を得ている。また、家庭の専門家としても、教師としても、組織のコンサルタントとしても、家庭、組織の両方を築く原則中心の生き方とリーダーシップを教えることに生涯を捧げてきた作家としても、同様に尊敬されている。ハーバード大学でMBAを取得、ブリガム・ヤング大学で博士号を取得するとともに、組織行動およびビジネス・マネジメント学の教授となり、大学関係の理事、総長補佐も務めた。

コヴィー博士の数々の著書は好評を博し、国際的なベストセラーとなった『7つの習慣　成功には原則があった』は「二十世紀で最も影響力のあるビジネス書」のナンバーワンに、また、これまでで最も影響力のあるマネジメント書のトップテンに挙げられている。この本は全世界で三十八ヶ国語に翻訳され、千五百万部以上を売り上げた。他のベストセラー書には、『7つの習慣　最優先事項』、『原則中心リーダーシップ』『ファミリー7つの習慣　家族実践編　上・下』（全てキングベアー出版刊）などがあり、全部合わせると、二千万部以上の売り上げに達する。

コヴィー博士は九人の子どもの父親であり四十三人の孫の祖父として、全米ファーザーフットイニシアティブより「二〇〇三年度父親業賞（Fatherhood Award）」を受賞した。この賞は今までいただいた中でいちばん意味深い賞だという。コヴィー博士が獲得したその他の賞には、人類に対する継続的貢献をたたえる「トーマス・モア・カレッジ・メダリオン（Thomas More College Medallion）」、一九九九年の「講演家大賞（Speaker of the Year）」、「シークス一九九八年度国際平和賞（Sikh's 1998 International Man of Peace Award）」、「一九九四年度国際起業家賞1994（International Entrepreneur of the Year Award）」、「起業リーダーシップのための全米起業家生涯達成賞（National Entrepreneur of the Year Lifetime Achievement Award for Entrepreneurial Leadership）」などがある。また、「タイムズ」誌より、最も影響力のあるアメリカ人二十五人の一人に選ばれ、七つの名誉博士号も得ている。

フランクリン・コヴィー・ジャパン株式会社について

フランクリン・コヴィー・グループは、企業および個人の皆様向けに、パフォーマンス向上のための教育サービスを提供し、リーダーシップ能力や生産性、コミュニケーション能力、そして業績を効率的に改善するお手伝いをしています。米国ユタ州の本社を中心とし、世界三十九ケ国において展開される活動は、企業はさることながら、政府機関、各種団体、学校、個人にも広く支持されています。

米国の「フォーチュン」誌が指定する最優良企業上位百社のうち八十社、同じく五百社の四分の三以上が名を連ね、他多数の中小企業や政府機関なども含まれています。フランクリン・プランナー（『7つの習慣』の「第三の習慣」で説明されている概念を実行するための応用ツール）の愛用者が全世界で二千百万人を超えているという事実は、何よりも当社の概念とツールの効果性を物語っています。フランクリン・コヴィー社は各界より高い評価を受け、ビジネス界から数々の賞を受けたほか、セミナー向けに開発したドキュメンタリーや短編映画も、ニューヨーク映画祭の金賞をはじめとする多くの賞に輝いてきました。

フランクリン・コヴィー・ジャパン株式会社はフランクリン・コヴィー社の日本における拠点として、公開コース、講師派遣コース、社内講師養成コースなどの各種セミナーやコンサルティング、フランクリン・プランナーおよび書籍を日本の顧客に紹介し、小売店やカタログによる販売事業を推進しています。

日本における活動は、当初より熱烈な支持をいただいてきました。現在、当社のコースを社内研修プログラムとして取り入れている法人顧客数は数千社に上ります。その内訳は多彩で、大企業から中小企業、日系企業から外資系企業、官公庁、さらに在日米軍なども含まれています。また、小中学生を対象とした教育プログラム「7つの習慣J」をFCエデュケーション社と共同で実施しており、多くの賛同を得ています。

サービスの内容

- ◆ ７つの習慣
- ◆ プライオリティ
- ◆ リーダーの４つの役割
- ◆ ゴール・アライメント
- ◆ ビジネス・シンク
- ◆ ヘルピング・クライアンツ・サクシード
- ◆ ７つの習慣　ビジネスケース
- ◆ プランニング・クエスト
- ◆ ライティング・クエスト
- ◆ 360°プロフィール／フランクリン・プランナー

トレーニングに関するお問い合せ

◆ 03-3264-7401

フランクリン・プランナーに関するお問い合わせ

◆ 0120-01-1776

その他のお問い合わせ

◆ 代表03-3237-7711

ウェブサイト

◆ http://www.franklincovey.co.jp

第8の習慣

2005年4月23日　初版第1版発行
2005年5月21日　初版第2版発行

著者　スティーブン・R・コヴィー
訳者　フランクリン・コヴィー・ジャパン株式会社
発行者　竹村 富士徳
発行所　キングベアー出版
〒102-0083　東京都千代田区麹町3-3
丸増麹町ビル7F
電話　03-3264-7403
http://www.franklincovey.co.jp

印刷・製本　大日本印刷株式会社
ISBN 4-906638-32-5